Globalisierung – Chance oder Niedergang?

Europäische Hochschulschriften
Publications Universitaires Européennes
European University Studies

Reihe XX
Philosophie

Série XX Series XX
Philosophie
Philosophy

Bd./Vol. 631

PETER LANG
Frankfurt am Main · Berlin · Bern · Bruxelles · New York · Oxford · Wien

Hans-Peter Schachner

Globalisierung – Chance oder Niedergang?

Versuch einer Konzeption für eine gerechte Weltwirtschaft

PETER LANG
Europäischer Verlag der Wissenschaften

Die Deutsche Bibliothek - CIP-Einheitsaufnahme

Schachner, Hans-Peter:

Globalisierung – Chance oder Niedergang? : Versuch einer Konzeption für eine gerechte Weltwirtschaft / Hans-Peter Schachner. - Frankfurt am Main ; Berlin ; Bern ; Bruxelles ; New York ; Oxford ; Wien : Lang, 2001
(Europäische Hochschulschriften : Reihe 20, Philosophie ; Bd. 631)
Zugl.: Wien, Univ., Diss., 2001
ISBN 3-631-38567-6

ISSN 0721-3417
ISBN 3-631-38567-6

www.peterlang.de

gewidmet meinem Sohn
Maximilian Vinzenz
* 28.04.1999

Die gegenständliche Arbeit habe ich zur Approbation bei den Professoren Dr. Erwin Bader und DDDr. Alfred Klose eingereicht. Ich möchte die Gelegenheit nicht vorbeigehen lassen, ohne ihnen für die zahlreichen Anregungen, Erklärungen und Literaturhinweise zu danken.
Alfred Kloses Denkschule war dank seiner Funktion als Erstbegutachter meiner letzten Dissertation und auf Grund seiner zahlreichen Veröffentlichungen der Anstoß dafür, die gegenständliche Arbeit überhaupt zu schreiben. Die kritische Auseinandersetzung mit den Wirtschaftswissenschaften geht auf die Anregungen Erwin Baders zurück, die intensive Beschäftigung mit der Diskursethik regte Prof. Dr. F. R. Hrubi an.
Ich will aber nicht verabsäumen auch darauf hinzuweisen, daß das Fundament meines philosophischen Arbeitens wesentlich durch Heinrich Schneider, den emeritierten Vorstand des politikwissenschaftlichen Institutes, sowie durch die Professoren Hans-Dieter Klein und Johann Mader geprägt wurde.
Meine wirtschaftswissenschaftlichen Kenntnisse verdanke ich vorwiegend meinen – leider bereits verstorbenen – Lehrern Dr. Erich Hruschka und Dr. Heinrich Tagwerker.
Den Grundstein für jegliches wissenschaftliches Arbeiten legte bei mir jedoch zweifellos Dr. Wolfgang Kemmetmüller, indem bei mir in seinen Seminaren die Erkenntnis reifte, daß Universität mehr ist als „Scheinesammeln".
Gedankt sei auch meinem Kollegen, Mag. Manfred Tauber, der meine schwer zu lesende Handschrift in die entsprechende äußere Form (tippte) brachte.

Inhaltsverzeichnis

Abbildungsverzeichnis

Tabellenverzeichnis

Verzeichnis der Abkürzungen

AAI	Afro-Asiatisches Institut
a. a. O.	am angegebenen Ort
AGEZ	ArbeitsGemeinschaft EntwicklungsZusammenarbeit
AKP	Afrika-Karibik-Pacific-Staaten
APEC	Asian-Pacific Economic Cooperation
ARD	Arbeitsgemeinschaft der öffentlich – rechtlichen Rundfunkanstalten der BRD
ASEAN	Association of Southeast Asian Nations
ATS	Österreichischer Schilling
BIP	Bruttoinlandsprodukt
BPI	Berufspädagogische Institut Mödling
BRD	Bundesrepublik Deutschland
BSP	Bruttosozialprodukt
CARE	Verein für Entwicklungsarbeit und humanitäre Hilfe
CBM	Christoffel Blindenmission
CI	Caritas Internationalis
CIDSE	Caritas Internationalis zur Entschuldung, Strukturanpassung und Reform der Weltbank
DAC	Development Assistance Committee der OECD
DKA	Dreikönigsaktion
EAEZ	Evangelische Arbeitsgemeinschaft für Entwicklungszusammenarbeit
EDV	elektronische Datenverarbeitung
ERP	European Recovery Programm
EU	Europäische Union
EWA	Entwicklungswerkstatt Austria
EZA	Entwicklungszusammenarbeit mit der Dritten Welt GmbH
FDP	Freie Demokratische Partei (Deutschlands)
fob	free on board
GATT	General Agreement on Tariffs and Trade
GfbV	Gesellschaft für bedrohte Völker Österreich
GRUWI	Grund- und Integrativwissenschaftliche Fakultät der UNI-Wien
GUS	Gemeinschaft unabhängiger Sowjetrepubliken
HDI	Human Development Index (Index für die menschliche Entwicklung)
IGLA	Informationsgruppe Lateinamerika
IIZ	Institut für Internationale Zusammenarbeit
IMF	International Monetary Fond (IWF)
INEF	Institut für Entwicklung und Frieden (Duisburg)
ISI	Importsubstitutions-Industrialisierung

IWF	Internationaler Währungsfond (IMF)
KFBÖ	Katholische Frauenbewegung Österreichs
KFS	Kofinanzierungsstelle für Entwicklungszusammenarbeit
KMBÖ	Katholische Männerbewegung Österreichs
KMU	Klein- und Mittelunternehmen
KOO	Koordinierungsstelle der österreichischen Bischofskonferenz für internationale Entwicklung und Mission
LC	Liaison Committee (of Development)
LDC(s)	Less Developed Countrie(s)
LIC(s)	Low-Income-Countrie(s)
LLDC(s)	Least Developed Countrie(s)
MAI	Multilateral Agreement on Investment
MUT	Die Zeitung der Wirtschaftskammer Steiermark
NAFTA	North American Freetrade Association
NASDAQ	National Association on Securities Dealers Automated Quotation (der "Neue Markt" der USA
NGDO	Non Governmental Development Organisation
NGO'(s)	(NRO) Non Govermental Organisation(s)
NRO	(NGO) Nicht Regierungsorganisationen
NTV	n-tv der Nachrichtensender (Berlin)
NYSE	New York Stock Exchange
NZZ	Neue Zürcher Zeitung
ODA	Official Development Assistance
OECD	Organisation für Economic Co-Operation and Development
ÖED	Österreichischer Entwicklungsdienst
ÖFSE	Österreichische Forschungsstiftung für Entwicklungshilfe
ÖIE	Österreichischer Informationsdienst für Entwicklungspolitik
ÖPZ	Österreichisches Produktivitätszentrum
ORF	Österreichischer Rundfunk - Fernsehen
OXFAM	Oxford Committee for Famine Relief
PDS	Partei der Demokratischen Sozialisten (BRD)
P/E	price/earning ratio – Kurs/Gewinnverhältnis
RGW	Rat gegenseitiger Wirtschaftshilfe (Ostblock)
SEF	Stiftung Entwicklung und Frieden
SPD	Sozialdemokratische Partei Deutschlands
SPÖ	Sozialistische (Sozialdemokratische) Partei Österreichs
TNC(s)	Transnationale Konzerne
UNCTAD	UN-Conference on Trade and Development
UNDP	United Nations Development Programm
UNESCO	United Nations Educational, Scientific and Cultural Organization
UNO (UN)	United Nations Organization
US	(USA) United States of America

USA	(US) United States of America
USD	$ US-Dollar
UZF	Universitätszentrum für Friedensforschung
VIDC	Wiener Institut für Entwicklungsfragen und Zusammenarbeit
VR	Volksrepublik
WE	Währungseinheit
WHO	(WTO) Welthandelsorganisation
WIDE	Women in Development Europe
WU	Wirtschaftsuniversität Wien
WTO	(WHO) World Trade Organisation
WWF	World Wildlife Found
WWF	Weltwirtschaftsforum in Davos
ZIB	Zeit im Bild – Nachrichtensendung des ORF

0 Problemstellung

Grundsätzlich ist die Diskussion um eine gerechte Verteilung der wirtschaftlichen Ressourcen und der schonende Umgang mit der Natur eine Frage, welche die Menschheit seit Anbeginn beschäftigt.
Im Zeitalter der industriellen Revolution wurden rauchende Fabrikschlote zum Symbol des Wohlstandes und auch der Wiederaufbau nach den beiden Weltkriegen ließ wenig Spielraum für Fragen des Umweltschutzes.
Der Kalte Krieg und die Rivalität der konkurrierenden Wirtschafts- und Gesellschaftssysteme der Supermächte mitsamt ihren Trabanten führte in der Folge zu einem macht- und wirtschaftspolitischen Wettlauf, der gänzlich andere Ziele als das einer Schonung der Natur hatte. "Kommunistische" Planwirtschaft kontra "Kapitalistische" Marktwirtschaft und somit staatliche Wirtschaftslenkung kontra Liberalisierung der Wirtschaft lauteten die beiden Extrempositionen der führenden Kontrahenten, die versuchten, jeweils ihre ökonomische und gesellschaftspolitische Sichtweise in ihrer Einflußsphäre zu etablieren.

Unbestreitbar haben beide Systeme – zumindest partiell bzw. vorübergehend – zu einer Verbesserung der ökonomischen Situation der Menschheit geführt; schließlich gerieten jedoch die meisten Länder mit einer kommunistisch ausgerichteten Wirtschaft gegenüber jenen Staaten, die den Weg der Marktwirtschaft wählten, ins Hintertreffen. Die Verlierer waren jedenfalls die "Umwelt" und die sog. "Dritte Welt"; kommt die Rede auf Afrika, spricht man häufig sogar vom "Verlorenen Kontinent".

Nach dem Zusammenbruch des "real existierenden Sozialismus" beherrscht marktwirtschaftliches Denken das Wirtschaftsgeschehen des Großteils der Welt. Offensichtlich ist dieses in seiner reinen Ausprägung - insbesondere überlagert durch die Tatsache der zunehmenden Globalisierung der Weltwirtschaft trotz aller unleugbarer Erfolge - nicht geeignet, sämtliche Krisen dieser Welt zu beherrschen, sondern im Gegenteil - wie die jüngere Entwicklung in den asiatischen Tigerstaaten und in den Transformationsländern[1] zeigt, geeignet, neue Krisen hervorzurufen. Die Finanzkrisen der GUS, Asiens und Brasiliens stellten Ende des 20. Jahrhunderts wegen der exorbitanten Größenordnung Weltbank und IWF vor nahezu unlösbare Probleme und extrem schwierige Entscheidungssituationen. Die bereits seit Jahren laufend gesteigerte interdependente Verflechtung der Weltwirtschaft bringt es mit sich, daß die Auswirkungen von Wirtschaftskrisen neuerdings

---

[1] diese Bezeichnung steht neuerdings für die Nachfolgestaaten der ehemaligen RGW-Staaten, vgl.: Messner, D.: Ökonomie und Globalisierung, in: Hauchler, I.; Messner, D.; Nuscheler, F. (Hrsg.): Stiftung Entwicklung und Frieden. Globale Trends 1998, Frankfurt am Main 1997, S. 136f

auch in den Industrienationen ständig stärker spürbar sind und vielerorts eine ernsthafte Infragestellung der Sinnhaftigkeit und der Grenzen der Globalisierung einsetzt.

Der vorm. deutsche Bundespräsident Roman Herzog sprach sogar davon, daß die Globalisierung bereits zur "Globalität" und damit vom Prozeß zum Zustand geworden ist.[2] Er warf in seiner Rede vor dem 29. Weltwirtschaftsforum in Davos die Frage auf, welche Handlungsspielräume angesichts der Globalität der Wirtschaft für Gesellschaft, Kultur und Politik überhaupt noch übriggeblieben sind.[3]

Gefordert sind nicht nur die Politiker und die Mächtigen der Welt hinsichtlich einer globalen Adaptierung der Rahmenbedingungen, denn eine nationale Abkapselung einzelner Staaten - obzwar immer möglich - und somit ein Weg zurück, stellt keine sinnvolle und erfolgversprechende Alternative dar, wenn auch auflagenstarke Antiglobalisierungs-Bücher[4] "international weitgehend unbekannter Autoren"[5] dies glauben machen wollen. Im Gegenteil: Es gibt keine Anzeichen dafür, daß der Globalisierungsprozeß bereits abgeschlossen ist.
Gefordert ist aber in noch höherem Maße die Wirtschaftsethik: Sie muß integrative Lösungen erarbeiten und anbieten, um die Voraussetzung dafür zu schaffen, daß die Differenz von Werten und Fakten mit der Möglichkeit, normative Urteile aus Tatsachenbeschreibungen zu gewinnen überhaupt erst global zur Deckung bringen zu können.

Obzwar die Philosophie aus dem Elfenbeinturm der Wissenschaft heraus keine verbindlichen Normen setzen kann - das können nur Gesetzgeber oder Religionsstifter[6] - ist gerade sie dazu berufen, einen weltweiten Diskurs zu initiieren und Antworten auf die ethisch-normativen Fragestellungen der Gegenwart zu suchen. Dabei ist die gegenwärtige Diskussion über die Probleme der Globalisierung lediglich insoferne eine Entwicklung mit einer neuen Fragestellung, als sie unter dem Aspekt des wirtschaftlichen und technischen Fortschritts zu be-

---

[2] vgl.: Herzog, R.: zit. in: NZZ - Neue Zürcher Zeitung, Internationale Ausgabe, 219. Jahrgang Nr. 23 vom 29.01.1999, S. 10

[3] vgl., ebd.: Herzog, R.: Zit. in: NZZ – Neue Zürcher Zeitung, Internationale Ausgabe, 219. Jahrgang Nr. 23 vom 29.01.1999, S. 10

[4] vgl. z.B.: Martin, H.-P.; Schumann, H.: Die Globalisierungsfalle. Der Angriff auf Demokratie und Wohlstand. Reinbek bei Hamburg (o. Jg. 1997?)
auch: Boxberger, G.; Klimenta, H.: Die 10 Globalisierungslügen. Alternativen zur Allmacht des Marktes. München 1998

[5] Unterberger, A.: "N" wie Nationalismus: Politiker rüsten gegen Globalisierung, in: Die Presse. Unabhängige Tageszeitung für Österreich, Nr. 15.283 vom 2.2.1999, S. 3

[6] vgl.: Hrubi, F.-R.: Philosophische Grundlagen der Sozial- und Wirtschaftswissenschaften, Vorlesung an der Wirtschaftsuniversität Wien, Wintersemester 1998/99 vom 30.11.1998

trachten ist. So gesehen ist sie zwar nichts anderes als eine Erweiterung des ethischen Horizonts, bedeutet aber eine Auseinandersetzung mit neuen Pro-blemen.

Neu dabei ist nicht das statische Fundament Ethik und Gewissen, das kritische Geister insbesondere der Wirtschaft häufig generell absprechen, sondern bloß der Radius der Ethik.[7]

So wie das Herauswachsen aus den Polis der Antike neue ethische Dimensionen für das Zusammenleben in größeren Gemeinschaften schaffte, so ist heute Ethik nicht alleine individuell oder nationalstaatlich faßbar, sondern verlangt nach einer globalen Verantwortung.

Unbestreitbar ist nämlich, daß jede - auch die globale - Gesellschaft Normen ("was sollen wir tun?" und Handlungsziele ("wie sollen wir leben?"), die allgemein anerkannt sind, braucht.

"Noch in einem höheren Maße sind sie erforderlich, wenn es über den bloßen Fortbestand der Gesellschaft hinaus um Lebensverhältnisse geht, die sich unter die Ansprüche von Humanität, von Freiheit und Gerechtigkeit stellen. Dies gilt für traditionsbewußte Agrarkulturen ebenso wie für jene aufgeklärte Industriegesellschaften, in denen sich die ehemals einheitlichen und festen Verhaltensmaßstäbe aufgelöst haben und immer zahlreichere Gruppen mit eigenen Interessen, Glaubensüberzeugungen und Handlungsweisen hervorgetreten sind. (...) Zu Recht erkennen die westlichen Industriegesellschaften den Prozeß an, aus dem sie hervorgegangen sind, demzufolge viele der Normen und Handlungsziele Freiräumen überlassen werden können, die - durch gruppenspezifische Moden, Konventionen, Bekenntnisse und Weltanschauungen ausgefüllt - Reibungen und Frustrationen vermindern sowie ein breites Spektrum der Selbstverwirklichung eröffnen. Aber auch in den pluralistisch gewordenen Gesellschaften sind elementare Regeln des Zusammenlebens erforderlich, Regeln, die sich gegen eine ausschließlich gruppenrelevante Gültigkeit wenden und allgemeine Verbindlichkeit beanspruchen."[8]

Als Indiz für die Wahrnehmung der Problematik und den Willen, Lösungsansätze zu suchen, kann die zunehmende - wenn auch zögerliche - Schaffung entsprechender Ethik-Lehrstühle an einigen europäischen Wirtschaftsuniversitäten angesehen werden.

Grundsätzlich ist allerdings derzeit generell ein zunehmendes Interesse an ethischen Fragen feststellbar, sei es in der Wissenschaft (politische Ethik, Wirt-

---

[7] vgl.: Landmann, M.: Ökologische und Anthropologische Verantwortung - eine neue Dimension der Ethik, in: Wildermuth A. und Jäger, A. (Hrsg.): Gerechtigkeit. Tübingen 1981, S. 157f

[8] Höffe, O.: Einleitung, in: Höffe, O. (Hrsg.): Einführung in die utilitaristische Ethik. Klassische und zeitgenössische Texte. 2. Auflage, Tübingen 1992, S. 7

schaftsethik oder auch Kulturethik) sei es bei in der Praxis stehenden Politikern, Unternehmern oder bei vielen im Kulturleben wirkenden Persönlichkeiten.[9]
Natürliche Koalitionspartner für die Philosophie bieten sich in dieser Frage - zumindest - in Gestalt der christlichen Kirchen an, denn "... die Kirche ist von ihrer Anlage her global"[10], und es ist eine Verantwortung der Christen integrativ zu wirken.[11] In der jüngst erschienenen Enzyklika "Fides et ratio" von Johannes Paul II an die Bischöfe formuliert der Papst sein Angebot an die Philosophie wie folgt: "Nicht unangebracht mag deshalb mein entschlossener und eindringlicher Aufruf erscheinen, daß Glaube und Philosophie die tiefe Einheit wiedererlangen sollen, die sie dazu befähigt, unter gegenseitiger Achtung der Autonomie des anderen ihrem eigenen Wesen treu zu sein. Der parresia (Freimütigkeit) des Glaubens muß die Kühnheit der Vernunft entsprechen. (...) Denn viele philosophische Inhalte, wie die Themen Gott, Mensch, seine Freiheit und sein sittliches Handeln, rufen die Kirche unmittelbar auf den Plan"[12].

Gleichfalls können die verschiedenen NGO's[13] als aktive Mitstreiter für die Bewältigung anhängiger Problemstellungen der Globalisierung - insbesondere jenen der Entwicklungsländer - angesehen werden. Wenngleich auch ihre Motive den unterschiedlichsten Denkrichtungen entspringen, sind sie zweifellos - alleine schon auf Grund ihrer effizienten Medienpräsenz - eine Bereicherung und ein nicht zu übersehender Partner für den anstehenden notwendigen Dialog.
Vor allem deshalb, weil gerade ihnen das Schicksal der ärmsten Entwicklungs- (LDC)[14] und der Schwellenländer ein besonderes Anliegen ist und dank ihrer Unterstützung die Repräsentanten dieser Länder eine Einbindung in den Diskurs fänden. Doch selbst ihnen kann bei ihrer derzeitigen Einstellung der Vorwurf nicht erspart bleiben, durch allzugroße Engstirnigkeit und Opposition gegen die TNC's[15] nicht unerheblich dafür mitverantwortlich zu sein, daß das seit 1995 von der OECD[16] trotz interner Differenzen oftmals verhandelte MAI-Programm im

---

[9] vgl.: Klose, A.: Minderheit und Menschenwürde. Christliche Orientierungen. Klagenfurt 2000, S. 52f

[10] Schönborn, Ch.: Interview, zit. in: KURIER. Unabhängige Tageszeitung für Österreich, Nr. 274 vom 4.10.1998 (o. S.)

[11] vgl., ebd.: Schönborn, Ch.: Interview, zit. in: KURIER. Unabhängige Tageszeitung für Österreich, Nr. 274 vom 4.10.1998 (o. S.)

[12] Johannes Paul II: Enzyklika "Fides et ratio". Sonderpublikation d. Kathpress, Wien Nr. 8/1998, S. 28f

[13] Non Governmental Organisations

[14] Less Developed Countries

[15] Transnationale Konzerne

[16] OECD: Organisation for Economic Co-Operation and Development. Die OECD-Länder sind:
Große Länder (G 7): USA, Japan, Deutschland, Frankreich, Großbritannien, Italien, Kanada (G 8: incl. Rußland)

Herbst 1998 vorübergehend ad acta gelegt wurde (jedoch seit 1999 wieder weiterverhandelt wird).
Es ist unbestritten, daß dieses Programm, mit dem wir uns im Rahmen dieser Arbeit noch auseinandersetzen werden, aus dem Blickwinkel der traditionellen Ethik erhebliche Schwachpunkte aufweist, aber einen unschätzbaren Wert hat es jedenfalls: es stünde in der weiteren Folge möglicherweise hiemit eine effiziente Plattform für einen Diskurs zur Verfügung, um angesichts der Nichtidentität von Sein und Sollen einen entscheidenden Schritt nach vorwärts zu vollziehen: Die ethische Dimension des Diskurses liegt nämlich trotz seiner idealistischen Konzeption "... in der normativ-kritischen Orientierungskraft ihres prozeduralen Ideals der diskursiven Klärung moralischer Fragen für reale Versuche der Verständigung über konfligierende Geltungsansprüche"[17] und darin, "innerhalb des Diskurses an nichts als der rationalen Konsensfindung über universalisierbare Geltungsansprüche interessiert zu sein"[18].
Es bedarf demgegenüber keiner Diskussion um festzustellen, daß dem wirtschaftlichen und kulturellen Standard der Industriestaaten von heute ein Jahrzehnte andauernder Entwicklungsprozeß vorangegangen ist, in dessen Verlauf ständig neues Wissen und neue Erkenntnisse im Bereich der Technologie und der Handhabung des Wirtschaftsgeschehens hervorgebracht wurden. Dies geschah jedoch über lange Perioden in oftmals geschützten Bereichen mit zahlreichen staatlichen Reglementierungen und hinter den Mauern von Devisenbewirtschaftung und Schutzzöllen mit dem Zweck, die nationalen Wirtschaften kontinuierlich auf ein wettbewerbsfähiges Fundament zu stellen.

Da es weder wünschenswert noch opportun erscheint, das Rad der Zeit zurückzudrehen und neuerlich Schranken im gesamten globalen Wirtschaftsverkehr zu errichten, stellt sich die Frage, ob es nicht sinnvoll wäre, partielle Schranken, die lediglich für die Wirtschaftsbeziehungen der Industriestaaten mit den Entwicklungsländern Gültigkeit haben, einzuführen, um innerhalb dieser Schranken letzteren eine gedeihliche Wirtschaftsentwicklung zu ermöglichen. Das Zusammenwirken in einem geschützten Bereich könnte m. E. nicht nur für die Industriestaaten von Nutzen sein, sondern es erscheint vor allem geeignet, eine Entwicklung zum Wohle der LDC zu fördern. Im Detail wollen wir uns damit im Kapitel 3 befassen.

Übrige Länder: Schweiz, Österreich, Niederlande, Belgien, Luxemburg, Schweden, Dänemark, Norwegen, Finnland, Spanien, Portugal, Griechenland, Türkei, Irland, Island, Tschechische Republik, Polen, Ungarn, Südkorea, Neuseeland, Australien, Mexiko.

[17] Ulrich, P.: Integrative Wirtschaftsethik. Grundlagen einer lebensdienlichen Ökonomie. Bern - Stuttgart - Wien 1997, S. 82 f

[18] ebd.: Ulrich, P.: Integrative Wirtschaftsethik, a. a. O. S. 82 f

Vorweg gilt es dabei zu beachten, daß der hiezu erforderliche Diskurs als normative Bedingung[19] eine wechselseitige Anerkennung der Gesprächspartner als mündige Personen, "die willens und prinzipiell in der Lage sind, vernünftig miteinander zu reden"[20], voraussetzt, denn allzuschnell fallen bereits bei der Formulierung dieser Überlegungen von Kritikern Floskeln wie "Neokolonialismus" oder "Ausbeutung der 3. Welt", ohne das Entstehen eines Diskurses überhaupt erst zuzulassen.

Darüber hinaus stellt sich als Vorfrage, ob die Menschen in den Entwicklungsländern überhaupt gewillt sind, den mit der Änderung des Status-quo nicht unwesentlichen "Schattenpreis"[21], nämlich die ganze oder teilweise Umwandlung ihres "Gutes Freizeit"[22] in monetär meßbare Marktgüter zu bezahlen und der damit zusammenhängenden Aufgabe ihrer nicht unmittelbar monetär meßbaren Lebens- und Umweltqualität[23] zuzustimmen. Es ist ja durchaus vorstellbar, daß sie mit dem, aus unserem Blickwinkel, niedrigen Lebensstandard glücklich und zufrieden sind. Oder umgekehrt: Ist unser vergleichbar hohes Einkommen ein Garant für Glück und Zufriedenheit?
Die Antwort auf obige Vorfrage ist ungewiß und jene hinsichtlich unseres eigenen Glücks nicht unbedingt zu bejahen.

Und dennoch: Sowohl bei Unterstellung ethischer Motive in der ontologischen Tradition als auch unter den Aspekten einer Konsequenzialistischen Ethik kann der handlungsbestimmende Imperativ lediglich heißen: Sowohl als Ausfluß unseres Gewissens als auch aus Eigennutz sind wir dazu verpflichtet, den Entwicklungsländern Hilfestellung angedeihen zu lassen.
„Wir sprechen ja von einer Menschheit und einer Verantwortung für diese Menschheit. Wir sind selbst die Akteure, die Mitakteure dieser Menschheit.“[24]
Solange wir aber nicht versuchen, global zu denken und globale Solidarität zu unserer handlungsbestimmenden Maxime zu erheben, solange scheint ein Fortschritt bei der Änderung des Status-quo in weiter Ferne gelegen. Auf Grund der Komplexität der Probleme, mit denen wir uns heute weltweit konfrontiert sehen, können caritativer Ethik entspringende Aktionen - auch wenn deren Motive noch

---

[19] vgl.: Apel, K.-O.: Diskurs und Verantwortung. Das Problem des Übergangs zur postkonventionellen Moral. Frankfurt am Main 1988, S. 101

[20] Ulrich, P.: Integrative Wirtschaftsethik, a. a. O. S. 79

[21] Becker, G.-S.: Der ökonomische Ansatz zur Erklärung menschlichen Verhaltens. Übersetzt von Monika und Viktor Vanberg, 2. Auflage, Tübingen 1993, S. 7

[22] vgl., ebd.: Becker, G.-S.: Der ökonomische Ansatz zur Erklärung menschlichen Verhaltens, a. a. O. S. 110f

[23] vgl., ebd.: Becker, G.-S.: Der ökonomische Ansatz zur Erklärung menschlichen Verhaltens, a. a. O. S. 160f

[24] Bader, E.: Globalisierung – das Ende des Wachstums? Philosophisches Seminar in Wissenschaftstheorie an der Universität Wien am 11.10.1999

so edel sind - allenfalls zur Beruhigung unseres Gewissens dienen, sind jedoch keineswegs dazu geeignet Problemlösungskompetenz für die anstehenden komplexen Fragen zu beanspruchen.

Gerade Österreich sollte auf Grund seiner historischen Erfahrung mit Rückbesinnung auf eigene schwierige Zeiten maßgebliche Beiträge zur Bewältigung der global anstehenden Fragestellungen einbringen können: Haben wir nicht selbst mit Hilfe Dritter die Tiefen der Weltkriege, der Zwischen- und Nachkriegszeit erfolgreich überwunden und resultiert nicht alleine daraus schon die moralische Verpflichtung, der Welt unsere Unterstützung und Erfahrung für globale Problemlösungen anzudienen und unsere Hilfe nicht auf die spärliche Zurverfügungstellung von Geldmitteln zu beschränken?

Die entscheidende Initialzündung für unseren wirtschaftlichen Aufschwung kam - rückblickend betrachtet - durch den Marshallplan, der es ermöglichte, nach dem Krieg unsere darniederliegende Wirtschaft wieder in Gang zu bringen. Ebenso muß heute der - trotz der damals häufig kritisierten parteipolitischen Einflußnahme und letztendlich aus diesem Grund gescheiterte - geschützte Bereich der Verstaatlichten Industrie im historischen Rückblick für seine Zeit als wirtschaftlich richtige und erfolgreiche Entscheidung gesehen werden.

Darauf aufbauend waren in weiterer Folge das Bekenntnis zum System der Sozialen Marktwirtschaft und die Installierung der Sozialpartnerschaft entscheidende Kriterien für wirtschaftliche Prosperität. Sie ermöglichten neben der Großindustrie eine gedeihliche Entwicklung der Klein- und Mittelbetriebe in einem, von sozialen Spannungen weitgehend befreiten Umfeld, verbunden mit einer Zunahme von politischer Reife, sowie wirtschaftlichem und technischen Know how in breiten Schichten der Bevölkerung.
Es ist nicht nur die materielle Armut, die die Menschen in den Schwellenländern und erst recht in den LIC[25] ohne Chance und Hoffnung auf eine einschneidende Verbesserung ihrer Lebensverhältnisse verharren läßt; es ist vor allem das Desinteresse der Menschen in den Industriestaaten, ihnen ihre Kenntnisse weiterzugeben. Doch gerade in diesem Punkt läge unsere Verpflichtung, einen entscheidenden Akt der Solidarität zu setzen bzw. zu initiieren, um die Entwicklungsländer an unserem technischen und wirtschaftlichen Know-how und an unseren politischen Erfahrungen teilhaben zu lassen.
Endziel muß sein, Lebensbedingungen in den LIC zu ermöglichen, die deren Bewohner nicht zwingt, ihr Lebensglück oder sogar ihr Überleben in der Migration zu suchen.

---

[25] Low-Income-Countries

Ein Lösungsansatz ist mit einem Satz des Sozialphilosophen und Friedensforschers Erwin Bader vorgegeben: „Die jüngste Periode der Menschheitsgeschichte mit ihrer verdrängten Separation von Habenden und Habenichtsen könnte zur Durchgangsstufe einer Einswerdung der globalen Menschheit werden, wenn eine Koordination von wissenschaftlich-rationaler Vernunft und inter-religiöser Spiritualität möglich wäre.“[26]

0.1 Aufbau der Arbeit

Mit der vorliegenden Arbeit habe ich mir die Aufgabe gestellt, einen Weg aufzuzeigen, wie moralische Werte unterschiedlicher Denkschulen und Sachzwänge der Wirtschaft interdisziplinär unter dem Aspekt der Globalisierung zum Wohl der gesamten Menschheit, vereinbar sein könnten.
Im ersten Teil, wird eine Abwägung der Argumente pro und contra Globalisierung und Neoliberalismus vorgenommen, sowie ein Überblick über die Alternativen der zur Verfügung stehenden möglichen Wirtschaftssysteme gegeben.
Daraus eine unmittelbare Entscheidung zwischen verschiedenen Argumenten und Alternativen in einem umfassenden Wahlakt zu verlangen und diese mit gut / schlecht oder richtig / falsch bewerten zu wollen, ist ein Unterfangen, das von Haus aus zum Scheitern verurteilt ist. Aus der Ethik heraus 1:1 in die Praxis umlegbare Patentrezepte für die Wirtschaft ableiten zu wollen, ist eine Illusion, da jeglichem ethischen Sollen als einschränkende Prämisse die Tatsache vorangeht, daß so gut wie jeder Mensch ökonomische Interessen hat und diese, ohne Bedachtnahme auf die objektive Erkenntniswirklichkeit, geradezu alltäglich, etwa bei der Betrachtung höchstpersönlich relevanter Preis- und Einkommensprozesse berücksichtigt.[27] Folglich eignet sich gerade der ökonomische Bereich des Gesellschaftssystems besonders gut für ideologisch präformierte Argumente.

Ideologie auf dem Wirtschaftssektor zu betreiben fällt umso leichter, als Untersuchungen[28] bereits vor geraumer Zeit gezeigt haben, daß in breiten Schichten das Verständnis für Wirtschaftsfragen und das Wissen darüber äußerst beschränkt ist. Insbesondere ist der einzelne darin weitgehend überfordert, gesamtwirtschaftliche Zusammenhänge zu überblicken, bzw. Folgeerscheinungen wirtschaftspolitischer Maßnahmen zu erkennen; er ist vielmehr auf die Interpretation von Politikern und Medien angewiesen und überläßt diesen nicht einmal ungern die entsprechende Entscheidung, da für ihn die Bekanntschaft mit der Realität ohnehin stets begrenzt ist und sein Blickwinkel lediglich einen kleinen Teil der ganzen Komplexität so-

---

[26] Bader, E.: Vom Mittelalter zur Neuzeit: Die Denkkategorien zu Krieg und Frieden, in: UZF (Hrsg.:) Wiener Blätter zur Friedensforschung Nr. 94, März 1/1998, Wien 1998, S. 68

[27] vgl.: Burghart, A.: Allgemeine Wirtschaftssoziologie. Pullach bei München 1979, S. 209

[28] vgl.: Fessl + GFK-Instituts: Umfrage, zitiert in: Industrie. 82. Jahrgang Nr. 40 vom 6.10.1982

zialer und ökonomischer Tatsachen freigibt.[29] Für die Sichtweise des einzelnen, für den der wahre Sachverhalt vielleicht überhaupt nicht oder nur teilweise bekannt ist, der die Probleme so sieht, "als ob" diese wirklich so wären, wie er sich diese vorstellt, ist die Definition der eigenen Situation bedeutsam,[30] denn "die Welt wird nicht regiert durch die Tatsachen, sondern durch die Vorstellungen von den Tatsachen!".[31] Der einzelne glaubt, eine Anzahl von Elementen in einer Situation zu erkennen, deren Existenz wissenschaftlich nicht nachzuweisen ist; wenn sie aber subjektiv existieren, wird das Verhalten von dieser Anschauung der Situation abhängen.
Thomas sagt dazu: "Wenn die Menschen Situationen als real definieren, dann sind diese in ihren Folgen real."[32]
Besonders ausgeprägt stellt sich diese Problematik in Verteilungsfragen, aber auch in Fragen des Wirtschaftens generell, dar. Denn in diesen fühlt sich jeder einzelne auf Grund seiner persönlichen ökonomischen Interessen dazu berufen, mitzuentscheiden, wie, wo, wann, was und zu welchem Preis produziert oder abgesetzt werden soll - jeder einzelne Staatsbürger, jeder Wähler, jeder Abgeordnete - gleich welcher Ausbildung - wird subjektiv zum Wirtschaftssachverständigen. In allen Berufssparten hat letztlich der kompetente Fachmann die Entscheidung, bloß in Wirtschaftsfragen nicht: Richter z.B. befinden über die Auslegung der Gesetze, Sachverständigengutachten begründen die Entscheidungen der Gerichte, Ärzte entscheiden über das Wohl und Wehe ihrer Patienten und auch in den naturwissenschaftlichen Bereichen wie beispielsweise der Chemie, Physik oder Technik entscheiden die Fachleute. Bloß die Kompetenz der Wirtschaftstreibenden als Experten ihres Faches - von deren ethischen Motiven ganz zu schweigen – unterliegt einer ständigen Kritik und Infragestellung, obwohl viele ideologische Überlegungen ohnedies in zwei Tatsachen weitestgehend ihr Ende finden: nämlich darin, daß alle Verteilungsfragen den Sachzwängen der Finanzierbarkeit unterliegen und für das Gedeihen der Wirtschaft die "Fruchtbarkeitsbedingungen" - wie Heinrich[33] es ausdrückt - unter denen gewirtschaftet werden muß, entscheidend sind.

Teil 2 scheint uns in unseren Überlegungen zwar vordergründig etwas weiter zu bringen, bestimmt doch die Ethik vermeintlich eindeutig, wie wir wirtschaften sollen. Aber selbst diese ist mit einer einhelligen Antwort auf diese komplexe

---

[29] vgl.: Thomas, W.-I.: In: Volkart, E.-H. (Hrsg.): Person und Sozialverhalten. Neuwied und Berlin 1965, S. 65
[30] vgl., ebd.: Thomas, W.-I.: In: Volkart, E.-H. (Hrsg.): Person und Sozialverhalten, a. a. O. S. 18ff
[31] Altmann, H.-L.: Überzeugungskraft durch sichere Rede-, Verhandlungs- und Konferenztechnik, 3. unveränd. Auflage, Kissing 1978, S. 174
[32] Thomas, W.-I.: In: Volkart, E.-H. (Hrsg.): Person und Sozialverhalten, a. a. O. S. 29 und S. 114f
[33] vgl.: Heinrich, W.: Wirtschaftspolitik. 2. Band, 2. Hälfte, 2. neubearb. Auflage, Berlin 1969, S. 157

Fragestellung - nicht lediglich auf Grund oben erwähnter Schranken sondern auch wegen der mangelnden Receptionsbereitschaft der Adressaten - weitgehend überfordert.
Gläubigen Menschen, die ihr Handeln an der auf dem Naturrecht aufbauenden christlichen Soziallehre orientieren, stehen zwar ebenso wie jenen, die in der Tradition der deontologischen Ethik denken, handlungsbestimmende Imperative für ihr individuelles Verhalten als Orientierungshilfe zur Verfügung, doch verliert jeder ethische Imperativ - obzwar universell gültig - bei komplexen Fragen mit zunehmender Anzahl von Entscheidungsträgern in den Institutionen an effizienter Wirkung.
Darüber hinaus sind wirtschaftliche Entscheidungen dadurch gekennzeichnet, daß ihre "Richtigkeit" in der Regel nicht an den Motiven der Entscheidung sondern an ihrem Ergebnis gemessen werden.
Nachdem die Planwirtschaft ihre Untauglichkeit bewiesen hat (in den postkommunistischen Staaten sehen das mittlerweile viele Bürger bereits wieder anders) und gegenwärtig marktwirtschaftliches Denken die Welt beherrscht, erscheint es unabdingbar, einen Weg zu finden, der, den in vielen Teilen der Welt auftretenden, aus den unerwünschten Nebenwirkungen des Neoliberalismus entstehenden Ungereimtheiten die ärgsten Stacheln zieht. Da der Markt generell nicht zur Disposition steht, kann die Antwort hinsichtlich einer möglichen Beherrschung der negativen Auswüchse bloß heißen, daß die Rahmenordnung einer Revision unterzogen werden muß, die auf einer global anzustrebenden Ethik aufzubauen ist. Diese Ethik, die alle vernünftigen Wesen wollen können müssen, ist wahrscheinlich nur im Wege eines idealen Diskurses zu finden.

Im 3. Teil wird ein Konzept vorgestellt, das geeignet erscheint, auch unter den neuen Bedingungen der Globalität ethisch vertretbares Wirtschaften global zu verwirklichen, denn mit noch so vielen Vorbehalten können wir uns nicht der Verantwortung entziehen, eine idealtypische lebensdienliche Ökonomie anzustreben und diese zur Sicherung der Lebensbedingungen der Menschheit Schritt für Schritt zu realisieren versuchen.
Dabei gilt es, auch die Frage zu klären, inwieweit das, was ökonomisch machbar ist, mit moralischen Imperativen auch vereinbar ist. Doch selbst wenn es der Menschheit gelingt, in einem idealen Diskurs die Antwort hinsichtlich einer global universalisierbaren Ethik unter den gegenwärtigen Bedingungen zu finden, ist es ein langwieriges Unterfangen in realen Diskursen peu à peu heuristisch eine Annäherung an die Vision des „Guten Lebens für alle“ praktisch zu erarbeiten. Das vorgestellte Modell ist folglich lediglich unter vielen anderen Möglichkeiten ein Schritt in diese Richtung. Es zeigt aber auch auf, daß die grenzenlose Liberalisierung unter dem Aspekt einer globalen Verantwortung gewisser Schranken bedarf, soll die Kluft zwischen Arm und Reich schlußendlich die Chance erhalten, kleiner zu werden.

1 Zur Differenz von Werten und Fakten

Die komplexe Welt von heute mit ihren pluralen Wertgefügen stellt zunehmend den ontologischen Erkenntnisanspruch, das unveränderliche Wesen der Dinge, die universelle Ordnung des Seins im Wandel ihrer Erscheinung zu erfassen, in Frage. Jedoch: insbesondere die wissenschaftstheoretische Position des Positivismus und damit auch die für die Philosophie diskutierte Wertfreiheit der Wissenschaften in Form einer analytischen Philosophie[34] scheint zwischenzeitlich ihren Höhepunkt überschritten zu haben.
Die Erkenntnis, daß es analytisch lediglich möglich ist, die jeweils herrschenden Werte und Normen festzustellen und zu beschreiben – über ihre Gültigkeit kann ohnedies keine wissenschaftliche Aussage gemacht werden – eröffnet gerade in der jüngsten Vergangenheit den tradierten Werten der Philosophie und der Theologie neue Wirkungskraft. Man geht heute vielfach davon aus, daß lediglich die These, daß aus dem „Sein" kein „Sollen" abgeleitet werden kann, als gesichert gilt.[35]

Die kritische Frage lautet demzufolge, ob man das Handeln, das durch ein Ziel, das es zu erreichen gilt, bestimmt ist, unter Ausblendung individueller, sinnlicher Erfahrung erfassen kann. „Die traditionelle Ethik und ihr Entwurf, das Sollen zu begründen, hatten sich aus einem praktischen Interesse entfaltet. Es galt, über das Wissen um das, was für die Menschen das Gute, das Gesollte ist, ihr Handeln zu bestimmen. (...) [Sie] hat das, was als das Gute und Gesollte verstanden wurde, in verschiedener Weise begründet: im teleologisch-metaphysischen oder im rekonstruktiv-transzendentalen Sinne. Durch diese Begründung verstand sie sich in ihrem universellen Gültigkeitsanspruche gerechtfertigt."[36]

An der Schwelle des neuen Jahrtausends wird in der mittlerweile globalisierten Welt die Frage nach der Universalisierbarkeit der Moral mit anderen Gewichten virulent: global unterschiedlichen Kulturen liegt anderes „Sein" zu Grunde – was kann demnach einem universellen Gültigkeitsanspruch genügen?
„Die Erfahrung, daß wir unser eigenes individuelles, aber auch das gesellschaftliche und politische Leben werden wesentlich umorientieren und umgestalten müssen, wird gegenwärtig immer wieder artikuliert, wenngleich konkrete Vorstellungen, nach welchen Prinzipien und wie dies im einzelnen zu geschehen habe, sich erst allmählich herausbilden müssen. Nicht nur die überall aufkommende Sorge

[34] vgl.: Mader, J.: Moral, Philosophie und Wissenschaft. Problem der Ethik in Tradition und Gegenwart. Wien – München 1979, S. 159
[35] vgl., ebd.: Mader, J.: Moral, Philosophie und Wissenschaft. Problem der Ethik in Tradition und Gegenwart, a. a. O. S. 158
[36] ebd.: Mader, J.: Moral, Philosophie und Wissenschaft. Problem der Ethik in Tradition und Gegenwart, a. a. O. S. 160

um ökologisch gerechtes Verhalten der Natur gegenüber aus dem Bewußtwerden der Verantwortung für sie, (…), ihr inneres Gleichgewicht, sondern auch (…) [die] globalen sozialen und daher schon direkt moralischen Probleme deuten auf ein Bedürfnis nach Werten und Normen hin, die dem Leben Sinn und dem Tätigsein allgemein menschliche Ziele geben. Gerade dann, wenn sich die Zerstörung des ökologischen Gleichgewichts der Natur als Bedingung des Lebensstandards, weil sie eine der Voraussetzungen für die Industriekultur zu sein scheint, wenn sich die Ausbeutung der Dritten Welt als ein Moment erweist, von dem die Höhe unseres Lebensstandards abhängt, aber auch dann, wenn deutlich wird, daß in nicht wenigen religiösen Bewegungen nicht bloß ein Irrglaube herrscht, sondern daß sie Herrschaftsintention haben und auch vortragen, im Mißbrauch derer, die nach einem Sinn für ihr Leben suchen, dann hat die Philosophie doch wiederum ihre althergebrachte Aufgabe zu erfüllen, den Menschen die Aufklärung über sich und ihr Leben zu bieten, den blinden Alltag auf seine Wahrheit hin zu analysieren und die selbstverständlichen Lebenshaltungen auf ihr Ethos, die individuellen und gesellschaftlichen Handlungen auf ihre Moralität, das Leben überhaupt auf seinen Sinn hin zu befragen. Es gilt dann nicht nur, die herrschenden Werte und Normen zu konstatieren, sondern sie vor allem auf ihre Gültigkeit hin zu untersuchen und ihren Sollensanspruch in seiner Berechtigung zu begründen."[37]

Es werden künftig möglicher Weise neue universalisierbare Normen gesatzt, doch gerade die Analyse des Positivismus und der analytischen Philosophie haben eindeutig hervorgebracht, daß sie die zentralen Fragestellungen der Ethik nicht beantworten konnten. Es gilt demnach zu den Wurzeln der philosophischen Ethik zurückzufinden und „die Frage nach der Letztinstanz für moralisches Handeln wieder aufzunehmen, die in der Tradition mit dem Begriff ‚**Gewissen**' genannt wurde!"[38] Eine überragende Bedeutung kommt dabei der Selbstidentität zu. „Obwohl mit der Selbstidentität als moralischer Grundnorm ein subjektives Prinzip genannt ist, müssen aber auch weiters die Folgerungen bedacht werden, die aus ihm für die Formen mitmenschlichen, sozialen und politischen Lebens erfließen. Denn die Selbstidentität als moralische Grundnorm schließt im Selbstverhältnis auch das Verhältnis zu den anderen Menschen, der Gemeinsamkeit mit ihnen sowie zur Natur und letztlich auch zu Gott mit ein; so daß aus ihr auch Kriterien für die soziale und politische Gestaltung abgeleitet werden können; etwa für das, was Gerechtigkeit im mitmenschlichen, sozialen und politischen Leben heißen könnte.

Wenn die Selbstidentität als moralische Grundnorm angenommen wird, dann ist nämlich keineswegs ein bloß subjektives Prinzip im Sinne individueller Willkür gesetzt. Die Subjektivität dieses Prinzips ist unvermeidbar, zumal das Verhalten und Handeln unhintergehbar subjektiv bleibt. Aber die bestimmte Art der gebote-

[37] ebd.: Mader, J.: Moral, Philosophie und Wissenschaft. Problem der Ethik in Tradition und Gegenwart, a. a. O. S. 201

[38] ebd.: Mader, J.: Moral, Philosophie und Wissenschaft. Problem der Ethik in Tradition und Gegenwart, a. a. O. S. 204 (Herv. HPS)

nen Selbstidentität garantiert die im Verhalten und Handeln überhaupt mögliche Objektivität: Das Individuum soll mit sich selbst, aber vermittelt über das je andere Individuum, über die Gemeinsamkeit mit ihm und die Gegenseitigkeit in dieser identisch sein. Dieses Identischsein wird zudem mit unbedingtem Anspruch, es zu sein, vom Individuum erfahren. Ohne die Intention auf die Verwirklichung der konkreten Selbstidentität in jeder Situation, in allen Lebensbezügen, ist letztlich keine Kontinuität im Leben, keine innere Ganzheit einer Lebensgeschichte für das Individuum, aber auch kein friedliches Leben in den verschiedenen Weisen des Gemeinsamseins möglich. Jede sich bewährende menschliche Solidarität basiert auf ihr."[39]

Folglich muß eine rein materiale Wertethik gegenüber der Fundamentalität der Phänomene wie Gewissen, Gesinnung und Selbstidentität zurücktreten[40], denn „... jede tatsächliche herrschende Lebensform impliziert Wertvorstellungen ..."[41], die geschichtlich bedingt sind.[42]

Das derzeit herrschende – sowohl reale als auch wissenschaftliche – Wirtschaftsverständnis wirft unweigerlich die Frage auf, ob sich nicht Fehler, die in der Vergangenheit bereits als solche aufgezeigt wurden, in der Gegenwart wiederholen; wird das Gewissen im Hinblick auf eine gesamtgesellschaftliche globale Verantwortung hinreichend wahrgenommen? Zahlreiche Beobachter vermeinen, dies verneinen zu müssen.

1.1 Konsequenzen gesamtgesellschaftlicher Änderungen für die Ökonomie

Spätestens Ende der Achtzigerjahre des 20. Jh. schien nach dem Zusammenbruch der Staaten des "real existierenden Sozialismus" die Überlegenheit des marktwirtschaftlichen Systems nicht nur als Wirtschafts- sondern auch als komplexes Gesellschaftssystem hinreichend bewiesen und außer Diskussion gestellt zu sein.

Es schien sich mehr um eine eher akademische Frage zu handeln, ob auf Sicht die in Kontinentaleuropa etablierte (Öko)-Soziale Marktwirtschaft oder der Neoliberalismus anglo-amerikanischer Prägung die bessere Marktwirtschaft sei.

Die Finanzkrisen Japans wurden zum größten Teil mit einer lokalen Überhitzung des Immobilien- und Bankensektors erklärt, die VR China installierte im Süden des Landes erfolgreich eine Sonderwirtschaftszone nach marktwirtschaftlichen Prinzipien, die Schwellenländer der ASEAN-Gruppe verzeichneten ein exorbitan-

---

[39] ebd.: Mader, J.: Moral, Philosophie und Wissenschaft. Problem der Ethik in Tradition und Gegenwart, a. a. O. S. 204f

[40] vgl., ebd.: Mader, J.: Moral, Philosophie und Wissenschaft. Problem der Ethik in Tradition und Gegenwart, a. a. O. S. 138f

[41] ebd.: Mader, J.: Moral, Philosophie und Wissenschaft. Problem der Ethik in Tradition und Gegenwart, a. a. O. S. 140

[42] vgl., ebd.: Mader, J.: Moral, Philosophie und Wissenschaft. Problem der Ethik in Tradition und Gegenwart, a. a. O. S. 140

tes Wirtschaftswachstum und selbst eine so bedeutsame Störung der heilen Welt des Westens wie die Wirtschaftskrise Mexikos schien binnen kürzester Zeit mittels Finanzhilfen beherrschbar zu sein.

Marktwirtschaft, Deregulierung, Liberalisierung und - ein neues Schlagwort - "Globalisierung" traten ihren Siegeszug rund um die Welt an.

Die Industriestaaten wandten ihr Interesse in erheblichem Maße der wirtschaftlichen Entwicklung der neu entstandenen Märkte der Transformationsstaaten zu und erwarteten sich dort relativ bald "blühende Landschaften". Mit der Auflage zur Errichtung von demokratischen und marktwirtschaftlichen Gesellschaftsordnungen in den RGW-Nachfolgestaaten wurden seitens der westlichen Industrieländer und internationaler Organisationen Milliardenbeträge als Wirtschaftshilfe in diese Länder gepumpt, die wirkungslos versickerten, während peu à peu die gewaltigen Umweltsünden der Vergangenheit hervorkamen; der Verfall der Rohstoffpreise auf den Weltmärkten trug zusätzlich zum Zusammenbruch der Volkswirtschaften der GUS-Staaten bei.

Für die Industriestaaten machte sich in der Folge die stotternde Wirtschaftsentwicklung durch das Abhandenkommen der erwarteten potentiellen Abnehmer für ihre Produkte ebenfalls negativ bemerkbar, was heute auf Grund dadurch vermehrt notwendig gewordener Rationalisierungsmaßnahmen in steigenden Arbeitslosenzahlen zum Ausdruck kommt.

Die fehlende Kaufkraft der Arbeitslosen und die, das Budget erheblich belastenden Mittel für deren soziale Mindestabsicherung drücken auf die Binnenkonjunktur der Industriestaaten.

Innerhalb eines Jahrzehnts war somit der Traum eines grenzenlosen Wirtschaftswachstums und die absolute Machbarkeit im Bereich des Wirtschaftens ausgeträumt.

Ja, selbst der lange Zeit außer Diskussion stehende „Generationsvertrag" erzeugt neuerdings Mißtrauen – insbesondere bei der jungen Generation. Dieses Mißtrauen hat für den deutschen Klimaforscher und Bundestagsabgeordneten Ernst Ulrich von Weizsäcker seine Berechtigung. Das Zutrauen in die ältere Generation verschwindet, sie wird als egoistisch wahrgenommen. „Ich orte eine neue Grundstimmung bei den Jugendlichen: Die Generation der Alten frißt uns unsere Zukunft weg."[43] Seiner Ansicht nach ist dieser Vorwurf berechtigt: „Die Alten haben den Generationenvertrag gebrochen und müssen ihn wieder einlösen", so Weizsäcker.[44] Der Gedanke des Generationenvertrags sei einfach: Die jetzige Generation zahlt ein, die frühere, die bereits eingezahlt hat, wird ausbezahlt. Und wenn die jetzige Generation dran ist, wird auch sie ausbezahlt. „Dieser Vertrag ist aber seit

---

[43] Weizsäcker, E. U.: zit. in: KURIER. Unabhängige Tageszeitung für Österreich, Nr. 262 vom 21.09.2000, S. 33

[44] ebd.: Weizsäcker, E. U.: zit. in: KURIER. Unabhängige Tageszeitung für Österreich, Nr. 262 vom 21.09.200, S. 33

etwa 20 Jahren ins Rutschen gekommen“, so Weizsäcker.[45] Die meisten europäischen Staaten müßten Schulden machen, um die Zuzahlungen noch leisten zu können. „Und damit brechen sie den zweiten Generationenvertrag, da künftige Generationen diese Schulden bezahlen müssen.“[46] Als Lösung werde das Wirtschaftswachstum genannt. „Und damit wird auch noch der dritte, der ökologische Generationenvertrag gebrochen“, sagt Weizsäcker.[47] Denn das Wachstum der Wirtschaft gehe derzeit auf Kosten der Natur. „Damit alle Menschen so wie wir Deutschen leben könnte, bräuchten wir vier Erden. Wir haben aber nur die eine“, so der Klimaforscher.[48]

Weil nunmehr die effizienten Kräfte und Ressourcen mit der Bewältigung der wirtschaftlichen Probleme erheblich gebunden sind, ist es nicht verwunderlich, daß Themen wie Entwicklungshilfe, Entschuldung der LIC und Umweltschutz trotz der Warnungen des Club of Rome und der Erkenntnisse - u.a. der Rio-Konferenz - in den Industriestaaten zu Nebenthemen degenerierten. Doch auch in den weniger entwickelten Ländern (Schwellenländer, LIC) blieb der erhoffte Fortschritt aus mannigfaltigen Gründen aus.

In den Brennpunkt der Kritiker gelangten in zunehmendem Maße die TNC's zu deren Gegenspielern sich vorwiegend die NGO's als Stakeholder - ein Begriff der in der Folge noch hinreichend zu klären sein wird - etablieren. Ihre Argumente wider den heute das Wirtschaftsleben unter dem Aspekt der Globalisierung bestimmenden Neoliberalismus erinnern oftmals an die altbekannte Dialektik, mit der der Marxismus-Leninismus und zuletzt die "Frankfurter Schule" den Kapitalismus generell kritisierten.

Aber nicht bloß die NGO's und die eingangs angeführten, äußerst auflagenstarken, "Antiglobalisierungs-Bücher" sowie die Medien kritisieren die gegenwärtige Entwicklung der Wirtschaft insgesamt. Auch einer der bekanntesten Wissenschafter des deutschen Sprachraums auf dem Gebiet der Wirtschaftsethik, Peter Ulrich, wirft stellvertretend für zahlreiche Intellektuelle die Frage auf, ob bzw. wieweit der von ihm ordnungsethisch als unerläßlich angesehene Primat der Politik vor dem Markt überhaupt noch besteht.[49] "Die rasch voranschreitende Globalisierung der Märkte und damit des Wettbewerbs, (...) stellt die Souveränität der staatlichen Politik in einem bisher unbekannten Mass in Frage. Gleichsam schlagartig scheint der Nationalstaat als «Ort» und Instanz der Ordnungspolitik heute abzudanken."[50]

---

[45] ebd.: Weizsäcker, E. U.: zit. in: KURIER. Unabhängige Tageszeitung für Österreich, Nr. 262 vom 21.09.200, S. 33

[46] ebd.: Weizsäcker, E. U.: zit. in: KURIER. Unabhängige Tageszeitung für Österreich, Nr. 262 vom 21.09.200, S. 33

[47] ebd.: Weizsäcker, E. U.: zit. in: KURIER. Unabhängige Tageszeitung für Österreich, Nr. 262 vom 21.09.200, S. 33

[48] ebd.: Weizsäcker, E. U.: zit. in: KURIER. Unabhängige Tageszeitung für Österreich, Nr. 262 vom 21.09.200, S. 33

[49] vgl.: Ulrich, P.: Integrative Wirtschaftsethik, a. a. O. S. 377

[50] ebd.: Ulrich, P.: Integrative Wirtschaftsethik, a. a. O. S. 377

Ulrich sieht auch den seit dem 2. Weltkrieg in weiten Teilen Westeuropas bestehenden Sozial- und Wohlfahrtsstaat gefährdet und führt weiter aus: "Dieser sah seine Aufgabe vor allem in der sozialpolitischen, zunehmend aber auch der umweltpolitischen Einbindung der Marktdynamik. Trotz weiterhin steilen Einkommens- und Vermögensverteilungen (sic!) galt die alte soziale Frage in diesen Wohlfahrtsgesellschaften im Prinzip als gelöst, was dem überwiegenden Bevölkerungsteil eine zumindest bescheidene Teilhabe am volkswirtschaftlichen Wohlstand erlaubte und, verbunden mit den Aussichten auf stetiges Wirtschaftswachstum und eine analoge Bewältigung der ökologischen Frage, der real existierenden Marktwirtschaft auch die Zustimmung der überwältigenden Bevölkerungsmehrheit gesichert hat.

Nun aber ist in wenigen Jahren fast alles anders geworden: Stetiges Wachstum gilt nicht mehr für die Realeinkommen (sic!), sondern nur noch für die Arbeitslosigkeit; Umverteilung findet weniger von den wohlhabenden zu den schlechtergestellten Schichten als nunmehr nachweislich (sic!) in umgekehrter Richtung statt. (...) Die Zwei-Drittel-Gesellschaft ist im Begriff zur Tatsache zu werden. (...) Auch der politische Wille zur ökologischen Reform der Marktwirtschaft ist (...) nahezu erlahmt.

Statt dessen lauten die politisch tonangebenden Schlachtrufe nun: Deregulierung, Privatisierung und «mehr Markt», Senkung der «zu hohen» Sozialstaatskosten und «schlanker Staat», «Revitalisierung» und «Leistung muss sich wieder lohnen» - und das alles zum Zweck der Wahrung oder Wiedergewinnung der «internationalen Wettbewerbsfähigkeit», angeblich um dann auf den Weg über steigende Unternehmensgewinne und Wirtschaftswachstum *letztlich* «neue Arbeitsplätze» zu schaffen. Es herrscht nämlich ein gnadenloser globaler «Standortwettbewerb» um kapitalkräftige und investitionswillige Firmen, die den Menschen Erwerbsarbeit und der öffentlichen Hand die angesichts leerer Staatskassen dringend benötigten Steuereinnahmen bringen sollen."[51]

Im übrigen bringt Ulrich, zwar wissenschaftlich aufbereitet aber nicht minder ideologisch präformiert, ähnliche Argumente vor, wie die zuvor genannten Autoren und verurteilt die neoklassische Außenhandelstheorie sowie deren Orientierung an einer utilitaristischen "diffusen Gemeinwohlfiktion"[52], die Verteilungs- und Gerechtigkeitsaspekte ausblendet und sich in Richtung des Palöoliberalismus des vorigen Jahrhunderts rückentwickelt.[53] Die Globalisierung wirkt laut Ulrich "... doppelt, sowohl von aussen als auch von innen, auf das tendenzielle Ende der «volkswirtschaftlichen» Wirtschaftspolitik hin. (...) Die «innenpolitische»Seite (...) wird oft nicht genügend beachtet: (...) Die grossen, weltweit tätigen Unternehmen werden buchstäblich zu transnationalen Firmen, zu «heimatlosen Gesel-

[51] ebd.: Ulrich, P.: Integrative Wirtschaftsethik, a. a. O. S. 377f
[52] ebd.: Ulrich, P.: Integrative Wirtschaftsethik, a. a. O. S. 379
[53] vgl., ebd.: Ulrich, P.: Integrative Wirtschaftsethik, a. a. O. S. 380

len», deren betriebswirtschaftliche Interessen in keiner Weise mehr an volkswirtschaftliche Interessen der Bürger eines Staates gebunden sind."[54]
Sie sind auf Grund ihres globalen Agierens nur mehr geringfügig an einer kaufkräftigen Binnennachfrage interessiert und vernachlässigen folglich in zunehmendem Maße die volkswirtschaftlichen Kreislaufzusammenhänge.
Ulrich mißtraut in erheblichem Maße der regulierenden Wirkung der Smith'schen "unsichtbaren Hand" im sich globalisierenden Markt, sowie der Freihandelsdoktrin[55] des Neoliberalismus und wirft aus ethischem Blickwinkel die Frage auf, ob ein legitimer Geltungsanspruch des Gewinnprinzips als oberste Norm für unternehmerisches Handeln überhaupt gegeben ist bzw. ob die Sachzwanglogik der wirtschaftlichen Gegebenheiten und des Marktes nicht kapitalistische Ideologie bedeutet.[56]
Auch kirchennahe Wissenschafter wie der Theologe Hans Küng kritisieren das blinde Vertrauen in die Selbstregulierungskräfte der Märkte:
"Die Kräfte von Angebot und Nachfrage führen nicht automatisch zum Gleichgewicht: die Marktanalyse kann die Moral nicht ersetzen."[57] "Und bedürfte nicht gerade der Markt des Rechts und des Ethos als Ergänzung und Korrektiv?"[58]
Neuerdings kommt Kritik an der gegenwärtigen Entwicklung des Wirtschaftsgeschehens - insbesondere im Umgang mit den Schwellen- und Entwicklungsländern - nicht mehr bloß aus dem Lager der Kirchen und linkem Gedankengut folgenden Ideologen.
Sogar prominente, häufig selbst ins Schußfeld der Kritiker geratende, Akteure - die sogar Vorreiter "kapitalistischen" Wirtschaftens sind - befürchten auf Grund der zunehmenden internationalen Verflechtung der Wirtschaftsbeziehungen ein Übergreifen der Finanzkrisen Fernosts, Rußlands und Brasiliens auf weitere emerging markets und deren Rückfall auf das Niveau von Entwicklungsländern.
So forderte sogar der häufig als Spekulant und Mitverursacher von Währungskrisen angeprangerte Finanztycoon George Soros anläßlich des Weltwirtschaftsforums in Davos (Jänner 1999) ein radikales Umdenken und Reformen des "globalen Kapitalismus"; sonst drohe letztlich auch den wirtschaftlichen Machtzentren - Europa und den USA - eine gewaltige Krise.[59]
Breiter Konsens herrschte bei diesem Treffen führender Wirtschaftsgrößen der Welt übrigens über eine lange Liste von Fehlern, die für die Finanzkrisen 1997/98 verantwortlich gemacht werden - ohne entsprechende Konsequenzen nach sich zu ziehen. In den Gesprächen erkannte man folgende Faktoren als Ursache:

---

[54] Ulrich, P.: Integrative Wirtschaftsethik, a. a. O. S. 381
[55] vgl., ebd.: Ulrich, P.: Integrative Wirtschaftsethik, a. a. O. S. 381
[56] vgl., ebd.: Ulrich, P.: Integrative Wirtschaftsethik, a. a. O. S. 397ff
[57] Küng, H.: Projekt Weltethos. 4. Auflage April 1988. München 1990, S. 27
[58] ebd.: Küng, H.: Projekt Weltethos, a. a. O. S. 31
[59] vgl.: Soros, G.: zit. in: KURIER. Unabhängige Tageszeitung für Österreich, Nr. 30 vom 30.1.1999, S. 17

- Die massive Korruption in vielen Ländern, die insbesondere Klein- und Mittelbetrieben das Leben schwer macht, aber auch ausländische Investoren frustriert und vertreibt.
- Bei Rußland kommt die massive Kriminalität dazu.
- Unzulängliche Insolvenzgesetze verhindern, daß ungesunde Firmen rechtzeitig von der Szene verschwinden.
- Wildwest in der Bankenlandschaft, wo die rechtlichen Regelungen zum Beispiel in Hinblick auf Reserven, Sicherheiten oder Kontrollen oft völlig unzureichend sind.
- Unzureichendes Wissen vieler Investoren über ihre Schuldner führt zu hektischen Überreaktionen, wenn es erste Krisensignale gibt. Die Gläubiger hindert das vor allem daran, zwischen Ländern mit vernünftiger und unvernünftiger Politik zu unterscheiden.
- Ein unterentwickeltes, zu langsames oder korruptes Gerichtssystem in zahlreichen Staaten.
- Viele emerging markets, also jene Staaten, die sich erst vor wenigen Jahren aus der Gruppe der Entwicklungsländer herausgearbeitet haben, haben mit kurzfristig zurückzuzahlenden Krediten langfristige Investitionen finanziert.
- Die Budgetdefizite in vielen Ländern sind zu hoch.
- Die Kapitalflucht von Bürgern der betreffenden Länder hat sich oft noch als weit gefährlicher erwiesen als das spekulative Vorgehen mancher Devisenhändler und Anleger.
- Starre Währungskurse verhindern ein rechtzeitiges flexibles Nachgeben. Im Laufe der Zeit führt das zu völlig unrealistischen Kursen, die dann beim Ausbrechen der hektischen Panik binnen weniger Tage zusammenbrechen - nachdem die jeweiligen Notenbanken noch Devisenmilliarden beim vergeblichen Versuch, die Währung zu stützen, verloren haben.
- Der amerikanische Druck auf Japan, den Yen deutlich aufzuwerten (Plaza Agreement), was zu der seit sieben Jahren anhaltenden japanischen Krise geführt hat. Als dritter Motor der Weltwirtschaft (neben Amerika und Europa) ist Japan ausgefallen.
- Einige Male - etwa in Thailand - hat auch der Weltwährungsfonds durch zu strenge Sanierungsauflagen die Dinge noch verschlimmert.
- Überhitztes Wachstum, das zu vielen unrentablen Projekten geführt hat.[60]

Ins Kreuzfeuer der Kritiker kommen auch immer wieder global wirkende Institutionen wie IWF und Weltbank, obwohl dem IWF insgesamt von einer knappen

[60] vgl.: Unterberger, A.: "N" wie Nationalismus, a. a. O.

Mehrheit der Teilnehmer des Weltwirtschaftsforums in Davos ein überraschend gutes Zeugnis ausgestellt wird.[61]
Nach Meinung von James D. Wolfensohn, dem seit 1995 amtierenden Präsidenten der Weltbank kann die bloße Konzentration auf wirtschaftliche Fakten und Finanzhilfen bei der Krisenbewältigung "ohne begleitende soziale und strukturelle Maßnahmen nicht von Erfolg gekrönt [sein]. Um das Vertrauen der internationalen Investoren zu gewinnen, seien neben Handels-, Fiskal- und Geldpolitik auch ein funktionierendes Rechtssystem, Abbau der Korruption und die Schaffung eines Sozialsystems von zentraler Bedeutung. In der Entwicklungspolitik sei ein generelles Umdenken gefordert, der menschliche Faktor müsse stärker beachtet werden. Wichtig seien Verbesserungen in den Bereichen Bildung, Gesundheitssystem, Infrastruktur und Umwelt. Die jüngsten Finanzkrisen seien in erster Linie Krisen der betroffenen Menschen. (...)
Trotz gewisser Fortschritte bei der Bekämpfung der Armut werde die Kluft zwischen Arm und Reich ständig größer. Das beste wirtschaftliche Hilfsprogramm wird keinen Erfolg haben, wenn es in dem betroffenen Land kein funktionierendes Rechtssystem und eine korrupte Regierung gibt,"[62] betonte Wolfensohn.

1.2 Zum Begriff der Globalisierung

Die Globalisierung der Umwelt, globale Klimakatastrophe, globale Wirtschaft, Globalisierung als Auslöser der Arbeitslosigkeit in Europa, "global players", globale Kriminalität ...

Das Wort Globalisierung gehört zur Zeit zu den Modewörtern der Medien. Es ist fast unmöglich geworden eine Zeitung aufzuschlagen oder ein Magazin zu lesen, ohne auf den Begriff Globalisierung zu stoßen.

---

[61] vgl.: Unterberger, A.: "N" wie Nationalismus, a. a. O.
Eine Schlüsselrolle in der Entwicklungshilfepolitik kommt der UNO-Sonderorganisation "Weltbank" zu. Sie steht ganz besonders im Spannungsfeld zwischen ethischem Sollen und ökonomischen Sachzwängen, denn genau genommen ist die Bezeichnung "Bank" für diese Organisation gar nicht zutreffend: sie ist keine gewinnorientierte Kommerzbank, sondern eine Gruppe von Institutionen der Vereinten Nationen. Die wichtigste ist die Internationale Bank für Aufbau und Entwicklung (International Bank for Reconstruction and Development, IBRD). Alle haben ihren Sitz in Washington. Zunächst unterstützte die Gruppe den Wiederaufbau in Europa nach dem Zweiten Weltkrieg. Dann wandte sie sich der Förderung der Wirtschaft in den heute 181 Mitgliedsländern zu. Eine ihrer wesentlichen Aufgaben liegt in der Vergabe zinsfreier Kredite an die ärmsten Länder der Welt. Der Internationale Währungsfonds (IWF) ist ebenso eine rechtlich selbstständige UN-Organisation wie die Weltbank und hat seinen Sitz auch in Washington. Ziel des seit 1947 tätigen Fonds ist die Förderung stabiler Wechselkurse zwischen den Währungen der 182 Mitgliedsländer. Diese unterstützt er auch in heiklen wirtschaftlichen Situationen (Krisen in Mexiko, Asien und Russland) mit günstigen Krediten. Österreich ist in allen Gremien als Vollmitglied vertreten.

[62] Wolfensohn, J. D.: Zit. in: Wiener Zeitung, Nr. 29 vom 12./13.2.1999, S. 1

Die wirtschaftliche Entwicklung der Welt vor Augen erscheinen "Globalisierung" bzw. neuerdings "Globalität" als Schlagworte, die man heute ständig und in den verschiedensten Zusammenhängen antrifft. Produkte, Märkte, Unternehmen, Branchen und ganze Volkswirtschaften werden mit diesen Modeworten belegt, welche niemand genau definieren, geschweige denn messen kann. Als Konsequenz sind die Vorstellungen, die mit der Verwendung der Begriffe verbunden sind, ganz unterschiedlicher Natur. Auch fehlt ein Nachweis oder eine Messung der Intensität der Globalisierung bzw. sind die verwendeten Meßgrößen uneinheitlich.[63]
Dabei erscheint die Globalisierung der Wirtschaft eine unausweichliche Entwicklung zu sein, die den weltweiten Finanz- und Industrienetzwerken eine nie dagewesene Entscheidungsgewalt und Macht über das Schicksal von Millionen Menschen in aller Welt in die Hand gibt.[64] "Die Globalisierung der Kapitalströme war bisher das Herzstück der wirtschaftlichen Globalisierung".[65]
Nahezu gleich oft wird der Begriff der Internationalisierung, synonym für die Globalisierung verwendet. Was aber ist unter dem Begriff der Globalisierung, und was unter der Internationalisierung zu verstehen?

Eine Unzahl offener Fragen, auf die nur schwerlich eine befriedigende Antwort erwartbar zu sein scheint, steht in diesem Zusammenhang im Raum.

Bedeutet Globalisierung nur weltumspannend, oder verbirgt sich hinter der Globalisierung eine viel weiter gehende Verbindung und Verflechtung von Wirtschaft, Umweltveränderung und Kultur? Geht der Begriff der Globalisierung gar über die genannten Bereiche hinaus und erfaßt alle unsere Lebensräume?
Jedenfalls kann man davon ausgehen, daß „Globalisierung“ als eine umfassende, keineswegs nur als technisch-ökonomische, sozialkulturelle, mentale oder religiöse Entwicklung zu sehen ist, sondern als zentraler Vorgang, als ein „Zeichen unserer Zeit“, das unsere volle Aufmerksamkeit, Unterscheidungsbereitschaft, Kreativität und Gestaltungsanstrengung verlangt.[66]
Was haben wir von der Globalisierung und der Internationalisierung der Wirtschaft zu erwarten? Ist sie Chance oder Gefahr für die Menschheit, die Umwelt, die Wirtschaft?

---

[63] vgl.: Steger, U.: Globalisierung verstehen und gestalten, in: Steger, U. (Hrsg.): Globalisierung der Wirtschaft. Konsequenzen für Arbeit, Technik und Umwelt. Ladenburger Diskurs, Heidelberg 1996, S. 18

[64] vgl.: Gruppe von Lissabon (Hrsg.); Übers. Colon, V.: Grenzen des Wettbewerbs. Die Globalisierung der Wirtschaft und die Zukunft der Menschheit. München 1997, S. 18

[65] ebd.: Gruppe von Lissabon (Hrsg.); Übers. Colon, V.: Grenzen des Wettbewerbs, a. a. O. S. 54

[66] vgl.: Renöckl, H.: Katholische Wirtschaftsethik vor den Herausforderungen der Globalisierung, in: Pribyl, H.; (Hrsg.): Shareholder-value, Wirtschaftswachstum, Einkommens- und Vermögensverteilung im Lichte christlicher Wirtschaftsethik. Wien – Tarnów 2000, S. 95f

Aus der unterschiedlichen Verwendung der Begriffe findet nur die wörtliche Übersetzung von "global", das sich aus dem lateinischen Wort GLOBUS (Kugel) ableitet und soviel wie "weltumspannend, umfassend, und allgemein" bedeutet,[67] allgemeine Akzeptanz.

Darauf aufbauend wird oft versucht, Definitionen der Globalisierung, je nach Interessensgebiet oder wissenschaftlichem Standpunkt zu finden. Die Unschärfe des Begriffes bezieht sich nicht nur auf den Alltagsgebrauch; auch die Wissenschaften bemühen sich erfolglos um eine allgemeingültige, umfassende Definition. So wird häufig Globalisierung mit Internationalisierung gleichgesetzt, als deren Oberbegriff ebenso wie als deren Voraussetzung angesehen oder im dynamischen Sinn einer Entwicklungsqualität verwendet.

Gablers Wirtschaftslexikon definiert "Globalisierung" als "Form der internationalen Strategie einer grenzüberschreitend tätigen Unternehmung, bei der Wettbewerbsvorteile weltweit mittels Ausnutzung von Standortvorteilen und Erzielung von economies of scale aufgebaut werden sollen".[68]

Mit dieser Definition ist aber nur der wirtschaftliche Aspekt der Globalisierung und das nur unzureichend dargelegt.
Globalisierung hat nicht nur eine ökonomische Dimension sondern darüber hinaus

- Züge eines Kulturkampfes ('westlicher Individualismus' gegen 'asiatischen Kollektivismus')
- bewirkt sie neue Konsummuster, Arbeitsorganisationen und institutionelle Voraussetzungen
- neue Polaritäten zwischen hocheffizienten, global operierenden Unternehmen und lokal 'zurückgebliebenen' Organisationen (einschließlich staatlicher Verwaltungen).[69]

Einen weiteren Ansatz zur Definition des Begriffes "Globalisierung" zeigen McGrew und Lewis. Nach deren Vorstellung bezieht sich Globalisierung auf die Vielfältigkeit der Verbindungen und Querverbindungen zwischen Staaten und Gesellschaften, aus denen das heutige Weltsystem besteht; sie beschreibt den Prozeß, durch den Ereignisse, Entscheidungen und Aktivitäten in einem Teil der Welt bedeutende Folgen für Individuen und Gemeinschaften in weit entfernt liegenden Teilen der Welt haben.
Globalisierung besteht aus zwei verschiedenen Phänomenen: Reichweite (oder Ausbreitung) und Intensität (oder Vertiefung). Auf der einen Seite definiert der Begriff eine Reihe von Prozessen, die den größten Teil des Planeten umfassen

---

[67] vgl.: Went, R.: Ein Gespenst geht um ... Globalisation. Eine Analyse. Zürich 1997, S. 15
[68] Gablers Wirtschaftslexikon. 13. Auflage, Bd. 3, Wiesbaden 1993, S. 1383
[69] vgl.: Steger, U.: Globalisierung verstehen und gestalten, a. a. O. S. 5

oder die weltweit wirksam sind; das Konzept hat daher eine räumliche Komponente. Auf der anderen Seite bedeutet er auch eine Intensivierung der Interaktionen, Querverbindungen und Interdependenzen zwischen Staaten und Gesellschaften, die die Weltgemeinschaft bilden. Daher geht die Ausbreitung mit einer Vertiefung einher.[70]
"Weit davon entfernt, nur ein abstraktes Konzept zu sein, benennt Globalisierung eines der bekannteren Charakteristiken modernen Lebens. (...) Selbstverständlich bedeutet Globalisierung nicht, daß die Welt politisch geeinter, ökonomisch integrierter oder kulturell homogener wird. Globalisierung ist ein in sich hochgradig widersprüchlicher Prozeß, sowohl was seine Reichweite als auch die Vielfältigkeit seiner Konsequenzen angeht."[71]

Aber nicht nur Wirtschaftswissenschafter versuchen eine Definition von ihrem Standpunkt aus zu geben; so definiert umfassender die Systemtheorie Globalisierung als "eine zunehmende weltweite Verflechtung und Beschleunigung von Wirkbeziehungen, die in mehreren gesellschaftlichen Subsystemen gleichzeitig stattfindet (Wirtschaft, Ökologie, Politik, Medien etc.)."[72]

Wie weitgehend Globalisierung verstanden werden muß zeigen auch die Überlegungen der Gruppe von Lissabon. Nach deren Meinung sind "drei Spezialbereiche der Globalisierung (...) von so besonderem Interesse, daß sie einer vertieften Analyse unterzogen werden sollten:

- die Migrationsproblematik,
- die Auswirkungen auf die Arbeitsorganisation (im weiteren Sinne) und
- die internationale Kooperation im Handelsbereich"[73].

Sie differenziert in der Folge die Globalisierungsprozesse in mehrere Bereiche:

- "die Globalisierung der Finanzen,
- die Globalisierung der Märkte und Marktstrategien, besonders des Wettbewerbs,
- die Globalisierung der Technologie und des mit ihr verbundenen Wissens sowie der Forschung und Entwicklung,
- die Globalisierung von Lebensformen und Konsumverhaltens sowie des kulturellen Lebens,
- die Globalisierung von Regierungs- und Steuerungsmöglichkeiten,
- die Globalisierung als politisches Zusammenwachsen der Welt

[70] vgl.: McGrew, A. M.; Lewis, P.: Globalisation and the Nation States. Cambridge 1992, S. 22
[71] ebd.: McGrew, A. M.; Lewis, P.: Globalisation and the Nation States, a. a. O. S. 22
[72] Müller, U.: Systemtheorie - ein interdisziplinärer Ansatz zum Verständnis von Globalisierung, in: Steger, U. (Hrsg.): Globalisierung der Wirtschaft. Konsequenzen für Arbeit, Technik und Umwelt. Ladenburger Diskurs, a. a. O. S. 59
[73] Gruppe von Lissabon (Hrsg.); Übers. Colon, V.: Grenzen des Wettbewerbs, a. a. O. S. 48

- die Globalisierung der Wahrnehmung und des Bewußtseins."[74]

Einig scheinen sich die meisten Wissenschafter jedoch darin zu sein, "daß Globalisierung ein vielschichtiges Phänomen ist, über dessen konkrete Ausgestaltung, Stoßrichtung und Wirkung auf politische und gesellschaftliche Systeme wir bislang nur bedingt Aussagen treffen können."[75] Erst in etwas fernerer Zukunft wird es möglich sein, die Entwicklung der Globalisierung in einer Rückschau zu betrachten und ihre Auswirkungen darzulegen.

Der Begriff "Globalisierung" ist daher selbst wirtschaftlich auf die unterschiedlichsten Bereiche anzuwenden.[76] So läßt sich die Globalisierung

- der Finanzmärkte,
- der Märkte allgemein,
- der Technologie,
- der Forschung und Entwicklung
- und des Arbeitsprozesses

feststellen. Diese Globalisierungstendenzen lassen sich unter der Bezeichnung der "Globalisierung der Wirtschaft" zusammenfassen.
Weiters läßt sich die Globalisierung auf

- kulturelle Aspekte des Lebens,
- politische Dimensionen
- und persönliche Wahrnehmungen,
- sowie ihre Auswirkungen auf unsere Umwelt sinnvoll anwenden.

Allen diesen Bereichen ist die Reichweite und die Intensität ihrer Beziehungen in umfassender, d. h. weltumspannender Dimension zuzuschreiben.
Des weiteren ist der Aspekt der Vereinheitlichung und der weltweiten Standardisierung allen genannten Globalisierungstendenzen gemein.

Gesichert scheint die Erkenntnis zu sein, daß Einigkeit in den Ausmaßen der Globalisierung dahingehend besteht, daß diese zumindest über die nördliche Hemisphäre wirksam ist.
Die Auswirkungen der ökonomischen Globalisierung hingegen können derzeit bloß in Umrissen abgeschätzt werden, da sie bisher lediglich Teilbereiche der Wirtschaft erfaßt hat.

---

[74] Gruppe von Lissabon (Hrsg.); Übers. Colon, V.: Grenzen des Wettbewerbs, a. a. O. S. 48

[75] Kohler-Koch, B.: Politische Unverträglichkeiten von Globalisierung, in: Steger, U. (Hrsg.): Globalisierung der Wirtschaft. Konsequenzen für Arbeit, Technik und Umwelt. Ladenburger Diskurs, a. a. O. S. 109

[76] vgl.: Sewera, S.: Die Auswirkungen der Globalisierung / Internationalisierung aus betriebswirtschaftlicher Sicht auf Klein/Mittelunternehmen (KMU) - die Tigerstaaten Südostasiens als Beispiel der Chancen für KMU. Dissertation an der Universität Graz 1998, S. 14

"Auf der makro-ökonomischen Ebene lassen sich Internationalisierung (als Zustand wie Prozeß), Regionalisierung und Globalisierung unterscheiden. Internationalisierung dient als Oberbegriff für die Zunahme der weltwirtschaftlichen Verflechtung bzw. Integration durch den internationalen Handel sowie die Bewegungen von Arbeit, Kapital und Know-how zwischen den einzelnen Volkswirtschaften. Regionalisierung meint (...) die Verdichtung zwischen Nationen, die meist geographisch benachbart sind (wie NAFTA oder EU)."[77]

Demnach zeichnet sich die Globalisierung besonders augenfällig durch Großräumigkeit aus. Globale Aktivitäten greifen weit über den unmittelbaren Lebensraum der Akteure hinaus und sind quasi weltumspannend. Historisch betrachtet waren wirtschaftliche Tauschbeziehungen in der 'zivilisierten' Welt immer schon weltumspannend: Die eigene zivilisatorische Überlegenheit bestand bloß darin, daß man es vermochte, den Handel mit den 'Barbaren' gezielt zu organisieren und gewinnbringend für die eigene - bereits arbeitsteilig organisierte - Wirtschaft einzusetzen.[78] Was unterscheidet nun die Globalisierung von heute von der Globalisierung in der Vergangenheit?

Die Bedeutung der gegenwärtigen Globalisierung und ihrer Auswirkungen liegt darin begründet, "daß Globalisierung mehr Faktoren[79] umfaßt, als in früheren Entwicklungsstadien beobachtbar war[en], und daß sich dadurch unser gesamtes soziales und institutionelles Gefüge tiefgreifend verändern wird."[80]

Daneben ist die rapide Entwicklung in der Kommunikations- und Informationstechnologie als bedeutender Antrieb der Globalisation hervorzuheben. "Ob nun die Entwicklung der neuesten Kommunikationstechnik die Globalisierung der Finanzmärkte 'produzierte' oder durch die zunehmende Verflechtung derselben eine neue Kommunikationstechnologie erst geschaffen wurde ist dabei nicht wirklich festzustellen."[81]

"So kann das Fazit gezogen werden, daß die durch den technologischen Wandel eröffneten neuen Handelsoptionen eine Voraussetzung und einen Anstoß für Globalisierung geben. Sie stimulieren bei vielfältigen Akteuren das Interesse, diese

---

[77] Steger, U.: Globalisierung verstehen und gestalten, a. a. O. S. 6

[78] vgl.: Kohler-Koch, B.: Politische Unverträglichkeiten von Globalisierung, a. a. O. S. 88

[79] Diese sind u. a. der explosionsartige Anstieg des Welthandels, die internationale Investitionstätigkeit, die Zunahme des Kapitalverkehrs, die Öffnung der Grenzen und die bedeutenden Unternehmensallianzen weltweit, und nicht nur die Fixierung auf Lohnrelationen und Steuersätze.

[80] Steger, U.: Globalisierung verstehen und gestalten, a. a. O. S. 4

[81] Sewera; S.: Die Auswirkungen der Globalisierung, a. a. O. S. 24

Handelsoptionen auch zu nutzen und dementsprechend die rechtlichen und soziopolitischen Rahmenbedingungen anzupassen."[82]

Demzufolge besteht Globalisierung zu einem nicht geringen Teil auch in der Erweiterung des Horizonts der Möglichkeiten, unter dem Entscheidungen gleich welcher Art getroffen werden können. Als globalisierungstreibende Kräfte, die die internationalen Märkte spürbar verändert haben, sind deren Homogenisierung mit weltweit ähnlich agierenden Konsumenten, die steigenden Forschungsaufwendungen und die durch Erfahrungs- und Degressionseffekte verkürzten Produktlebenszyklen[83] augenscheinlich hervorgetreten.

Es besteht weitgehend Konsens darüber, "daß Außenbeziehungen erst in der Phase der Industrialisierung jenen Grad gesellschaftlicher Wichtigkeit (...) erreichten, der die Trendwende zur heutigen Globalisierung auslöste."[84] Vor allem die zunehmende Intensivierung der wirtschaftlichen Verflechtungen und die ökonomischen Entwicklungen "seit dem Zweiten Weltkrieg [stellen einen weiteren Meilenstein in der Entwicklung der Globalisierung] dar. Sie zeigt sich in ganz unterschiedlichen Ausprägungen, wie z.B. als Migration von Arbeitskräften, Austausch von Gütern und Dienstleistungen, Direktinvestitionen und Technologietransfer in Form von Lizenzen."[85]

Der wirtschaftliche Trend zur Globalisierung läßt sich aufgrund des rasanten Anstiegs des Welthandels in den letzten 20 Jahren deutlich erkennen. "Seit den 80er Jahren ist der Welthandel spürbar expandiert und zusätzlich haben die internationale Investitionstätigkeit und der Kapitalverkehr drastisch zugenommen. Doch an welcher Stelle dieser quantitativen Veränderungen ist jener Qualitätssprung eingetreten, der eine neue Ära, nämlich die der Globalisierung eröffnet hat?"[86] (siehe Tabelle 1)
Dieser Qualitätssprung könnte seinen Auslöser in der Öffnung der Grenzen "auch für Kapitalströme jeder Art"[87] gehabt haben. Die dadurch "ermöglichte Auswei-

[82] Kohler-Koch, B.: Politische Unverträglichkeiten von Globalisierung, a. a. O. S. 98
[83] vgl.: Meffert, H.: Wettbewerbsstrategische Aspekte der Globalisierung - Status und Perspektiven der länderübergreifenden Integration, in: Haller, M. (Hrsg.) u.a.: Globalisierung der Wirtschaft - Einwirkungen auf die Betriebswirtschaftslehre. Stuttgart - Wien 1992, S. 23
[84] Kohler-Koch, B.: Politische Unverträglichkeiten von Globalisierung, a. a. O. S. 88
[85] Germann, H.; Rürup, B.; Setzer, M.: Globalisierung der Wirtschaft: Begriff, Bereiche, Indikatoren, in: Steger, U. (Hrsg.): Globalisierung der Wirtschaft. Konsequenzen für Arbeit, Technik und Umwelt. Ladenburger Diskurs, a. a. O. S. 19
[86] Kohler-Koch, B.: Politische Unverträglichkeiten von Globalisierung, a. a. O. S. 89
[87] Korte, H.; Mättig, L.: Individualisierung und Globalisierung, in: Steger, U. (Hrsg.): Globalisierung der Wirtschaft. Konsequenzen für Arbeit, Technik und Umwelt. Ladenburger Diskurs, a. a. O. S. 120

tung der Wirtschaftsbeziehungen hat dazu geführt, daß die ökonomische wie soziale Globalisierung eine neue Dynamik bek[am]."[88]

Tabelle 1: Veränderung des Welthandels[89]

Jahr	Mrd. US-Dollar
1938	22,7
1948	57,5
1958	128,6
1963	154,6
1968	239,7
1970	313,4
1972	417,1
1974	843,3
1981	1853,9
1985	1780,3
1986	1928,6
1990	3430,2
1992	3754,9
1993	3779,7
1995	4475,0

Ein weiterer Auslöser war sicherlich das Phänomen der strategischen Unternehmensallianzen; sie nahmen "... in den 80er Jahren explosionsartig zu. Diese Entwicklung ist bei den auf neuen Technologien basierenden Industrien (Computerindustrie, Telekommunikation) besonders ausgeprägt, aber im Prinzip sind alle Bereiche betroffen."[90]

So gab es bereits im Jahre 1993 2141 internationale Fusionen und Übernahmen, 1994 schon 2553. Die Tendenz war weiter steigend[91] und führte in der jüngsten Zeit zu Firmenzusammenschlüssen einiger Branchengiganten, die aufgrund ihrer Wirtschafts- und Finanzkraft als "Mammutfusionen" anzusehen sind - die transnationalen Unternehmen (z.B. Daimler/Chrysler oder ganz besonders im Bankensek-

[88] ebd.: Korte, H.; Mättig, L.: Individualisierung und Globalisierung, a. a. O. S. 120

[89] Tabelle: Die Entwicklung des Weltaußenhandels (Exporte f. o. b.) 1938 - 1995 in Mrd. US-Dollar. Quelle: International Monetary Fund, International Financial Statistics, versch. Ausgaben.

Die Tabelle zeigt die Entwicklung des weltweiten Außenhandels von 1938 bis 1995. Wobei die Zahlen für 1995 nur einer Schätzung entsprechen. Dabei ist in der Zeit von 1938 bis 1968 alle zehn Jahre eine Verdopplung des Außenhandels festzustellen. In den nächsten 5 Jahren verdoppelte sich der Außenhandel erneut, um bis 1981 nahezu zu explodieren. In den nächsten zehn Jahren verdoppelte sich der Wert erneut.

[90] Gruppe von Lissabon (Hrsg.); Übers. Colon, V.: Grenzen des Wettbewerbs. Die Globalisierung der Wirtschaft und die Zukunft der Menschheit, a. a. O. S. 60

[91] Kath, J.: Global Marketing. Die WeltMarkt Revolution, München 1995, S. 20

tor). "Die Globalisierung der Gütermärkte wäre nicht ohne die transnationalen Unternehmen möglich, die in den vergangenen Jahrzehnten durch ihre zunehmenden grenzübergreifenden Aktivitäten zur immer engeren Verflechtung nationaler und großregionaler Märkte beigetragen haben."[92]

Unterschiedlich zu den historischen Vorläufern des heutigen Internationalisierungsprozesses zeichnet sich die derzeitige Verflechtungstendenz der Volkswirtschaften durch eine neue Qualität - die globale Dimension der Verflechtung der Kapital-, Güter- und Dienstleistungsmärkte aus.[93]

1.2.1 Internationalisierung

In der Unterscheidung zwischen Internationalisierung und Globalisierung lassen sich ebenso Definitionen der Globalisierung finden, die Internationalisierung als Oberbegriff der Globalisierung ansehen wie auch solche, die die Internationalisierung als Voraussetzung für die Globalisierung betrachten.
Wieder andere stellen Globalisierung als einen Vereinheitlichungsprozeß dar, während die Internationalisierung als Ziel die Präsenz in allen Ländern der Welt hat.

Ein Beispiel für die Ansicht, daß Internationalisierung als Oberbegriff der Globalisierung zu verstehen ist, liefert Ulrich Steger: "Unter der Internationalisierung als Oberbegriff versteht man die wirtschaftliche Verflechtung und die daraus resultierende Interdependenz verschiedener Länder und ihrer Wirtschaftssubjekte in unterschiedlichen Bereichen und Ausmaßen. Internationalisierung bezeichnet sowohl einen Zustand als auch einen Prozeß."[94]
Steger geht damit auf die Verflechtung der Länder und der Wirtschaftssubjekte ein und sieht diese verstärkte Vernetzung als Zeichen der Internationalisierung, als dynamischen Prozeß, der keineswegs als abgeschlossen bezeichnet werden kann. Steger grenzt den Begriff der Internationalisierung in keiner Weise ein und läßt damit Raum für die Aufnahme der Globalisierung als einen Unterbegriff seiner Definition.

Internationalisierung kann jedoch nicht nur als Oberbegriff, sondern auch als ein der Globalisierung vorausgehender Prozeß gesehen werden: Internationalisierung als Voraussetzung für die Möglichkeit der Globalisierung. Für diese Interpretation muß die Internationalisierung als Aktion der Nationen gesehen werden.

---

[92] Fieten, R.; Friedrich, W.; Lageman, B.: Globalisierung der Märkte - Herausforderung und Option für kleine und mittlere Unternehmen, insbesondere Zulieferer, in: Schriften zur Mittelstandsforschung. Nr. 73 NF. Institut für Mittelstandforschung, Bonn 1997, S. 12

[93] vgl., ebd.: Fieten, R.; Friedrich, W.; Lageman, B.: Globalisierung der Märkte - Herausforderung und Option für kleine und mittlere Unternehmen, insbesondere Zulieferer, a. a. O. S. 85

[94] Steger, U.: Globalisierung verstehen und gestalten, a. a. O. S. 24

So schreibt die Gruppe von Lissabon:
"Die Internationalisierung von Wirtschaft und Gesellschaft geht von Nationen als Akteuren aus. Eine bedeutende Rolle spielen hierbei die staatlichen Behörden. Sie lenken und kontrollieren den Austausch durch monetäre Instrumente, die Steuer- und Fiskalpolitik, durch Ausgaben der öffentlichen Hand sowie die Festlegung von Normen und Standards."[95]

Als Gegensatz zur Internationalisierung "- in deren Rahmen der Nationalstaat seine grundlegende Funktion als Bezugsgröße und Machtquelle erhalten konnte - setzt die Globalisierung den von der Multinationalisierung begonnenen Prozeß fort, nämlich die Entstehung des globalen Unternehmens als den Schlüsselakteur in Wirtschaft und Gesellschaft."[96]

Hier zeigt sich die nachstehend näher zu behandelnde Frage der "global players": Globale Unternehmen als Schlüsselakteure übernehmen mehr und mehr die Rolle der Nationalstaaten.

Auch die internationale Kooperation stellt eine Voraussetzung für die Globalisierung dar. So umfaßt der Begriff "alle Formen der internationalen Zusammenarbeit von Unternehmen; diese können einseitig, d. h. die Kooperation zielt nur in eine Richtung, oder wechselseitig sein. Die Möglichkeiten der Zusammenarbeit liegen im Handel und Vertrieb, in der technischen Zusammenarbeit, im Technologietransfer und der gemeinschaftlichen Forschung und Entwicklung oder auch auf der Managementebene."[97]

Vorreiter für einen hohen Grad an Internationalisierung waren die Finanzmärkte, die zur Zeit auch hinsichtlich der Globalisierung eine Schlüsselposition einnehmen.[98]

1.2.2 Regionalisierung

Regionalisierung ist einerseits eine "kleine Globalisierung", in dem Sinne, daß der Zusammenschluß einiger Regionen eine Vereinheitlichung der Märkte und Produkte erfährt, andererseits eine Untergruppe der Internationalisierung in dem Sin-

---

[95] Gruppe von Lissabon (Hrsg.); Übers. Colon, V.: Grenzen des Wettbewerbs. Die Globalisierung der Wirtschaft und die Zukunft der Menschheit, a. a. O. S. 45

[96] ebd.: Gruppe von Lissabon (Hrsg.); Übers. Colon, V.: Grenzen des Wettbewerbs. Die Globalisierung der Wirtschaft und die Zukunft der Menschheit, a. a. O. S. 99

[97] Germann, H.; Rürup, B.; Setzer, M.: Globalisierung der Wirtschaft: Begriffe, Bereiche, Indikatoren, a. a. O. S. 32

[98] vgl., ebd.: Germann, H.; Rürup, B.; Setzer, M.: Globalisierung der Wirtschaft: Begriffe, Bereiche, Indikatoren, a. a. O. S. 27

ne, als die Internationalisierung als Voraussetzung der regionalen Verflechtung angesehen wird, somit eine weitere intensive Verbindung regionaler Strukturen.

Andererseits ist die Regionalisierung auch als Gegenbewegung zur Globalisierung zu betrachten, wenn es durch sie gelingt regionale kulturelle Unterschiede deutlicher hervorzuheben um so neue Formen der internationalen Zusammenarbeit zu verwirklichen.

Manche Autoren sehen die Bedeutung der Regionalisierung als stärkere Betonung der lokalen und regionalen Unterschiede sowohl der Kulturen, als auch der Märkte.[99]
So vertritt beispielsweise der Ladenburger Diskurs die Meinung, daß die Regionalisierung die einzige Chance ist, der als Bedrohung angesehenen Globalisierung, zu begegnen:
"Eine andere Strategie, Globalisierung zu gestalten, besteht in der Regionalisierung von Wirtschaftsräumen und Gesellschaften. Interpretiert man die gegenwärtigen Entwicklungen richtig, so scheint sich Regionalisierung momentan als Strategie durchzusetzen, um den negativen Effekten von Globalisierung zu begegnen. Auch die Debatte um den Einfluß kultureller Faktoren im Prozeß der Globalisierung weist in diese Richtung."[100]

Andererseits wird als Regionalisierung häufig die Verflechtung von Nationen oder auch kleineren Regionen in unterschiedlichen Staaten mit oft gemeinsamer Vergangenheit oder Sprache - zumeist geographisch benachbart - bezeichnet. Dabei wird nicht nur eine wirtschaftliche Verbindung angestrebt, sondern als Nebeneffekt auch eine Stärkung der kulturellen Eigenart der Region erzielt, wobei die Größe der Region von kleinen überschaubaren Zusammenschlüssen, wie z. B. dem österreichischen, süddeutschen oder südtiroler Raum bis hin zu EU oder NAFTA reichen kann.

Diese Fragestellung ist u.a. gegenwärtig Gegenstand heftiger Auseinandersetzungen im Zuge der Vertiefungsbestrebungen der EU[101] und ruft vor allem die föderalistisch strukturierten Staaten auf den Plan.[102]

Auch der Zusammenschluß asiatischer Staaten in der ASEAN oder andere wirtschaftliche Kooperationen, die primär als wirtschaftliche Verbindungen geplant

---

[99] Sewera, S.: Die Auswirkungen der Globalisierung, a. a. O. S. 40f
[100] Kohler-Koch, B.: Politische Unverträglichkeiten von Globalisierung, a. a. O. S. 112
[101] vgl.: Neisser, H.: Das Dilemma der Subsidiarität, in: Habsburg, K. (Hrsg.): Europa bürgernah. Wien 1998, S. 29ff
[102] vgl.: Schüssel, W.: Subsidiarität in Europa, in: Habsburg, K. (Hrsg.): Europa bürgernah, a. a. O. S. 39f

sind, bedeuten eine Ausweitung der Regionalisierung, womit neben der wirtschaftlichen Stärkung der Region von den Regierungen der südostasiatischen Nationalstaaten eine Eindämmung der Amerikanisierung der asiatischen Gesellschaft erhofft wird. Die regionale Liberalisierung wird insoweit zugelassen, als sie der weltweiten Globalisierung nicht im Wege steht.[103]

Neben der Europäischen Union sind hier vor allem die APEC (die Asian-Pacific Economic Cooperation mit 17 Mitgliedern) und die NAFTA (USA, Mexiko, Kanada mit dem Ziel, diese Organisation in Hinkunft auf den gesamten Kontinent auszudehnen) zu benennen. Daneben bilden sich aber immer mehr regionale Zusammenschlüsse, die zu immer größeren Konglomeraten zusammenwachsen. Es zeigt sich, daß sich die Welt zunehmend in drei Regionen aufteilt: Europa, Asien, Amerika. Unübersehbar ist, daß innerhalb dieser drei Gruppen tiefgreifende Verflechtungen entstehen. So versucht Europa nach Asien ebenso wie nach Südamerika stärkere Handelsbeziehungen aufzunehmen. Die USA wiederum verbinden sich in der APEC mit den Staaten Südost- und Ostasiens, und Asien selbst versucht über Südafrika am afrikanischen Kontinent Fuß zu fassen.[104]

Zu zwei völlig voneinander getrennt wirkenden Begriffen gelangt man hingegen, wenn man die Globalisierung als den weltweiten Versuch, Produkte und Märkte zu standardisieren, definiert und die Regionalisierung als die Zusammenschlüsse einzelner Regionen, Staaten oder Länder ansieht, denn dann ist die Beeinflussung der beiden nur gering. Die Globalisierung setzt sozusagen eine weltweite Vereinheitlichung durch, während die Regionalisierung die nationalen und lokalen Eigenheiten in besonderer Weise fördert. Unter diesem Aspekt schließen sich die beiden Begriffe nicht nur nicht aus, sondern ergänzen sich sogar.[105]

Vor allem im Bereich der Triade (Europa, Asien und Amerika) beginnt sich neben der internationalen Verflechtung immer deutlicher eine Regionalisierung zu etablieren.

1.2.3 Multinationalisierung

"Auch in der Frage der Definition des Begriffes Multinationalisierung konnte keine einheitliche Auslegung gefunden werden. Ähnlich wie bei den Begriffen der Internationalisierung und der Regionalisierung werden auch Multinationalisierung

---

[103] vgl.: Arioli, S.: EG und EWR in einer Zeit der Globalisierung, in: Haller, M. (Hrsg.): Globalisierung der Wirtschaft - Einwirkungen auf die Betriebswirtschaftslehre. Stuttgart-Wien 1992, S. 19f

[104] vgl.: Sewera, S.: Die Auswirkungen der Globalisierung, a. a. O. S. 40

[105] vgl.: Sewera, S.: Die Auswirkungen der Globalisierung, a. a. O. S. 41

und Globalisierung oft miteinander verwechselt, bzw. der eine Begriff als Oberbegriff des anderen dargestellt."[106]

"Allgemeiner betrachtet bedeutet die Multinationalisierung der Gesellschaft, daß soziale Akteure (Universitäten, Zeitungen, Kirchen, Gewerkschaften) oder soziale Institutionen und Systeme (das Erziehungswesen, die Lebensformen und Wertsysteme) in der Lage sind, sich in anderen nationalen Kontexten zu etablieren und sie von innen her zu verändern, während sie ihre Eigenschaften bewahren."[107]

In engerem Sinne ist "die Multinationalisierung von Wirtschaft und Gesellschaft (...) vor allem durch den Transfer und die Verlagerung von Ressourcen, besonders Kapital, in geringerem Ausmaß auch der Arbeit, von einer Volkswirtschaft in die andere gekennzeichnet. (...) Deshalb ist Multinationalisierung - im Gegensatz zu Inter-nationalisierungsprozessen - häufig Gegenstand protektionistischer und kultureller bzw. politisch nationalistischer Reaktionen geworden."[108]

Die Multinationalisierung eines Unternehmens, das darangeht, durch den Aufbau von unabhängigen Auslandsgesellschaften den Markt aufgrund seiner lokalen Gegebenheiten zu erobern, kann auch als eine Vorstufe zur Globalisierung gesehen werden. Der Schwerpunkt liegt dabei in der lokalen Akzeptanz der Produkte auf dem lokalen Markt.[109]
Der Koordinationsaufwand innerhalb des Unternehmens bleibt trotz der unterschiedlichen Landes- und Unternehmenskultur am neuen Standort gering, da die Organisation - im Gegensatz zum globalen Unternehmen - so aufgebaut ist, daß jede Landesorganisation selbständig agiert. Die Muttergesellschaft stellt nur einen geringen Anspruch, bei lokalen Entscheidungen mitzureden. Selbst Forschungs-,

---

106 Sewera, S.: Die Auswirkungen der Globalisierung, a. a. O. S. 41

107 Gruppe von Lissabon (Hrsg.); Übers. Colon, V.: Grenzen des Wettbewerbs. Die Globalisierung der Wirtschaft und die Zukunft der Menschheit, a. a. O. S. 47

108 ebd.: Gruppe von Lissabon (Hrsg.); Übers. Colon, V.: Grenzen des Wettbewerbs. Die Globalisierung der Wirtschaft und die Zukunft der Menschheit, a. a. O. S. 46

109 Dabei ist der Übergang von einem Produkt eines multinationalen Unternehmens, das regional abgestimmt auf unterschiedlichen Zielmärkten verkauft hin zu einem globalen Produkt oft nur gradueller Natur. So kann ein Unternehmen für jeden Markt ein eigenes Produkt erzeugen, das genau auf den Zielmarkt zugeschnitten ist. Dadurch entspricht das Produkt genau den Kundenwünschen muß aber jeweils neu designt und konstruiert werden und ist somit teuer. Wird ein Produkt aber nur einmal konstruiert und danach in geringer Weise dem jeweiligen Markt angepaßt, so handelt es sich dabei bereits um ein globales Produkt. Die Anpassung kann dabei nach Kotler in einer der nachfolgenden Anpassungselementen stattfinden: Ausstattungselemente, Name, Kennzeichnung, Verpackung, Farben, Materialien, Preise, Absatzförderung, Werbethemen, Werbemedien oder der Ausführung der Werbung.
Vgl.: Kotler, P.; Bliemel, F.: Marketing-Management. Analyse, Planung Steuerung und Umsetzung. Stuttgart 1992, S. 604

Werbe- und Marketingstrategien werden von der jeweiligen Landesorganisation ausgearbeitet und durchgeführt. Darüber hinaus ist die Personalpolitik derart aufgebaut, daß mit umfassender heimischer Marktkenntnis eingesetzt werden und jedes Produkt auf die Kundenwünsche zugeschnitten und entsprechend der Kultur und dem Bedürfnis der Kunden entwickelt und vermarktet wird.
Die Erstellung von Tabellen, die die relative Größe multinationaler Konzerne anhand ihres Umsatzes bzw. ihrer Bilanzsumme in Relation zum BIP der Staaten veranschaulichen sollen, sind zumeist bereits bei Drucklegung durch die rasante tatsächliche Entwicklung der Internationalisierung - nicht zuletzt durch über Kontinente übergreifenden Fusionen (z.B. Daimler-Chrysler) - überholt.
Verallgemeinernd kann jedoch die Aussage getroffen werden, daß die relevanten Kennzahlen zur Messung der Wirtschaftskraft bei zahlreichen TNC's wesentlich höher liegen als jene der meisten Nationalstaaten der Welt.
Selbst so reiche Länder wie Singapur oder Kuwait werden problemlos von Multis überholt. Es entsteht somit für die Konzerne die Möglichkeit relativ eigenständig neben Territorialstaaten als Machtfaktor aufzutreten und ihre wirtschaftliche Größe zur Verbesserung ihrer Marktpositionen einzusetzen.

Wirtschaftlich betrachtet ist die Multinationalisierung der Versuch eines Unternehmens Auslandsgesellschaften aufzubauen, die in Entsprechung der lokalen Besonderheiten eigene Marktstrategien und Produktionsvarianten entwerfen.

1.2.4 Triadisierung

Als Triadisierung läßt sich die Tatsache bezeichnen, daß ein Großteil der heutigen Weltwirtschaft innerhalb der Gebiete Europa, Nordamerika und Südostasien abgehandelt wird.
Die als Globalisierung bezeichnete Tendenz der Vereinheitlichung der Kundenwünsche, Märkte und Produkte findet zur Zeit ebenso wie die Internationalisierung oder die Multinationalisierung fast ausschließlich im Bereich der Triade statt. Daher kann eigentlich nur von einer Rumpfglobalisierung gesprochen werden, oder von einer Globalisierung der Triade.
Dabei darf aber nicht übersehen werden, daß sich das Gebiet der Triade ständig weiter ausdehnt. Europa wird durch die Aufnahme der Oststaaten in die Europäische Union, die USA durch die Verbindungen mit Südamerika und Südostasien durch die Beziehungen zu Indien, Malaysia, und China in naher Zukunft zu einem zunehmenden größeren Wirtschaftsblock zusammenwachsen.[110]

Betrachtet man die Umsätze global tätiger Konzerne wie z.B. Sony, IBM oder Coca-Cola, wird man feststellen können, daß der größte Teil der Umsätze der Unternehmen in den Ländern der Triade erwirtschaftet wird.

---

[110] vgl.: Sewera, S.: Die Auswirkungen der Globalisierung, a. a. O. S. 51

Unter den 100 größten Industrieunternehmen der Welt, also den "Global Players" sind (Stand 1995) knapp über 40 US-Firmen, rund ein Drittel EG-Firmen und 15 Japaner. Etwa 90 der 100 führenden Multis kommen somit aus diesen drei Wirtschaftsräumen.[111]

Des weiteren wurden von den im letzten Jahrzehnt "weltweit von Firmen eingegangenen 1200 strategischen Kooperationsabkommen (...) 92 Prozent zwischen Unternehmen aus Japan, Westeuropa und Nordamerika abgeschlossen."[112] Insgesamt wird von Kritikern dieser Entwicklung behauptet, daß "das reichste Fünftel aller Staaten (...) über 84,7 Prozent des Weltbruttosozialprodukts bestimmt, seine Bürger wickeln 84,2 Prozent des Welthandels ab und besitzen 85,5 Prozent aller Inlandssparguthaben."[113]
Darauf aufbauend läßt sich feststellen, "daß die heutige Globalisierung (...) eine Rumpfglobalisierung ist. Triadisierung ist daher eine zutreffendere Bezeichnung der gegenwärtigen Lage (!) Triadisierung heißt, daß die technologischen, wirtschaftlichen und soziokulturellen Integrationsprozesse zwischen den drei entwickeltsten Regionen der Welt (...) durchgängiger, intensiver und bedeutender sind als die Integration zwischen diesen drei Regionen und den weniger entwickelten Ländern oder zwischen den benachteiligten Ländern untereinander."[114]
"Dabei spielt sich aber nicht nur eine Integration innerhalb der Triade ab, sondern in ebenso starker und umfassender Weise eine Regionalisierung der einzelnen Wirtschaftsblöcke. Japan gegen die USA, die USA gegen Europa usw. Jeder Wirtschaftsblock versucht seinen Wirtschaftsraum und sein Absatzgebiet gegen die anderen zu verteidigen. So gesehen steht die Regionalisierung gegen die Liberalisierung der Märkte."[115]

Die Globalisierung strategischer Allianzen in Forschung und Entwicklung ist gleichfalls eine Angelegenheit der Triade.[116] Auch das Wachstum des Welthan-

---

[111] Nimmt man z.B. Coca-Cola, so erzielt dieser Konzern über 30 % des Umsatzes in Europa, nochmals deutlich über 30 % in den USA und 20 % in Japan, die verbleibenden 10 % entfallen auf den Rest der Welt. Würde man davon noch den Anteil der Tigerstaaten abziehen, so würde wohl nur ein geringer Prozentsatz übrig bleiben, den der Konzern außerhalb der Triade erwirtschaftet.
Vgl.: Kath, J.: Global Marketing. Die WeltMarkt Revolution. München 1995, S. 139

[112] Gruppe von Lissabon (Hrsg.); Übers. Colon, V.: Grenzen des Wettbewerbs. Die Globalisierung der Wirtschaft und die Zukunft der Menschheit, a. a. O. S. 109

[113] Martin, H.-P.; Schumann, H.: Die Globalisierungsfalle, a. a. O. S. 47

[114] Gruppe von Lissabon (Hrsg.); Übers. Colon, V.: Grenzen des Wettbewerbs. Die Globalisierung der Wirtschaft und die Zukunft der Menschheit, a. a. O. S. 109

[115] Sewera, S.: Die Auswirkungen der Globalisierung, a. a. O. S. 48

[116] So gehen auch alle Globalisierungstendenzen von Unternehmen aus, die ihre Zentren der Willensbildung in den Ländern der Triade haben. Dies ist meist nicht ökonomisch begründet sondern historisch.

dels erfolgte in den vergangenen zwanzig Jahren primär innerhalb der Triadenblöcke und die Migrations- und Touristenströme weisen eindeutige Zielrichtungen auf.[117] Von einer wirklichen Globalisierung der Märkte und des Wettbewerbs wird man folglich erst in Zukunft sprechen können.

Abbildung 1: Weltwirtschaftsströme[118]

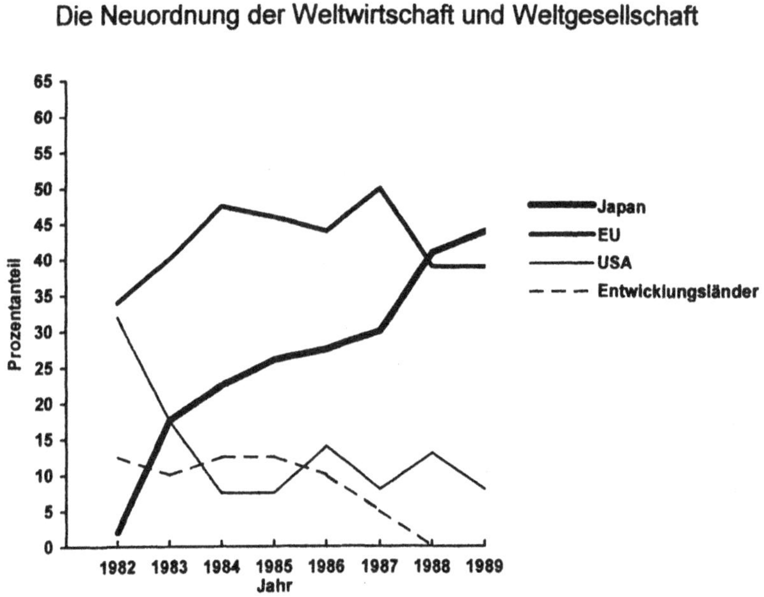

Internationale Kapitalströme nach ihrer Ursprungsregion
(ohne die Reserven und Operationen internationaler Organisationen)
Quelle: Daten des IWF

Vgl.: Hausschildt, J.: Globalisierung der Wirtschaft - Zur Rolle der Betriebswirtschaftslehre, in: Haller, M.; u. a. (Hrsg.): Globalisierung der Wirtschaft - Einwirkungen auf die Betriebs-wirtschaftslehre, a. a. O. S. 7

[117] vgl.: Kohler-Koch, B.: Politische Unverträglichkeiten von Globalisierung, a. a. O. S. 91

[118] Quelle: Gruppe von Lissabon (Hrsg.); Übers. Colon, V.: Grenzen des Wettbewerbs. Die Globalisierung der Wirtschaft und die Zukunft der Menschheit, a. a. O. S. 55.
Die oben angeführte Grafik zeigt die Entwicklung des Anteils einzelner Staaten bzw. Wirtschaftsräume an der Weltwirtschaft. Dabei ist deutlich der Aufstieg Japans zu erkennen, das in der Zeit von 1982 bis 1989 das Niveau Europas erreicht hat. Die Bedeutung der Entwicklungsländer ging in derselben Zeit deutlich zurück. Eine Tendenz die seitdem weiter angehalten hat.

Ein weiterer Indikator für die Triadisierung der Welt ist der Anteil der darin produzierten[119] und konsumierten High-Tech-Produkte. Dieser liegt bei 85 bis 90 Prozent. Der Rest entfällt auf die New Industrializing Countries. Alleine 85 % aller gemeldeten Patente wurden in den achtziger Jahren in nur fünf Ländern gemacht. USA, Japan, Deutschland, England und Frankreich.

1.2.5 Schematische Zusammenfassung

Wie zuvor ausgeführt, bedürfen die unter den Schlagworten "Globalisierung" bzw. "Globalität" aufgezeigten Entwicklungen einer differenzierten Betrachtungsweise. Global agieren lediglich einige wenige Wirtschaftsunternehmen wie z.B. Coca-Cola, vor allem aber viele Finanzdienstleister.

Den Finanzströmen kommt dank der rasanten Entwicklung der Computertechnik und deren effiziente Nutzung entgegen, daß sie sich dem, was in der Wirtschaftswissenschaft als wesentliches Kriterium für einen "Vollkommenen Markt" definiert ist, ständig mehr und mehr annähern: die nahezu vollkommene Information und die daraus resultierenden raschen Entscheidungsmöglichkeiten.

Im Einzelnen ist jedoch zu unterscheiden zwischen:[120]

- Internationalisierung
  Wirtschaftliche Verflechtung und die daraus reflektierende Interdependenz verschiedener Länder und ihrer Wirtschaftssubjekte über Ländergrenzen hinweg.
- Regionalisierung
  Wirtschaftliche Verbindung von Regionen und Staaten um einerseits lokale Unterschiede zu bewahren und andererseits eigene Absatzmärkte gegen andere Wirtschaftsblöcke zu verteidigen.
- Multinationalisierung
  Internationalisierung mit der Berücksichtigung lokaler Unterschiede und der sehr losen Verbindung einzelner lokaler Organisationen eines Unternehmens mit anderen lokalen Organisationen bzw. dem Mutterunternehmen.

[119] nach Kenichi Ohmae, sollte aus betriebswirtschaftlicher Sicht der eigentliche Zielmarkt global agierender Unternehmen die Triade sein. Sie ist nicht nur einer der am schnellsten wachsenden Märkte für die meisten Produkte, sondern auch ein weitgehend homogener Markt. Er rät den multinationalen Unternehmen mehr Ressourcen auf die Länder der Triade zu werfen. Seiner Meinung nach sollte ein multinationales Unternehmen langfristig strategische Allianzen mit Unternehmen eingehen um auf jedem Markt der Triade präsent zu sein. Dadurch würde man sich eine ausreichende Marktgröße erschließen. Gegen diese Vorstellung spricht aber die Tatsache, daß die Märkte der Triade zwar reich, aber gesättigt sind. Für manche Produkte wie Nahrungsmittel oder Kleidung tut sich auch im Bereich der Entwicklungsländer oder in den Schwellenländern ein großer Markt auf, der nicht zu vernachlässigen ist.
Vgl.: Ohmae, K.: Triade Power. Free Press, New York 1985, S. 9

[120] vgl.: Sewera, S.: Die Auswirkungen der Globalisierung, a. a. O. 52

- Triadisierung
  Wirtschaftliche Verflechtung der Regionen Europa, Nordamerika und Südostasien, in denen und innerhalb derer sich fast 90 % aller wirtschaftlichen Aktivitäten abspielen.
- Globalisierung
  Weltweite Vereinheitlichung und Standardisierung von Produkten, Märkten, Kundenwünschen und Werbestrategien, die zur Herausbildung eines einzigen globalen Marktes führt, bzw. zu Unternehmen, die die Welt als solchen sehen.

Unternehmen, die auf den Weltmärkten bestehen wollen, müssen auf Sicht jedoch auf Grund der Konkurrenzsituation ökonomische und politische Rahmenbedingungen optimal ausnutzen. Dabei kann es sich ein Unternehmen nur bedingt leisten auf nationale Interessen oder soziale Verhältnisse Rücksicht zu nehmen. Unter den globalen Bedingungen des Wettbewerbs ist die optimale, synergetische Nutzung der weltweiten Kapazitäten für das Bestehen des Unternehmens entscheidend. Das schnellste und innovativste Unternehmen ist der Gewinner.

Wie bereits ausgeführt, war und ist die Entwicklung der Globalisierung ein Prozeß, der mit vergrößerter Heftigkeit vor ca. 20 Jahren einsetzte, noch immer andauert und an Intensität zunimmt.[121]
Es stellt sich somit die Frage, ob es möglich und wünschenswert ist, Konzepte zu entwickeln, um die Globalisierung voranzutreiben bzw. anzuhalten, oder ob die Globalisierung ein, wie Udo Müller ausführt "weitgehend selbstorganisierter"[122] Prozeß ist?

Vorweg ist dazu festzuhalten, daß "die Globalisierung der Wirtschaft (...) nur ein, wenn auch der wichtigste Aspekt der Neuordnung der Welt und der Globalisierung der Angelegenheiten der Menschen"[123] ist. Darüber hinaus beinhaltet "Globalisierung" die Forschung, die Märkte, die Kultur, usw.

Die Entwicklung deutet darauf hin, daß die Globalisierung nicht mehr aufzuhalten ist, wodurch eine ganze Reihe von Fragestellungen nach Antworten verlangen:[124]

---

[121] vgl.: Gruppe von Lissabon (Hrsg.); Übers. Colon, V.: Grenzen des Wettbewerbs. Die Globalisierung der Wirtschaft und die Zukunft der Menschheit, a. a. O. S. 99

[122] Müller, U.: Systemtheorie - ein interdisziplinärer Ansatz zum Verständnis von Globalisierung, a. a. O. S. 65

[123] Gruppe von Lissabon (Hrsg.); Übers. Colon, V.: Grenzen des Wettbewerbs. Die Globalisierung der Wirtschaft und die Zukunft der Menschheit, a. a. O. S. 18

[124] Diese Tafel beruht auf Ruigrok, W. und Tulder, v. R.: The Ideology of Interdependence. Amsterdam 1993

Kategorie	Hauptelemente/-prozesse
Globalisierung von Finanzen und Kapitalbesitz	Deregulierung der Finanzmärkte, internationale Kapitalmobilität, Anstieg der Firmenverschmelzungen und -aufkäufe. Globalisierung des Aktienbesitzes in der Frühphase.
Globalisierung der Märkte und Marktstrategien	Weltweite Integration der Geschäftsabläufe, Etablierung integrierter Operationen im Ausland, (inkl. F&E und Finanzierung), globale Suche nach Komponenten und strategischen Allianzen.
Globalisierung von Technologie und der damit verbundenen Forschung und Entwicklung bzw. des Wissens	Technologie ist der Schlüsselfaktor; Die Entwicklung der Informationstechnologie und der Telekommunikation ermöglicht die Entstehung globaler Netzwerke innerhalb einer oder zwischen mehreren Firmen. Globalisierung als Prozeß der "Toyotisierung"/lean production.
Globalisierung von Lebensformen und Konsummustern sowie des Kulturlebens	Transfer und Transplantation der vorherrschenden Lebensweisen. Angleichung des Konsumverhaltens. Die Rolle der Medien. GATT-Regeln werden auf Kulturaustausch angewendet.
Globalisierung von Regulierungsmöglichkeiten und politischer Steuerung	Die reduzierte Rolle nationaler Regierungen und Parlamente. Versuche, eine neue Generation von Regeln und Institutionen für die globale Steuerung zu schaffen.
Globalisierung als politische Einigung der Welt	Staatenzentrierte Analyse der Integration der Weltgesellschaften in ein globales wirtschaftlich-politisches System unter Leitung einer Zentralmacht.
Globalisierung von Wahrnehmung und Bewußtsein	Sozio-kulturelle Prozesse, die sich am "Eine Welt"-Modell, der "globalistischen" Bewegung, dem Weltbürgertum orientiert.

Offen bleibt die Frage, ob die Globalisierung die Tendenz hat, sich entsprechend der Thesen der Chaostheorie zu entwickeln, oder in den eher geregelten Bahnen der Wirtschaftswissenschaft zu verlaufen, wobei die Wahrscheinlichkeit des Entstehens eines chaotischen Systems größer ist, da die immense Menge an unterschiedlichen, ineinandergreifenden Prozessen eine unkontrollierte Entwicklung fördert.[125]

[125] vgl.: Müller, U.: Systemtheorie - ein interdisziplinärer Ansatz zum Verständnis von Globalisierung?, a. a. O. S. 70

Nach Jürgen Hausschild verläuft die Globalisierung nach unterschiedlichen Präsenzmustern. Er spricht von der Produktpräsenz, der Produktionspräsenz, der Personalpräsenz und der Portefeuillepräsenz.

- Die Produktpräsenz verlangt vom Unternehmen mit seinen Produkten in nahezu jedem Land der Erde vertreten zu sein; sie ist hauptsächlich eine absatzpolitische Fragestellung.
- Die Produktionspräsenz geht mit der Absicht einher, eigene Produktionsstätten in anderen Ländern zu errichten, also Direktinvestitionen zu tätigen.
- Die Personalpräsenz stellt die menschliche Schnittstelle zwischen dem Stammhaus und den Auslandsniederlassungen dar, während
- die Portefeuillepräsenz die Nutzung lokaler Finanzierungsmöglichkeiten zum Ziel hat.[126]

Durch die Globalisierung der Märkte für Güter und Dienstleistungen wuchs allein zu Beginn der Neunzigerjahre das Welthandelsvolumen im Jahresdurchschnitt etwa fünfmal so schnell wie das Weltsozialprodukt. Die Globalisierung beschränkte sich dabei nicht nur auf das Wachstum des Welthandels, sondern führte und führt zu einer größeren Mobilität der Produktionsfaktoren Arbeit und Kapital. Vor allem der Kapitalverkehr hat sich in enormer Weise globalisiert. Der Umsatz der Devisenmärkte übertrifft heute den Welthandelsumsatz um das Siebzigfache.

Die Globalisierung der Weltwirtschaft verlangt von Verbrauchern und Unternehmern ein Mehr an Handlungs- und Wahlmöglichkeit. Die sich ergebenden Chancen können nur dann wahrgenommen werden, wenn sowohl die Politik, als auch die Wirtschaft rasch und entschlossen handeln.

Deregulierung, Entbürokratisierung, Bildung- und Forschungsoffensive und die Bereitschaft zu lebenslangem Lernen, sind aus der Sicht der Befürworter der Entwicklung die Voraussetzung, um die Chancen und Möglichkeiten der Globalisierung zu nutzen. Werden sie nicht wahrgenommen, so wandeln sich die Chancen zu Gefahren der Globalisierung. Diejenigen Nationalstaaten oder Volkswirtschaften, die schneller und entschlossener handeln, werden die Sieger im weltweiten Wettbewerb sein.

Auf eine Gefahr, aber auch Chance der Globalisierung soll hier nur hingewiesen werden: die Zunahme der Weltbevölkerung. Man schätzt, daß bis 2025 8 Milliarden Menschen auf der Erde leben werden - vor allem in unterentwickelten Ländern; das führt zu einer immensen Zunahme des Migrationsdruckes auf die industrialisierten Staaten und fördert die Zerstörung der noch ökologisch intakten Gebiete der Erde. Die unterentwickelten Länder sich selbst zu überlassen, ist die

[126] vgl.: Hausschildt, J.: Globalisierung der Wirtschaft - Zur Rolle der Betriebswirtschaftslehre, a. a. O. S. 6f

wohl fatalste Entscheidung. Der Globalisierung der Märkte muß die ökologische Dimension hinzugefügt werden, um diese zu erwartenden Probleme zu lösen.[127]

1.3 Zur Kritik an der sog. „Weltwirtschaft“

Die Kritik richtet sich mit dem Fortschreiten der Globalisierung vorwiegend gegen das Überhandnehmen des Gedankenguts des - das Wirtschaftsgeschehen bestimmenden - Neoliberalismus. Zumeist wirtschaftsferne Kreise wie Theologen, Naturwissenschaftler, Philosophen, Künstler usf. kritisieren unter Berufung auf eine nicht näher definierte Ethik fast alles, was gemeinhin unter Wirtschaft zu verstehen ist.
Auch viele kritische Argumente der NGO's sind über weite Strecken mit jenen der Autoren der Antiglobalisierungs-Bücher identisch. Ziel ihrer dialektischen Angriffe ist eine ihrer Ansicht nach weltweit nicht menschengerechte Wirtschaftspolitik, da es ihr generell an den fundamentalen Inhalten der Ethik mangelt. Obzwar der Neoliberalismus somit a priori als unsoziales Wirtschafts- und Gesellschaftssystem abgelehnt wird, gibt es weitergehende, spezielle Attacken gegen zahlreiche Entwicklungen der Marktwirtschaft, die zwangsläufig den Widerspruch jener herausfordern müssen, deren Denken unter den Vorzeichen des Sozialismus geformt wurde.
Obwohl die nachstehenden Ausführungen, die den eingangs erwähnten Antiglobalisierungs-Büchern entstammen, sich häufig auf die Entwicklung in der BRD - schließlich sind sie für den deutschen Büchermarkt geschrieben - beziehen, stehen sie stellvertretend für charakteristische dialektische und von einem differenzierten Verständnis der wirtschaftlichen Zusammenhänge geprägten Angriffe auf den Neoliberalismus im Allgemeinen.

Im Einzelnen werden demonstrativ und somit nicht erschöpfend - folgende Argumente vorgebracht:

- Die Spekulation hat sich durch den Abbau der Kapitalverkehrskontrollen zu einem weltweiten Casino entwickelt. Der Handel mit Derivaten, also mit Terminkontrakten auf künftige Preisveränderungen bei Waren, Aktien und Währungen hat es mit sich gebracht, daß sich die Finanzwelt von der Welt der Waren abgekoppelt hat.[128] 99 % der Währungsoptionen sind reine Spekulation auf künftige Zinsen und Wechselkurse.[129]

---

[127] vgl.: Genscher, H. D.: Globalisierung - Chance oder Gefahr? In: Heidelberger Club (Hrsg.): Globalisierung. Der Schritt in ein neues Zeitalter. Berlin 1997, S. 12f
[128] vgl.: Boxberger, G.; Klimenta, H.: Die 10 Globalisierungslügen, a. a. O. S. 16
[129] vgl., ebd.: Boxberger, G.; Klimenta, H.: Die 10 Globalisierungslügen, a. a. O. S. 3

- Die nationalen Notenbanken und Regierungen haben die Hoheit in der Währungspolitik längst an den internationalen Kapitalmarkt abgegeben und Anlageberater oder TNC's entscheiden über den Wechselkurs von Währungen.[130]

- Neoliberale und monetaristische Kräfte, die in der Zeit Reagens und Thatchers in den USA und in Großbritannien die Oberhand gewannen, haben sich stabilisiert und sorgten für eine drastische Kürzung von Sozialleistungen und Umweltstandards; die Schere zwischen Reich und Arm klafft deshalb nicht nur dort sondern auch in anderen Ländern immer weiter auseinander.[131]

- "Den entscheidenden Impuls in Richtung einer verschärften globalen wirtschaftlichen Konkurrenz erhielt die Freihandelsideologie durch den Zusammenbruch der sozialistischen Wirtschaftssysteme. Der Markt und mit ihm der Konkurrenzgedanke hatte gesiegt, jede alternative Wirtschaftsform ist dadurch bis auf weiteres diskreditiert worden und wird als utopisch verworfen. Heute müssen marktwirtschaftliche Wirtschaftssysteme nicht mehr beweisen, daß sie ebenso sozial sein können wie die sozialistischen Systeme, im Gegenteil: Der Markt ist zum Allheilmittel und zur Ersatzideologie nicht nur für die ehemaligen sozialistischen Staaten erklärt worden. Heute endet der Marktwettbewerb nicht mehr am Eisernen Vorhang, sondern ganz Osteuropa stöhnt unter den unsozialen Folgen eines ungezügelten Kapitalismus. Die bankrotten ehemals sozialistischen Staaten haben jedoch kein Geld, um ihrer Bevölkerung bei der Bewältigung von zwangsläufig auftretender Arbeitslosigkeit und Armut als Folge dieser Politik zu helfen. So bezahlen die Menschen in Osteuropa einen hohen Preis für ihre wiedergewonnene politische Freiheit und für Konsummöglichkeiten, die nur von einer Bevölkerungsminderheit wirklich genutzt werden können."[132]

- Vehemente Angriffe richten sich gegen die Marktwirtschaft generell, weil "(...) kaum ein Staat, egal ob Entwicklungsland, Industrienation oder ehemals sozialistisch, kann sich heute dem neoliberalen und monetaristischen Wettbewerbsdenken entziehen. Denn der Internationale Währungsfonds (IWF) und die Weltbank sind Institutionen, die neoliberales Denken bis in den entlegensten Winkel der Erde transportieren. Sie knüpfen die Vergabe von Krediten an Entwicklungsländer oder osteuropäische Staaten an neoliberale wirtschaftspolitische Maßnahmen: Abbau von Zöllen, Rückzug des

---

130 vgl., ebd.: Boxberger, G.; Klimenta, H.: Die 10 Globalisierungslügen, a. a. O. S. 16
131 vgl., ebd.: Boxberger, G.; Klimenta, H.: Die 10 Globalisierungslügen, a. a. O. S. 37
132 ebd.: Boxberger, G.; Klimenta, H.: Die 10 Globalisierungslügen, a. a. O. S. 38

Staates aus der Wirtschaft, Privatisierung von Staatsunternehmen, Grenzöffnung für Handel und Firmenbeteiligungen, Haushaltsdisziplin und Währungsstabilität. Weltweit wird diese Markt- und Freihandelsideologie gefördert, deren Segnungen nur in der Theorie bestehen und die für die betroffenen Gesellschaften mit erheblichen Gefahren verbunden ist."[133]

- der Neoliberalismus (und mit ihm die "Kapitalisten") ist die Ursache aller wirtschaftlichen Krisen, sei es die Mexikokrise 1994, die Asienkrise 1997/1998[134] oder die unbewältigte Krise Rußlands.

- die Finanzmärkte haben die Regierungen fest im Griff; IWF und Weltbank zwingen den Schuldnerstaaten - Opfer der Spekulation - ihre Kreditbedingungen auf.[135]

- Da Kapital quasi automatisch zu den besten Verwendungsmöglichkeiten fließt, findet ein Konkurrenzkampf der Volkswirtschaften statt. "Es findet ein Wettlauf um niedrigere Steuern, den Abbau von Sozialleistungen und Regulierungen im wirtschaftlichen Bereich statt. (...) Dieser Wettlauf nützt letztendlich nur den Besitzern von Geldvermögen ..."[136]

Demgemäß sind aus linker Sicht alle Argumente pro entsprechender Fruchtbarkeitsbedingungen der Wirtschaft reine Lügen kapitalistischer Ideologie:

- Das beginnt bereits damit (Lüge 1), daß die Globalisierung **nicht** unvermeidbar sondern ein politisches Projekt ist; die angestrebte Abschaffung von Handelshemmnissen ist lediglich zum Vorteil für die Unternehmen;[137]

- auch das Argument, der Sozialstaat sei zu teuer (Lüge 2) stimmt nicht, denn deren Finanzierungsprobleme sind nicht auf den - wie von Vertretern der Marktwirtschaft behauptet - Mißbrauch des Sozialstaates zurückzuführen sondern auf die - auf Grund der zunehmenden Arbeitslosigkeit - geringer anfallenden Beiträge zur Sozialversicherung,[138]

- die Neigung von Unternehmern aus Kostengründen Vollzeit- in Teilzeitarbeitsplätze umzuwandeln und

[133] Boxberger, G.; Klimenta, H.: Die 10 Globalisierungslügen, a. a. O. S. 39
[134] vgl., ebd.: Boxberger, G.; Klimenta, H.: Die 10 Globalisierungslügen, a. a. O. S. 40
[135] vgl., ebd.: Boxberger, G.; Klimenta, H.: Die 10 Globalisierungslügen, a. a. O. S. 48
[136] ebd.: Boxberger, G.; Klimenta, H.: Die 10 Globalisierungslügen, a. a. O. S. 49f
[137] vgl.: Boxberger, G.; Klimenta, H.: Die 10 Globalisierungslügen, a. a. O. S. 51ff
[138] vgl., ebd.: Boxberger, G.; Klimenta, H.: Die 10 Globalisierungslügen, a. a. O. S. 69ff

- einer fundamentalen Verteilungsungerechtigkeit auf Grund
    - zu niedriger Unternehmenssteuern,
    - der niedrigen Löhne in Deutschland,
    - des Ausschlusses von Arbeitern und Angestellten vom Wachstum des BSP
    - der Zinseinnahmen der reichen Mitbürger[139]
    - der Konzentration von Reichtum in den Händen weniger Kapitalisten und der Erbengeneration[140]

- ebenso ist das Argument falsch, daß die Globalisierung eine Chance zur Überwindung der Arbeitslosigkeit (Lüge 3) sei, solange
    - Unternehmensgewinne zu "... Investitionen, bei denen es um die Umsetzung vorhandener Rationalisierungsmöglichkeiten geht"[141] verwendet werden anstatt neue Arbeitsplätze zu schaffen, sondern vielmehr noch vorhandene aus Kostengründen anzuschaffen.[142]

    - Seitens der Aktionäre eine größtmögliche Rendite ihres eingesetzten Kapitals angestrebt wird, was die Unternehmen dazu zwingt, ihre Unternehmenspolitik zu Lasten sozialer Ziele lediglich auf die Maximierung des Shareholder value, also der Gewinnmaximierung für die Aktionäre, auszurichten.[143] Hohe Gewinnausschüttung bedeutet aber "... überhöhte Produktpreise für die Konsumenten und schlechtbezahlte Arbeiter in den Betrieben."[144]

---

139 vgl., ebd.: Boxberger, G.; Klimenta, H.: Die 10 Globalisierungslügen, a. a. O. S. 73ff
Besonders deutlich wird der Geist der Kritik bei der folgenden Passage erkennbar: "Die Zinseinnahmen unserer reichsten Mitbürger finanziert jeder einzelne Bundesbürger, und das auch, wenn er keine Schulden hat. Denn jeder muß tagtäglich für die Schuldzinsen des Staates und der Unternehmen geradestehen: der Steuerzahler, weil der Staat seinen Zinsverpflichtungen aus Steuereinnahmen nachkommt, und der Konsument, weil Unternehmen ihre Kapitalkosten genauso auf den Preis ihrer Produkte umlegen wie Personal- oder Materialkosten. Jeder Einkauf im Supermarkt wird gleichzeitig zum Sponsoring der Zinsgewinner. (!) (...) Heute arbeiten wir ein Vierteljahr nur für offene Zinszahlungen auf Geldkapital, anders gesagt: Ein Viertel unseres Einkommens fließt in die Taschen der Zinsgewinner. Werden zusätzlich die Erträge aus Sachkapital, wie beispielsweise Mieteinnahmen, berücksichtigt, so fließen durchschnittlich von 100 DM Ausgaben jedes Haushaltes 40 DM zu den Zinseinnehmern."

140 vgl., ebd.: Boxberger, G.; Klimenta, H.: Die 10 Globalisierungslügen, a. a. O. S. 75

141 Boxberger, G.; Klimenta, H.: Die 10 Globalisierungslügen, a. a. O. S. 80

142 vgl., ebd.: Boxberger, G.; Klimenta, H.: Die 10 Globalisierungslügen, a. a. O. S. 80

143 vgl., ebd.: Boxberger, G.; Klimenta, H.: Die 10 Globalisierungslügen, a. a. O. S. 81

144 ebd.: Boxberger, G.; Klimenta, H.: Die 10 Globalisierungslügen, a. a. O. S. 82

  - Monopolstellungen von Unternehmen zur Erzielung hoher Gewinne ausgenutzt werden[145]

- als 4. Lüge bezeichnen die Autoren die Behauptung, daß die Löhne in Deutschland zu hoch seien[146] und begründen dies - nicht zu Unrecht - damit, daß die Produktivität in Deutschland höher ist als in den meisten anderen Staaten der Welt. Wäre die DM nicht gegenüber anderen Währungen aufgewertet worden (sic!) könnten die Löhne ohne Wettbewerbsverlust sogar angehoben werden.[147]
  Dies hätte eine höhere Kaufkraft zur Folge und würde eine erhöhte Nachfrage indizieren. Da die Gewinnsituation der Großkonzerne blendend ist und das Bruttosozialprodukt enorme Zuwachsraten verzeichnet, sind offensichtlich die Arbeitnehmer bei kaum steigenden Löhnen seit Anfang der 80er Jahre "von den erwirtschafteten Wohlstandsgewinnen ausgeschlossen".[148] Durch die Globalisierung und der damit verbundenen theoretisch möglichen Verlagerung der Produktionsstätten ins Ausland mit niedrigeren Lohnkosten ist den Unternehmen ein Druckmittel in die Hand gegeben um "... Druck auf Löhne und Arbeitnehmerrechte auszuüben"[149] Obwohl Lohnverzicht keine Arbeitsplätze erhält oder neue schafft, wird die Angst vor Unternehmensverlagerungen von den Großkonzernen "... bewußt ausgenutzt, um durch Lohnsenkungen ihre Profitquote zu erhöhen"[150] und eine soziale Abwärtsspirale in Gang zu setzen.

- Auch das Argument der Wirtschaft, der Staat mische sich zu viel in die Wirtschaft ein (Lüge 5)[151] ist nicht stichhaltig, denn

  - erst die staatliche Rahmenordnung mit einem funktionierenden Sozialsystem und entsprechendem Verbraucherschutz ermöglicht marktwirtschaftlichen Wettbewerb und verhindert Monopole, Kartelle und ruinösen Wettbewerb.[152]

  - staatliche Subventionen sind entgegen der Ansicht des wertliberalen Zeitgeistes zur Entwicklung neuer Technologien, zur Struktur-

[145] vgl., ebd.: Boxberger, G.; Klimenta, H.: Die 10 Globalisierungslügen, a. a. O. S. 83
[146] vgl., ebd.: Boxberger, G.; Klimenta, H.: Die 10 Globalisierungslügen, a. a. O. S. 87
[147] vgl., ebd.: Boxberger, G.; Klimenta, H.: Die 10 Globalisierungslügen, a. a. O. S. 91
[148] Boxberger, G.; Klimenta, H.: Die 10 Globalisierungslügen, a. a. O. S. 93
[149] ebd.: Boxberger, G.; Klimenta, H.: Die 10 Globalisierungslügen, a. a. O. S. 94
[150] ebd.: Boxberger, G.; Klimenta, H.: Die 10 Globalisierungslügen, a. a. O. S. 95
[151] vgl., ebd.: Boxberger, G.; Klimenta, H.: Die 10 Globalisierungslügen, a. a. O. S. 95f
[152] vgl., ebd.: Boxberger, G.; Klimenta, H.: Die 10 Globalisierungslügen, a. a. O. S. 97

verbesserung, für den sozialen Wohnbau und zur Förderung von Firmengründungen unvermeidlich[153],

- die Privatisierung von Staatsunternehmen wie Telekom, Bahn oder Post, die auch soziale Aufgaben haben, "... z.B. die Gleichbehandlung von Menschen aus verschiedenen Regionen zu erreichen oder eine erschwingliche Grundversorgung im Bereich des Verkehrs oder der Kommunikation zu gewährleisten (...) stellt die Gewinnmaximierung über jedes soziale Ziel."[154] Überdies gehen mit der Privatisierung von Staatsbetrieben eine Steigerung der Arbeitslosigkeit und höhere Konsumentenpreise einher,[155]

- die Staatsquote (der Anteil aller staatlichen Ausgaben am BSP) ist seit mehr als 2 Jahrzehnten etwa gleichgeblieben und liegt in der BRD im Mittelfeld der wichtigsten Industrienationen; eine niedrigere Staatsquote ist ohnedies keine Garantie für ein höheres Wirtschaftswachstum,[156] und Staatsausgaben sind mitunter nicht nur sinnvoll, sondern häufig von der Wirtschaft für ihr Bestehen im globalen Wettbewerb sogar gefordert.[157]

- aber auch die Bürokratie bei Genehmigungsverfahren ist nicht nur im gesamtgesellschaftlichen Interesse sondern wird vielfach von Unternehmen sogar begrüßt, da "... nach Anhörung [der Öffentlichkeit] die Akzeptanz einer neuen Firma in der Bevölkerung wesentlich größer ist."[158]

- als Lüge 6 wird das Argument, die Auslandsinvestitionen zeigten, wie unattraktiv der Standort Deutschland[159] auf Grund zu hoher Löhne, zu unflexibler Arbeiter, eines zu stark regulierenden Staates und zu hoher Unternehmenssteuern sei, bezeichnet, denn:

  - Auslandsinvestitionen werden zumeist auf Grund strategischer Überlegungen wie z.B. zur Markterschließung, zur Umgehung von Zollbarrieren oder zur Vermeidung des Wechselkursrisikos getätigt und sichern sogar die heimischen Arbeitsplätze, weil Forschung

[153] vgl., ebd.: Boxberger, G.; Klimenta, H.: Die 10 Globalisierungslügen, a. a. O. S. 97
[154] Boxberger, G.; Klimenta, H.: Die 10 Globalisierungslügen, a. a. O. S. 98f
[155] vgl., ebd.: Boxberger, G.; Klimenta, H.: Die 10 Globalisierungslügen, a. a. O. S. 98
[156] vgl., ebd.: Boxberger, G.; Klimenta, H.: Die 10 Globalisierungslügen, a. a. O. S. 100ff
[157] vgl., ebd.: Boxberger, G.; Klimenta, H.: Die 10 Globalisierungslügen, a. a. O. S. 102
[158] ebd.: Boxberger, G.; Klimenta, H.: Die 10 Globalisierungslügen, a. a. O. S. 104
[159] vgl., ebd.: Boxberger, G.; Klimenta, H.: Die 10 Globalisierungslügen, a. a. O. S. 106

und Entwicklung in der Regel am heimischen Standort verbleiben.[160]

- o häufig sind Lohnkostenunterschiede, vor allem aber ein ruinöser Steuerwettbewerb bei der Suche einzelner Staaten nach ausländischen Investoren für die Standortwahl entscheidend. Wobei nicht selten lediglich Briefkastenfirmen zwecks Gewinnverlagerung errichtet werden.[161]

- o ein großer Teil des Auslandsengagements entfällt auf den bloßen Erwerb ausländischer Unternehmen, um diese als Konkurrenten auszuschalten und das Know-how der fähigsten Arbeitskräfte in den Dienst der eigenen Firma zu stellen,[162]

- o ausländische Kapitalbesitzer erwerben große Beteiligungen an deutschen Kapitalgesellschaften.[163]

- Auch das Argument "Der Euro nützt uns allen" (Lüge 7)[164] ist nur insoferne richtig, als die Volkswirtschaften enger mitsammen verbunden werden und für die Unternehmen die Währungsrisken und die Transaktionskosten wegfallen. Demgegenüber steht jedoch die Problematik

  - o attraktiverer und erleichterter Steuer- und Kapitalflucht,

  - o eines erhöhten Druckes auf das Sozialsystem von Staaten mit effizient ausgebauten Sozialleistungen,

  - o einer Schwächung von Ländern mit weniger produktiver Industrie, weil diese um konkurrenzfähig zu bleiben zu einer Senkung ihrer Produktionskosten gezwungen sind; "Kurzfristig ist das über Arbeitsplatzabbau, Lohnsenkungen und die Streichung von Sozialleistungen möglich. Die Verlierer (...) werden deshalb in den wirtschaftlich schwächeren Ländern (...) Arbeiter und Angestellte sein."[165]

---

160 vgl., ebd.: Boxberger, G.; Klimenta, H.: Die 10 Globalisierungslügen, a. a. O. S. 107f
161 vgl., ebd.: Boxberger, G.; Klimenta, H.: Die 10 Globalisierungslügen, a. a. O. S. 109
162 vgl., ebd.: Boxberger, G.; Klimenta, H.: Die 10 Globalisierungslügen, a. a. O. S. 109
163 vgl., ebd.: Boxberger, G.; Klimenta, H.: Die 10 Globalisierungslügen, a. a. O. S. 112ff
164 ebd.: Boxberger, G.; Klimenta, H.: Die 10 Globalisierungslügen, a. a. O. S. 116f
165 ebd.: Boxberger, G.; Klimenta, H.: Die 10 Globalisierungslügen, a. a. O. S. 119

- o des Wegfalls der Möglichkeit einer Währungsabwertung anstelle der zuvor genannten Maßnahmen und

- o somit eine Unterordnung der nationalen Regierungen unter Sachzwänge, die zu einer Nivellierung des Sozialniveaus auf einer wesentlich niedrigeren Ebene als bisher führen und die es den Großkonzernen ermöglichen verschiedene Regierungen auf Grund größerer Kostentransparenz gegeneinander auszuspielen.[166]

- o der Konvergenzkriterien, die zu rigorosen Sparmaßnahmen in den meisten Ländern führten. Neueinstellungen im Staatsdienst werden vermieden, Sozialleistungen gekürzt und Investitionen in Forschung und Bildung werden verringert.[167]

- o daß einzelne Staaten zur Erfüllung der Konvergenzkriterien zu statistischen Tricks greifen mußten[168],

- o daß Spannungen zwischen Staaten entstehen müssen, wenn sich eine Zentralbank lediglich an der Geldwertstabilität orientiert, während in einem anderen Land die Zentralbank geneigt wäre, ihre Regierung zur Arbeitsplatzsicherung mit der Inkaufnahme einer höheren Inflation zu unterstützen.[169]

- o daß den Hauptnutzen der Globalisierung die großen Industriekonzerne und die Banken haben, die schon bisher in der Lage waren, die Politiker unter Druck zu setzen.

- als Lüge 8 wird die Behauptung, "Großbritannien und die USA sind Vorbilder bei der Schaffung von Arbeitsplätzen und Wohlstand"[170] bezeichnet. Diese beiden Länder gelten auf Grund der Reduzierung der Arbeitslosenquote als Musterschüler neoliberaler Wirtschaftspolitik[171], doch erweist sich das Jobwunder der USA bei näherer Untersuchung nicht nachahmenswert, denn "es existieren niedrige Mindestlöhne, die Arbeitsverträge sind äußerst flexibel (hire and fire) und die soziale Absicherung ist minimal."[172] Vor allem aber sind die Zahlen nicht vergleichbar, denn die Ar-

[166] vgl.: Boxberger, G.; Klimenta, H.: Die 10 Globalisierungslügen, a. a. O. S. 120f
[167] vgl., ebd.: Boxberger, G.; Klimenta, H.: Die 10 Globalisierungslügen, a. a. O. S. 121f
[168] vgl., ebd.: Boxberger, G.; Klimenta, H.: Die 10 Globalisierungslügen, a. a. O. S. 128
[169] vgl., ebd.: Boxberger, G.; Klimenta, H.: Die 10 Globalisierungslügen, a. a. O. S. 128
[170] ebd.: Boxberger, G.; Klimenta, H.: Die 10 Globalisierungslügen, a. a. O. S. 131ff
[171] vgl.: Doering, D.: In: Das Parlament. Königswinter 8./15. August 97
[172] Boxberger, G.; Klimenta, H.: Die 10 Globalisierungslügen, a. a. O. S. 132

beitslosenstatistik der USA[173] wird nach anderen Kriterien erfaßt als in Europa. Darüber hinaus sind die neu geschaffenen Arbeitsplätze zumeist Billigjobs und selbst normale Jobs sind heute wesentlich geringer dotiert als vor 30 Jahren.[174] Lediglich amerikanische Vorstandsvorsitzende erhalten für ihre Arbeit mehr als ihre deutschen Kollegen.[175] "Auch das amerikanische Sozialgefüge kann (...) kaum ein erstrebenswertes Vorbild (...) sein."[176]
"Auch das britische Beispiel ist bei genauerer Betrachtung ebenso wenig Vorbild wie das amerikanische".[177] Die Entwicklung, die Margret Thatcher begann, ist in bezug auf "... Sozialabbau und Ausbeutung der Arbeiter noch gründlicher als der 'american way' verlaufen."[178]
Somit sind beide Länder "... eher ein warnendes Beispiel dafür, was neoliberale Wirtschaftspolitik in dieser extremen Ausprägung bedeutet: Destabilisierung der Gesellschaft, Ausbeutung und Ausgrenzung, ohne Wohlstand zu schaffen und Arbeitslosigkeit zu beseitigen."[179] Andere wirtschaftlich erfolgreiche Staaten wie die Niederlande, Neuseeland oder Schweden, die ebenfalls als Musterknaben des Neoliberalismus bezeichnet werden, führen ihre Erfolge bei der Bekämpfung der Arbeitslosigkeit jedoch auf ganz andere Umstände als auf die "neoliberale Kahlschlagideologie"[180] zurück, sodaß geschlossen werden kann, daß man Länder nie pauschal als 'Vorbilder' bezeichnen sollte.[181]

- Ebenso ist die Aussage, "die Entwicklungsländer profitieren von der Globalisierung " (Lüge 9)[182] falsch; im Gegenteil: Globalisierung verschärft die Armut in den Entwicklungsländern.[183]

---

173 vgl., ebd.: Boxberger, G.; Klimenta, H.: Die 10 Globalisierungslügen, a. a. O. S. 132
174 vgl., ebd.: Boxberger, G.; Klimenta, H.: Die 10 Globalisierungslügen, a. a. O. S. 134
175 vgl., ebd.: Boxberger, G.; Klimenta, H.: Die 10 Globalisierungslügen, a. a. O. S. 135
176 ebd.: Boxberger, G.; Klimenta, H.: Die 10 Globalisierungslügen, a. a. O. S. 135
177 ebd.: Boxberger, G.; Klimenta, H.: Die 10 Globalisierungslügen, a. a. O. S. 138f
178 ebd.: Boxberger, G.; Klimenta, H.: Die 10 Globalisierungslügen, a. a. O. S. 139
179 ebd.: Boxberger, G.; Klimenta, H.: Die 10 Globalisierungslügen, a. a. O. S. 142
180 ebd.: Boxberger, G.; Klimenta, H.: Die 10 Globalisierungslügen, a. a. O. S. 143
181 vgl., ebd.: Boxberger, G.; Klimenta, H.: Die 10 Globalisierungslügen, a. a. O. S. 143
182 ebd.: Boxberger, G.; Klimenta, H.: Die 10 Globalisierungslügen, a. a. O. S. 144
183 vgl., hierzu ebd.: Boxberger, G.; Klimenta, H.: Die 10 Globalisierungslügen, a. a. O. S. 145f:
"Die UNO definiert die am wenigsten entwickelten Staaten der Erde als Staaten mit einem Pro-Kopf-Einkommen von unter 320 US-Dollar pro Jahr. Von diesen 48 Staaten liegen 42 in Afrika, insgesamt leben 570 Millionen Menschen in ihnen, also über 12 % der Erdbevölkerung. 1960 hatten die 46 ärmsten Länder einen Anteil am weltweiten Warenhandel von 1,4 %. Würde die Globalisierung den ärmeren Ländern zugute kommen, müßte sich deren Anteil am Handel vergrößert haben. Aber das Gegenteil ist eingetreten: Anfang der 90er Jahre lag ihr Anteil am Weltwarenhandel nur noch bei 0,6%, und bis 1995 fiel er weiter auf zu vernachlässigende 0,4%. 1980 betrug der Anteil der 102 ärmsten Länder am Wa-

- o Global mobiles Kapital und der Warenhandel fließen an den ärmeren Ländern vorbei. Getätigte Firmeninvestitionen, die der Bevölkerung in den Entwicklungsländern Arbeit und Einkommen verschafft haben, sind meist auch Beispiele von Ausbeutung; das kaum Vorhandensein von Gewerkschaften und Arbeitnehmerorganisationen nutzen die TNC's offen aus. "Da in der 'dritten Welt' Arbeitskräfte im Überfluß vorhanden sind, werden die Betriebe geschlossen, sollte die Rendite in einer anderen Region größer sein. Mobiles Kapital kann das Land schnell wieder verlassen oder in eine andere Region wandern, in der die Arbeitskräfte bereit sind, sich ausbeuten zu lassen. (...)
  Auch der Eintritt der Osteuropäer in den Globalisierungswettlauf fordert einen hohen Preis. Lebten in den ehemaligen Ostblockstaaten 1986 vier Millionen Menschen unterhalb der Armutsgrenze, sind es heute schon 120 Millionen. Unabhängig davon, wie gefälscht die Statistiken des realen Sozialismus waren, die absoluten Zahlen deuten auf erhebliche Umverteilungsprozesse hin. Neben der neuen Massenarmut etabliert sich eine kleine Schicht von Superreichen - die marktwirtschaftlichen Reformen nutzen ausschließlich ihnen."[184]

- o Grund für die zunehmende Verelendung weiter Teile der Erde ist die hohe Verschuldung der Entwicklungsländer, welche insgesamt in etwa dem BSP Deutschlands entspricht; sie hat sich im Laufe der Jahre trotz zahlreicher Entschuldungsbemühungen nicht verringert, sondern vielmehr zwischen 1986 und 1996 sogar verdoppelt und beträgt ca. 2 Billionen US-Dollar.[185]

---

renaustausch 7,9 % der Weltexporte, 1990 betrug er nur noch 1,4 %. Freihandelsbefürworter wie die WTO, die UNCTAD, der IWF und die Weltbank werden trotzdem nicht müde, deren Segnungen gerade für die ärmsten Länder zu betonen." Eine ähnliche Entwicklung zeigen die weltweiten Kapitalströme. Schon in den 80er Jahren bewegten sich über 80 % der Weltkapitalströme innerhalb der USA, Westeuropas und des ostasiatischen Wirtschaftsraumes. Die Bedeutung der weniger entwickelten Länder ist von etwa 14 % im Jahr 1982 auf null im Jahr 1989 gefallen. Läßt man die Schwellenländer unberücksichtigt, dann zieht der Großteil der ärmeren Länder außer öffentlichen Spenden und multilateraler Hilfe gar kein Kapital mehr an. So konnte der afrikanische Kontinent 1993 gerade 3 Mrd. US-Dollar Investitionskapital anziehen, wobei die Kapitalabflüsse die Kapitalzuflüsse überwogen.

184 Boxberger, G.; Klimenta, H.: Die 10 Globalisierungslügen, a. a. O. S. 147f

185 vgl., ebd.: Boxberger, G.; Klimenta, H.: Die 10 Globalisierungslügen, a. a. O. S. 149f: "Die gleiche Summe wurde bereits einmal von den Entwicklungsländern aufgebracht: Zwischen 1983 und 1996 bezahlten die Entwicklungsländer zwei Billionen US-Dollar Zinsen und Tilgung, um jetzt auf einem doppelt so hohen Schuldenberg zu sitzen (vgl. Graphik).

- und schließlich ist auch die Behauptung, "Globalisierung bringt Vielfalt überall auf der Welt"[186] eine Lüge (10).
  "Wenn Journalisten, Manager, Politiker und Wissenschaftler, also diejenigen, die etwas zu sagen oder entscheiden haben, heute auf Reisen gehen, so beziehen sie ihre Informationen zumeist aus demselben Informationsprogramm. CNN (...) ist 24 Stunden weltweit zu empfangen, gerade in den Hotels, in denen die internationalen Eliten verkehren. Sie zahlen mit globalen Kreditkarten (...), lesen die gleichen Zeitungen (...) und nehmen das gleiche, als 'internationale Küche' bezeichnete Essen zu sich.
  Auch die Lebenssituationen des sogenannten 'Durchschnittsbürgers' laufen in den industrialisierten Ländern nach ähnlichen Mustern ab. Mittels Fernsehapparaten aus überwiegend japanischer Produktion werden global die gleichen - zumeist amerikanischen - Serien konsumiert, und es werden mittels Stereoanlagen die gleichen, für den weltweiten Konsum produzierten CD's gehört. Die Globalisierung hat keine Vielfalt gefördert, sondern eine nach den immer gleichen Mustern ablaufende (…) Ökonomie, in der Konsum-, Informations- und Kommunikationsgüter zusehends vereinheitlicht und nach der gleichen Markt- und Werbelogik produziert und verkauft werden.
  Bestes Beispiel aus der jüngsten Vergangenheit sind die osteuropäischen Staaten. Als die Globalisierung nicht mehr am Eisernen Vorhang haltmachen mußte, kamen mit der marktwirtschaftlichen Produktionsweise auch die großen amerikanischen Konzerne. McDonald's und Coca-Cola wurden zu Symbolen der neugewonnenen Freiheit."[187]

Von den Jahren 1980 bis 1990 spricht man als 'verlorenes Jahrzehnt', die 90er Jahre werden keinen Deut besser, denn die Schulden steigen weiter".

Graphik: Die Verschuldung der Entwicklungsländer.
Quelle: Das Parlament, 8.11.1997

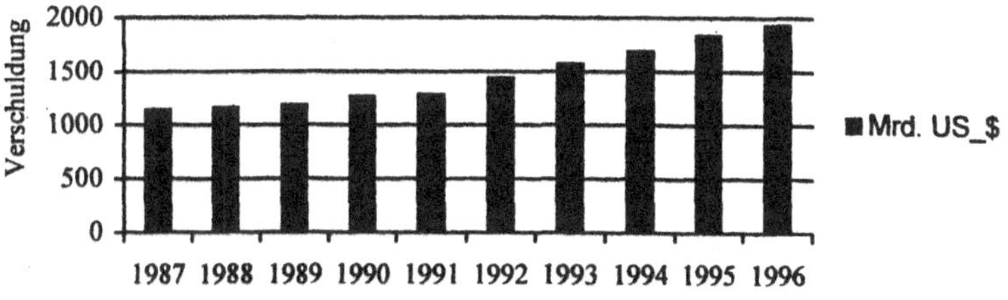

[186] Boxberger, G.; Klimenta, H.: Die 10 Globalisierungslügen, a. a. O. S. 153ff
[187] ebd.: Boxberger, G.; Klimenta, H.: Die 10 Globalisierungslügen, a. a. O. S. 153ff

Folglich nimmt entgegen der Behauptung von Vertretern der Freihandelsideologie die Warenvielfalt ab, denn es überleben am globalisierten Markt nur diejenigen Produkte, die auf Grund großer Stückzahlen preisgünstig angeboten werden können und maximalen Profit abwerfen. "Freihandel bedeutet Krieg der Unternehmen und Produkte gegeneinander."[188] Die Werbung und auch der Informationsfluß in den Medien selbst fördern diese Entwicklung noch zusätzlich, nach dem Motto: "Was gut für die Konzerne ist, ist auch gut für die Welt."[189]
Und wie bereits oben ausgeführt vermengt sich auf Grund von Werbung und globaler Ausstrahlung von TV-Programmen nach dem gleichen Schema der Konsum von Information, Kultur und Lebensmitteln durch den hiedurch initiierten Nachahmungstrieb zu einem weltweit uniformen Einheitsbrei.[190] Lokale Anbieter lokaler Spezialitäten in typischen lokalen Geschäften werden durch global Gleiches anbietende internationale Konzerne verdrängt.[191]

1.4 Versuch einer objektiven Bewertung der Globalisierungsdiskussion

Benjamin Ward, Professor der Wirtschaftswissenschaften an der Universität von Kalifornien, Berkeley, hat bereits vor 20 Jahren verwundert über die neu aufgeflammte Kritik an der Marktwirtschaft festgestellt: "Wir scheinen in einem Zeitalter von Kassandras zu leben. Von allen Seiten wird der zeitgenössischen Gesellschaft das Ende vorausgesagt. Von links wird behauptet, die Ausbeutung der unteren Klassen, Rassismus, Sexismus und Imperialismus seien alle das Produkt der kapitalistischen Gesellschaft, und das eine könne nur durch den Tod des anderen beseitigt werden. Von rechts hören wir, das 'Big Government', entwickele sich allmählich zum 'Big Brother', und wir müßten zu älteren und einfacheren Lebensweisen zurückkehren, andernfalls wären wir zur Sklaverei verurteilt. Und selbst vom Zentrum her bekommt unsere Gesellschaft von schockierten Umweltschützern, erschreckten Verfechtern eines Nullwachstums und dergleichen, deren Weltuntergangsvoraussagen über den heutigen Kapitalismus nicht weniger kataklysmisch sind, die Leviten gelesen.

Dies ist ein ziemlich sonderbarer Zustand. Tatsache ist nämlich, daß die (...) Methoden des zeitgenössischen Liberalismus nicht nur seit (...) Jahrzehnten das Gros westlicher Politik bestimmen, sondern auch ein noch nie dagewesenes Register von Erfolgen aufzuweisen haben. Die Ära nach dem Zweiten Weltkrieg hat uns

---

[188] Boxberger, G.; Klimenta, H.: Die 10 Globalisierungslügen, a. a. O. S. 154f
[189] ebd.: Boxberger, G.; Klimenta, H.: Die 10 Globalisierungslügen, a. a. O. S. 155ff
[190] vgl.: Martin, H.-P.; Schumann, H.: Die Globalisierungsfalle, a. a. O. S. 28ff
[191] vgl., ebd.: Martin, H.-P.; Schumann, H.: Die Globalisierungsfalle, a. a. O. S. 32f

die schwerste Reihe von Prüfungen auferlegt, mit der die menschliche Gesellschaft jemals zuvor konfrontiert worden ist. Das Vermeiden eines Atomkriegs, die Entkolonisierung, Modernisierung, die Rückkehr zu Überfluß und Wachstum in Europa und den USA nach den wirtschaftlichen Debakeln der Zwischenkriegsperiode: Diese Herausforderungen sind erkannt und bestanden worden, und zwar mit einer Meisterschaft, der kein anderes Zeitalter in der Geschichte gleichkommt. (...)

Wie konnte sich eine derart große Disparität zwischen dem, was tatsächlich vor sich geht und dem was die Intellektuellen darüber zu sagen haben, herausbilden?"[192]

Sind wirklich die internationalen Konzerne und Investoren für alles Unheil dieser Welt verantwortlich oder werden lediglich unter dem Titel "Globalisierung" alle global auftretenden Probleme wie z.B. Kriminalität, Umweltbelastungen oder die Schwierigkeiten des Arbeitsmarktes mit bereits als überholt angesehenen altmarxistischen Dogmen bis hin zur Zusammenbruchs- und Verelendungstheorie[193] nur umformuliert? Wird da nicht eine durchaus vorhandene verteilungspolitische Problemstellung auf einer vollkommen verfehlten Ebene aufgezeigt und den Multis von heute die Rolle der "Plutokraten" von dereinst zugewiesen?

Eine Antwort auf alle offenen Fragen wird grundsätzlich - und das lediglich bedingt - nur dann befriedigend ausfallen können, wenn man eindeutig zu formulieren gewillt ist, von welchem Weltbild man ausgeht. Der oben zitierte Benjamin Ward hatte schon dereinst unterschiedliche ökonomische Idealwelten beschrieben, die jede für sich betrachtet - je nach Weltbild - zu einem logischen Ergebnis führen.

Tatsache ist, daß vordergründig der Eindruck entsteht, daß gegenwärtig Sand ins Getriebe der Weltwirtschaft gekommen ist. Horror-Szenarien wie die "20 : 80

---

[192] Ward, B.: Die Idealwelten der Ökonomen. Liberale, Radikale, Konservative. Frankfurt - New York 1981, S. 9. Titel der Originalausgabe: The ideal worlds of Economics. New-York 1979

[193] vgl.: Fetscher, I. (Hrsg.): Grundbegriffe des Marxismus. Hamburg 1976; Fetscher, I.; Münkler, H. (Hrsg.): Pipers Handbuch der politischen Ideen. Band 4, München - Zürich 1986;
auch Spann, O.: Die Haupttheorien der Volkswirtschaftslehre auf lehrgeschichtlicher Grundlage. Gesamtausgabe. Band 2, 28. Auflage Graz 1969, S. 170ff
Die Literatur zu den unterschiedlichen Richtungen des Marxismus ist so mannigfaltig, daß obige Werke bloß beispielhaft angeführt sind. Überdies darf zumindest eine oberflächliche Kenntnis der Marxistischen Theorien vorausgesetzt werden.

Gesellschaft" und "tittytainment"[194] beschäftigen angesichts steigender Arbeitslosenzahlen in zunehmenden Maße nicht nur Politiker und Wissenschafter sondern auch prominente Exponenten der Wirtschaft. Steigende Aktienkurse an vielen Börsen lösten auf Grund des gleichzeitigen Niedergangs der Währungen und Börsen der GUS und der emerging markets selbst bei den daraus profitierenden Akteuren nicht nur Jubelstimmung aus; Verunsicherung und Skepsis bezüglich der zukünftigen wirtschaftlichen Entwicklung nimmt zu und Einschnitte im Wohlfahrtsstaat sind als Folge überforderter Staatskassen bereits vielerorts Realität. Zur Rechtfertigung für fast alle weltweit auftretenden wirtschaftlichen Probleme werden in zunehmenden Maße die Globalisierung der Wirtschaft und die daraus resultierenden Sachzwänge angeführt.
Angesichts der sich global manifestierenden zahlreichen ungelösten wirtschaftlichen Fragen wird verstärkt jene virulent, ob nicht das Wirtschaftssystem des Neoliberalismus mit der völligen Freigabe des Waren- und Devisenhandels sowie die Schaffung des europäischen Binnenmarktes mit dem ausschließlichen Vertrauen auf die Selbstregulierung des Marktes und dem weitestgehenden Verzicht auf staatliche Eingriffe nicht eine Irrlehre sei.

"Vor allem die neuen Informations- und Kommunikationstechnologien mit den beeindruckenden Möglichkeiten des Datenfernverkehrs werden als entscheidende Neuerung gepriesen, die die weltweite Profileration von Produktionsstandorten und Dienstleistungsbeziehungen vorantreiben wird. Verknüpft mit modernen Management-Techniken - so die These - entfallen heute dank der technischen Möglichkeiten alle Restriktionen räumlicher Entfernung. Investitionsentscheidungen resultieren dann aus der Abwägung rein lokal bestimmter Standortkosten."[195]

So ist die derzeitige Kostendifferenz zwischen EU-Raum und Osteuropa so erheblich, daß die viel niedrigere Produktivität in den mittel- und osteuropäischen Betrieben, ganz zu schweigen von den entstehenden Großmärkten in Asien, weit überkompensiert wird.[196]
"Die Globalisierung der Märkte führt dazu, daß Arbeitskräfte in Ländern, die sich hinsichtlich des Produktionsniveaus, aber auch des Niveaus der sozialstaatlichen Einrichtungen stark voneinander unterscheiden, in ein indirektes Konkurrenzverhältnis geraten."[197]

---

[194] vgl.: Martin, H.-P; Schumann, H.: Die Globalisierungsfalle, a. a. O. S. 9ff
20 : 80 Gesellschaft: lediglich 20 % der arbeitsfähigen Bevölkerung würden im nächsten Jahrhundert ausreichen, um die Weltwirtschaft in Schwung zu halten.
Tittytainment: eine Mischung aus betäubender Unterhaltung und ausreichender Ernährung könnte die frustrierte Gesellschaft bei Laune halten.
[195] Kohler-Koch, B.: Politische Unverträglichkeiten von Globalisierung, a. a. O. S. 95
[196] vgl.: Fieten, R.; Friedrich, W.; Lageman, B.: Globalisierung der Märkte, a. a. O. S. 109
[197] ebd.: Fieten, R.; Friedrich, W.; Lageman, B.: Globalisierung der Märkte, a. a. O. S. 29

Vor dem Hintergrund der hohen Lohnkosten, vor allem in den westeuropäischen Staaten, verlegen immer mehr Unternehmen Teile der Produktion in Billiglohnländer. Nach einer Untersuchung unter 22 führenden deutschen Unternehmen gaben 59% die hohen Lohnkosten als Grund für den Abbau von Arbeitsplätzen an. Die meisten davon planen eine Verlagerung in Billiglohnländer oder haben diese bereits durchgeführt.[198] Es hat sich herausgestellt, daß Direktinvestitionen besonders denjenigen Ländern zugute kommen, die geringe Arbeitskosten und niedrige Unternehmenssteuern aufzuweisen haben.

Für einen Investor sind jedoch nicht nur die Lohnkosten ein Entscheidungskriterium für die Wahl des Standortes, sondern auch die Produktivität. Niedrige Arbeitskosten verlieren ihre Attraktivität, wenn sie mit zu niedriger Produktivität einhergehen. Durch die Kosten der Verlagerung der Produktion in Billiglohnländer kann allerdings eine Kostenreduzierung für ein Unternehmen nur kurz- bis mittelfristig realisiert werden.[199] Für eine langfristige Strategie erhält das Streben nach Marktsicherung und Markterweiterung gleich hohe Bedeutung für die Standortbewertung wie auch die Mitarbeiterqualifikation, Kundennähe oder die Produktqualität. Nur bei deren Entsprechung ist ein Unternehmen in der Lage, auf Dauer Kostenvorteile aus seiner Auslandsinvestition zu ziehen.

Die Forderung, gegen die Gefahr der Produktionsverlagerung, Handelsbeschränkungen und Zölle zu erheben, läuft ins Leere, da die meisten Konzerne "sowohl innerhalb, wie außerhalb des eigenen Territoriums beheimatet sind."[200] Außerdem ist es den meisten Konzernen möglich, erheblichen Druck auf die Regierungen auszuüben, da andernfalls Produktionen des Konzerns ebenfalls ins Ausland verlegt werden könnten.

Durch die erfolgte Deregulierung statt staatlicher Aufsicht, Liberalisierung von Handel und Kapitalverkehr sowie Privatisierung der staatlichen Unternehmen haben die Regierungen und die internationalen Wirtschaftsorganisationen wie internationaler Währungsfonds (IWF) und die Welthandelsorganisation (WTO) allerdings strategischen Waffen für notwendige Eingriffe in Notfällen aus der Hand gegeben.[201]

---

[198] vgl.: Döpper, W.; Eversheim, W.: Internationale Produktion, in: Haller, M. (Hrsg.): Globalisierung der Wirtschaft - Einwirkungen auf die Betriebswirtschaftslehre, a. a. O. S. 368

[199] so haben sich im Lauf der Jahrzehnte die Lohnkosten z.B. in Japan oder Taiwan, die extrem niedrige Lohnkosten hatten, auf Westniveau eingependelt bzw. dieses bereits überholt. Heute liegt der Kostenvorteil in der extrem hohen Produktivität dieser Länder.

[200] Jenner, G.: Die arbeitslose Gesellschaft. Gefährdet die Globalisierung den Wohlstand? Frankfurt am Main 1997, S. 121

[201] vgl.: Martin, H.-P.; Schumann, H.: Die Globalisierungsfalle, a. a. O. S. 19

Kritiker der Globalisierung behaupten: "Der Turbokapitalismus, dessen weltweite Durchsetzung jetzt unaufhaltsam scheint, zerstört die Grundlagen seiner Existenz: den funktionsfähigen Staat und demokratische Stabilität. Das Tempo der Veränderung und die Umverteilung von Macht und Wohlstand erodieren die alten sozialen Einheiten schneller, als das Neue sich entwickeln kann. Die bisherigen Wohlstandsländer verzehren die soziale Substanz ihres Zusammenhalts, schneller noch als die ökologische."[202] Der Einwand von Globalisierungsgegnern, daß viele Regierungen zunehmend auf die übermächtigen Sachzwänge der transnationalen Ökonomie verweisen und somit der demokratische Staat allmählich seine Legitimation verliert[203], kann nicht ohne Hinterfragung beiseite geschoben werden. Insbesondere deshalb nicht, weil in der innenpolitischen Diskussion durch den stereotypen Verweis auf die ausländische Konkurrenz, die vorgeblich für die Verschlechterung der eigenen Situation verantwortlich ist, Fremdenfeindlichkeit, Separatismus und Abschottung vom Weltmarkt gefördert werden.[204] Nach Meinung kritischer Geister liegt die vornehmste Aufgabe demokratischer Politiker darin, den Primat der Politik über die Wirtschaft wieder herzustellen um einen "globalen Kurzschluß"[205] zu vermeiden.

Genau das ist aber nach Meinung von Kritikern des unbegrenzten Austauschs von Gütern - aber noch mehr von Kapital - über Staatsgrenzen hinweg nicht gelungen, denn nicht nur, daß dadurch die Arbeitsplatzproblematik der Industriestaaten erst induziert wurde, hat der Liberalismus auch für die Entwicklungsländer keine Vorteile gebracht.

In der Tat sind die Interessen von Politik und Wirtschaft im Zeichen von Europäisierung, Internationalisierung und Globalisierung der Wirtschaft häufig entkoppelt.[206] Die eigentlichen Wirtschafts- und Unternehmensentscheidungen großer Firmen werden im zunehmenden Maße außerhalb der Landesgrenzen getroffen - vor allem diejenigen, die die Finanzmärkte betreffen. Die Globalisierung der Ökonomie, aber auch bereits die Europäisierung hat den Entscheidungs- und "... Verantwortungsspielraum nationaler Regierungen in der Innenpolitik stärker ein-

---

[202] ebd.: Martin, H.-P.; Schumann, H.: Die Globalisierungsfalle, a. a. O. S. 19

[203] vgl., ebd.: Martin, H.-P.; Schumann, H.: Die Globalisierungsfalle, a. a. O. S. 20

[204] Genau dem sollte aus Gründen der Friedenssicherung - und das war der Grundgedanke einer europäischen Einigung - bereits bei der Errichtung der Montanunion, aus der sich in der Folge EWG, EWR und schließlich EU entwickelten, durch eine internationale Vernetzung der Wirtschaftsbeziehungen entgegengewirkt werden.

[205] vgl.: Martin, H.-P.; Schumann, H.: Die Globalisierungsfalle, a. a. O. S. 22f

[206] vgl.: Langguth, G.: Die Deutschen leben in einem quasisozialistischen Wohlfahrtsstaat. Wissenschaftlicher Beitrag in: NZZ – Neue Zürcher Zeitung, Internationale Ausgabe, 219. Jahrgang Nr. 85 vom 14.4.1998, S. 6

geschränkt, als dies (...) wahrgenommen wird"[207], denn die nun nicht mehr unbedingt ortsgebundene Industrie ist in der Lage, sich von den nationalen sozialen, ökologischen und fiskalpolitischen Erfordernissen und Gesetzen abzukoppeln, was unmittelbar in Zusammenhang mit dem möglichen Verlust von Arbeitsplätzen steht. Es führt somit heute das Wachstum der Wirtschaft nicht automatisch zum Wachstum der Arbeitsplätze.[208]

Gravierende Probleme auf dem Arbeitsmarkt mehren die Anzahl jener, die in der vermehrten Konzentration der Unternehmen und in deren globalem Engagement die Ursache für diese Probleme gefunden zu haben vermeinen.
Seltener wird darüber diskutiert, inwieweit die Gewerkschaften mit überspitzten Forderungen dieser Entwicklung Vorschub leisten.

Das Bedürfnis nach der Einrichtung interdisziplinärer Lehrstühle für Wirtschaftsethik an mehreren Universitäten könnte seine Ursache nicht zuletzt darin haben, daß im Zuge der gegenwärtigen Entwicklung des Wirtschaftsgeschehens ökonomische Sachlogik - von Ulrich als "Sach**zwang**logik"[209] bezeichnet - sich mehr und mehr davon entfernt, was Ethiker als "Lebensdienlichkeit"[210] des Wirtschaftens verstanden wissen wollen. Die ökonomische Sachlogik stellt unter Gesichtspunkten der Lebensdienlichkeit anscheinend nicht die ganze ökonomische Vernunft dar; was ihr abhanden gekommen zu sein scheint, ist die ethische Dimension.[211] Ist es notwendig geworden, das Verhältnis zwischen ökonomischer Sachlogik und ethischer Vernunft von Grund auf neu zu überdenken? Oder haben wir uns lediglich von den, mit der Errichtung der (Öko)Sozialen Marktwirtschaft bereits vor Jahren gewonnenen Erkenntnissen in den letzten Jahren zu weit wegbewegt, um erneut soziale Spannungen heraufzubeschwören, die als weitestgehend überwunden angesehen wurden? Ist denn die Soziale Marktwirtschaft lediglich national und nicht auch global verständlich?

Für das politische Szenarium der Zukunft ist jedenfalls ein Überdenken der gegenwärtigen Situation wünschenswert, denn "die Erfahrung spricht dafür, daß eine zu kurzfristig orientierte Politik sich vielfach nicht der Nachteile bewußt ist, die aus starken (...) Ungleichgewichtigkeiten kommen".[212] Sowohl im innerstaatlichen als auch im internationalen Bereich ist politische Stabilität "ein Zustand der Erhal-

[207] ebd.: Langguth, G.: Die Deutschen leben in einem quasisozialistischen Wohlfahrtsstaat, a. a. O. S. 6
[208] vgl., ebd.: Langguth, G.: Die Deutschen leben in einem quasisozialistischen Wohlfahrtsstaat, a. a. O. S. 6
[209] Ulrich, P.: Integrative Wirtschaftsethik, a. a. O. S. 11; (Hervorh. HPS)
[210] ebd.: Ulrich, P.: Integrative Wirtschaftsethik, a. a. O. S. 11
[211] vgl., ebd.: Ulrich, P.: Integrative Wirtschaftsethik, a. a. O. S. 11
[212] Klose, A.: Gewissen in der Politik. Ethik für die Entscheidungskrise. Graz - Wien - Köln 1982, S. 99

tung gegebener Systeme"[213], die sich gegen von außen kommende Störungen absichern können, zugleich aber so starke Reformkräfte entfalten müssen, daß Erstarrungsprozessen[214], die Anlaß zu revolutionären Entwicklungen sein können, entgegengewirkt wird.

Tatsächlich ist heute kein Staat mehr in der Lage, unabhängig von anderen Staaten oder ohne Rücksicht auf die Konkurrenzfähigkeit seines Territoriums zu agieren. Steuern, soziale Kosten etc. werden vom internationalen Markt diktiert. Die Staaten unterbieten sich gegenseitig in der Bereitstellung von Mitteln und in der Senkung von Unternehmenssteuern, um Arbeitsplätze zu schaffen oder um bestehende Arbeitsplätze zu erhalten.[215] "Der Standortwettbewerb der Industrienationen um Investoren intensiviert sich; da jedes Land möglichst attraktive Standortbedingungen bieten will, kommt es auch zu einer tendenziellen Angleichung der ordnungspolitischen Regelwerke."[216] Der Nationalstaat wird mehr und mehr zum Getriebenen. Außerdem "...spielt der Staat eine im Vergleich zu den Unternehmen immer geringere Rolle. Staaten scheinen häufiger zu reagieren als zu antizipieren, sie folgen statt zu führen."[217] Der Staat hat seine Rolle als bestimmender Faktor in der internationalen Wirtschaft verloren. Global agierende Unternehmen haben nach Meinung der Kritiker seine Funktion übernommen.

"Unter anderem wegen der Erosion nationaler Märkte ist der Staat heute schwächer als die Kräfte der Globalisierung, während die Netzwerke multinationaler Unternehmen signifikant an Einfluß und Kontrolle gewonnen haben. Das schafft ein ernstes Problem, da die meisten Exzesse des Wettbewerbskapitalismus auf globaler Ebene wieder auftauchen. So zum Beispiel:

- im Kontext der Deregulierung und Liberalisierung übergeht die Finanz- und Industriemobilität auf globaler Ebene die auf Nationalstaatsebene existierenden Regelwerke;[218]

[213] vgl., ebd.: Klose, A.: Gewissen in der Politik, a. a. O. S. 99

[214] vgl., ebd.: Klose, A.: Gewissen in der Politik, a. a. O. S. 99
Auch Politiker der extremen Linken, wie Gregor Gysi, Parteichef der PDS, teilen diese Meinung. Dieser stellte u.a. vor dem Parteitag in Rostock fest: "Kein Gesellschaftssystem hält übergroße Spannungen auf Dauer aus." Vgl.: ARD-Tagesschau vom 31.3.1998

[215] vgl.: Sewera, S.: Die Auswirkungen der Globalisierung, a. a. O. S. 69f

[216] Fieten, R.; Friedrich, W., Lageman, B.: Globalisierung der Märkte, a. a. O. S. XXXIV

[217] Gruppe von Lissabon (Hrsg.); Übers. Colon, V.: Grenzen des Wettbewerbs. Die Globalisierung der Wirtschaft und die Zukunft der Menschheit, a. a. O. S. 102

[218] Multinational und global agierende Unternehmen zahlen ihre Steuern heute dort, wo es für sie am günstigsten ist. Unternehmensgewinne werden einfach innerhalb des Konzerns von einem zum anderen Land verschoben, je nachdem wo die geringste Steuerbelastung vorhanden ist. Erst länderübergreifende Regelungen der Besteuerung können diese Umgehungswirtschaft sinnvoll eindämmen.

- in einer wachsenden Zahl von Finanz- und Industriesektoren existiert eine starke Tendenz zu oligopolistischen Strukturen. Regionale und globale Firmenallianzen werden mit dem Argument erlaubt, daß die globale Wettbewerbsfähigkeit der Region gestärkt werden müsse;
- Arbeitsplatzregulierungen und Sozialprogramme werden abgeschwächt oder allmählich abgeschafft, während Massenarbeitslosigkeit zu einem der wichtigsten sozialen Probleme der nächsten (...) Jahre geworden ist. Die Förderung der Konkurrenzfähigkeit heimischer Firmen wird als bester Weg zur Schaffung von Arbeitsplätzen angesehen;
- die Gleichgültigkeit gegenüber der ausgegrenzten Bevölkerung nimmt zu;
- Moratorien oder die Abschaffung von ökologischen Schutzbestimmungen werden im Namen der Konkurrenzfähigkeit immer häufiger gefordert."[219]

Die globale Transformation verändert die Rolle, die den Nationalstaaten und den einzelnen Volkswirtschaften bis vor kurzem zukam. Die Bedeutung des Bruttoinlandsprodukts als Kennzahl der Volkswirtschaft muß ebenso hinterfragt werden, wie die nationale Wohlfahrts- und Sozialpolitik.[220]
Heute muß sich der Nationalstaat die Konkurrenz durch die freie Marktwirtschaft gefallen lassen und wird in seiner Effizienz zunehmen mit privaten Unternehmen verglichen. Dabei hat sich die Vorstellung durchgesetzt, daß "die Macht staatlicher Behörden weitgehend kontraproduktiv sei, da sie ein Hindernis auf dem Weg zu einer vollkommen frei funktionierenden Marktwirtschaft auf internationalem und globalen Niveau darstellen würde."[221]
Als Ergebnis dieser Vorstellung beginnt sich der Staat aus vielen Bereichen zurückzuziehen, um sie privaten Organisationen zu überlassen.
Da sich die Aktivitäten großer transnationaler Unternehmen zunehmend dem Kontrollbereich nationaler Regierungen entziehen, entsteht ein dringender ordnungspolitischer Regelbedarf im supranationalen Raum. Diesem Regelungsbedarf wird zur Zeit aber nur sehr unvollkommen begegnet. Aufgrund des Fehlens rechtlicher supranationaler Bestimmungen für grenzüberschreitende Aktivitäten transnationaler Unternehmen, bewegen sich diese Unternehmen derzeit in einem rechtsfreien Raum.[222]
Dies, und das Fehlen wirksamer Sanktionsmechanismen führen dazu, daß die Unternehmen die Regeln selbst vorgeben und somit die Rolle des "Gesetzgebers" übernehmen, der eigentlich den Staaten zukommen sollte.

[219] Gruppe von Lissabon (Hrsg.); Übers. Colon, V.: Grenzen des Wettbewerbs. Die Globalisierung der Wirtschaft und die Zukunft der Menschheit, a. a. O. S. 24f
[220] vgl., ebd.: Gruppe von Lissabon (Hrsg.); Übers. Colon, V.: Grenzen des Wettbewerbs. Die Globalisierung der Wirtschaft und die Zukunft der Menschheit, a. a. O. S. 29
[221] ebd.: Gruppe von Lissabon (Hrsg.); Übers. Colon, V.: Grenzen des Wettbewerbs. Die Globalisierung der Wirtschaft und die Zukunft der Menschheit, a. a. O. S. 99
[222] vgl.: Fieten, R.; Friedrich, W.; Lageman, B.: Globalisierung der Märkte, a. a. O. S. XXXIVff

"Die zunehmende Globalisierung der Wirtschaft untergräbt einen der fundamentalen Pfeiler des Nationalstaates, nämlich den nationalen Markt."[223]

Zwischen den Unternehmen und dem Staat entsteht eine neue Beziehung, die von der wirtschaftlichen Macht der Unternehmen geprägt ist. Die Politiker werden zu Bittstellern degradiert. Dies obwohl gerade Unternehmen, die sich globalisieren wollen auf die größtmögliche Unterstützung "ihres" Staates angewiesen sind.[224]

"Die Globalisierung hat auch einen Einfluß auf die Gestaltungsspielräume der Industriestaaten in der Sozialpolitik und die Ausgestaltung der wohlfahrtsstaatlichen Einrichtungen."[225]

"Die Handlungsweise der Unternehmen folgt bei der Globalisierung einer Funktionslogik, die den Wohlfahrts- und Sicherheitsinteressen der einzelnen Staaten meist zuwiderläuft. Diese Funktionslogik hat ein derartiges Eigengewicht entwickelt, daß es politisch nicht mehr eingrenzbar scheint."[226]

Die heute noch vorhandenen Grenzen werden dabei von der Globalisierung überspült. Dies gilt nicht nur für die geographischen, sondern auch für die wirtschaftlichen, moralischen und sozialen Grenzen.

Die Staaten versuchen in dieser Entwicklung durch zunehmende Deregulierung, Privatisierung und Marktliberalisierung mitzuhalten. Dies aber meist mit nur geringem Erfolg. Die Entscheidungsgewalt halten die multinationalen Konzerne in Händen, die mittels ihrer Lobby immer mehr in die Entscheidungsprozesse der Staaten eingreifen.[227]

Die Märkte sich selbst zu überlassen, der totale Rückzug des Staates aus dem Wettbewerb ist aber keinesfalls der Schlüssel zur Behebung der sozialen Konflikte und Probleme, denn "der Markt kann die Zukunft nicht angemessen betrachten - er ist von Natur aus kurzsichtig."[228]

---

[223] Gruppe von Lissabon (Hrsg.); Übers. Colon, V.: Grenzen des Wettbewerbs. Die Globalisierung der Wirtschaft und die Zukunft der Menschheit, a. a. O. S. 52

[224] vgl., ebd.: Gruppe von Lissabon (Hrsg.); Übers. Colon, V.: Grenzen des Wettbewerbs. Die Globalisierung der Wirtschaft und die Zukunft der Menschheit, a. a. O. S. 105

[225] Fieten, R.; Friedrich, W.; Lageman, B.: Globalisierung der Märkte, a. a. O. S. 28

[226] Sewera, S.: Die Auswirkungen der Globalisierung, a. a. O. S. 72

[227] vgl.: Gruppe von Lissabon (Hrsg.); Übers. Colon, V.: Grenzen des Wettbewerbs. Die Globalisierung der Wirtschaft und die Zukunft der Menschheit, a. a. O. S. 65

[228] ebd.: Gruppe von Lissabon (Hrsg.); Übers. Colon, V.: Grenzen des Wettbewerbs. Die Globalisierung der Wirtschaft und die Zukunft der Menschheit, a. a. O. S. 22

"Der Rückzug des Staates ist nicht nur auf die Verwaltung beschränkt. Auch Forschung, Weiterbildung und zum Teil auch kulturelle Aktivitäten werden zusehends von privaten Unternehmen übernommen."[229]

"Mit der 'Globalisierung der Märkte' sind Strukturveränderungen der Weltwirtschaft - zunehmende Welthandelsströme und Direktinvestitionen, Ausbreitung der Aktivitäten transnationaler Unternehmen, geringere Steuerungsmöglichkeiten der nationalen Wirtschaftspolitiken etc. - angesprochen, die überwiegend noch in den Anfängen stecken. Im Unterschied zu den historischen Vorläufern des Internationalisierungsprozesses zeichnet sich die heutige Verflechtungstendenz der Volkswirtschaften durch einen neue Qualität - die globale Dimension der Verflechtung der Kapital-, Güter- und Dienstleistungsmärkte - aus."[230]

Dabei zeigt es sich, daß sich der "Standortwettbewerb der Industrienationen um Investoren intensiviert (...); da jedes Land möglichst attraktive Standortbedingungen bieten will, kommt es auch zu einer tendenziellen Angleichung der ordnungspolitischen Regelwerke."[231]

"Das Fehlen internationaler Übereinkünfte bezüglich der Regeln des Standortwettbewerbs zwischen den Nationen und Regionen läßt diesen [den Standortwettbewerb] leicht zu einem volkswirtschaftlich schädlichen Subventionswettlauf degenerieren."[232]

1.4.1 Effizienzsteigerung der Wirtschaft durch Globalisierung

Wie soll aber die Wirtschaft eine rasant zunehmende Weltbevölkerung ohne Effizienzsteigerung überhaupt versorgen können?
Es ist Sewera grundsätzlich beizupflichten, wenn er ausführt:
"Die Gestaltungsmöglichkeiten der Politik haben sich an der Schwelle zum 21. Jahrhundert deutlich eingeschränkt. Die Instrumente der traditionellen Außenpolitik erweisen sich zunehmend als unzureichend um die Lösung globaler Probleme herbeizuführen. Die Liberalisierung des Kapitalmarktes hat den Standortvorteil reichlichen Kapitalangebots ebenso reduziert, wie die Verfügbarkeit technologischen Wissens innerhalb der multinationalen Unternehmen den technologischen Vorteil einzelner Standorte auf Null verringert hat. Für die Weltwirtschaft insgesamt führt dies hingegen zu einer enormen Effizienzsteigerung. Die Produktionsfaktoren werden ihrer optimalen Verwendung zugeführt."[233]

---

229 Sewera, S.: Die Auswirkungen der Globalisierung, a. a. O. S. 73
230 Fieten, R; Friedrich, W.; Lageman, B.: Globalisierung der Märkte, a. a. O. S. XIII
231 ebd.: Fieten, R; Friedrich, W.; Lageman, B.: Globalisierung der Märkte, a. a. O. S. 372
232 ebd.: Fieten, R; Friedrich, W.; Lageman, B.: Globalisierung der Märkte, a. a. O. S. 377
233 Sewera, S.: Die Auswirkungen der Globalisierung, a. a. O. S. 74

1.4.1.1 Globalisierung in der Sichtweise von C.C. Weizsäcker

Weizsäcker von C.C., einer der profiliertesten deutschen Wirtschaftswissenschafter, meint, daß das Wort "Globalisierung" die Ökonomen nicht sonderlich beeindruckt, weil für sie der Vorgang der Globalisierung seit zwei Jahrhunderten zum täglichen Brot gehört und sie deshalb dieses bestsellerträchtige Feld den Nicht-Ökonomen überlassen haben[234], die daraus mit altbekannten Polemiken Kapital schlagen:

"Aus der Sicht der Gegenwart ist die Vergangenheit moralisch überlegen und technisch unterlegen. Das war immer schon so. Die Vergangenheit erschien immer schon als warm und gemütlich, die Gegenwart als kalt und effizient. Die Differenz zwischen Gegenwart und Vergangenheit wurde immer schon extrapoliert: so ist denn die Erwartung für die Zukunft, dass sie kälter und effizienter sein wird als die Gegenwart.

Der Prozess der Globalisierung, der als ein in der Zeit voranschreitender Prozess wahrgenommen wird, erscheint damit als ein Prozess, der in die Kälte führt, Effizienz hin oder her. Er löst dadurch Unbehagen und Angst aus. Was soll Effizienz auf Kosten der zwischenmenschlichen Wärme und Solidarität: geht uns nicht dadurch die Arbeit aus?

Der Ökonom glaubt daran, dass Effizienz erwünscht ist. Für ihn war der Prozess der Globalisierung unproblematisch. Schon immer haben die Ökonomen gesagt: »Dass uns die Arbeit ausgeht, ist immer schon gesagt worden. Im Verlauf dieses Prozesses, der die Arbeit wegrationalisiert, sind wir reich geworden und haben immer neue Verwendungen der menschlichen Arbeit gefunden.« Und schon immer haben die Nicht-Ökonomen geantwortet: »Aber wir befinden uns an der Schwelle eines neuen Zeitalters. Die Erfahrungen der Vergangenheit zählen nicht. Nunmehr wird uns die Arbeit wirklich ausgehen.«"[235]

Diese Gefahr ist allerdings marginal. Der ständige Strukturwandel, den wir in allen Volkswirtschaften beobachten, läßt nämlich stets neue Branchen entstehen; er läßt zwar den Beschäftigungsanteil in alten Branchen – nicht zuletzt durch Rationalisierung der Produktion – zurückgehen, stellt aber gleichzeitig die Weichen dafür, daß ausreichend Arbeitskräfte für immer mehr unterschiedliche Branchen zur Verfügung stehen.[236] So wie dies anläßlich des Übergangs von der Agrar- zur Industriegesellschaft zu beobachten war, ist dies heute beim Übergang zur Dienstleistungsgesellschaft der Fall. Insgesamt werden wir alle durch diesen Prozeß reicher, was allerdings nicht die Frage beantwortet, ob wir dabei auch glücklicher werden.

---

[234] vgl.: Weizsäcker, von C.C.: Logik der Globalisierung. Göttingen 1999, S. 5f
[235] ebd.: Weizsäcker, von C.C.: Logik der Globalisierung, a. a. O. S. 5
[236] vgl., ebd.: Weizsäcker, von C.C.: Logik der Globalisierung, a. a. O. S. 14

Der Prozeß der Globalisierung ist dennoch nur ein Tropfen auf jenen heißen Stein, der "Weltbeschäftigungsproblem" heißt:[237] Das Arbeitsangebot ist in der Welt zweifellos erheblich größer als die Arbeitsnachfrage.

Demgegenüber ist der komplementäre Faktor Kapital knapp. Die Spar- und Investitionstätigkeit der Weltbevölkerung hat in der Vergangenheit nicht ausgereicht, um genügend Kapital für genügend zahlreiche rentable Arbeitsplätze zur Verfügung zu stellen. Je kapitalintensiver im Weltdurchschnitt produziert wird, desto größer ist die Lücke zwischen erforderlichem und vorhandenem Kapital. Die Verlagerung von Arbeitsplätzen etwa in der Textil- und Bekleidungsindustrie von Westeuropa in die Dritte Welt bedeutet in der Regel den Übergang von kapitalintensiver zu weniger kapitalintensiver Produktion. So werden durch diese Verlagerung mehr Arbeitsplätze geschaffen als verlorengehen, da die erforderliche Kapitalausstattung der Arbeitsplätze zurückgeht. Für das Weltbeschäftigungsproblem ist diese Verlagerung eine gute Sache.

Ob in Europa genügend Arbeitsplätze vorhanden sind, das hängt davon ab, wie das Verhältnis zwischen Arbeitsproduktivität und Lohnkosten in Europa relativ zum Ausland ist. Je höher die Arbeitsproduktivität ist, desto konkurrenzfähiger ist z.B. die österreichische oder die deutsche Wirtschaft, desto mehr Arbeitsplätze wird es bei uns geben. Je niedriger die Lohnkosten sind, desto konkurrenzfähiger ist die heimische Wirtschaft.

Die entwickelten Industriestaaten stehen in einer weltweiten Lohnkonkurrenz. Da es ein Überangebot an Arbeit und eine Knappheit an Kapital gibt, wird Beschäftigung dort geschaffen, wohin das Kapital wandert. Das Kapital wandert der Tendenz nach dahin, wo das Verhältnis von Arbeitsproduktivität und Lohnkosten am günstigsten ist. Diese internationale Lohnkonkurrenz führt weltweit zu einer Tendenz niedriger Löhne. Weil in der Vergangenheit die Märkte weniger offen waren, war damals die Lohnkonkurrenz erheblich geringer. Zu Breschnews und Maos Zeiten fielen der Ostblock und China als Wettbewerber in der Lohnkonkurrenz aus.

Kapital, das knapp ist, ist nicht nur Sachkapital, sondern auch **Humankapital**. Die Marktlöhne für schlecht qualifizierte Arbeit sind niedrig. Die Marktlöhne für gut qualifizierte Arbeit sind hoch. Dort, wo die staatlichen Vorschriften und gewerkschaftlichen Einflüsse eine große Lohnspreizung, also Marktlöhne zulassen, wie in den USA, gibt es genug Beschäftigung für niedrig qualifizierte und zugleich sehr gute Löhne für richtig qualifizierte Arbeitskräfte. Die Globalisierung steigert die Knappheitsprämie für richtig qualifizierte Arbeitskräfte.

[237] vgl., ebd.: Weizsäcker, von C.C.: Logik der Globalisierung, a. a. O. S. 52 (Hervorh. HPS)

Viele Aspekte der in Deutschland und Österreich die tagespolitische Diskussion beherrschenden Themen über den Arbeitsmarkt zeigen auf, daß zahlreiche Probleme hausgemacht sind und in keinem, wie auch immer gearteten, Zusammenhang mit der Globalisierung stehen.
So resultiert die Frage der Saisoniers im österreichischen Tourismus vorwiegend aus der mangelnden Mobilität der Dienstnehmer, während die notwendig gewordene deutsche „Green card“ für Computer- und Softwareprofis aus Indien auf offensichtlich gravierende Versäumnisse in der Ausbildung zurückzuführen sind.

Bezüglich der BRD – und das gilt in eingeschränktem Maße ebenso für Österreich – stellt Weizsäcker fest:
“Deutschland ist vergleichsweise gut ausgestattet mit Humankapital. Die hohen deutschen Durchschnittslöhne sind Folge einer hohen Produktivität der deutschen Industrie und vieler deutscher Dienstleistungsbranchen. Und diese hohe Produktivität ist Spiegelbild der guten Ausstattung mit Humankapital. Je höher die Rendite für Kapital, also auch für Humankapital, desto höher sind die Durchschnittslöhne in Deutschland. Deutschlands komparativer Vorteil in der Weltwirtschaft liegt bei den Investitionsgütern, deren Herstellung viel Humankapital erfordert. Je intensiver die Lohnkonkurrenz im Weltmarkt, je höher die Gewinne in der Welt, desto höher die Investitionen in Anlagen, Maschinen und Automobile, desto besser für die Exporte Deutschlands, desto höher die Durchschnittslöhne hierzulande. Der deutsche Arbeitnehmer kann im Durchschnitt von der Globalisierung nur profitieren. Der qualifizierte deutsche Arbeitnehmer ist vor allem eins: Kapitalist, genauer: Humankapitalist. Er profitiert von der Überlegenheit des Kapitals in der gegenwärtigen Weltlage.
Wenn aber die deutschen Arbeitnehmer im Durchschnitt von der Globalisierung profitieren, wenn die deutschen Unternehmer von der Globalisierung profitieren, dann gilt dies über das Umverteilungssystem in Deutschland für alle Einwohner. Durch die höheren Einkommen der Besitzer von Kapital und Humankapital sind die Abgaben an den Fiskus höher, und die Beiträge zur Sozialversicherung höher. Und so kann der Sozialstaat alle mit höheren Leistungen beglücken. Es ist sehr unwahrscheinlich, dass der Lebensstandard der Geringverdiener in Deutschland höher wäre, wenn mangels der Vorteile der Globalisierung für die Durchschnittseinkommen die Staatseinnahmen und die Einnahmen der Sozialversicherung wesentlich niedriger wären als heute. Wenn durch die Globalisierung in Deutschland mehr Ungleichheit entstanden sein sollte, dann nicht dadurch, dass die Einkommen der Geringverdiener abgenommen, sondern dadurch, dass die Einkommen der Gutverdiener zugenommen haben.”[238]

---

[238] ebd.: Weizsäcker, von C.C.: Logik der Globalisierung, a. a. O. S. 53

Weizsäcker widerspricht auch ganz energisch der "Analyse der Globalisierung von links", derzufolge den Nationalstaaten die Entscheidungsspielräume abhanden kommen: Marktwirtschaftlich bedingte Anpassungsprozesse der nationalen Gesetzgebung an internationale bzw. globale Vorgaben beschränken keineswegs die nationalstaatliche Autonomie. Die Frage nämlich, welche Sozialpolitik oder Umweltpolitik gemacht wird, ist die Frage nach der Verwendung des in der heimischen Volkswirtschaft erwirtschafteten Volkseinkommens; es ist die Frage nach dem **Verbrauch von Einkommen**. Es steht dem Nationalstaat frei zu beschließen, welchen Anteil des Einkommens er den Erwerbern beläßt und welchen Anteil er durch Steuern, Gebühren und Sozialversicherungsabgaben dem individuellen Verbrauch des Erwerbs entzieht und anderweitig, etwa für sozialpolitische oder umweltpolitische Zwecke verwendet.[239]
Auch die behauptete negative Auswirkung der Globalisierung auf die Entwicklung der Löhne oder auf die Besteuerung der Unternehmensgewinne (was ja nichts anderes ist als das Einkommen der Unternehmen) entgleitet keineswegs der nationalen Weichenstellung einer Volkswirtschaft; steht nämlich die nationale Volkswirtschaft im Wettbewerb, so tendiert das Lohnniveau immer zum Wettbewerbslohn hin[240] und eine Gewinnsteuer im Extrem von 100 % würde den Anreiz für eine unternehmerische Tätigkeit unterbinden. Folglich stiege die Arbeitslosigkeit auf 100 % und in Ermangelung von Steuereinnahmen und damit dem Verlust der Kreditwürdigkeit könnte auch der Staat keine Arbeitsplätze finanzieren.[241]
Aber diese komplexe volkswirtschaftliche Problematik hat nichts mit der Globalisierung oder dem internationalen Wettbewerb zu tun. Im Gegenteil: Lediglich eine Strategie weltwirtschaftlichen Wachstums ist eine politisch realistische Strategie[242] zur Lösung der wichtigsten Weltprobleme wie Krieg, Armut und Zerstörung der Natur.
Als engagierter Verfechter einer freien Marktwirtschaft postuliert Weizsäcker demgemäß:
"Nur, wenn Veränderung und Dynamik in hinreichendem Maß stattfindet, besteht Hoffnung für die Lösung der Weltprobleme. Die wettbewerbliche Wirtschaft ist die Kraft der Veränderung, die Politik, sei sie demokratisch oder nicht, ist die Kraft der Beharrung und Bewahrung. Die Weltprobleme werden dadurch gelöst, dass man der Wirtschaft die Führungsrolle vor der Politik überlässt. Wenn unter dem Primat der Politik eine weitgehende Politisierung des Wirtschaftsgeschehens verstanden sein soll, dann kann dies nur in Stagnation, also letztlich in der Katastrophe enden."[243]

---

239 vgl., ebd.: Weizsäcker, von C.C.: Logik der Globalisierung, a. a. O. S. 59
240 vgl., ebd.: Weizsäcker, von C.C.: Logik der Globalisierung, a. a. O. S. 72
241 vgl., ebd.: Weizsäcker, von C.C.: Logik der Globalisierung, a. a. O. S. 84
242 vgl., ebd.: Weizsäcker, von C.C.: Logik der Globalisierung, a. a. O. S. 123
243 ebd.: Weizsäcker, von C.C.: Logik der Globalisierung, a. a. O. S. 123

Auch wenn die Institutionen zur Sanktionierung von Vertragsverletzungen im Rahmen des WTO-Systems unbestrittenermaßen verbesserungsbedürftig sind, liegt nach Meinung Weizsäckers die Zukunft in einer weiteren Liberalisierung des internationalen Warenaustausches: Der Zwang der WTO-Mitglieder, all die Spielregeln einzuhalten, zu der sie die Zugehörigkeit zur WTO verpflichtet, stellt nämlich ein äußerst wirksames Sanktionssystem im Falle regelwidrigen Verhaltens in Form des Ausschlusses vom internationalen Marktzugang dar. Im Streitschlichtungsverfahren der WTO entsteht eine Handelsgerichtsbarkeit auf internationaler Ebene.[244]

Es läßt sich also den Globalisierungsgegnern durchaus entgegenhalten: "Die Globalisierung ist eine unerhörte Chance, die offene Gesellschaft auf weitere Staaten der Welt auszudehnen. Was zweifellos fehlt, sind die Institutionen, die die globale Freiheit mit den lokalen Bedürfnissen in Übereinstimmung bringen."[245]

1.4.2 30. Davoser Weltwirtschaftsforum (WWF)

Nach der gescheiterten WTO-Tagung im Dezember 1999, die als „battle of Seattle"[246] in die jüngere Geschichte einging, waren die Auswirkungen von Globalisierung und Liberalisierung der Weltwirtschaft Ende Jänner 2000 wiederum Thema einer international hochrangig besetzten Konferenz[247]: des 30. Weltwirtschaftsforums in Davos.

Das Treffen mit mehr als 2000 Teilnehmern ließ neben klaren Stellungnahmen für eine fortschreitende Globalisierung auch Zweifel aufkommen, wie die ärmeren Staaten mit dem rasanten Tempo Schritt halten sollten. „Wie soll ein Land wie das meine bei der Globalisierung und der Internet-Revolution mithalten", fragte ein Unternehmer aus Marokko angesichts der völlig fehlenden Infrastruktur in den Entwicklungsländern.

---

244 vgl., ebd.: Weizsäcker, von C.C.: Logik der Globalisierung, a. a. O. S. 128

245 Köppl, H.: Die Freiheit und ihre Feinde. Leitartikel in: OÖ Nachrichten Nr. 297 vom 24.12.1999, S. 5

246 vgl.: Economist International, in: Die Presse. Unabhängige Tageszeitung für Österreich, Nr. 15.539 vom 6.12.1999, S. 14
Zahlreiche Umwelt-, Gewerkschafts- und Bürgerrechtsgruppen hatten schon zuvor die WTO-Tagung zum Aktionismusgebiet Nummer eins erklärt. 50.000 Menschen waren den Aufrufen gefolgt und bejubelten nun das Scheitern. Auffallend war die Vielfalt der Ziele: Unter dem gemeinsamen Feindbild WTO ging es gegen Gentechnik, gegen die Ausbeutung der Dritten Welt, gegen die Benachteiligung von US-Bauern, gegen die Diktatur des Kapitals, gegen die Zerstörung der Umwelt, gegen den Verlust von Arbeitsplätzen.

247 Zwar ist das Weltwirtschaftsforum, im Gegensatz etwa zur WTO, ein privater, informeller Anlaß. Doch durch die Anwesenheit von Staatspräsidenten, Premierministern und Vertretern internationaler Organisationen hat es eine Bedeutung erlangt, die weit über das Private hinausgeht.

Ähnlich skeptische Kommentare hörte man von Topmanagern aus Brasilien, Jordanien, Indien und Indonesien.
Insgesamt ließen viele Redner die Bereitschaft erkennen, das Tempo der Globalisierung um einen Gang zurückzunehmen.[248]
Zum ersten Mal berieten auf hoher Ebene auch Vertreter der globalen Zivilgesellschaft mit Vertretern der Besitzenden über ein Arrangement, einen ungeschriebenen Kontrakt und wollen mit „einem wachsamen Auge" – „The Public Eye on Davos" das WWF beobachten und kommentieren. Vierzig Vertreter von Entwicklungs- und Umweltorganisationen waren eingeladen, den befürchteten sozialen Aufstand der Globalisierungsverlierer zu formulieren. Kritische Meinungen zufolge „kein geringes Paradox: Kapitalismuskritiker, Globalisierungsgegner, Umweltschützer sollen helfen, die stockende Globalisierung wieder anzuschieben. Denn die Globalisierung, die strahlende Siegerin der Ausmarchung zwischen Markt und einer politisch geordneten Ökonomie, ist nackt. Ihr Triumph fordert zu hohe soziale Kosten. Die Kluft zwischen Arm und Reich wächst, und mit ihr der Widerstand. Die schrankenlose Ökonomie wrackt Staaten ab, zerstört (...) gewachsene gesellschaftliche Ordnungen. Effizienz, Kaufkraft, Renditen, aber auch der Frieden sind bedroht. So gründlich hat die Abrißbirne gearbeitet, dass sogar den Liberalen das politische Credo abhanden gekommen ist – sie wissen nicht mehr, wie sich die Welt sinnvollerweise ordnen lässt. Inzwischen nennen auch rechte Denker wie der ehemalige Cheftheoretiker von Margaret Thatcher, John Gray, die Konsequenzen des freien Marktes «niederschmetternd».
Die NGOs sollen mit ihrer politischen Ethik als Reparaturtruppe einspringen."[249]
Aus den Reden der prominenten Politiker fanden vor allem jene von Bill Clinton und Tony Blair breiten Niederschlag in den Medien:
„US-Präsident Clinton hat beim Weltwirtschaftsforum den Freihandel gepriesen und dennoch protektionistischen Versuchungen Tür und Tor geöffnet,"[250] titelt die Presse: „Jene, die die Globalisierung für einen Segen halten, hatten Clinton voll auf ihrer Seite, der ‚unmißverständlich' feststellte, daß offene Märkte die ‚beste Maschine sind, die wir kennen, um Lebensstandards zu erhöhen, Umweltzerstörung zu reduzieren und gemeinsam geteilten Wohlstand zu schaffen.'
Clinton hob hervor, daß die Entwicklungsländer, die sich für den freien Handel entschieden haben, seit den frühen 70er Jahren mindestens doppelt so hohe Wachstumsraten verzeichnen als die anderen. Wer sich dem Freihandel widersetze, möge sich fragen ‚was wohl einem Textilarbeiter in Bangladesh geschieht, wenn es keine Industrie gibt, die an heimische und ausländische Konsumenten verkauft. Was passiert den Bauern in Uruguay, in Australien, Europa, den USA,

---

[248] vgl.: KURIER. Unabhängige Tageszeitung für Österreich, Nr. 34, Bericht am 3.2.2000, S. 23
[249] Fahrni, O.: Seitensprung am Zauberberg, in: Die Weltwoche. Unabhängige Zeitung für Politik, Wirtschaft, Gesellschaft und Kultur, Zürich, 68. Jg. Nr. 4 vom 27.1.2000, S. 1
[250] Clinton, B.: zit. bei Schwarz, K-P.: Bericht in: Die Presse. Unabhängige Tageszeitung für Österreich, Nr. 15.583 vom 31.1.2000, S. 3

wenn der Protektionismus die Vermarktung ihrer Produkte jenseits der Grenzen unterbindet?'"[251]
Clinton forderte aber auch „internationale ökologische und soziale Standards (...) – also genau jene Standards, die die Entwicklungsländer als Instrumente des Protektionismus bekämpfen."[252]
Tony Blair wiederum drängte auf den sofortigen Abbau aller Barrieren für Importe aus den Entwicklungsländern sowie eine neue Verhandlungsrunde der Welthandelsorganisation WTO.[253]
Starke Befürworter einer weiteren Liberalisierung – insbesondere für die Landwirtschaft – finden sich in Lateinamerika. Die meisten Staaten – wurde betont – bewegen sich auf einem stabilen Wachstumskurs. So erklärte Andres Pastrana, der Präsident von Kolumbien:
„Erst die Liberalisierungsmaßnahmen Anfang der 90er Jahre hätten einen Ausweg aus Armut und Unterentwicklung geboten. Diesen Wirtschaftsreformen sei es zu verdanken, daß sich das lateinamerikanische Handelsvolumen seither verdreifacht habe. Die lateinamerikanischen Länder hätten im vergangenen Jahrzehnt im Schnitt ein Wachstum von mindestens drei Prozent verzeichnet, in der Folge hätten sie auch mehr Mittel zur Linderung der Armut einsetzen können als je zuvor. Die Länder dieser Region müßten nun lernen, sich in die globalisierte Wirtschaft zu integrieren.
Pastrana schloß sich seinem argentinischen Amtskollegen della Rua an, der scharf den Protektionismus der reichen Länder kritisierte, vor allem bei Agrarprodukten. In ähnlicher Weise hatte sich zu Beginn der sechstägigen Beratungen bereits der mexikanische Präsident Ernesto Zedillo Ponce de Leon geäußert. Die Globalisierungsgegner (er nennt sie ‚globo-phobos'), die gegen die WTO-Konferenz in Seattle demonstriert hatten, definierte der mexikanische Präsident als ‚eine kuriose Allianz von Kräften der extremen Linken, der Umweltschützer und anderer selbsternannter Kritiker, die sich in dem Versuch vereinigt haben, die Völker der Entwicklungsländer vor Entwicklung zu schützen."[254]

Der sächsische Ministerpräsident Kurt Biedenkopf relativierte die gesamte Globalisierungsdiskussion: „Die Globalisierung sei und bleibe ein Minderheitenprogramm"[255] und korrigierte das negative Bild des schrankenlosen Kapitalismus: „In

---

[251] ebd.: Clinton, B.: zit. bei Schwarz, K-P.: Bericht in: Die Presse. Unabhängige Tageszeitung für Österreich, Nr. 15.583 vom 31.1.2000, S. 3

[252] ebd.: Clinton, B.: zit. bei Schwarz, K-P.: Bericht in: Die Presse. Unabhängige Tageszeitung für Österreich, Nr. 15.583 vom 31.1.2000, S. 3

[253] vgl.: Blair, T.: zit. bei Schwarz, K-P.: Bericht in: Die Presse. Unabhängige Tageszeitung für Österreich, Nr. 15.583 vom 31.1.2000, S. 3

[254] Pastrana, A.; Ponce de Leon, E. Z.: zit. bei Schwarz, K-P.: Bericht in: Die Presse. Unabhängige Tageszeitung für Österreich, Nr. 15.583 vom 31.1.2000, S. 15

[255] Biedenkopf, K.: zit. bei Schwarz, K-P.: Bericht in: Die Presse. Unabhängige Tageszeitung für Österreich, Nr. 15.582 vom 29.1.2000, S. 3

der EU, sagte Biedenkopf, würden 45 bis 50 Prozent des Bruttoinlandsproduktes nicht über die Märkte, sondern von den Regierungen und öffentlichen Institutionen verteilt werden."[256]
Insbesondere sieht er keineswegs die oben inkriminierte Zerstörung der gewachsenen gesellschaftlichen Ordnung und die „Abwrackung der Staaten" als gegeben an: „Eine differenzierte Betrachtung des Gegenstandes der Globalisierung ergebe, dass dieser keineswegs die Gesellschaft sei – Länder würden sich noch immer durch andere Kriterien denn durch wirtschaftliche abgrenzen lassen -, sondern vielmehr Informationen und Finanzströme. Die wahre Herausforderung sei die steigende Kluft zwischen Arm und Reich."[257]
Clinton faßte zusammen, daß man aus Seattle zwei Konsequenzen ziehen müsse, „damit es nicht zu einer Rückwärtsentwicklung der Liberalisierung käme: Zum einen sei es unerlässlich, den Gegnern der Globalisierung zu erklären, warum die Liberalisierung der Märkte negative Folgen habe, dass sie aber der einzige Weg zu Wohlstand sei. Zum anderen müsse den Opponenten mehr Gehör geschenkt werden, und man müsse sie als konstruktive Partner sehen."[258]
„Die Liberalisierung sei für Entwicklungsländer von grosser Bedeutung, da sie das zur Bekämpfung der Armut benötigte Wachstum stimuliere. Politiker müssten in ihren Ländern um Unterstützung für weitere Liberalisierungsschritte werben, so die USA in bezug auf Abkommen mit den Staaten Afrikas und der Karibik und die Europäer im Hinblick auf den Abbau der Subventionen für die Landwirtschaft. Würde nur ein Drittel der Subventionen und Zölle weltweit abgebaut, könnten die ärmsten Entwicklungsländer jedes Jahr 4 Milliarden Dollar mehr einnehmen. Regierungen sollten stärker darauf hinweisen, dass Importe nicht nur die Handelsbilanz belasten, sondern vor allem die Haushaltskassen jedes einzelnen entlasten.
Trotz aller positiven Auswirkungen könne die Öffnung der Märkte allein nicht die armen Länder aus ihrer misslichen Lage befreien. Eine Unterstützung der Entwicklungsländer müsse in anderer Form gewährleistet werden. Beispielsweise, indem der Pharmaindustrie Anreize gegeben würden, auch für «schlechte Kunden», wie es die Entwicklungsländer sind, Impfstoffe gegen Aids zu entwickeln, oder indem Schulden erlassen würden. Die Gewinne der Marktöffnung müssen laut Clinton zwischen den Menschen innerhalb eines Landes besser verteilt werden."[259]

---

[256] ebd.: Biedenkopf, K.: zit. bei Schwarz, K-P.: Bericht in: Die Presse. Unabhängige Tageszeitung für Österreich, Nr. 15.582 vom 29.1.2000, S. 3
[257] Biedenkopf, K.: zit. bei Schwarz, K-P.: Bericht in: Die Presse. Unabhängige Tageszeitung für Österreich, Nr. 15.582 vom 29.1.2000, S. 3
[258] Clinton, B.: zit. in: NZZ – Neue Zürcher Zeitung, Internationale Ausgabe, 221. Jahrgang Nr. 25 vom 31.1.2000, S. 1
[259] ebd.: Clinton, B.: zit. in: NZZ – Neue Zürcher Zeitung, Internationale Ausgabe, 221. Jahrgang Nr. 25 vom 31.1.2000, S. 2

1.5 Politische Alternativen

Leisten wir gedanklich der - von Globalisierungskritikern angesichts zahlreicher, offensichtlich unerwünschter Begleiterscheinungen – der von ihnen stets erhobenen Forderung nach dem Primat der Politik vor der Wirtschaft Folge, müssen wir nur allzubald feststellen, daß es sich bei dieser Forderung in derart genereller Form um eine Leerformel handelt, weil einen Primat der Politik gibt es nach anderer Sichtweise lediglich in Diktaturen.[260]

Was also Globalisierungsgegnern unmittelbar einsichtig zu sein scheint, ist es somit abseits der Dialektik nicht, denn bündige oder eindeutige Begriffsdefinitionen von **der** "Politik" oder **dem** "Politischen" gibt es nicht.[261]
Vielmehr sieht sich die Politikwissenschaft mit der Tatsache beauftragt, daß die Plausibilität der Politik-Begriffe ein "verschieden dichtes Netz über die politische Realität [werfen] und so zumeist auch zu bemerkenswert anderen Ergebnisse gelangen. Hieraus ist zu folgern, daß die Bildung eines Politik-Begriffes als Bezeichnung für den Gegenstandsbereich der Politikwissenschaft bereits eine theoretische oder erkenntnistheoretische Reflexion voraussetzt, durch die jeweils ein unbestimmtes Maß Subjektivität des Theoretikers in die Begriffsbildung einfließt, woraus sich verständlicherweise mehr oder minder große Differenzen in der Bestimmung des Begriffsinhalts ergeben."[262] In ihrer weitesten Auslegung ist Politik sogar jede Tätigkeit und Lebensform in einem Staat und umfaßt als Gegenstand der Wissenschaft alle Angelegenheiten der Bürger einer Gesellschaft. Ziel der Politik als ethische Wissenschaft und Praxis ist bereits seit Aristoteles das gute Handeln und Leben und die beste Verfassung.[263]

1.5.1 Zum Begriff „Politik"

Selbst bei Verzicht auf eine vollständige Übersicht über die zahllosen Theorien der Politikwissenschaft verbleiben zumindest drei relevante und einflußreiche Theorien[264] mit unterschiedlichen erkenntnisbedingenden Faktoren.
Unmittelbar damit verknüpft stellt sich die Frage nach der "richtigen" Gesellschafts- und - daraus abgeleitet - nach der zu installierenden Wirtschaftsordnung.

---

260 vgl.: Weizsäcker, von C.C.: Logik der Globalisierung, a. a. O. S. 39

261 vgl.: Berg-Schlosser, D.; Maier, H.; Stammen, T.: Einführung in die Politikwissenschaft. 2. neubearb. Auflage 1977, S. 22f (Hervorh. HPS)

262 ebd.: Berg-Schlosser, D.; Maier, H.; Stammen, T.: Einführung in die Politikwissenschaft, a. a. O. S. 22

263 vgl.: Vossenkuhl, W.: Politik, in: Höffe, O. (Hrsg.): Lexikon der Ethik. 5. Aufl., München 1997, S. 233f

264 vgl.: Berg-Schlosser, D.; Maier, H.; Stammen, T.: Einführung in die Politikwissenschaft, a. a. O. S. 86

Der klassische Politikbegriff hat seine Wurzeln in der griechischen Antike bei Platon und Aristoteles. "Gegenüber der Gefangenheit in Macht und egozentrischer Selbstbehauptung fordert er ein grundsätzliches Umdenken des Menschen, seine Öffnung gegenüber der in den Ideen auffindbaren Ordnung des Seins"[265] und seine "Zuwendung zum Wissen des Guten"[266].
Normativ nennt man diesen Begriff der Politik häufig deswegen, weil er sich nicht einfach auf eine gegebene, empirische politische Realität bezieht und zu deren wissenschaftlicher Analyse beiträgt, sondern sich auf ein an bestimmten Gütern und Zwecken orientiertes, politisches Handeln bezieht, durch das der handelnde Mensch zur wesenhaften Erfüllung seiner Existenz gelangen kann. Ein menschliches Leben der vollendeten Tugend setzt eine bestimmte soziale Ordnung voraus, die somit als die entscheidende Bedingung der Ermöglichung dieses tugendhaften "guten Lebens" und damit zugleich als der zentrale Gegenstand der Politikwissenschaft als praktischer Philosophie gilt.
Das normative Politikverständnis orientiert sich somit an einem bestimmten Typus des "wahren Menschentums", das als Maßstab für die richtige politische Ordnung einer Gesellschaft fungiert und zugleich auch das entscheidende Kriterium einer Kritik der bestehenden Verhältnisse abgeben kann. Das normative Moment dieses Politik-Begriffes gelangt also vorzüglich in einem nicht empirisch-faktisch, sondern als Norm verstandenen Ordnungsbegriff zur Anschauung.

Als Theorie-System geht demgegenüber der dialektisch-historische Ansatz in seinen Grundlagen auf zwei maßgebliche und einflußreiche philosophische Theoreme des 19. Jahrhunderts zurück:
- auf die (idealistische) Geschichtsphilosophie von Hegel und
- auf - die stark von Hegel her bestimmte - (historisch-materialistische) Gesellschaftstheorie von Marx; beide Theoriebereiche wurden im historisch-dialektischen Theorie-Ansatz zu einer Einheit integriert, die jedoch zahlreiche verschiedene Variationen zuläßt,[267] von denen die bedeutendste, nämlich der parteioffizielle Marxismus-Leninismus der sozialistischen Staaten mittlerweile erloschen ist.
Eine weitere, die sich ursprünglich als Kritische Theorie der sogenannten Frankfurter Schule bzw. international als Neomarxismus etablierte, hält auch heute noch die dialektischen Ideale hoch. Es gibt jedoch zahlreiche Autoren - so z.B. H. Albert[268] die der neomarxistischen Dialektik äußerst kritisch gegenüberstehen:

---

[265] ebd.: Berg-Schlosser, D.; Maier, H.; Stammen, T.: Einführung in die Politikwissenschaft, a. a. O. S. 46

[266] vgl.: Meier, H.: Politische Wissenschaft in Deutschland. München 1969, S. 233

[267] vgl.: Berg-Schlosser, D.; Maier, H.; Stammen, T.: Einführung in die Politikwissenschaft, a. a. O. S. 63

[268] Albert, H.: zit. in: Berg-Schlosser, D.; Maier, H.; Stammen, T.: Einführung in die Politikwissenschaft, a. a. O. S. 75

"Die von den Hegelianern praktizierte Überanstrengung der Begriffe, die sich vor allem bei Worten wie 'Totalität', 'dialektisch' und 'Geschichte' zeigt, läuft meines Erachtens auf nichts anderes hinaus als auf ihre 'Fetischisierung' - ... - , auf einen Wortzauber, vor dem ihre Gegner leider meist zu früh die Waffen strecken."

Die programmatische Ausrichtung der Sozialdemokratie der Gegenwart und insbesondere die Akzeptanz der Sachzwänge des Marktes wird von der "Neuen Linken" bzw. den Repräsentanten des Neomarxismus, der vielfältige, nicht exakt abgrenzbare geistige und politische Strömungen umfaßt, - oftmals als Protestbewegung in Distanzierung von den etablierten Formen der sozialistischen Tradition - nicht akzeptiert. Die neomarxistische Ideologie fördert eine umfassende gesellschaftliche Erneuerung, eine Auflösung der erstarrten Strukturen, weil die moderne bürgerliche Gesellschaft es aus ihrer Sicht mit sich gebracht hat, daß alle menschlichen Beziehungen und Werte zur Ware geworden sind; der damit verbundene Erstarrungsprozeß hat zu einer weitreichenden Entfremdung geführt. Um die negative Entwicklung unserer Gesellschaft zu überwinden, bedarf es zukunftsweisender Initiativen und Impulse, die zum Unterschied von den alten marxistischen Leitbildern nicht von den politischen Gruppierungen der Arbeiter ausgehen, sondern weitestgehend von elitären Gruppen, z.B. den Studenten und Intellektuellen, zu setzen sind. Auch wenn den revolutionären Bewegungen der 70er Jahre mitsamt ihren radikalen Akten und der totalen Verweigerung der Mitwirkung am politischen Entscheidungsprozeß kein Erfolg beschieden war, bleibt vom Neomarxismus eines, nämlich die "Hoffnung auf den neuen Menschen, der einen besseren Gebrauch von den technischen und ökonomischen Möglichkeiten macht, als dies bisher der Fall war"[269], bestehen.
Dieser müsse sich sowohl gegen die Vereinnahmung durch den Produktionsprozeß als auch gegen die Abhängigkeiten in den verschiedenen Gesellschaftsbereichen wenden, um sein Leben mehr aus eigener Initiative gestalten zu können und sich aus den Zwängen der Industriegesellschaft befreien.[270]
"In der technologischen Entwicklung sieht die Neue Linke vielfach negative Trends: Der technische Fortschritt führe zur Selbstzerstörung, zu neuen Abhängigkeiten und damit wieder zur Entfremdung des Menschen. Das kapitalistische System setze die Technik vor allem zur Gewinnmaximierung ein, nicht zu einem echten menschlichen und gesellschaftlichen Fortschritt."[271]
Viele dieser Aussagen finden sich auch in den Ideologien der Alternativbewegungen, von denen es eine verwirrende Fülle gibt, wieder; eine besondere Bedeutung haben dabei jene, deren Zielsetzung die Erhaltung und Sicherstellung einer lebenswerten Umwelt ist.[272] "Es ist ein Verdienst der Alternativbewegungen, be-

[269] Klose, A.: Kleines Lexikon der Politik. Wien 1983, S. 95
[270] vgl., ebd.: Klose, A.: Kleines Lexikon der Politik, a. a. O. S. 95f
[271] ebd.: Klose, A.: Kleines Lexikon der Politik, a. a. O. S. 96
[272] vgl.: Klose, A.: Kleines Lexikon der Politik, a. a. O. S. 11

stimmte gesellschaftspolitisch wichtige und zukunftsweisende Anliegen deutlicher (als die vorherrschenden politischen Parteien) herausgestellt zu haben."[273] Zahlreiche gleichlautende Aussagen finden sich auch in der Ideologie der NGO's wieder, die ähnlich den Alternativen in allen traditionellen Lagern Anhänger finden.

"Im Gegensatz zu den beiden anderen Theorieansätzen, (...), die beide in bestimmten, erkenntnistheoretisch begründeten normativen Positionen wurzeln, klammert der empirisch-analytische Theorieansatz normative Erwägungen als Bestimmungsfaktoren für die Analyse konkreten politischen Geschehens bewußt aus. Er beschränkt sich daher auf die mit 'neutralen' Instrumenten erfaßbaren 'Objekt-' und 'Subjekt'-Aspekte der politischen Realität. (...). Er nimmt daher in dieser Hinsicht eine andere methodische Grundhaltung ein als die beiden erstgenannten"[274] und versucht folglich in der Wissenschaft einen wertfreien Weg zu beschreiten.
Das heißt allerdings nicht, daß Wertvorstellungen, subjektive Werthaltungen oder normative Erwägungen nicht Forschungsgegenstand sein können, sondern lediglich, daß die empirisch-analytische Forschung "Wertfreiheit" verlangt und daß die eigentliche Untersuchung so wenig wie möglich einen vorgefaßten "bias" unterliegen darf, um nicht in des eigene bewußte oder unbewußte Wunschdenken bestätigende Aussagen zu verfallen[275].
Die geforderte Wertfreiheit ist allerdings mit dem Dilemma behaftet, daß sich soziale Relevanz und Brauchbarkeit bestimmter Erkenntnisse ja nicht nur aus ihrem abstrakten Wahrheitsgehalt, sondern vor allem auch aus den konkreten Problemen und Nöten einer Gesellschaft oder bestimmter Gruppen, zu deren Lösung sie beitragen sollen, bestimmen[276] und somit die Gefahr besteht, in einem hermeneutischen Zirkel zu verfallen.

1.5.2 Bewertungen

Der vorstehende Überblick über die zeitgenössischen Politik-Begriffe erhebt keinen Anspruch auf Vollständigkeit, sondern soll lediglich die Haupttypen der heute in der Politikwissenschaft nebeneinander gebräuchlichen Politik-Begriffe darstellen.
Er bedarf jedoch noch der Ergänzung durch die Erörterung der forschungsstrategischen Funktion und der selektiven Wirkung dieser Politik-Begriffe. Gerade diese selektive Wirkung wird häufig übersehen; gleichwohl ist die Einsicht darin sowohl für die konkrete politikwissenschaftliche Forschung als auch für die kriti-

[273] ebd.: Klose, A.: Kleines Lexikon der Politik, a. a. O. S. 11 (Anm.: HPS)
[274] Berg-Schlosser, D.; Maier, H.; Stammen, T.: Einführung in die Politikwissenschaft, a. a. O. S. 56
[275] vgl., ebd.: Berg-Schlosser, D.; Maier, H.; Stammen, T.: Einführung in die Politikwissenschaft, a. a. O. S. 86ff
[276] vgl., ebd.: Berg-Schlosser, D.; Maier, H.; Stammen, T.: Einführung in die Politikwissenschaft, a. a. O. S. 57

sche Reflexion politikwissenschaftlicher Theoriebildung von außerordentlich großer Bedeutung.
Der Vergleich der betrachteten Politik-Begriffe läßt schnell erkennen, daß durch sie recht verschiedene Aspekte der komplexen sozialen Realität hervorgehoben und als "politische" qualifiziert werden: mal ist es die Problematik des "guten Lebens" im praktisch-philosophischen Sinn und der darauf bezogenen "richtigen politischen Ordnung", mal ist es das Problem der Macht, des Machterwerbs und der Machtbehauptung, oder aber das Problem des Klassenkampfes als des Grundgesetzes aller Geschichte, die Feind-Beziehung oder die "autoritative Verteilung von Gütern", die die Grundlage und den Hauptinhalt des jeweiligen Politik-Begriffs ausmachen. Es versteht sich von selbst, daß - gewissermaßen als Kehrseite der Medaille - mit diesen Akzentuierungen einzelner Aspekte der sozialen Realität als "politische" auf der anderen Seite zugleich andere Aspekte abgeblendet und aus der Betrachtung ausgeschlossen werden, somit keine Berücksichtigung bei der Konstitution des Politik-Begriffs finden; z.B. das Problem der normativ verstandenen "guten Ordnung" nicht bei dem "realistischen" Politik-Begriff, das Thema des Klassenkampfes nicht bei dem "normativen" Politik-Begriff. Es gibt natürlich auch gewisse Überschneidungen der Aspekte dieser Politik-Begriffe. Aber gerade in dieser Abblendung oder Ausschließung bestimmter anderer Aspekte und in ihrer Nichtberücksichtigung bei der Konstitution der Politik-Begriffe ist die selektive Wirkung dieser Begriffe begründet.
Nun könnte man versucht sein, diese selektive Wirkung einseitig negativ zu bewerten: als ein spezielles wissenschaftliches Manko eben dieser dargestellten Politik-Begriffe, als ein Manko, das sich bei einem umfassenden Politik-Begriff vermeiden ließe, insofern dieser das "wirklich Politische" in seinem ganzen Umfang in den Blick brächte und somit den Erkenntnisabsichten der Politikwissenschaft optimal Genüge täte.
Demgegenüber ist jedoch in Erinnerung zu rufen, daß das "Politische", um das es hier geht, nicht einen eindeutig umrissenen, objektiven und somit exakt definierbaren Sach- oder Gegenstandsbereich der sozialen Welt darstellt, von dem es entsprechend einen eindeutigen und objektiv "richtigen" Begriff geben könnte. Vielmehr gilt, daß der Bildung eines solchen Politik-Begriffs jeweils ein auf die soziale Realität gerichteter Erkenntnisprozeß vorausgeht, in dem bestimmte Einzelaspekte oder -phänomene dieser Realität als genuin "politisch" qualifiziert und somit als für den zu bildenden Politik-Begriff konstitutiv erklärt werden. Das bedeutet, daß der Vorgang der Begriffsbildung ein schöpferischer, spontaner Vorgang ist, in den unweigerlich ein bestimmtes Maß an Subjektivität des Erkennenden in die Begriffsbildung mit eingeht. Es wäre jedoch falsch, hierbei lediglich subjektive Willkür im Spiele zu vermuten. Es ist vielmehr so, daß der Erkennende bei der Bildung eines solchen Politik-Begriffs auf vielfältige Weise durch die untersuchte soziale Realität selbst bestimmt und von ihr sozial, wirtschaftlich, weltanschaulich

etc. bedingt ist, und daß diese Bedingungsfaktoren sich auf irgendeine Weise in der Begriffsbildung niederschlagen.
Ein Politik-Begriff der besprochenen Art erweist sich also als das Ergebnis eines komplexen Erkenntnisprozesses; er selber, durch die Selektion bestimmter Aspekte der sozialen Realität konstituiert, wirkt nun seinerseits im weiteren politikwissenschaftlichen Forschungsprozeß wieder selektiv-formend und konstruierend auf die Erkenntnis ein, indem er von vornherein die Aufmerksamkeit lediglich auf bestimmte, von ihm her als relevant definierte Aspekte der sozialen Realität lenkt, andere hingegen unberücksichtigt läßt. Die selektive Wirkung der Politik-Begriffe erweist sich von der Art der Begriffs-Konstitution her gesehen als unvermeidlich.
Von der Einsicht in die Unvermeidbarkeit der Selektionswirkung der Politik-Begriffe her wird man zögern, die gebräuchlichen Politik-Begriffe einfach und leichthin in "richtige" und "falsche" zu klassifizieren. Zwar wird man nicht einem Relativismus der Standpunkte das Wort reden können und die verschiedenen Politik-Begriffe als schlechthin gleichwertig bezeichnen wollen.
Man wird vielmehr von zwei Seiten her eine kritische Einschätzung derselben vornehmen können und müssen:
Einmal von seiten ihrer praktischen Leistungsfähigkeit und Brauchbarkeit im konkreten Forschungsprozeß her; die Problematik der Operationalisierung oder Operationalisierbarkeit der Politik-Begriffe z.B. gehört hierher. Man wird auf diese Frage keine zeitlos-allgemeingültige Antwort finden und damit eine ein für allemal geltende Qualifizierung der Politik-Begriffe vornehmen können, insofern die Brauchbarkeit und Leistungsfähigkeit eines solchen Begriffs vom Politischen her sehr von der speziellen Erkenntnisabsicht abhängt.
Andererseits lassen sich jedoch aus einem direkten Vergleich der Politik-Begriffe und der von ihnen an der sozialen Realität als "politisch" hervorgehobenen Aspekte gewisse Kriterien für eine kritische Beurteilung gewinnen. Man wird auf diese Weise feststellen können, daß z.B. der eine Politik-Begriff relativ eng, der andere relativ weit gefaßt ist; daß der eine ganze Dimensionen der sozialen Realität als politisch irrelevant unberücksichtigt läßt, die der andere als besonders konstitutiv betrachtet; schließlich, daß der eine Politik-Begriff Kausalitäten und Abhängigkeitsverhältnisse zwischen einzelnen Aspekten des Politischen herstellt, die von einem anderen Politik-Begriff gerade umgekehrt gesehen werden.[277]

1.5.3 Die Gemeinwohlfunktion

Über diese läßt sich, wie auch bei Ulrich ersichtlich, je nach gesellschaftspolitischem Standpunkt vortrefflich polemisieren, gibt es doch hinsichtlich dieser grundsätzlichen Zielfunktion der Gesellschaft gravierende Auffassungsunterschiede.

[277] vgl.: Berg-Schlosser, D.; Maier, H.; Stammen, T.: Einführung in die Politikwissenschaft, a. a. O. S.32ff

In Ermangelung einer als allgemeingültig anerkannten Definition des Begriffes "Gemeinwohl" spricht Ulrich sogar von einer "diffusen Gemeinwohlfiktion"[278]. Tatsächlich bietet die abendländische, naturrechtliche Philosophie aber sehr wohl eine Präzisierung: Sie sieht sie als wegweisendes Ziel - für das gute Leben jedes Menschen und demgemäß als Grundfunktion des Staates - ganz in der Tradition der alten Griechen und des Christentums:
Definiert werden kann es als "Zweck der Gesellschaft, insofern diese die Hilfe darstellt, die die einzelnen für die Erfüllung ihrer existentiellen Zwecke benötigen und die durch ihre gesellschaftliche Kooperation geschaffen wird"[279], ein Zustand, "der es allen ermöglicht, ihre Persönlichkeit menschenwürdig zu entfalten"[280]. Im Anschluß an Kant läßt sich gemeinwohlkonformes Verhalten negativ dahingehend umschreiben, daß "vor jeder Entscheidung man sich fragen sollte, zu welchem Ergebnis es führen würde, wenn alle der Handlungsmaxime folgen würden, die anzuwenden man im Begriff steht. Erscheint dieses Ergebnis als unannehmbar, verstößt die Handlung gegen das Gemeinwohl"[281]
Die Frage nach dem, was ein "menschlich gutes" Leben ist und wie die Menschen als Menschen leben, auf welche Werte hin und nach welchen Normen sie ihr Verhalten und Handeln ausrichten sollen, erfordert vorrangig vor allen anderen Überlegungen "gültige Maßstäbe des Humanen".[282] Dieser fundamentalen Frage wurde in der Geschichte der Menschheit "... in moralischen Reflexionen, in der Ethik als Wissenschaft vom Ethos, von der Moral in der praktischen Philosophie, aber auch in der Moraltheologie nachgegangen. (...) Man diskutiert immer wieder darüber, ob die Entscheidungen in den erwähnten Bereichen durch die einschlägigen Wissenschaftler, die Ökonomen und die Techniker aufgrund ihres Fachwissens und ihrer Kenntnis vom Machbaren oder ob sie durch Politiker zu fällen sind - sicher nach eingehender Beratung durch jene -, weil diese an den Schaltstellen der Macht das pragmatisch Mögliche abschätzen können und weil sie sodann auch das Erforderliche ins Werk zu setzen haben.
Wie immer der aktuelle Stand der Diskussion aussehen mag, es bleiben für das Handeln Maßstäbe darüber erfordert, wie wir als Menschen innerhalb der Grenzen des Möglichen leben sollen. Diese Maßstäbe werden aber nicht durch die fachspezifischen Überlegungen gegeben, sie kommen auch nicht aus bloß pragmatischen Erwägungen. Es sind dies Grundsätze, unter denen die Vielfältigkeit der fachspezifischen Ansichten aufeinander abgestimmt werden kann, so daß ein einheitli-

---

[278] Ulrich, P.: Integrative Wirtschaftsethik, a. a. O. S. 379

[279] Weiler, R.: Gemeinwohl, in: Rotter, H.; Viert, G. (Hrsg.): Neues Lexikon der Christlichen Moral. Innsbruck 1990, S. 238

[280] Kerber, W.: Sittlich Handeln unter dem Druck ökonomischer Sachzwänge, in: Hesse, H.; (Hrsg.): Wirtschaftswissenschaft und Ethik. Berlin 1990, S. 242

[281] ebd.: Kerber, W.: Sittlich Handeln unter dem Druck ökonomischer Sachzwänge, a. a. O. S. 242

[282] Mader, J.: Moral, Philosophie und Wissenschaft. Probleme der Ethik in Tradition und Gegenwart, a. a. O. S. 11

ches, fachlich einwandfreies Konzept des Vorgehens erstellt zu werden vermag."[283]
Die Grundfunktion "Gemeinwohl" setzt demgemäß ein wechselseitiges Werteverständnis hinsichtlich der inneren Ordnung und Wohlfahrt sowie des angestrebten äußeren Rechtes (Sicherheit) voraus und ist abhängig von einer "guten" Wirtschafts- und Sozialpolitik in einem entsprechenden eingerichteten Rechtsstaates.
"Das Gesetz des Gemeinwohls ist die Grundnorm, die sowohl eine Ordnung der Einheit (Autorität) als auch eine Ordnung der Freiheit (Menschenrechte) verlangt. Aus naturrechtlicher Sicht basiert diese Ordnung in der Natur des Menschen (...) Manche (christliche) Verfassungen leiten (...) die Verfassung aus dem Willen Gottes ab. Laizistische Verfassungen verabsolutieren den Willen des Volkes als Quelle jeden Rechts."[284]

Das Wohl der gesamten Gesellschaft soll als Entscheidungsprinzip im Rahmen der allgemeinen Verwirklichung der Gerechtigkeit indirekt der Erfüllung der Ansprüche und Bedürfnisse der einzelnen Glieder der Gesellschaft dienen. Sowohl die individual- als auch alle sozialethischen Vorschriften leiten ihren Wert und ihre Gültigkeit - solange die öffentliche Ordnung als vernünftig begriffen wird - vom Gemeinwohl als höchstem allgemeinen Gut ab und sind ihm als dem höchsten Ziel allen Handelns untergeordnet.[285]
Gemeinwohl als „Prinzip", als oberstes Gesetz der Gesellschaft, regelt grundlegend – sich an den Bestimmungen der menschlichen Natur orientierend – das größtmögliche Glück aller sowie den Vorrang des allgemeinen Wohls vor dem Einzelwohl. Verwirklicht wird es jedoch subsidiär und bedarf der gelebten gesellschaftlichen Solidarität, ist doch der Einzelne seinem Wesen nach ganz auf Gemeinschaft hingeordnet.[286] Diese wiederum ist zur Gemeinwohlgerechtigkeit verpflichtet.[287]
Die Antwort auf die Frage, was nun das Gute Leben sei, wird allerdings je nach Sichtweise des Akteurs bzw. des Betrachters sehr differenziert ausfallen, da wirtschaftliches Handeln nicht nur in sehr unterschiedlichen Kulturen mit unterschiedlichem Verständnis von Ethik abläuft, sondern auch innerhalb der Kulturen selbst. Der Bogen spannt sich dabei sowohl über das unterschiedlichste Ethikverständnis und dessen Inhalte in den verschiedenen Kulturen, mit welchen wir in der Weltwirtschaft konfrontiert sind, als auch über eine unterschiedliche intrapersonelle

---

283 ebd.: Mader, J.: Moral, Philosophie und Wissenschaft. Probleme der Ethik in Tradition und Gegenwart, a. a. O. S. 11

284 Weiler, R.: Einführung in die politische Ethik. Graz 1992, S. 67

285 vgl.: Vossenkuhl, W.: Gemeinwohl, in: Höffe, O. (Hrsg.): Lexikon der Ethik, a. a. O. S. 87ff

286 vgl.: Pribyl, H.: Gemeinwohl und katholische Soziallehre, in: Pribyl, H.; (Hrsg.): Shareholder-value, a. a. O. S. 149f

287 vgl., ebd.: Pribyl, H.: Gemeinwohl und katholische Soziallehre, in: Pribyl, H.; (Hrsg.): Shareholder-value, a. a. O. S. 158

Sichtweise des wirtschaftlichen Handelns, der Wirtschaftsziele und der vorherrschenden Fruchtbarkeitsbedingungen.
Der besprochenen Gemeinwohlfunktion steht die Extremposition der linkslinken Sichtweise gegenüber:
Für ihre Verhältnisse sind die Ideale der bürgerlichen Gemeinwohlfunktion wie innerer und äußerer Friede, gesellschaftliche Stabilität und Sicherheit, gesicherte und würdige materielle Lebensgrundlagen, Privateigentum (einschließlich der Produktionsmittel), sozialer Friede und Eintracht unter den Mitgliedern der Gemeinschaft gar nicht verwirklichbar, "... vergessen sie doch, daß ein echtes Gemeinwohl nur in einer klassenlosen Gesellschaft möglich ist"[288] und somit "das eigentliche humanistische Anliegen in das Gegenteil verkehrt und zur Verschleierung der Interessengegensätze benutzt werden kann."[289]

1.5.3.1 Der Maßstab für die Gemeinwohlfunktion

Als solcher wird häufig – aufbauend auf den Vorarbeiten des Soziologen Vilfredo Pareto Ende des 19. Jh. – das Pareto-Kriterium, in jüngerer Zeit im Sinne der „Pareto-Effizienz partieller Veränderungen sozialer Verhältnisse“[290] herangezogen. Pareto-Effizienz ist definiert als die „Zustimmungsfähigkeit einer Massnahme aller Betroffenen aus rationalem Selbstinteresse“.[291] Als pareto-effizient gilt jeder gesellschaftliche (politische) Reformvorschlag, dem alle Beteiligten allein deshalb zustimmen, weil er für jeden unter ihnen die vorteilhafteste real verfügbare Alternative ist und insofern „zum Vorteil aller Betroffenen“[292] ausfällt. Als paretoineffizient gilt umgekehrt jeder Vorschlag für die Veränderung der sozialen Spielregeln, der bei einzelnen Betroffenen Ablehnung (fehlende «Akzeptanz») provoziert, weil die Veränderung gemäß ihrer subjektiven Wahrnehmung ihren Besitzstand verletzt. Als kollektive (volkswirtschaftliche) Wohlfahrtsverbesserungen sollen gemäß dem Pareto-Prinzip nur noch jene sozialen Veränderungen anerkannt werden, durch die sich die (subjektiv beurteilte) Lage von mindestens einem Individuum verbessert, ohne daß sich dadurch die Lage irgend eines anderen Individuums verschlechtert.[293]
Peter Ulrich sieht das Pareto-Kriterium allerdings kritisch als „einen *individualistisch gewendeten Gemeinwohlbegriff*: Woran alle Beteiligten interessiert sind, weil es dem privaten Vorteil *jedes Einzelnen* dient, das verkörpert, so wird nun

[288] Klaus, G; Buhr, M. (Hrsg.): Marxistisch-Leninistisches Wörterbuch der Philosophie. Neubearb. und erweiterte Ausgabe 1975, Reinbek bei Hamburg 1972, Titel der Originalangabe: Philosphisches Wörterbuch. Leipzig 1964, 1969, 1970, S. 457
[289] ebd.: Klaus, G.; Buhr, M.: Marxistisch-Leninistisches Wörterbuch der Philosophie. Band 1, a. a. O. S. 457
[290] Ulrich, P.: Integrative Wirtschaftsethik, a. a. O. S. 191
[291] ebd.: Ulrich, P.: Integrative Wirtschaftsethik, a. a. O. S. 192
[292] Homann, K.; Blome-Drees, F.: Wirtschafts- und Unternehmensethik. Göttingen 1992, S. 55
[293] vgl.: Ulrich, P.: Integrative Wirtschaftsethik, a. a. O. S. 191

definiert, das *allgemeine* Wohl. Mit anderen Worten: Was pareto-effizient ist, ist als *effizient* für alle definiert. Die Idee einer anonymen, unparteilichen, unabhängig von allen sozialen Verteilungsfragen bestimmbaren ökonomischen Rationalität, mithin die alte ökonomistische Gemeinwohlfiktion, erscheint damit auf individualistisch-methodologischer Basis in neuer Form."[294] Die Kritik richtet sich vor allem dagegen, daß die Gerechtigkeit der Ausgangslage nicht zur Diskussion steht, denn „das Pareto-Prinzip bezieht sich nur auf die *relative* Vorteilhaftigkeit von *Veränderungen* der Situation. Das Pareto-Prinzip erweist sich somit als status-quo-konservativ: Die Ausgangslage der Macht-, Ressourcen- oder Kaufkraftverteilung schlägt unbesehen ihrer ethischen Legitimität oder Illegitimität auf die terms of trade, die Tauschverhältnisse, durch."[295]

1.5.4 Die Wirtschaftsordnung

Es gibt wenige andere Themen, an welchen sich die Geister mehr scheiden als an der Frage der "richtigen" Wirtschaftsordnung, da es keine allgemein akzeptierte, umfassende Lehre von der Wirtschaftspolitik gibt;[296] zu sehr bedingen unterschiedliche gesellschaftspolitische Ideologien das Wirtschaftsgeschehen. Die meisten Staaten der westlichen Welt streben zwar die Maximierung einer gesamtgesellschaftlichen Wohlfahrtsfunktion an, ein Begriff, der allerdings abstrakt bleiben muß, da er nicht exakt quantifizierbar ist und von linken Denkern ohnedies als "bürgerlich" angesehen und abgelehnt wird.
Scheiden wir die revolutionären Ideen links- und rechtsradikaler totalitärer politischer Visionäre, die "... in der Zerstörung des Gewordenen die Grundvoraussetzung für ein zukunftsweisendes politisches Handeln (...) sehen,"[297] und ein grundsätzlich anderes Gesellschaftssystem anstreben, aus, so verbleibt für eine demokratisch organisierte Gesellschaft die Auswahl zwischen folgenden Wirtschafts- und implizit Sozialordnungen:

- Manchester-Liberalismus (von P. Ulrich auch als "Palöoliberalismus" bezeichnet): Die Wirtschaftsordnung funktioniert von selbst.
- Neoliberalismus: Der Markt bedarf einer Ordnung. Staatsintervention ist nötig, muß aber marktkonform sein.
- Soziale Marktwirtschaft: Für jene, die auf dem Markt leer ausgehen, ist ein "soziales Netz" (zweite Einkommensverteilung) vorzusehen. Ablehnung findet hier das liberalistisch individualistische Freiheitsverständnis, Grundlage ist ein ethischer Minimalkonsens im Sozialen (Solidarität).

---

[294] ebd.: Ulrich, P.: Integrative Wirtschaftsethik, a. a. O. S. 192
[295] ebd.: Ulrich, P.: Integrative Wirtschaftsethik, a. a. O. S. 193; vgl. auch die Kritik Koslowskis in Abschnitt 2.2.2
[296] vgl.: Döring, K.: Wirtschaftspolitik, in: Görlitz, A.: Handlexikon zur Politikwissenschaft. Band II, Reinbek 1973, S. 498ff
[297] Klose, A.: Gewissen in der Politik, a. a. O. S. 27

- Freiheitlicher Sozialismus: Eine Ordnung mit Marktwirtschaft und Staatsintervention, auch mittels dirigistischer Maßnahmen. Der freiheitliche Sozialismus kann sich an die soziale Marktwirtschaft annähern und ist in der Wirtschaftspolitik dem Keynesianismus[298] zugeneigt. Kennzeichen: aktive Beschäftigungspolitik, mehr Staatsausgaben, auch wenn (vorübergehend?) höhere Staatsverschuldung über Budget und Inflation in Kauf genommen werden müßte.
- Kommunismus: Totale Leitung der Wirtschaft durch den Staat (zentrale Planwirtschaft).[299]

Weiler ergänzt diese Grundmodelle noch um die

- Sozialwirtschaft der geordneten Freiheit: "Der Staat hat Recht und Pflicht zur Intervention, wenn es das Gemeinwohl verlangt, allerdings soll der Staat nur subsidiär einspringen. Zu viel Umverteilung ist oft die schlechtere Methode der Verteilung und langfristig für alle weniger produktiv. Sie schafft erneut Ungerechtigkeiten und mindert die gesellschaftliche Solidarität."[300]

Unter Verweis auf den Grundgedanken von Johannes Messner stellt Alfred Klose fest, „daß ethisch relevante Zielsetzungen bestmöglich erreicht werden, wenn die wirtschaftenden Menschen zugleich auch damit ihre Eigeninteressen verwirklichen."[301] Die von Messner mit „jedem das Seine" postulierte soziale Gerechtigkeit bezieht sich keineswegs auf einen totalen Versorgungsstaat, sondern meint „ein sozialstaatliches System mit Mindestsicherungen für den Fall existentieller Bedrohungen im menschlichen Leben; darüber hinaus geht es um einen Wohlstandsausgleich, wie ihn der moderne Sozialstaat schon über das Steuersystem, den Familienlastenausgleich und andere soziale Sicherungen verwirklicht."[302]

1.5.5 Marktwirtschaftliche Wirtschaftskonzepte

1.5.5.1 Neoliberalismus

Gerade dieser Begriff ist derzeit besonders heftig umstritten. Während Weiler[303] formuliert: "Der Markt bedarf einer Ordnung. Staatsintervention ist nötig, muß aber marktkonform sein", wird "Neoliberalismus" insbesondere von Globalisierungsgegnern in den aktuellen Diskussionen gänzlich anders, nämlich als quasi

298 vgl.: Keynes, J.M.: The general Theory of Employment, Interest and Money. London 1936. Deutsch von Fritz Waeger: Allgemeine Theorie der Beschäftigung, des Zinses und des Geldes. Neudruck Berlin 1955

299 vgl.: Weiler, R.: Einführung in die politische Ethik, a. a. O. S. 75f

300 ebd.: Weiler, R.: Einführung in die politische Ethik, a. a. O. S. 76

301 Klose, A.: Sinnfindung in sozialer Verantwortung. Klagenfurt 1998, S. 29

302 ebd.: Klose, A.: Sinnfindung in sozialer Verantwortung, a. a. O. S. 28

303 vgl.: Weiler, R.: Einführung in die politische Ethik, a. a. O. S. 75

neuer Manchester-Liberalismus gesehen und somit als Inbegriff des "Kapitalismus" und der Marktwirtschaft zum Feindbild hochstilisiert. Sie verurteilen ihn als Fortführung des "Thatcherismus" bzw. der "Reaganomics", einen Wirtschaftskurs, der durch verminderte Staatsintervention, Zurückdrängung der Macht der Gewerkschaften und ein ausschließlich am Markt orientiertes Wirtschaftsgeschehen gekennzeichnet ist. Es macht allerdings wenig Sinn, den Markt - und somit die Marktwirtschaft insgesamt in Frage zu stellen, wie dies u.a. auch Ulrich[304] tut, um ein ethisch stimmiges Argument gegen die Wirtschaft zu begründen. Der Markt ist Realität und wie der Niedergang der kommunistischen Wirtschaftssysteme gezeigt hat, gibt es zum Markt auch keine Alternativen. Selbst ein Vorreiter der Planwirtschaft, die VR China hat - wie bereits erwähnt - aus dieser Erkenntnis heraus unter Deng Xao Ping im Süden des Landes eine marktwirtschaftlich ausgerichtete Sonderwirtschaftszone von Senzchen über Kanton bis nach Shanghai eingerichtet, die sich erheblicher Prosperität erfreut. Auch in anderen planwirtschaftlich organisierten Wirtschaftssystemen hat sich gezeigt, daß diese in unmittelbarem Wettstreit mit den marktwirtschaftlichen Systemen unterlegen sind.
Der Zusammenbruch des „real existierenden Sozialismus“ veranlaßte 1991 auch den Hl. Stuhl, sich eingehend mit den Fragen einer menschengerechten Wirtschaft auseinanderzusetzen. So formulierte Papst Johannes Paul II: „Sowohl auf nationaler Ebene der einzelnen Nationen wie auch auf jener der internationalen Beziehungen scheint der freie Markt das wirksamste Instrument für die Anlage der Ressourcen und für die beste Befriedigung der Bedürfnisse zu sein.“[305]
Führende Wirtschaftsethiker wie z.B. Karl Homann und Franz Blome-Drees von der Wirtschaftswissenschaftlichen Fakultät Ingolstadt der Katholischen Universität Eichstätt betonen folgerichtig ausdrücklich die moralische Qualität der Marktwirtschaft wegen ihrer Effizienz als Voraussetzung individueller Freiheit:[306] "Die moralische Vorzugswürdigkeit der Marktwirtschaft liegt darin, daß sie das beste bisher bekannte Mittel zur Verwirklichung der Solidarität aller Menschen darstellt."[307] und die ethisch stets geforderte Freiheit aller meint, "... daß prinzipiell alle Menschen in die Lage versetzt sind, ihr Leben nach eigenen Vorstellungen in Gemeinschaft mit anderen selbst zu gestalten"[308]. Homann sieht im Markt sogar "die bessere Demokratie, weil auf ihm die Menschen täglich - und nicht nur alle vier Jahre - ihre Stimme in Form von Kaufentscheidungen abgeben und weil die Minderheiten nicht überstimmt werden wie in der Politik, sondern genau entsprechend ihrem Stimmgewicht, d. h. entsprechend ihrer Kaufkraft, Berücksichtigung finden".[309]

---

[304] vgl.: Ulrich, P.: Integrative Wirtschaftsethik, a. a. O. u. a. S. 397
[305] Johannes Paul II: Enzyklika „Centesimus Annus“ IV/34, Rom 1991
[306] vgl.: Homann, K.; Blome-Drees, F.: Wirtschafts- und Unternehmensethik, a. a. O. S. 49
[307] ebd.: Homann, K.; Blome-Drees, F.: Wirtschafts- und Unternehmensethik, a. a. O. S. 49
[308] ebd.: Homann, K.; Blome-Drees, F.: Wirtschafts- und Unternehmensethik, a. a. O. S. 49
[309] ebd.: Homann, K.; Blome-Drees, F.: Wirtschafts- und Unternehmensethik, a. a. O. S. 48f

Weiters ist die moralische Qualität einer modernen Gesellschaft nicht in den unmittelbaren Handlungsmotiven der einzelnen Akteure - diese werden individuell möglicherweise tatsächlich als homines oeconomici agieren, wie häufig kritisiert, zu suchen. Sie liegt vielmehr in den "Spielregeln" für das Wirtschaftsgeschehen:[310] "in den institutionellen Arrangements, die im konkreten wirtschaftlichen Handeln nicht als Motive sondern **als Restriktionen**"[311] wirksam sind. Diese Spielregeln sind aber nichts anderes als das, was Ökonomen als Rahmen- oder Fruchtbarkeitsbedingungen zu bezeichnen pflegen.
Auf diese für den Wettbewerb aufzustellenden und einzuhaltenden Regeln hat bereits Adam Smith hingewiesen.[312] Da jedoch der Markt seinerseits nicht in der Lage ist, sich selbst eine normative Ethik zu verschaffen, muß diese von den Institutionen gesetzt und implementiert[313] sowie Regelverstöße geahndet werden.
Folglich kann keine Diskussion über eine anzustrebende Wirtschaftsordnung, die die Abschaffung des Marktes beinhaltet, zielführend sein, sondern lediglich hinsichtlich der Restriktionen für den Markt und an dessen Teilnahme, die vor dem Hintergrund der Globalisierung eben global umzusetzen sind.
Aus ethischer Sicht bedeutet dies, daß neben den Unternehmen (bzw. deren Manager) die gefordert sind, vermehrt eine ethische Unternehmenskultur zu entfalten, vor allem die Funktionäre der Verbände und die Politiker verpflichtet sind, ethischen Überlegungen bei ihren alltäglichen programmatischen Entscheidungen mehr Gewicht einzuräumen.
Gerade dieser - aus der traditionellen westeuropäischen Wirtschaftsethik resultierende Forderung nach Restriktionen widerspricht die anglo-amerikanische Sicht der Marktwirtschaft. Die Ursachen für die unterschiedliche Betrachtungsweise liegen in der unterschiedlichen historischen Entwicklung.
Das Entstehen des Wirtschaftsliberalismus in Europa erfolgte in einer anderen historischen Dimension als die anglo-amerikanische Wirtschaftsphilosophie. Die Fragen der Katallaktik (tausch- und preistheoretische Überlegungen) und die darauf aufbauende naturwissenschaftlich - wertfreie Betrachtungsweise der Sozialwissenschaft und besonders der Volkswirtschaft wurden zumeist als zweitrangig angesehen und die Wirtschaft eng an das gesellschaftliche Leben und seine Formen gebunden und aus dem sozialen Zusammenwirken der Individuen, nicht aber aus diesen selbst hervorgehend, betrachtet.[314]
Die Anglo-amerikanische Sicht der Marktwirtschaft kommt deutlich in den von F. A. v. Hayek - einst als Gegenthese zum Wirtschaften nach den Grundsätzen des

[310] vgl., ebd.: Homann, K.; Blome-Drees, F.: Wirtschafts- und Unternehmensethik, a. a. O. S. 48
[311] ebd.: Homann, K.; Blome-Drees, F.: Wirtschafts- und Unternehmensethik, a. a. O. S. 48; (Hervorh. HPS)
[312] vgl.: Kramer, R.: Ethik des Geldes. Eine theologische und ökonomische Verhältnisbestimmung Sozialwissenschaftliche Schriften. Heft 31, Berlin 1996, S. 15
[313] vgl.: Rothschild, K., H.: Ethik und Wirtschaftstheorie. Tübingen 1992, S. 2
[314] vgl.: Heinrich, W.: Wirtschaftspolitik. 1. Bd., 2. neubearb. Auflage, Berlin 1964, S. 34f

real existierenden Sozialismus - konzipierten Aussagen zum Ausdruck. Hayek verurteilt jegliche Eingriffe in das Wirtschaftsgeschehen und in den Marktmechanismus - also auch Restriktionen, die europäische Wirtschaftsethiker fordern - weil die Unbeweglichkeit der Bürokraten den - von ihm als Motor der Wirtschaft gesehenen - Fortschritt lediglich hemmt. Fortschritt ist aber nach Hayeks Überlegungen der Schlüsselbegriff für Wirtschaftswachstum und daraus resultierend die größtmögliche individuelle Freiheit. Er ist "als ein[en] Prozeß der Anpassung und des Lernens, in dessen Verlauf sich nicht nur dic uns bekannten Möglichkeiten, sondern auch unsere Wertsetzungen und Wünsche ständig ändern [zu verstehen]. Da der Fortschritt in der Auffindung des noch nicht Bekannten besteht, müssen die Ergebnisse unvoraussagbar sein. Er führt immer ins Unbekannte, und wir können höchstens hoffen, ein Verständnis für die Art der Kräfte zu gewinnen, die ihn hervorbringen. (...) Die menschliche Vernunft kann ihre eigene Zukunft weder voraussagen noch absichtlich gestalten. Ihre Fortbildung besteht im **Erkennen**, wo sie gefehlt hat."[315] Demzufolge ist Fortschritt ständiges Experimentieren mit Neuem, das Erkennen dessen und das daraus ableitbare Lernen. "Wesentlich ist das erfolgreiche Streben nach dem in jedem Augenblick erreichbar Scheinenden. Nicht in den Früchten zurückliegenden Erfolgs, sondern im Leben in der Zukunft und für die Zukunft erweist sich die menschliche Intelligenz. Fortschritt ist Bewegung um der Bewegung willen, denn im Prozeß des Lernens und in den Ergebnissen des Erlernten genießt der Mensch die Gabe der Vernunft. (...) Es ist eine der charakteristischen Tatsachen in einer im Fortschritt befindlichen Gesellschaft, daß das meiste, wonach die Individuen streben, nur durch weiteren Fortschritt erreicht werden kann. (...) Neue Kenntnisse und ihre guten Wirkungen können sich nur allmählich verbreiten und die Ansprüche und Wünsche der Masse werden immer durch das bestimmt werden, was zunächst nur wenigen zugänglich war."[316] Die neuen Möglichkeiten sind nicht gemeinsamer Besitz der Gesellschaft, der nach Belieben teilbar ist, sondern sie werden durch einen langsamen Prozeß auch für die Allgemeinheit verfügbar und sind nicht mehr nur Wenigen vorbehalten. Es bedarf eines langen Weges der Anpassung, Auswahl, Kombination und Verbesserung bevor voller Gebrauch von neuem Wissen gemacht werden kann; das bedeutet, daß es immer Leute geben wird, die neue Errungenschaften schon genießen können, die anderen noch nicht zugänglich sind.[317] Letztendlich ist also die Entwicklung des Wissens, das zum Wohle Aller dynamisch fortschreitet, "deshalb so besonders wichtig, weil im Gegensatz zu den materiellen Produktionsmitteln, die

---

[315] Hayek von, F. A.: Die Verfassung der Freiheit. Tübingen 1981. Titel der englischen Originalausgabe: "The Constitution of Liberty" Chikago und London 1960, S. 52f (Herv. HPS) vgl. auch: Hayek von, F. A.: Der Strom der Güter und Leistungen. Tübingen 1984, sowie Friedman, M.: Die optimale Geldmenge und andere Essays. Titel der Originalausgabe: "The Optimum Quantity of Money and other Essays". Chikago 1969, München 1970

[316] ebd.: Hayek von, F. A.: Die Verfassung der Freiheit, a. a. O. S. 52f

[317] vgl.: Hayek von, F. A.: Die Verfassung der Freiheit, a. a. O. S. 53f

immer knapp bleiben und für beschränkte Zwecke vorbehalten werden müssen, die Verwendung neuer Kenntnisse (wo wir sie nicht durch Gewährung von Patenten künstlich knapp machen) unbeschränkt ist. Wissen, das einmal gewonnen ist, wird zugunsten aller kostenlos verfügbar. (...) Daß wir, in den reichen Ländern, heute den meisten Menschen Einrichtungen und Annehmlichkeiten bieten können, die in solchen Mengen herzustellen noch vor kurzem physisch unmöglich gewesen wäre, ist in hohem Maße die direkte Folge davon, daß sie zuerst für einige Wenige hergestellt wurden."[318]

"Ein großer Teil der Ausgaben der Reichen dient, obwohl dies nicht der beabsichtigte Zweck ist, zur Deckung der Kosten des Experimentierens mit neuen Dingen, die in der Folge den Ärmeren zugänglich gemacht werden können. (...) Wenn die Dinge, die sie nach der Verwirklichung ihrer gegenwärtigen Ziele wünschen werden, bald zur Verfügung stehen sollen, müssen die Entwicklungen, die für die Massen in zwanzig oder fünfzig Jahren Früchte tragen werden, durch die Ansichten derer geleitet werden, die bereits in der Lage sind, sie zu genießen. (...) In einer fortschreitenden Gesellschaft, wie wir sie kennen, sind daher die verhältnismäßig Wohlhabenden den Übrigen in den materiellen Vorteilen, die sie genießen, bloß etwas in der Zeit voraus. Sie leben schon in einer Phase der Entwicklung, die die Anderen noch nicht erreicht haben."[319]

So erfüllen die Reichen in jedem Stadium des Fortschritts, in dem sie mit neuen Lebensstilen experimentieren, die den Anderen noch unzugänglich sind, einen notwendigen Dienst, ohne den der Fortschritt der Armen viel langsamer wäre.[320]

1.5.5.2 Der Freiheitliche Sozialismus

"Die marxistische Sicht der Wirklichkeit beruht auf der Grundüberzeugung, das politische, geistige, kulturelle und sonstige Leben der Gesellschaften werde 'bestimmt' von den ihm zugrundeliegenden ökonomischen Strukturen und Verhältnissen, über die es sich reproduziert."[321]

Trotzdem man Karl Marx, dem wohl bedeutendsten Vertreter des Sozialismus, aus philosophischer Sicht entgegenhalten muß, daß seine abstrakte Orientierung am Materialismus in genau den gleichen Fehler verfällt, den er dem Kapitalismus vorwirft, nämlich die "Reduktion aller Sinninhalte auf das ökonomisch Relevante"[322], enthält die Philosophie, die den unterschiedlichen sozialistischen Denkschulen entspricht bedeutsame humane Aspekte. So geht der Grundgedanke des Genossenschaftswesens auf den vormarxistischen sog. utopischen Sozialismus

---

318 ebd.: Hayek von, F. A.: Die Verfassung der Freiheit, a. a. O. S. 54

319 ebd.: Hayek von, F. A.: Die Verfassung der Freiheit, a. a. O. S. 55f

320 vgl., ebd.: Hayek von, F. A.: Die Verfassung der Freiheit, a. a. O. S. 56

321 Nohlen, D.; Schultze, R. O. (Hrsg.): Lexikon der Politik. Band I, Politische Theorien, München 1995, S. 321f

322 Klein, H. D.: Geschichtsphilosophie. Eine Einführung. Wien 1988. 3. unv. Aufl. 1995, S. 83

zurück[323] und findet Marx' Forderung nach Kollektivierung oder Sozialisierung der Produktionsmittel durch deren Überführung in das Gesamteigentum der Gesellschaft dank seiner revisionistischen Zeitgenossen ihre Krönung in der Gründung der Gewerkschaften[324]. Doch die Suche nach Lösungsansätzen für die Bewältigung der sozialen Frage des 19. Jh. beschäftigte auch (und ist somit kein sozialistisches Privileg) – wenn auch weniger plakativ als den revolutionären Marx – die Vordenker der katholischen Soziallehre.[325] Kolping, Ketteler, Raiffeisen, Schulze-Delitzsch und Vogelsang – um nur einige zu nennen – waren Persönlichkeiten, denen es gelang auf evolutionärem Weg einen Beitrag für ein Konfliktausgleichssystem, das wir heute in Form der Sozialpartnerschaft als Gegenposition zum Klassenkampf zur Verfügung haben, zu entwickeln. Bereits Ende des vorigen Jahrhunderts und besonders nach der russischen Revolution hat sich die marxistische Lehre und die übrigen Strömungen des Sozialismus in zahllose Richtungen aufgesplittert. Für Westeuropa nach dem 2. Weltkrieg wurde die Suche nach einem vermittelnden Weg zwischen Liberalismus und Sozialismus - vorwiegend in Konkurrenz zum "real existierenden Sozialismus" auf Basis der marxistisch-leninistischen Philosophie der Sowjetunion und deren Bruderländern mit deren Hochhaltung der Ideologie der zentralen Planwirtschaft - bedeutsam: die Sozialdemokratie in Gestalt eines demokratischen, marktwirtschaftlichen und freiheitlichen Sozialismus mit besonderer Betonung der Idee von Gerechtigkeit und Solidarität.[326]

Obwohl der Bruch der Sozialdemokratie mit dem Marxismus bereits zu Beginn des 20. Jahrhunderts erfolgte - vor allem durch die Aufgabe der These der revolutionären Übernahme der Staatsgewalt und des Klassenkampfes - sind diese Grundwerte auch heute noch Inhalt sozialdemokratischer Denkungsart.

Unterschiedlich zu dem Grundsatz der liberalen Gesellschaft, daß der Mensch als freies Wesen möglichst wenig Beschränkungen durch den Staat erfahren soll, stellten die sozialistischen Ideologien bis in die jüngste Zeit auf den Vorrang der Gesellschaft vor dem einzelnen ab.[327] Die utopische Vision des Sozialismus, die Menschen aus ihrer ökonomischen Abhängigkeit durch Schaffung eines Wohlfahrtsstaates zu befreien und einem "neuen Menschen" ein Leben in einer Gesellschaft zu ermöglichen, wo "**jeder nach seinen Bedürfnissen** alle Güter und Dienstleistungen erhält"[328], ist in der modernen Sozialdemokratie jenem wirtschaftspolitischen Pragmatismus gewichen, der Gegebenheiten des Marktes

323 vgl.: Heinrich, W.: Wirtschaftspolitik. I. Band, a. a. O. S. 23
324 vgl., ebd.: Heinrich, W.: Wirtschaftspolitik. I. Band, a. a. O. S. 27
325 vgl.: Pribyl, H.: Sozialpartnerschaft in Österreich. Wien 1991, S. 34 - 54
326 vgl.: Heinrich, W.: Wirtschaftspolitik. I. Band, a. a. O. S. 31,
auch: Schiller, K.: Lebensfragen der deutschen Wirtschaft. Hamburg 1949
327 vgl.: Klose, A.: Kleines Lexikon der Politik, a. a. O. S. 60
328 ebd.: Klose, A.: Kleines Lexikon der Politik, a. a. O. S. 85 (Hervg. HPS)

Rechnung trägt und zahlreiche Gedanken des Liberalismus aufgenommen hat.[329]
In Deutschland ebenso wie in Österreich gilt für die Sozialdemokratie der Gegenwart, daß Eingriffe des Staates fehl am Platz sind, wenn ein Problem marktwirtschaftlich besser geregelt werden kann als politisch.[330] "Viele Subventionen (...) sowie eine unüberschaubare Regulierungsdichte sind (...) Beispiele für ein Eingreifen des Staates, das mehr schadet als hilft. (...) Ein starker Staat, der genug Macht besitzt, bestimmte, genau umschriebene Ordnungsaufgaben zu erfüllen, ist aber notwendig. (...) Er muß den ordnungspolitischen Rahmen für das wirtschaftliche System setzen (...): Die soziale Marktwirtschaft."[331]
"Die vorrangige wirtschaftspolitische Aufgabe des Staates besteht heute in der Wiederherstellung eines funktionsfähigen und verläßlichen Ordnungsrahmens für die Wirtschaft. Die Systeme der sozialen Sicherung müssen auf ihre ursprüngliche Funktion der Absicherung bestimmter Lebensrisken (...) zurückgeführt werden.[332]

Da die Notwendigkeit der Erfüllung der Konvergenzkriterien im Hinblick auf die Einführung des Euro Sparmaßnahmen in den Staatshaushalten erforderte und somit das in Kreisen der Sozialdemokratie äußerst beliebte Keynesianische Modell expansiver Nachfrage und somit Beschäftigung induzierender Budgetpolitik - zumindest derzeit - obsolet wurde, verlangt die Sozialdemokratie gezielte arbeitsplatzfördernde Maßnahmen des Staates. Dabei haben die Repräsentanten der Sozialdemokratie ihre einstigen Vorbehalte gegenüber Privatunternehmern abgelegt und sehen auch nicht mehr ausschließlich Arbeitsplätze in Großbetrieben als erstrebenswert und förderungswürdig an. Vielmehr hat erst jüngst deren österreichischer Parteiobmann, Bundeskanzler Klima, festgestellt: "Wir brauchen eine Gründerwelle; wir wissen, daß nur mehr Klein- und Mittelbetriebe Arbeitsplätze schaffen."[333]
Damit befinden sie sich auf der gleichen Argumentationsebene wie bürgerliche Wirtschaftsvertreter, denn auch der Präsident der Wiener Wirtschaftskammer, Walter Nettig, hat erst vor kurzem betont, "daß gerade (...) die traditionellen Klein- und Mittelbetriebe die Säulen der Beschäftigung bilden."[334]

---

329 vgl.: Nohlen, D.; Schultze, R. O. (Hrsg.): Lexikon der Politik. Band I, a. a. O. S. 299ff
330 vgl.: Lafontaine, O.; Müller, C.: Keine Angst vor der Globalisierung. Bonn 1998, S. 281
331 ebd.: Lafontaine, O.; Müller, C.: Keine Angst vor der Globalisierung, a. a. O. S. 281
Für die deutschen Sozialdemokraten hat Gerhard Schröder am SPD-Parteitag in Leipzig dem bisherigen Verteilungsstaat (!) eine Absage erteilt, vgl.: ARD-Tagesschau 17.04.1998;
auch in Österreich bekennt sich neuerdings ein Großteil der Sozialdemokraten zur Sozialen Marktwirtschaft sowie zur Sozialpartnerschaft und sieht in den Unternehmern einen Bündnispartner bei der Schaffung von Arbeitsplätzen, vgl.: Rudas, A.: in "ZIB II" in ORF 2 vom 23.04.1998
332 Lafontaine, O.; Müller, C.: Keine Angst vor der Globalisierung, a. a. O. S. 282f
333 Klima, V.: in: "Zur Sache spezial" in ORF 2 vom 30.08.1998
334 Nettig, W.: in: Wiener Wirtschaft. 22. Jahrgang. Nr. 25 vom 29.06.1998, S. 2

1.5.5.3 Die Soziale Marktwirtschaft[335]

Das von Alfred Müller-Armack 1947 als Lenkungsinstrument für die darniederliegende Wirtschaft Deutschlands konzipierte und vom deutschen Wirtschaftsminister und späteren Kanzler der BRD, Ludwig Erhard, mit großem Erfolg politisch umgesetzte Konzept verband - zweifellos aus den leidvollen Erfahrungen der sozialen Spannungen der Weimarer Republik schöpfend - "... das Prinzip der Freiheit auf dem Markt mit dem des sozialen Ausgleichs"[336].

Obzwar ursprünglich "keineswegs ein in sich geschlossenes Programm für die Soziale Marktwirtschaft zur Verfügung gestanden hat"[337] war für die weitere wirtschaftliche Entwicklung die **ideelle Weichenstellung**, die Müller-Armack mit publizistischem Erfolg an der Seite Erhards in Richtung auf eine sozialverantwortliche Marktwirtschaft durchgesetzt hat, von entscheidender Bedeutung.[338]

Alfred Müller-Armack legt seiner Idee einer Sozialen Marktwirtschaft als umfassendes Ordnungssystem der Wirtschaft die Idee einer „sozialen Irenik" zugrunde und meinte damit ein Zusammenwirken des Ordo-Gedanken des Katholizismus, der Beseelung der Berufsidee und die brüderliche Hilfsbereitschaft des Protestantismus sowie das sittliche Wollen des Sozialismus im Verein mit der Einsicht in neue Organisationsprinzipien im neuen Liberalismus.[339]

Das absolut Neue an der Sozialen Marktwirtschaft war, daß sie dem Marktprozeß unter sozialethischem Blickwinkel und im Sinne notwendiger "geistiger Formung eine neue Gestalt"[340] geben sollte; das war die entscheidende Initialzündung für den schrittweisen Ausbau eines umfangreichen Instrumentariums nachträglicher sozialer Korrekturen".[341]

Dieses - an und für sich ursprünglich ein semantisches Paradoxon (die Marktwirtschaft ist vordergründig nicht sozial!) - Wirtschaftssystem hat sich durch die ständige Speisung mit Grundwerten der christlichen Soziallehre[342] einerseits sowie

---

[335] vgl.: Stützel, W.; Watrin, C.; Willgerodt, H.; Homann, K. (Hrsg.): Grundtexte zur Sozialen Marktwirtschaft. Stuttgart - New York 1981

[336] Schüller, A.: Soziale Marktwirtschaft, in: Dichtl, E.; Issing, O. (Hrsg.): Vahlen's Großes Wirtschaftslexikon. Band 4 R - Z, München 1987, S. 1694

[337] Nawroth, E.: Ordo-Liberalismus, in: Institut für Gesellschaftswissenschaften Walberberg e. V.: Die Neue Ordnung. Nr 1/1993 Februar, 47. Jg., Bonn 1993, S. 49

[338] vgl., ebd.: Nawroth, E.: Ordo-Liberalismus, a. a. O. S. 49; (Herv. HPS)

[339] vgl.: Schmitz, W.: Die ethische Fundierung der Ordnungspolitik, in: Bundeskammer der Gewerblichen Wirtschaft (Hrsg.): Wirtschaftspolitische Blätter 2, 35. Jg., Wien 1988, S. 237

[340] Nawroth, E.: Ordo-Liberalismus, a. a. O. S. 49

[341] ebd.: Nawroth, E.: Ordo-Liberalismus, a. a. O. S. 50

[342] Die vom Subsidiaritäts- und Freiheitsprinzip bestimmte Katholische Soziallehre geht davon aus, daß der einzelne seine existentiellen Lebenszwecke in Eigenverantwortung verwirk-

jenen der Sozialdemokratie andererseits in den mittlerweile 50 Jahren seines Bestehens zu einem komplexen Gesellschaftssystem entwickelt, das nunmehr insbesondere in der BRD und in Österreich sowohl für die wirtschaftliche als auch zunehmend für die gesellschaftliche Entwicklung bestimmend ist.
Die Soziale Marktwirtschaft ist demnach jenes Wirtschafts- und Sozialsystem, in welchem neben der Ordnungsfunktion des Wettbewerbs auch funktionsfähige soziale Rahmenbedingungen gegeben sind.[343]

Die Ordo-Idee beinhaltet auch die These der Interdependenz der einzelnen Kulturbereiche: Eine freiheitliche Ordnung muß davon ausgehen, daß die Freiheit eine einheitliche ist, bei der zur politischen, religiösen und geistigen Freiheit als ebenso integrierender Bestandteil die wirtschaftliche Freiheit gehört.[344]

Sie ergänzt das Modell der Marktwirtschaft, das durch dezentrale Entscheidungen über die Produktionsziele, den Verteilungsmechanismus und dem Konsum gekennzeichnet ist, und das Angebot und Nachfrage unter der Bedingung des freien Wettbewerbs und der freien Konsumwahl sowie unter Wahrung des Rechtes zur freien wirtschaftlichen Betätigung gekennzeichnet ist, um eine zweite Einkommensverteilung.
Diese soll als stabilisierendes Element der Gesellschaft soziale Sicherheit für alle Bevölkerungsschichten gewährleisten, vor allem für jene Personen, die nicht oder nicht mehr über den marktmäßigen Verteilungsprozeß ausreichend versorgt werden. Somit beinhaltet sie die Sicherstellung von Hilfen gegen wesenhafte Lebensrisken, wie Krankheit, Unfall, Tod des Ernährers, Arbeitslosigkeit und altersbedingte Erwerbslosigkeit, die durch die Sozialversicherung abgedeckt werden.[345]

Es entspricht auf diese Weise vor allem auch ethischem Sollen, denn unterschiedlich zur reinen Faktizität des Marktablaufs tritt "... der Sollcharakter sozialverantwortlicher Wirtschaftspolitik in den Vordergrund der Überlegungen. Er wurzelt in der sozialen Verteilungsgerechtigkeit als Leitnorm volkswirtschaftlicher Sinnerfüllung, die zugleich den eigentlichen Wertmaßstab für die Beurteilung der sozialen Leistung marktwirtschaftlicher Zusammenarbeit bietet."[346]

---

lichen muß. Die Aufgabe des Staates ist es im Rahmen seiner Gemeinwohlaufgaben, die entsprechenden Rahmenbedingungen zu setzen. Vgl. hiezu:
Messner, J.: Das Naturrecht. 5. Auflage, Innsbruck 1966, S. 751;
sowie Klose, A.: Die Forderung der katholischen Soziallehre an die Marktwirtschaft, in: Utz, A. F. (Hrsg.): Die katholische Soziallehre und die Wirtschaftsordnung. Trier 1991, S. 203 ff

[343] vgl.: Klose, A.: Kleines Lexikon der Politik, a. a. O. S. 84f

[344] vgl.: Schmitz, W.: Die ethische Fundierung der Ordnungspolitik, a. a. O. S. 236

[345] vgl.: Klose, A.: Kleines Lexikon der Politik, a. a. O. S. 127

[346] Nawroth, E.: Ordo-Liberalismus, a. a. O. S. 53

In Österreich ist dieses Gesellschaftssystem durch die Praxis der Sozialpartnerschaft[347] noch zusätzlich verfeinert; dieser ist es bisher durch die Orientierung an dem Oberwert "Sozialer Friede" gelungen, größere Konflikte zwischen Arbeitgebern und Arbeitnehmern, die auch im auslaufenden 20. Jahrhundert in vielen Staaten mit stärker konfligierenden Gesellschaftsstrukturen noch häufig Gegenstand partei- und verbändepolitischer Differenzen sind, weitestgehend zu verhindern.

1.6 Resümee

Auf Grund der Wirtschaftsmacht der USA und der gegenwärtig unbestreitbaren Erfolge der US-Wirtschaft wird der Konzeption des Neoliberalismus weltweit nachgeeifert und versucht, Restriktionen ab- anstatt aufzubauen; selbst die WTO als internationale Organisation versucht mit Nachdruck (z.B. Urteil im Bananenstreit!) der absoluten Freiheit des Welthandels zum Durchbruch zu verhelfen, obwohl diese Sichtweise der Wirtschaft für viele Volkswirtschaften wesensfremd ist.
Die "ideale" Wirtschaftsordnung - obzwar bis vor kurzem aus parteipolitischer Sicht mit unterschiedlichen Vorzeichen stets als ungenügend ausgeprägt kritisiert - schien im kontinentalen Westeuropa gefunden zu sein. Je nach der gerade herrschende Links- oder Rechtsregierung in den verschiedenen Staaten war es lediglich eine Frage von Nuancen, ob das Pendel der grundsätzlich nicht in Frage gestellten Marktwirtschaft stärker in die Richtung der "Sozialen Marktwirtschaft", des "Freiheitlichen Sozialismus" oder der "Sozialwirtschaft der geordneten Freiheit" ausschlug. Gemeinsam war ihnen allen ein Grundkonsens hinsichtlich der sozialen Frage, die zu lösen mit unterschiedlichem Ethikverständnis versucht wird.
Jedenfalls besteht gegenwärtig - zumindest für Deutschland und Österreich - ein grundsätzlicher, programmatischer Konsens der führenden politischen Kräfte hinsichtlich der Vorzugswürdigkeit der Sozialen Marktwirtschaft als stabilisierendes Element der Wirtschafts- und Gesellschaftssystems gegenüber dem Neoliberalismus anglo-amerikanischer Prägung.

---

[347] das Thema "Sozialpartnerschaft" ist wissenschaftlich umfangreich abgehandelt, vgl. hiezu beispielsweise:
- Klose, A.: Ein Weg zur Sozialpartnerschaft - das österreichische Modell. Wien 1970
- Lechs, T.: Wirtschaftspartnerschaft in Österreich. Theorie und Praxis der Gewerkschaften. Wien 1976
- Marin, B.: Die Paritätische Kommission. Aufgeklärter Technokorporatismus in Österreich. Wien 1982
- Schachner, H. P.: Un/gleichgewicht der Sozialpartner. Dissertation an der Universität Wien (Gruwi) 1984
- Sonnberger, H.: Neo-Korporatismus statt Pluralismus im politischen System Österreichs - Am Beispiel der Paritätischen Kommission für Preis- und Lohnfragen. Dissertation an der Universität Wien (Gruwi) 1983

Für die sozialdemokratischen Parteien ist die Soziale Marktwirtschaft in den letzten Jahren ebenso zum ideologischen Leitbild geworden[348], wie sie dies für die christlich-sozialen Parteien bereits in der Vergangenheit stets war.
Die Frage, die nach wie vor parteipolitisch differenziert gesehen wird, beschränkt sich auf die Intensität allenfalls notwendiger staatlicher Eingriffe in den einzelnen Volkswirtschaften im Sinne keynesianischer Wirtschaftspolitik[349]:
Restriktionen im Sinne einer ethischen Verantwortung sind jedoch zunehmend weitgehend aus den tagespolitischen Diskussionen auf Grund der Liberalisierungszwänge der EU und der WTO ausgeklammert.
Es prallen schlußendlich zwei unterschiedlichen Wirtschaftstheorien aneinander ohne den Versuch zu unternehmen, Restriktionen, die zweifellos erforderlich sind, international zu harmonisieren. Global notwendige Maßnahmen ethischen Inhalts beschränken sich auf Wirtschaftshilfen für die Transformationsländer und die Dritte Welt, ohne eine global verantwortliche Lösung, die über machtpolitische Überlegungen hinaus geht, ernsthaft anzustreben.

---

348 das war nicht immer so! vgl.: Das Neue Programm der SPÖ. 8. Aufl. Wien. 1979, S. 14f

349 Der britische Ökonom J. M. Keynes erhob als Antwort auf die wirtschaftlichen Katastrophen der Zwischenkriegszeit den Staat zum zentralen Finanzinvestor der nationalen Volkswirtschaften, der über den öffentlichen Haushalten korrigierend eingreift, wenn der Markt zu Unterbeschäftigung und Deflation führt. Plakatives Schlagwort: "Der Staat soll Pyramiden bauen!" Mit steigenden Investitionen sollten die Regierungen bei nachlassender Konjunktur eine zusätzliche Nachfrage erzeugen und somit Wachstumskrisen vermeiden. Das Grundproblem des Keynesianismus wurde allerdings in den 70er Jahren deutlich: weil es den regierenden Politikern (Achse Brandt-Palme-Kreisky) aus partei- und wohltaktischen Gründen oppurtun erschien, verantwortungslos den 2. Teil von Keynes' Konzept, nämlich in Phasen des Konjunkturaufschwungs die Staatsverschuldung wieder zurückzuführen, zu vernachlässigen blieb schlußendlich eine exorbitante Staatsverschuldung zurück, die zahlreiche fiskalpolitische wünschenswerte Maßnahmen bis heute hemmt.

2 Zur Möglichkeit, normative Urteile aus Tatsachenbeschreibungen zu gewinnen

Was wir sollen wollen, sollte uns unser Gewissen gebieten. Doch: was so banal zu sein scheint, wirft eine Unzahl von Fragen auf.

Wie bereits festgestellt, bestehen hinsichtlich des idealen Gesellschafts- und Wirtschaftssystems, sowie des wirtschaftlichen Handelns äußerst divergierende Ansichten, von denen jede auf Grund der ihr zugrundeliegenden Ethik für sich den Richtigkeitsanspruch erhebt.

Bloß: "**die** Ethik oder **die** Moral schlechthin gibt es nicht, sowenig wie **die** Philosophie"[350]; auch in ihr ist alles strittig, selbst die Ethik.

Gerade in wirtschaftlichen Fragen, wo wirtschaftliches Rationalitätsdenken auf der einen Seite und die - je nach subjektivem Vorverständnis - unterschiedlichen Ansichten in wirtschaftsfernen Kreisen der Bevölkerung über ihrer Ansicht nach ethisch taugliches Wirtschaften auf der anderen Seite aufeinandertreffen, wird diese Strittigkeit besonders augenscheinlich. Das ist grundsätzlich gar nicht verwunderlich, denn auch große Geister der Wissenschaft selbst stellen die Aussagen der Philosophie häufig in Frage und sehen diese sehr wohl in der modernen Wirtschaftswissenschaft - soferne sie in ein streng empirisch-analytisches Konzept gepresst ist, das als autonomes Subsystem eigenen Gesetzmäßigkeiten[351] mit rein funktionalen Erfordernissen folgt - gegeben. Das daraus entwickelte Shareholder-Value-Prinzip, mit welchem wir uns in der Folge noch ausführlicher beschäftigen werden, scheint gegenwärtig die ultima ratio der Ökonomie zu sein.

Dieses aus den USA wegen seiner Effizienz nach Europa übergreifende Prinzip kollidiert allerdings mit der traditionellen kontinentaleuropäischen "ganzheitlichen" Sichtweise der wirtschaftlichen Zusammenhänge, die z.B. Walter Heinrich, einer der bedeutendsten österreichischen Ökonomen der Nachkriegszeit, vertritt.[352]

Doch auch führende europäische Wirtschaftsethiker sprechen sich neuerdings für eine Abkoppelung der 'ökonomischen Rationalität' von einer umfassenderen Rationalität aus und sehen den Untergang des real-existierenden Sozialismus gerade

---

[350] Hrubi, F. R.: Einleitung, in: Hrubi, F. R.; Karmasin, M. (Hrsg.): Wirtschaftsethik. Aufsatzsammlung. Wien 1993, S. 5;
auch Klein verweist ausdrücklich auf diese Problematik: "Die Situation wird dadurch noch komplizierter, daß es unter den Philosophen selbst keine vollkommene Übereinstimmung in der Beurteilung moralischer und vernunftsrechtlicher Fragen gibt." Klein, H. D.: Geschichtsphilosophie. Eine Einführung. Wien 1988, 3. unv. Aufl. 1995, S. 74

[351] vgl.: Homann, K.; Blome-Drees, F.: Wirtschafts- und Unternehmensethik. Göttingen 1992, S. 12

[352] vgl.: Abschnitt 2.2.1

darin begründet, daß dieser diese Abkoppelung wirtschaftlicher Handlungen von direkten moralischen Intentionen zurückgewiesen hat.[353]
Hrubi wiederum sieht Wirtschaftsethik als teils philosophische, teils empirische Disziplin, die als Korrektiv und notwendige Ergänzung der Wirtschaftswissenschaften[354] aufzufassen ist, wobei ihre primäre Aufgabe nicht unbedingt darin besteht, Fragen zu beantworten sondern vielmehr darin, Fragen zu stellen, ob nicht manches als selbstverständlich Hingenommene im Grunde mehr oder weniger problematisch ist.[355]
Und tatsächlich scheint angesichts der zunehmend auftretenden wirtschaftlichen Probleme die Forderung nach einer kritischen Hinterfragung und die Suche nach neuen Konzepten für die Handhabung des Wirtschaftens - und das auch verbunden mit dem Versuch einer Antwort - grundsätzlich aus zumindest zweierlei Gründen berechtigt:
Zum Einen sieht sich die Wirtschaft selbst anhand der Rasanz der Entwicklung - insbesondere jener auf den Kapitalmärkten - mit der Lösung unvorhergesehener neuer äußerst komplexer Probleme vielfach überfordert, und verlangt von sich aus wegen der geänderten Rahmenbedingungen nach einer neuen Ordnung, nach neuen Rahmenbedingungen. Gravierender jedoch noch als die wirtschaftliche ist die moralische Frage, ob wir nicht, wie vielfach behauptet, mit der Fixierung auf rein wirtschaftliche Aspekte unsere natürlichen Lebensgrundlagen zerstören und anhand der Triadisierung der Wirtschaft - und somit der Beschränkung auf nur einen Teil der Menschheit - nicht vollkommen den moralischen Aspekt der Verteilungsgerechtigkeit zu Lasten der Schwellen- und Entwicklungsländer aus unserem Denken ausklammern, abgesehen davon, daß viele Wirtschafts- und Verteilungsprobleme zunehmend auch in den Industriestaaten manifest werden.
Demgemäß ist grundsätzlich P. Ulrichs Forderung nach einer integrativen Wirtschaftsethik als "ethisch-vernünftige Orientierung im politisch-ökonomischen Denken"[356] beizupflichten.
Ebenso ist Ulrichs Passage, "... wenn unser soziokultureller Bildungsprozess einigermassen «gesund» verlaufen ist, wird es zunächst die - mehr oder weniger stark ausgeprägte - «innere Stimme» sein, die wir als unser Gewissen zu bezeichnen pflegen, auf die wir hören oder mit der wir uns in Situationen des inneren Widerstreits zumindest auseinandersetzen. Welche moralischen Gefühle und Urteile unser Gewissen im Einzelnen prägen, hängt wesentlich vom soziokulturellen Kontext ab, in dem unsere Persönlichkeit gebildet worden ist, insbesondere während unserer Kindheit. Dem entspricht, dass zwar alle Menschen über dieselbe

[353] vgl.: Homann, K.; Blome-Drees, F.: Wirtschafts- und Unternehmensethik, a. a. O. S. 13
[354] vgl.: Hrubi, F. R.: Einleitung, in: Hrubi, F. R.; Karmasin, M. (Hrsg.): Wirtschaftsethik, a. a. O. S. 5
[355] vgl., ebd.: Hrubi, F. R.: Einleitung, in: Hrubi, F. R.; Karmasin, M. (Hrsg.): Wirtschaftsethik, a. a. O. S. 6
[356] Ulrich, P.: Integrative Wirtschaftsethik, a. a. O. S. 13

Disposition zur Moralität verfügen, diese aber in einer unabschliessbaren kulturgeschichtlichen Vielfalt inhaltlicher Moralkonzepte ihren Ausdruck findet"[357] zuzustimmen, sagt er doch damit eindeutig, daß es eine Vielfalt inhaltlicher Moralkonzepte gibt und deren Internalisierung und somit die Bildung unseres Gewissens vom soziokulturellen Kontext abhängt.
Die von ihm konzipierte "integrative Wirtschaftsethik" mit dem als unabdingbar gesehenen Verlangen nach dem Primat der Politik einerseits und der gleichzeitigen Infragestellung der "wirtschaftlichen Sachzwanglogik" andererseits kann aber alleine schon wegen der weitgehenden Ausblendung der utilitaristischen Ethik und der Infragestellung des Marktes m. E. den Anspruch integrativ zu sein, bloß partiell erheben. Außerdem findet die global vorhandene Unzahl vollkommen anderer Ethiken bei Ulrich keinerlei Berücksichtigung.

Integration ist nämlich "die Verbindung einer Vielheit von einzelnen oder von Gruppen zu einer gesellschaftlichen **Einheit**, die sich in der Annahme kulturspezifischer Wertvorstellungen und sozialer Normen durch die Beteiligten äußert".[358] Ulrichs "integrative Wirtschaftsethik" kann diese Einheit und somit die Universalisierbarkeit für sich folglich nicht in Anspruch nehmen; beim derzeitigen Stand der Wissenschaft scheint diese Forderung lediglich über die Diskursethik erfüllbar zu sein.
Auch die Forderung nach dem Primat der Politik hat ihre Tücken, weil die politische Ethik einen starken Handlungsbezug hat und praktische Hinweise auf politische Fragen geben will.[359]
Politischem Handeln seinerseits gehen wiederum - wie jedem Handeln - Entscheidungen voraus und da schließlich Politik selbst nicht wertfrei ist, sondern bereits eine Entscheidung über Werte, einschließlich materieller Güter ist[360] und sich die "... soziale Relevanz und Brauchbarkeit bestimmter Theorien (...) nicht nur aus ihrem abstrakten Wahrheitsgehalt bestimmen, sondern vor allem auch aus den konkreten Problemen und Nöten einer Gesellschaft (...) zu deren Lösungen die Theorie etwas beitragen soll"[361] können für weitere Überlegungen die realen Gegebenheiten keineswegs ausgeklammert werden. Sowohl der Politik als in noch höherem Maße der Wirtschaft ist mit rein utopischen Konzepten keineswegs gedient: beide sind mit der Aufgabe konfrontiert, Problemlösungen nicht nur für die ferne Zukunft sondern auch für jetzt und heute zu erarbeiten.

---

357 ebd.: Ulrich, P.: Integrative Wirtschaftsethik, a. a. O. S. 30
358 Großes Universalvolkslexikon. 4. Band, Stuttgart 1984, S. 638; (Hervorg. HPS)
359 vgl.: Klose, A.: Macht und Ethos im politischen System. Seminar aus österreichischer Regimelehre/Politik an der Universität Wien, SS 1999 am 13.04.1999
360 vgl.: Lehmbruch, G.: Einführung in die Politikwissenschaft. Stuttgart 1968, S. 17
361 Berg-Schlosser, D.; Maier, H.; Stammen, T.: Einführung in die Politikwissenschaft. 2. neubearb. Aufl. München 1977, S. 57

Grundsätzlich ist Politik nämlich **praktische** Philosophie, deren Aufgabe im verantwortungsvollen Umgang mit der Macht und dem Recht im Staate liegt. "Es geht ihr um Mensch und Gemeinschaft bzw. um das Gemeinwohl."[362]
Weit über 2000 Jahre lang war die Einheit von Ethik, Ökonomik und Politik unbestrittenermaßen eine Selbstverständlichkeit. Erst in jüngerer Zeit driften die Disziplinen auseinander und schotten sich gegenseitig ab. Das führt dazu, daß Politik oftmals ebenso ohne Rücksichtnahme auf ethische und ökonomische Einsichten gemacht wird, wie auch Ökonomie ohne Berücksichtigung ethischer und politischer Voraussetzungen und Konsequenzen des wirtschaftlichen Handelns stattfindet; andererseits sind ethische Argumente häufig blind für ökonomische und politische Randbedingungen.[363]
Die interdependente Verflechtung wird allzuhäufig aus den Betrachtungen ausgeklammert. Es ist nicht unbedingt lediglich die Spezialisierung der einzelnen Wissenschaften, die dafür verantwortlich zeichnet, sondern in der Regel vielmehr das tagespolitische Geschehen: die politischen Parteien und ihre Funktionäre, deren Verhalten in erster Linie von ihrem Interesse an einer Wiederwahl bestimmt ist,[364] streben die führende Rolle im Staat per se an und mißachten häufig die komplexe Problematik um sich jeweils zwecks Erreichung ihres Zieles die Unterstützung verschiedener partieller sozialer Gruppen zu sichern.[365] Die Gesamtsicht wird zu Gunsten kanonisch vorgebrachter Ideologien[366] bewußt oder auch unbewußt vernachlässigt ohne den jeweils zu Grunde liegenden hermeneutischen Zirkel zu durchbrechen[367] und anzuerkennen, daß es **die** Ethik oder **die** Moral schlechthin nicht gibt.[368]
Die Frage nach dem wünschenswerten und richtigen Wirtschaftssystem und der allgemein verbindlichen Ethik ist folglich in der modernen pluralistischen Gesellschaft der Gegenwart, die weder kulturell noch religiös aus einem Guß ist, ausschließlich diskursiv zu beantworten.
Insbesondere unter dem Gesichtspunkt der Globalisierung, weil global die unterschiedlichsten Ethiken aufeinandertreffen, gilt es, ein verbindliches Regelsystem

[362] Weiler, R.: Einführung in die politische Ethik, a. a. O. S. 9
[363] vgl.: Hrubi, F. R.: Einleitung, in: Hrubi, F. R.; Karmasin, M. (Hrsg.): Wirtschaftsethik, a. a. O. S. 5
[364] vgl.: Schneider, H.: Leitbilder der Demokratie. Politische Bildung 10/11, Wien 1973, S. 26
[365] vgl.: Downs', A.: Okonomische Theorie der Demokratie. Wildermann, R. (Hrsg.). Tübingen 1968, S. 93; Titel der Originalausgabe: An Economie Theory of Democracy
[366] vgl.: Berg-Schlosser, D.; Maier, H.; Stammen, T.: Einführung in die Politikwissenschaft, a. a. O. S. 72
[367] vgl.: Ritter, J. (Hrsg.): Historisches Wörterbuch der Philosophie. Basel-Stuttgart 1971 bis, S. 1061ff
[368] vgl.: Hrubi, F. R.: Einleitung, in: Hrubi, F. R.; Karmasin, M. (Hrsg.): Wirtschaftsethik, a. a. O. S. 5

reziproker Verhaltenserwartungen im Sinne eines allgemeingültigen Ethos - abgesehen von der Rechtsordnung - hervorzubringen[369].
Doch selbst hinsichtlich letzterer - darf nicht übersehen werden,

1. "daß die Genese von Rechtsnormen selbst unter ethischen Ansprüchen steht,
2. daß die Befolgung von Rechtsnormen in dem Maße, in dem deren Geltung nur durch Sanktionen und nicht (auch) durch Einsicht in ihre Rechtmäßigkeit (Legitimität) abgestützt sind, minimal gewährleistet ist,
3. daß die Rechtsordnung den Entwicklungen immer nachhinkt und
4. nie so 'flächendeckend' strukturiert sein kann, daß sie nicht zumindest der Ergänzung durch Moral bedürfte."[370]

Durch die fortschreitende Globalisierung unserer Welt werden ethische Fragen in zunehmendem Maße universell bedeutsam für alle Menschen, denn unterschiedlich zu früher reichen die Auswirkungen individueller Handlungen wesentlich weiter "... über den Mikrobereich der unmittelbaren Beziehungen in Ehe, Familie und Nachbarschaft hinaus in den Mesobereich der Sozialpolitik eines Staates"[371] und wirken hinein bis in den Makrobereich der Menschheit, weil die Entscheidungen, die in diesen beiden größeren Bereichen gefällt werden wieder in den Mikrobereich zurückschlagen.[372] Demgemäß "erscheinen einheitliche, für alle Bereiche des Lebens gleichbleibende moralische Prinzipien, Normen und Regeln des Verhaltens erfordert."[373]

Das Erfordernis von Moral im individuellen und gesellschaftlichen Handeln wird in unserer wertpluralen und liberalen Gesellschaft aus einem weiteren Grund bedeutsam: "Die herrschende Wertpluralität und die ihr eigene Konkurrenz von Wertvorstellungen führt dazu, daß immer neue und weitere Bereiche gesellschaftlichen Lebens aus der straffen gesetzlichen Regelung menschlichen Verhaltens entlassen werden."[374] Dadurch gewinnen aber die moralischen Normierungen zusätzliches Gewicht, denn "mit der Freigabe eines Verhaltens dadurch, daß es negativ formuliert nicht als verboten gilt, ist weder bestimmt, daß es auch mensch-

---

[369] vgl.: Hrubi, F. R.: Philosophische Fragen im Umkreis der Wirtschaftswissenschaften, in: Hrubi, F. R.; Karmasin, M. (Hrsg.): Wirtschaftsethik, a. a. O. S. 19

[370] ebd.: Hrubi, F. R.: Philosophische Fragen im Umkreis der Wirtschaftswissenschaften, in: Hrubi, F. R.; Karmasin, M. (Hrsg.): Wirtschaftsethik, a. a. O. S. 19

[371] Mader, J.: Moral, Philosophie und Wissenschaft. Probleme der Ethik in Tradition und Gegenwart, a. a. O. S. 12

[372] vgl., ebd.: Mader, J.: Moral, Philosophie und Wissenschaft. Probleme der Ethik in Tradition und Gegenwart, a. a. O. S. 12

[373] ebd.: Mader, J.: Moral, Philosophie und Wissenschaft. Probleme der Ethik in Tradition und Gegenwart, a. a. O. S. 12

[374] ebd.: Mader, J.: Moral, Philosophie und Wissenschaft. Probleme der Ethik in Tradition und Gegenwart, a. a. O. S. 13

lich gut, mithin also moralisch und gesollt ist ..."[375]; es muß folglich auch als dieses nicht von den Anderen befunden werden. Wird aber derart bloß negativ ein gesetzlicher Freiraum für mitmenschliches Verhalten erfahren, und zugleich bewußt, daß nicht beliebiges und willkürliches Verhalten in ihm möglich und gutgeheißen ist, dann stellt sich die Frage, was als moralisch gesollt gelten und wie ihm die zur Durchsetzung erforderliche Autorität zukommen kann.[376]

Da für diese Frage, das, was der Verhaltensforscher Rupert Riedl[377] hinsichtlich der Naturwissenschaften bemängelt, nämlich eine Vernachlässigung der Idee der Universitas, also der Gesamtheit der Wissenschaften, deren eine äußerst bedeutsame - wenn nicht gar die Königswissenschaft - die praktische Philosophie in Gestalt der Politikwissenschaft mit ihren ethischen Fundamenten ist, gilt folglich auch für das angespannte Verhältnis Ethik - Wirtschaft. Es ergeben sich viele Spannungen zusätzlich dadurch, daß beide Seiten in ihrer Argumentation unterschiedliche Sprachen gebrauchen und darüber hinausgehend durch die gegenwärtige Entwicklung, nämlich dadurch, "... daß sich die Wissenschaften so zerteilen (...) weil die Fächer so umfangreich geworden sind (...). Je kleiner das Gebiet, desto geringer die Verantwortung für den gesamten Bereich. (...) Was übersehen wird, sind Emergenzen, Phasenübergänge. Es reichen alle tieferen Schichtgesetze auf höhere durch ..."[378] Die wissenschaftliche Arbeitsteilung hat es mit sich gebracht, daß sich Ökonomen mit dem ökonomischen Unterbau und Philosophen mit dem ethischen und wertmäßigen Überbau beschäftigen, eine integrierende Gesamtsicht aber unterbleibt.[379]

Wenn auch die in der ontologischen Tradition stehenden Philosophen dem, der anglo-amerikanischen Denkweise entspringenden, klassischen Utilitarismus wegen seiner stark hedonistischen Züge äußerst kritisch gegenüberstehen, kommt dieser hinsichtlich möglicher Lösungen den Problemstellungen von Wirtschafts- und der Verteilungsfragen wesentlich näher, als eine lediglich auf edlen Motiven aufbauende Ethik.

Die in der kontinentaleuropäischen Ethik-Tradition argumentierenden Philosophen bemängeln zwar, daß die utilitaristischen Wirtschaftstheorien dazu neigen, ebenso wie der Marxismus, ökonomische Prozesse weitgehend ohne Rekurs auf

---

[375] Mader, J.: Moral, Philosophie und Wissenschaft. Probleme der Ethik in Tradition und Gegenwart, a. a. O. S. 13

[376] vgl., ebd.: Mader, J.: Moral, Philosophie und Wissenschaft. Probleme der Ethik in Tradition und Gegenwart, a. a. O. S. 13f

[377] vgl.: Riedl, R.: Von den Erdäpfeln und Menschen. Interview in: KURIER. Unabhängige Tageszeitung für Österreich, Nr. 211 vom 1.08.1998, S. 3
Riedl wird als "legitimer geistiger Erbe von Konrad Lorenz" bezeichnet.

[378] ebd.: Riedl, R.: Von den Erdäpfeln und Menschen, a. a. O. S. 3

[379] vgl.: Koslowski, P.: Ethik des Kapitalismus. 6. durchgesehene Auflage. Tübingen 1998, S. 39

Moralität zu betrachten, also ökonomische Sinnhaftigkeit zum Maßstab der moralischen zu machen und letztlich das moralisch Gute mit den ökonomisch Nützlichen zusammenfallen zu lassen.[380]
Doch gerade zum Verständnis der unzähligen wirtschaftlichen Fragen der Gegenwart sollte die Zielsetzung vom "größten Glück der größten Zahl"[381], dem Grundgedanken des Utilitarismus, unter Einbeziehung der persönlichen Entscheidungsverantwortung, altruistischer Motivationen und der Ordnungsfunktion des Staates[382], wie dies in der weiterentwickelten utilitaristischen Ethik - vor allem in der Katholischen Soziallehre - geschieht, auch aus der Sicht der ontologischen Denkweise akzeptabel sein. Ist doch gerade in der Gegenwart, in der in zunehmendem Maß durch das Kleinerwerden der Welt der Gedankenaustausch der unterschiedlichen Kulturen und der verschiedenen Wissenschaften mehr gefordert denn je.
Aus den bisherigen Ausführungen können wir m.E. ableiten, daß Ulrichs "integrative Wirtschaftsethik" nur dann Anspruch erheben kann, tatsächlich als integrativ gesehen zu werden, wenn es ihr gelingt in weiterer Folge auch den utilitaristischen Ansatz in das Denken miteinzubeziehen und somit die unüberwindbar scheinenden Barrieren zwischen den gegensätzlichen philosophischen Denkschulen in Hinblick auf die ethischen Motive **und** gleichzeitig deren Konsequenzen zu überwinden. Da das aber bloß im Wege eines Diskurses erreicht werden kann, gilt es vorweg festzulegen, was überhaupt Gegenstand des Diskurses sein kann / muß und welche Alternativen als Entscheidungsgrundlagen zur Verfügung stehen. Bei der Wirtschaftsethik geht es nämlich um so fundamentale Fragen wie "... Fragen der Wirtschafts-, Gesellschafts- und Finanzpolitik, geht es also um die Wirtschaftsordnung als solche, aber auch um Fragen etwa der Gerechtigkeit in internationalen Wirtschaftsbeziehungen, geht es um die weltweite Armut usw.; es handelt sich demnach durchwegs, (...), um Probleme im Rundbereich weltanschaulicher Auseinandersetzungen. (...) Weiters könnte man hier gewisse Branchen- und Bereichsethiken anführen: Ethik der Werbung und des Marketing etwa, auch Bankenethik, Versicherungsethik, Ethik des Consulting usw."[383]

Es geht aber auch um die Unternehmensethik; also um das Unternehmen als "moralische Person" (in Analogie zur "juristischen Person"), somit um die Frage, inwieweit Unternehmen als solche (und eben nicht nur die jeweiligen 'verantwortli-

380 vgl.: Klein, H. D.: Geschichtsphilosophie, a. a. O. S. 36
381 vgl.: Höffe, O.: Einleitung, in: Höffe, O. (Hrsg.): Einführung in die utilitaristische Ethik, a. a. O. S. 11; vgl.: auch Abschnitt 2.2.4
382 vgl.: Klose, A.: Unternehmerethik. Heute gefragt?, 1. Auflage, Linz 1988, S. 26f
383 Hrubi, F. R.: Philosophische Fragen im Umkreis der Wirtschaftswissenschaften, in: Hrubi, F. R.; Karmasin, M. (Hrsg.): Wirtschaftsethik, a. a. O. S. 16f

chen' Führungskräfte) Verantwortung zu tragen haben. Wenn sie aber Verantwortung tragen, dann wofür, wem gegenüber und wie weitreichend?[384]

Darüber hinaus geht es weiters um die ethischen Verhaltenserwartungen und Verantwortlichkeiten von Individuen, in erster Linie von Führungskräften, aber auch von sonstigen exponierten Entscheidungsträgern in Unternehmen.[385]
Somit geht es neben der Ethik der Institutionen auch um die individuelle Ethik, die sowohl im Micro- als auch im Macrobereich Wirkung zeigt / zeigen soll.

Da Ethik letztlich nicht derart begründbar ist, daß ihr universelle Anerkennung zuteil wird, müssen wir immer eine Entscheidung treffen, welche reflexiv auf uns zurückfällt.[386] Gefordert ist zwar stets das Gewissen des/der Entscheidungsträger, doch ist die den Entscheidungen zugrundeliegende Ausgangsbasis für Ethiker und Wirtschaftstreibende gänzlich unterschiedlicher Art.
Auf Grund der Komplexität unserer Überlegungen kann es somit auch nicht hinreichend sein, lediglich einen Teilbereich des menschlichen Lebens, nämlich denjenigen der Wirtschaft unter mathematisch-analytischen Gesichtspunkten zu betrachten;[387] es ergibt sich vielmehr die Notwendigkeit, das "Seiende" unter dem Aspekt des Sittlichen ganz allgemein und im Ganzen zu analysieren.[388] Das heißt, daß wir das Wirtschaftsgeschehen aus rationalökonomischer Sicht unter den Prämissen der Imperative regulativer Prinzipien und der Sittengesetze zu verstehen[389] haben. Vorweg bedarf es allerdings ebenso der Einschränkung, daß wir Platons klassische, idealtypische Erkenntnis, derzufolge Ethik die "Idee des Guten" die höchste aller Ideen ist, nicht so ohne weiteres auf wirtschaftspolitische Problemstellungen des Alltags umlegen können.
Bereits die Frage nach dem was Gut ist wird je nach dem Blickpunkt und der Aufgabenstellung des Entscheidungsträgers unterschiedlicher Antworten bringen, denn wenn es um die Moral geht, geht es stets darum, wer die "Guten" und wer die "Bösen" sind.[390]

---

[384] vgl.: zu diesem Thema:
Hrubi, F. R.: Spielräume der Verantwortung oder Wozu philosophieren wir eigentlich? In: Vetter, H.; Pöltner, G.; Kampits, P. (Hrsg.): Verantwortung. Beiträge zur praktischen Philosophie. Festgabe für Johann Mader zum 60. Geburtstag. Wien 1987, S. 69ff

[385] vgl.: Hrubi, F. R.: Philosophische Fragen im Umkreis der Wirtschaftswissenschaften, in: Hrubi, F. R.; Karmasin, M. (Hrsg.): Wirtschaftsethik, a. a. O. S. 17f

[386] vgl.: Hrubi, F. R.: Philosophische Grundlagen der Sozial- und Wirtschaftswissenschaften. Vorlesung an der Wirtschaftsuniversität Wien, Wintersemester 1998/99 am 5.10.1998

[387] vgl.: Abschnitt 2.1

[388] vgl.: Klein, H. D.: Metaphysik. Eine Einführung. 2. Auflage, Wien 1993, S. 8

[389] vgl., ebd.: Klein, H. D.: Metaphysik, a. a. O. S. 24

[390] vgl.: Rotter, M.: in: „ZIB II“ in ORF 2 vom 24.03.1999

Daraus ergibt sich unbestreitbar ein Spannungsverhältnis zwischen denjenigen, die ihre ethischen Wurzeln im Bereich der Metaphysik und letztlich in der Tradition der Kant'schen Ethik haben und der Wirtschaft, die mehrheitlich auf einem utilitaristischen Ethikverständnis aufbaut. Während für erstere das handlungsbestimmende Motiv als absolute Maxime absolute Gültigkeit besitzt - im Einzelfall selbst bei ethisch nicht einwandfrei zu wertenden Folgen - zielen Handlungen im Verständnis der Anhänger des Utilitarismus[391] unter weitestgehender Außerachtlassung des Motivs auf das Ergebnis ihres Tätigwerdens ab: ethisch ist für sie - grob umrissen - eine Handlung dann, "wenn etwas Gutes dabei herauskommt"[392], was schließlich aus wirtschaftlicher Sicht der Sinn wirtschaftlicher Tätigkeit ist.

2.1 Philosophische Kritik der modernen Wirtschaftswissenschaften

Die oben von Hrubi aufgeworfene Frage, ob Wirtschaftswissenschaft als philosophische bzw. empirische Disziplin zu werten sei, beschäftigt seit Generationen die Wissenschaft. Derzeit entsteht der Eindruck, als gewinne die mathematisch-analytische Auffassung von Wirtschaftswissenschaft die Oberhand – m. E. zu Unrecht, zumindest nicht als rein mechanisches Modell mit Totalitätsanspruch unter Berufung auf die Exaktheit naturwissenschaftlich ermittelter Erkenntnisse. Wirtschaft wird von Menschen für Menschen gemacht und kann demnach unmöglich mechanischen Abläufen entsprechen. Mit dieser Sichtweise stehe ich nicht alleine. Zahlreiche Philosophen, aber auch aus der Naturwissenschaft selbst kommende Volkswirtschafter wie K. H. Brodbeck, auf dessen Überlegungen sich der Großteil der nachstehenden Ausführungen stützt, stehen dem Anspruch der modernen Wirtschaftswissenschaften, den Wirtschaftsprozeß berechnen und prognostizieren zu können – eine Entwicklung, die sich im Gefolge der Globalisierung zunehmend verstärkt – äußerst kritisch gegenüber. Denn – so lautet der Grundtenor der Kritik – durch das Nacheifern der Naturwissenschaften, mit deren mathematisch-analytischen Ansätzen wird auf seiten der Wirtschaft zunehmend versucht, ausschließlich rational begründete wirtschaftliche Entscheidungen herbeizuführen, die die menschliche Freiheit und Kreativität und somit Gewissen und Verantwortung ausklammern. Aus wissenschaftstheoretischer Sicht erscheint die Kritik plausibel, denn physikalische Gesetze entsprechen keineswegs wirtschaftlichem Handeln: Ökonomische Beobachtungsgrößen sind von sehr vielen Faktoren beeinflußt, insbesondere auf Grund dessen, daß wirtschaftlich Handelnde in ihren Entscheidungen durch des Wissen um ihre Handlungssituation motiviert sind.[393]

---

[391] vgl.: Abschnitt 2.2.4

[392] Hrubi, F. R.: Philosophische Grundlagen der Sozial- und Wirtschaftsethik. Seminar 0315 an der Wirtschaftsuniversität Wien. Wintersemester 1998/99 am 5.11.1998

[393] vgl.: Brodbeck, K.-H.: Die fragwürdigen Grundlagen der Ökonomie: eine philosophische Kritik der modernen Wirtschaftswissenschaften. Darmstadt 1998, S. 30

Zudem ist das zur Verfügung stehende empirische Material, das die Grundlage der Entscheidungsfindung bildet, stets ausschließlich – weil bereits durch die Hände anderer gegangen – gefiltert vorhanden. Es beinhaltet also bereits vorangegangenes „Handeln“. Die Sozial- und Wirtschaftswissenschaften haben darüber hinaus vor allem deshalb methodisch und wissenschaftlich eine ganz andere Stellung als die Naturwissenschaften, weil schwerlich über Strukturen hinweg gesehen werden kann, die gemeinhin dem Menschen zugeschrieben werden: Recht, Sprache, Wirtschaft, Technik, usw.[394] Brodbeck betont demgemäß folgerichtig: „Auch Anhänger einer universellen Systemtheorie werden zugeben, daß zwischen Elementarteilchen und wirtschaftlich Handelnden wenigstens der Unterschied besteht, daß ein handelnder Mensch sich selbst erklären kann und seine Absichten mitzuteilen vermag, während ein Elementarteilchen *stumm* bleibt. Wir treffen in den Sozialwissenschaften niemals auf einen jungfräulichen Stoff des empirischen Materials, wir erhalten stets nur *Interpretationen.* Jede Tabelle, rechtliche Regelungen, Kaufverträge, Steuern, Umsatzrenditen, Abschreibungen usw. – all diese Quellen ökonomischer Forschung sind *vorinterpretiert.* Es sind Beschreibungen von Sachverhalten, nicht die Sachverhalte selbst. In der sozialen Welt bewegen wir uns in einer *interpretierten*, einer ausgelegten Welt.“[395]
Weiters sieht Brodbeck es als offenkundig an, daß all jene Phänomene der wirtschaftlichen Alltagswelt, die sich den mechanischen Modellstrukturen widersetzen, ganz einfach als „kleine Nebenumstände“ aus den Beobachtungen ausgeklammert werden[396] und die „Flucht in den Durchschnitt“[397] angetreten wird. Doch selbst dieser berechtigt zur Skepsis: Gesetzmäßigkeiten stabiler geschlossener Systeme, die relativ einfachen Wahrscheinlichkeitsgesetzen – die Grundlage statistisch fundierter Aussagen – folgen, können schwerlich auf offene Systeme[398], wie die Wirtschaft eines ist, übertragen werden und daher nicht zu physikalisch exakten Ergebnissen führen.
Die Problematik des Durchschnitts als Repräsentant einer Ganzheit ist hinlänglich aus der Statistik vertraut: Mit einem Fuß auf einer glühenden Herdplatte, mit dem anderen auf einem Eisblock zu stehen ergibt als Mittelwert durchaus ein Gefühl des Wohlbehagens. Umso problematischer wird der Aussagewert, wenn an die Stelle einer **Vielzahl** von Merkmalsausprägungen **eine** repräsentative Größe – der Durchschnitt – tritt.

---

[394] vgl.: Brodbeck, K.-H.: Die fragwürdigen Grundlagen der Ökonomie: eine philosophische Kritik der modernen Wirtschaftswissenschaften, a. a. O. S. 31

[395] ebd.: Brodbeck, K.-H.: Die fragwürdigen Grundlagen der Ökonomie: eine philosophische Kritik der modernen Wirtschaftswissenschaften, a. a. O. S. 31

[396] vgl., ebd.: Brodbeck, K.-H.: Die fragwürdigen Grundlagen der Ökonomie: eine philosophische Kritik der modernen Wirtschaftswissenschaften, a. a. O. S. 40f

[397] ebd.: Brodbeck, K.-H.: Die fragwürdigen Grundlagen der Ökonomie: eine philosophische Kritik der modernen Wirtschaftswissenschaften, a. a. O. S. 58

[398] vgl.: auch Abschnitt 2.8

„Wenn wir eine repräsentative Firma ermitteln wollen und uns vorläufig nur auf leicht rechenbare quantitative Größen beschränken, welchen Mittelwert wählen wir z.B. für die Zahl der Beschäftigten, des Anlagevermögens, der F&E-Aufwendungen, des Verschuldungsgrades, usw.? Bekanntlich ist die Verteilung der Beschäftigten auf die einzelnen Firmen ebensowenig symmetrisch wie die des Anlagevermögens usw. Wenn aber die Verteilung nicht symmetrisch ist, bleibt unklar, welcher Mittelwert »am geeignetsten« wäre. Ziehen wir *qualitative* Größen heran, so wird der Gedanke in seiner Unhaltbarkeit vollständig deutlich: Was ist der Durchschnitt aus einem Vier-Personen-Arbeiterhaushalt und einem Rentner-Ein-Personen-Haushalt? Was ist der Durchschnitt aus einer Softwarefirma, einem Textilunternehmen und einem Stahlwerk? *Denkbar* ist ein qualitativer Durchschnitt nicht .... (...)
Es gibt aber noch einen weit gewichtigeren Einwand gegen die Analogie der Thermodynamik als Idee des qualitativen Durchschnitts. Die Moleküle treten zueinander nur auf *einer* Ebene in Beziehung, wenn wir von Temperatur, Druck und Volumen sprechen: der Ebene der Bewegungsenergie. Es ist nicht möglich, daß ein Molekül dem anderen seine Bewegungsrichtung mitteilt und sie beide dann eine gemeinsame Richtung einschlagen. Bei Menschen ist das dagegen die Regel. Vor allem ökonomischen Handeln sind Menschen bereits »vergesellschaftet«: durch die Sprache, Kultur, gemeinsame Lebenssituationen usw. (...) Es gibt zwischen Menschen Tausende von Kommunikationsformen, zwischen Molekülen nur eine. Das ist der Grund, weshalb Moleküle durch eine einfache Zahl repräsentiert werden können, während es für Menschen und Firmen Tausende von Indikatoren gibt, die gleichwohl die Komplexität von Mensch und Organisation nicht ausloten können.
Vor allem aber: Weder Art, Umfang noch Anzahl der »sozialen Atome« ist konstant. Die Menschen sind nicht einfach nur »irrational«, d. h. unter Einbeziehung der Wahrscheinlichkeitsrechnung *berechenbar*, Menschen sind frei: Sie können plötzlich etwas ganz Unvorhergesehenes tun.“[399] Die menschliche Freiheit ist demnach aber „nicht die enge Bewegung in einem definierten Spielraum (wie der Bewegungsraum eines Moleküls), sie *entwirft* und *gestaltet* den Raum, in dem sie sich bewegt. Deshalb kann keine Summierung, kein Durchschnitt aus freien Handlungen zu einem Naturgesetz führen. *Wenn* es überhaupt mechanische Strukturen in der Ökonomie gibt, dann müssen sie andere Gründe haben als »das System der natürlichen Freiheit«. Denn die Wirtschaft ist eben kein Mechanismus. Das gesellschaftliche Wesen der Wirtschaft gründet in der menschlichen Freiheit, und deshalb ist »das Gesellschaftliche eine Interpretation.«
Diese Erkenntnis ist für die gesamte Wirtschafts-Mechanik fatal; (...) allerdings heißt das nicht, daß sie keine *Wirklichkeit* wäre. Beschreibt man die Wirtschaft

---

[399] Brodbeck, K.-H.: Die fragwürdigen Grundlagen der Ökonomie: eine philosophische Kritik der modernen Wirtschaftswissenschaften, a. a. O. S. 68ff

mechanisch und formuliert politische Programme gemäß diesem Denkmodell, so *wirken* diese Beschreibungen und erschaffen Wirklichkeit. Auch die Umkehrung ist richtig: Selbst wenn es »Gesetze« in der Wirtschaft gäbe, so höbe ihre Erkenntnis ihre Wirkung auf."[400]

Auf Grund dieser Überlegungen geht Brodbeck mit Exponenten der Neoklassik hart ins Gericht: „... wenn wir ganz im Geist der Neoklassik argumentieren, müssen wir sagen: Was dieser Theorie fehlt, ist der Markt. Weil die gescheiterten Prognosen der Ökonomen mit keinem Sanktionsmechanismus verknüpft sind, sondern dem Markt entzogen bleiben, darf sich diese Wissenschaft weiter im Rahmen öffentlicher Subventionen tummeln. Würde man die Gehälter der Prognostiker invers von ihren Prognosefehlern abhängig machen, dann wären die solcherart leistungsbezogenen Modellbauer sehr rasch vom Markt verschwunden.

Die Pointe liegt nicht einfach nur darin, daß Gesetze durch ihre Erkenntnis *ungültig* werden, die Pointe liegt darin, daß es überhaupt keine »Gesetze« der Wirtschaft oder der Psyche gibt. Es gibt nur ein Übereinstimmen von Interpretationen, von Denkmodellen. Ökonomie ist *keine* Naturwissenschaft. (...) Tatsächlich kann Ökonomie niemals das leisten, was die Wirtschafts-Mechaniker behaupten: Die Berechnung des Wirtschaftsprozesses. (...) Ökonomie ist eine Wissenschaft vom Handeln, und menschliches Handeln basiert auf Freiheit und Kreativität. Die Nichtprognostizierbarkeit wirtschaftlicher Tendenzen sollte deshalb die *Grundlage* dieser Wissenschaft sein."[401]

Bereits Keynes hat darauf hingewiesen, daß es ohne die Einbeziehung des Zeithorizonts in die Berechnungen von Prognosen unmöglich ist, Aussagen über die künftige Entwicklung zu treffen. Da bereits die anfänglichen Voraussetzungen von Prognosen äußerst unpräzise sind, wird die Komplexität und Interdependenz der realen Welt in einer Menge wertloser mathematischer Symbole versteckt.[402] Zum Fehlen der vollkommenen Information bei der Ausgangslage gesellt sich zudem noch die Unmöglichkeit vollkommener Voraussicht.

Menschliches Handeln erfolgt in den historischen Dimensionen von Vergangenheit und Zukunft unter Ungewißheit und da Handeln auf Erwartungen basiert, denen es für exakte Aussagen an vollkommener Voraussicht mangelt, erfolgen wirtschaftliche Entscheidungen trotz der Verwendung einer Unzahl mathematischer Symbole – lediglich äußerst unpräzise auf der **Interpretation** von Situationen der Vergangenheit auf die Zukunft hin[403] - also weit entfernt von der unter-

[400] Brodbeck, K.-H.: Die fragwürdigen Grundlagen der Ökonomie: eine philosophische Kritik der modernen Wirtschaftswissenschaften, a. a. O. S. 70

[401] ebd.: Brodbeck, K.-H.: Die fragwürdigen Grundlagen der Ökonomie: eine philosophische Kritik der modernen Wirtschaftswissenschaften, a. a. O. S. 72f

[402] vgl., ebd.: Brodbeck, K.-H.: Die fragwürdigen Grundlagen der Ökonomie: eine philosophische Kritik der modernen Wirtschaftswissenschaften, a. a. O. S. 102

[403] vgl., ebd.: Brodbeck, K.-H.: Die fragwürdigen Grundlagen der Ökonomie: eine philosophische Kritik der modernen Wirtschaftswissenschaften, a. a. O. S. 101ff

stellten mathematischen Exaktheit. Die auf diese Weise erstellten Modelle können wirtschaftliche Zusammenhänge allenfalls beschreiben und erklären; sie können auch als Entscheidungshilfen dienen, jedoch keinesfalls die menschliche Vernunft, das Gewissen und die Verantwortung der Entscheidungsträger ersetzen. Diese sind aber niemals moralisch neutral und abstrakt; es geht stets um Entscheidungen von Menschen für menschliche Bedürfnisse. Wäre dem nicht so, könnte die volkswirtschaftliche oder unternehmerische Planung und Entscheidung gleich durch computergesteuerte, spieltheoretisch hervorgebrachte, optimale Handlungsanweisungen ersetzt werden. Die Lehrsätze der Nationalökonomie stellen sich bereits seit Max Weber ausschließlich als „eine Serie *gedanklich* konstruierter Vorgänge dar, welche sich in dieser »idealen Reinheit« selten, oft gar nicht, in der jeweiligen historischen Wirklichkeit vorfinden, die aber andererseits, - da ja ihre Elemente der Erfahrung entnommen und nur gedanklich ins Rationale *gesteigert* sind, - sowohl als heuristisches Mittel zur Analyse, wie als konstruktives Mittel zur Darstellung der empirischen Mannigfaltigkeit brauchbar sind.“[404]
Somit wirft die Entwicklung der Wirtschaftswissenschaften der Gegenwart – trotz deren offensichtlichen Effizienz – die Frage nach deren moralischen Fundament auf. „War für die Klassiker die Ökonomie noch eine Ethik, eine **Lehre vom richtigen Handeln**, so wurde für die Neoklassiker das Handeln auf die Wahl zwischen gegebenen Alternativen reduziert und somit zum berechenbaren »Entscheidungsproblem«,“[405] – eine Entwicklung, die – wie bereits ausgeführt – nicht nur aus dem Blickwinkel der Ethik sondern auch wissenschaftstheoretisch äußerst kritisch zu beurteilen ist. Die Ökonomie als Ethik hat sich nämlich zunehmend in eine Technologie verwandelt, in eine Sozialtechnik[406], um das Subjektive des Subjekts berechenbar und handhabbar zu machen.[407] Da aber jegliches menschliches Handeln auf freiem Willen basiert, ist auf mechanisches Handeln reduziertes Handeln gewissenlos:[408] Wenn die menschliche Freiheit zum Gegenstand wird, ist sie verfehlt.
Es ist unleugbar als Verdienst J. A. Schumpeters zu werten, in seiner Entscheidungstheorie auf die menschliche Kreativität als Antrieb wirtschaftlichen Handelns abzustellen.[409] Schumpeter gesellt zur rationalen Kaufmannsseele den Unternehmer hinzu, der nicht nur rational Risiken kalkuliert um seinen Gewinn zu mehren sondern wagnisbehaftet ganz neue Formen schafft. Kreativität wird derart

---

404 Weber, M.: Gesammelte Aufsätze zur Wissenschaftslehre. 3. Auflage. Tübingen 1968, S. 397f

405 Brodbeck, K.-H.: Die fragwürdigen Grundlagen der Ökonomie: eine philosophische Kritik der modernen Wirtschaftswissenschaften, a. a. O. S. 193

406 vgl.: Popper, K. R.: Das Elend des Historismus. Tübingen 1971, S. 34f

407 vgl.: Brodbeck, K.-H.: Die fragwürdigen Grundlagen der Ökonomie: eine philosophische Kritik der modernen Wirtschaftswissenschaften, a. a. O. S. 193

408 vgl.: Thomas von Aquin: Summa Theologica I 79, 13 Bd. 6

409 vgl.: Schumpeter, J. A.: Theorie der wirtschaftlichen Entwicklung. 5. Auflage. Berlin 1951, S. 100

zu einem immanenten Faktor des wirtschaftlichen Handelns neben der mechanisch beschriebenen Ökonomie.[410]
Nicht der Markt artikuliert seine Bedürfnisse, sondern neue Bedürfnisse werden dem Konsumenten von der Produktionsseite her anerzogen, so daß die Initiative bei der letzteren liegt.[411]
Da sich also schlußendlich in der ökonomischen Diskussion die Erkenntnis durchsetzen müßte, daß es ein wertfreies, mechanisch ablaufendes Wirtschaftsgeschehen nicht geben kann, sondern stets das subjektive Handeln der Wirtschaftssubjekte für das Wirtschaftsgeschehen ausschlaggebend ist, drängt sich auf, Hayeks Aussage zu unterstreichen: „Der Rationalist, der alles der menschlichen Vernunft unterordnen will, ist mit einem wirklichen Dilemma konfrontiert. Der Gebrauch der Vernunft zielt auf Kontrolle und Vorhersagbarkeit. Dagegen beruht aber der Prozeß des Fortschreitens der Vernunft auf der Freiheit und Unvorhersagbarkeit der menschlichen Handlung.“[412]
Eine postmechanische Ökonomie bedarf – wie Brodbeck ausführt – einer anderen Interpretation der Welt, nicht nur der Gesellschaft, auch der Natur. Eine Revision kann nach seiner Meinung darin bestehen, den Weg des abendländischen ökonomischen Denkens nachzugehen.[413]

2.2 Das traditionelle Verständnis von Moral

In fast allen Kulturen findet sich die "Goldene Regel", in der das Ethos der Gegenseitigkeit - die Reziprozitätsidee - zum Ausdruck kommt: "Behandle andere so, wie Du selbst von ihnen behandelt werden willst!"
Bereits sie beinhaltet einerseits einen ethischen Imperativ, sowie anderseits eine strategische Handlungsanleitung zum eigenen Nutzen.

In seiner wissenschaftlichen Ausprägung ist der von I. Kant formulierte "kategorische Imperativ", dessen bekannteste Version lautet: "Handle so, daß die Maxime deines Willens jederzeit zugleich als Prinzip einer allgemeinen Gesetzgebung gelten könne."[414] Obwohl Kant die Imperativform wählt, übernimmt der kategorische Imperativ die Rolle eines Rechtfertigungsprinzips, welches verallgemeinerungsfähige Handlungsnormen als gültig auszeichnet: was im moralischen Sinne gerechtfertigt ist, müssen alle vernünftigen Wesen wollen können. Moralisches Handeln muß demgemäß als Maxime des individuellen Wollens verallgemeinerbar und universalisierbar sein und ist in der modernen pluralistischen Gesellschaft

[410] vgl.: Schumpeter, J. A.: Theorie der wirtschaftlichen Entwicklung, a. a. O. S. 118 und 126
[411] vgl., ebd.: Schumpeter, J. A.: Theorie der wirtschaftlichen Entwicklung, a. a. O. S. 100
[412] Hayek von F. A.: Die Verfassung der Freiheit, a. a. O. S. 38
[413] vgl.: Brodbeck, K.-H.: Die fragwürdigen Grundlagen der Ökonomie: eine philosophische Kritik der modernen Wirtschaftswissenschaften, a. a. O. S. 256f
[414] Kant, I.: Kritik der praktischen Vernunft, in: Köngliche Preußische Akademie der Wissenschaften (Hrsg.): Kant's gesammelte Schriften. Band 5, Berlin 1910ff, S. 30 (§7)

als die Solidarität aller Menschen zu verstehen. Diese Solidarität läßt sich auch als moderne Version der Goldenen Regel oder des christlichen Gebots der Nächstenliebe auffassen.[415]
Die von Kant geforderte Universalisierbarkeit verlangt, daß jede Forderung, wenn sie auf ihre ethische Berechtigung hin überprüft werden soll, den Test der Universalisierbarkeit erst bestehen muß.
Auf diese Weise kann parteiischen Interessen ganz allgemein, vor allem aber in der Wirtschaft, also etwa organisierten Gruppeninteressen, die ethische Legitimation mit guten Gründen abgesprochen werden. Was in der Wirtschafts- und Unternehmensethik von großer Bedeutung für den rationalen Umgang mit Forderungen ist, die im ethischen Gewand daherkommen.[416]
Die zentrale Frage, wie sich die Solidarität aller unter den Bedingungen der modernen Wirtschaft und Gesellschaft zur Geltung bringen läßt, ist allerdings ein anderes Problem der Ethik: die Implementation; denn der Übergang zur modernen Gesellschaft mit ihrer funktionalen Ausdifferenzierung führt zu Handlungsanweisungen, "die der Moral, wie die meisten Menschen sie in Elternhaus, Kindergarten, Schule, Kirchen und Parteien gelernt und eingeübt haben, zuwiderzulaufen scheinen."[417]
"Aber diese normativen Verpflichtungen reichen nicht von sich aus über die Grenzen einer konkreten Lebenswelt der Familie, des Stammes, der Stadt oder der Nation hinaus."[418] "Die Marktwirtschaft mit Gewinnstreben und Wettbewerb ist das prominenteste Beispiel dafür."[419]

Überdies sind die Ebenen des Handelns, seiner Maximen, Gesichtspunkte etc. und die Theorie des Handelns strikt auseinander zu halten. Daß diese nicht deckungsgleich sind ist unmittelbar einsichtig, denn wenn dies der Fall wäre, erübrigte sich die ganzen Diskussionen.
Im wesentlichen stehen sich heute zwei gänzlich unterschiedliche Theorien bezüglich wirtschaftsethischer Fragen nahezu unvereinbar gegenüber, die durch Überlagerung mit den Ausläufern von Ideologien des 19. Jahrhunderts beinahe antagonistischen Charakter annehmen:

- eine, insbesondere für Kontinentaleuropa bedeutsame, die mit Ethik oder Moral die Vorstellung einer Einschränkung, eines Nicht-tun-Dürfens verbindet.[420]

---

[415] vgl.: Homann, K.; Blome-Drees, F.: Wirtschafts- und Unternehmensethik, a. a. O. S. 15
[416] vgl.: Homann, K.; Blome-Drees, F.: Wirtschafts- und Unternehmensethik, a. a. O. S. 16
[417] Homann, K.; Blome-Drees, F.: Wirtschafts- und Unternehmensethik, a. a. O. S. 16
[418] Habermas, J.: Erläuterungen zur Diskursethik. 2. Auflage, Frankfurt/M. 1991, S. 71
[419] Homann, K.; Blome-Drees, F.: Wirtschafts- und Unternehmensethik, a. a. O. S. 16
[420] vgl.: Hrubi, F. R.: Vernunft, Ethik und Rationalität, in: Prat, E. H. (Hrsg.): Ökonomie, Ethik und Menschenbild. Wien 1993, S. 37

Einer der prominentesten europäischen Wirtschaftsethiker, Peter Ulrich stellt dabei das Gewinnprinzip generell in Frage und meint, daß strikte Gewinnmaximierung prinzipiell keine legitime unternehmerische Handlungsorientierung sein kann, denn dies bedeutete, daß alle mit dem Gewinnstreben konfligierenden Wertgesichtspunkte bzw. Ansprüche diesem untergeordnet werden. Jeder Ansatz von Unternehmerethik, der die unternehmerische Erfolgs- oder Gewinnorientierung nicht kategorisch von einem Legitimitätsvorbehalt abhängig macht, ist als ökonomistisch verkürzt zu begreifen: "Legitimes Gewinnstreben ist stets moralisch begrenztes Gewinnstreben".[421]
Das hat zunächst gar nichts mit dem spezifischen Charakter der Gewinnerzielung zu tun, sondern gilt für sämtliche partikularen Wertorientierungen; diese dürfen aus ethischer Sicht nie einseitig zu einem "Prinzip" übersteigert werden. Es gibt letztlich nur ein Prinzip: das Moralprinzip, in dessen Lichte überhaupt erst mit konfligierenden spezifischen Wertgesichtspunkten vernünftig umgegangen werden kann - auch mit jenen der Markt- und Erfolgslogik.
Gewinnstreben ist folglich ethisch betrachtet stets nur "Gegenstand der unternehmensethischen Reflexion, ein Wert und eine Dimension betrieblicher 'Wertschöpfung' (im unverkürzten Sinn des Werteschaffens) neben anderen, aber niemals ethisch begründbare Massgabe des unternehmerischen Handelns. In der Unternehmensethik geht es gerade darum, vorbehaltlos zu prüfen, was aus ethischer Sicht Vorrang vor dem Gewinnstreben hat".[422]
Ähnlich argumentiert unter Verweis auf die Ethik auch Hans Jeklin[423] bei einem Seminar im Schweizer Lassalle-Haus Bad Schönbrunn: "Der Sinn jedes Unternehmens liegt im Dienst, den es der Gemeinschaft durch die Produktion und Verteilung von Gütern und Dienstleistungen erbringt. Produktion, Absatz, Beschäftigung und Gewinn sind Voraussetzungen beziehungsweise Folgen des Dienstes; als Selbstzweck sind sie nicht zu rechtfertigen".[424] Der Sinn eines Unternehmen dürfe nie der Gewinn (Profit) sein.[425]

---

[421] Ulrich, P.: Integrative Wirtschaftsethik, a. a. O. S. 415

[422] ebd.: Ulrich, P.: Integrative Wirtschaftsethik, a. a. O. S. 415

[423] Jeklin, H.: zit. in: NZZ – Neue Zürcher Zeitung, Internationale Ausgabe, 219. Jahrgang, Nr. 85 vom 14.04.1998, S. 24

[424] ebd.: Jeklin, H.: zit. in: NZZ – Neue Zürcher Zeitung, Internationale Ausgabe, 219. Jahrgang Nr. 85 vom 14.04.1998, S. 24
Diese Sichtweise menschgerechten Wirtschaftens wurde originär anläßlich des 2. Vatikanischen Konzils 1965 in Gaudium et spes formuliert.

[425] vgl., ebd.: Jeklin, H.: zit. in: NZZ – Neue Zürcher Zeitung, Internationale Ausgabe, 219. Jahrgang Nr. 85 vom 14.04.1998, a. a. O. S. 24

Vielmehr kann das Ziel der Wirtschaft vernünftigerweise nicht in ihr selbst liegen. Sie bedarf, um gedeihen zu können, der Ausrichtung auf die Humanisierung des menschlichen Lebens.[426]

Ins Bewußtsein einer breiten Öffentlichkeit gelangte der Appell zur Selbstbeschränkung vor allem durch die Warnungen des Club of Rome[427] Anfang der 70er Jahre des 20. Jh. Die offensichtliche Notwendigkeit des schonenden Umgangs mit den verfügbaren Ressourcen hat als Gewissen der Welt und der Wirtschaftsunternehmen zahlreiche NGO's hervorgebracht, die sich verständlicherweise nur äußerst bedingt der Wertschätzung von Seiten der Unternehmen erfreuen.

- Demgegenüber geht die anglo-amerikanische Theorie - oberflächlich formuliert - davon aus, daß Beschränkungen jeglicher Art effizientes Wirtschaften lediglich behindern und bloß dazu geeignet sind, Fortschritt und Wachstum zu hemmen.

Da es sich bei der Mehrzahl der erfolgreich international und global tätigen Unternehmen um US-Unternehmen handelt und auch die WTO vehement die Freihandelstheorie vertritt, hat es derzeit den Anschein - nicht zuletzt auf Grund der prosperierenden US-Wirtschaft im Vergleich zu einem sehr geringen Wachstum in den europäischen Volkswirtschaften - als ob dieser wirtschaftspolitische Ansatz weltweit nachgeahmt und somit seine Richtigkeit bestätigt wird. Das wirft aber unzweifelhaft die Frage auf, ob Effizienz eine hinreichende Bedingung für eine gute Wirtschafts- und Gesellschaftsordnung ist. Bereits der Trivialmaßstab für wirtschaftliche Effizienz in der Sichtweise der Wirtschaft – der Gewinn – scheidet die Geister.

2.2.1 Zur Problematik des Gewinnbegriffes[428]

Während für das allgemeine Verständnis in den USA „Gewinn" generell einen positiven Stellenwert besitzt, kann man dies bei der traditionellen kontinentaleuropäischen Denkweise keineswegs voraussetzen.
Auch der Sozialphilosoph Erwin Bader bezieht sich auf obigen Aspekt der Katholischen Sozialkritik am Kapitalismus wenn er feststellt:
„Gewinn, ist in der Wirtschaft zwar sicherlich (...) legitim, sollte aber für einen Menschen, der seinem vollen Menschsein gerecht werden will, **nicht zum obers-**

[426] Schönborn, Ch.: Die katholische Soziallehre und die wirtschaftliche Entwicklung seit 1989, in: UZF (Hrsg.): Wiener Blätter zur Friedensforschung, Nr. 93 Dezember 4/1997, Wien 1997, S. 9

[427] Meadows, D.; Meadows, D.; Zahn, E.; Milling, P.: Die Grenzen des Wettbewerbs. Bericht des Club of Rome zur Lage der Menschheit. Stuttgart 1972

[428] vgl.: auch Abschnitt 2.8.1.1ff

ten Wert im Rahmen seiner maßgeblichen Tätigkeit auf Erden werden. Selbst die nicht ausgesprochen christlichen Werte wie die des Erfolges und der Leistung würden auf diese Weise in ihrer Bedeutung unterschätzt, ganz abgesehen von Werten der Hingabe, des Dienstes an den Menschen, aber auch des Schönen oder des wissenschaftlichen Fortschritts etc. Es ist auch nicht legitim, diese Werte zwar als untergeordnete Werte zuzulassen, aber, weil sie nur untergeordnete Werte gegenüber dem Gewinnstreben seien, zu vernachlässigen. Der einzige echte zentrale Wert ist das Heilige, und dieser Wert allein, sofern jemand persönlich zu diesem einen Zugang besitzt, verdient es, an die oberste Stelle des Denkens, Fühlens und Wollens, also der praktisch-sinnlichen Tätigkeit, gestellt zu werden."[429]
Die Kritik wendet sich ausschließlich gegen die Behauptung; „daß der Gewinn der oberste Zweck des Wirtschaftens sei, aber nicht gegen die **Legitimität** des Gewinns überhaupt. Gewinn kann als Gradmesser für den Erfolg eines Betriebes angesehen werden und **Erfolg** ist ein positiver Wert."[430] Der Papst anerkennt vielmehr ausdrücklich die „... berechtigte Funktion des Gewinnes als Indikator für den guten Zustand und Betrieb des Unternehmens. Wenn ein Unternehmen mit Gewinn produziert, bedeutet das, daß die Produktionsfaktoren sachgemäß eingesetzt und die menschlichen Bedürfnisse gebührend erfüllt wurden,"[431] um jedoch gleichzeitig einzuschränken: „Zweck des Unternehmens ist nicht bloß die Gewinnerzeugung, sondern auch die Verwirklichung als Gemeinschaft von Menschen, (...). Der Gewinn ist ein Regulator des Unternehmens, aber nicht der einzige. Hinzukommen andere menschliche und moralische Faktoren, die auf lange Sicht gesehen zumindest ebenso entscheidend sind für das Leben des Unternehmens."[432]

Die häufig kritische Auseinandersetzung mit dem Gewinnbegriff seitens der Sozialethiker einerseits und dessen Überbewertung auf der Seite der Wirtschaft andererseits ist m.E. weitgehend auf eine semantische Differenz bei dessen Interpretation zurückzuführen.
Es bleibt nämlich zumeist unausgesprochen, was überhaupt unter „Gewinn" zu verstehen ist – eine exakte Definition fehlt. Die wirtschaftliche Praxis und die gesetzlichen Bestimmungen definieren: „Gewinn" jeweils sehr unterschiedlich; es existiert eine Fülle von Gewinnbegriffen:
Bilanzgewinn, handelsrechtlicher Gewinn, steuerrechtlicher Gewinn, Betriebsgewinn, Gewinn vor Steuern, Gewinn nach Steuern, Kalkulatorischer Gewinn, Scheingewinn, Sanierungsgewinn, Spekulationsgewinn, usw. sind nur einige der möglichen „Gewinne".

---

429 Bader, E.: Christliche Sozialreform. Beiträge zur Sozialphilosophie in einer veränderten Welt. Wien 1991, S. 134 (Hervorh. HPS)
430 ebd.: Bader, E.: Christliche Sozialreform, a.a.O. S. 134, (Hervorh. HPS)
431 Johannes Paul II: Enzyklika „Centesimus Annus", a. a. O. IV/35
432 ebd.: Johannes Paul II: Enzyklika „Centesimus Annus", a. a. O. IV/35

Gewinn kann demnach keineswegs einfach als die Differenz zwischen Einnahmen und Ausgaben gesehen werden. Da zwischen Aufwand und Kosten zu unterscheiden ist, gilt es zudem, diese abzugrenzen. Dabei zeigt sich, daß es Kosten gibt, denen kein Aufwand gegenübersteht.
Soll ein Unternehmen aber überleben können ist die Berücksichtigung sog. **Kalkulatorischer Kosten** unerläßlich; hiebei handelt es sich – wie unschwer in jedem Handbuch der Betriebswirtschaftslehre[433] nachzulesen ist – um:

- die kalkulatorischen Abschreibungen
- die kalkulatorischen Zinsen
- den kalkulatorischen Unternehmerlohn
- die kalkulatorischen Wagniszuschläge
- die kalkulatorische Miete

Doch selbst ein, unter Berücksichtigung dieser Kosten ermittelter Gewinn (bei den meisten Unternehmen, insbesondere bei den KMU's, ergäbe eine derartige Berechnung keinen **Bilanz**gewinn sondern einen handfesten Verlust) ist noch keineswegs hinreichend aussagekräftig. Erst die Bilanzierung nach den steuerrechtlichen Vorschriften, die in der Regel wenig unternehmerfreundlich sind und den Ansatz kalkulatorischer Kosten nicht hinreichend anerkennen, ergibt den schlußendlichen Bilanzgewinn eines Unternehmens.
Die kalkulatorischen Kosten sind übrigens durchaus keine Erfindungen der modernen Betriebswirtschaftslehre. Der kalkulatorische Unternehmerlohn ergibt sich logisch und ist sogar unmittelbar aus der Katholischen Soziallehre ableitbar[434], die kalkulatorische Abschreibung betrifft vorwiegend die Abnutzung beweglicher Wirtschaftsgüter und ist vom Gesetzgeber für Grund und Boden, die sich nicht abnutzen, ausgeschlossen.
Die Wurzeln für die kalkulatorischen Zinsen, Miete und das kalkulatorische Risiko gehen sogar bis auf Thomas von Aquin zurück: Obwohl er den Geldzins mit Wucher gleichsetzt, akzeptiert Thomas naturalwirtschaftliche Zinsformen sehr wohl; beim Warenkredit ist von Thomas durchaus gebilligt, daß die Ware nicht nur zurückgegeben wird, sondern auch noch für die Benützung bezahlt wird.
Den Rechtstitel hiefür sieht Thomas wie folgt:

- lucrum cessans: entgehender Gewinn
- damnum emergens: erwachsender Schaden des Anleihegebenden
- die Gefahr - Risiko und den
- Verzug bei der Rückgabe.[435]

[433] vgl.: hiezu z.B.: Wöhe, G.: Einführung in die allgemeine Betriebswirtschaftslehre. Berlin und Frankfurt am Main, 9. Aufl. 1969, S. 652 - 660

[434] vgl.: Johannes Paul II: Enzyklika „Sollicitudo rei socialis". Rom 1987
ders.: Enzyklika "Centesimus Annus", a. a. O. IV/32

[435] vgl.: Thomas von Aquin: Ausgewählte Schriften zur Staats- und Wirtschaftslehre. Die Herdflamme. Bd. 3, Jena 1923, S. 255 - 259

Die Grenze für **vertretbaren** Gewinn liegt im Sinne der katholischen Soziallehre und der Mehrzahl der Philosophen dort, wo darauf vergessen wird, daß der Mensch im Mittelpunkt der Betrachtungen zu stehen hat und durch Verzicht auf eine Rangordnung der Güter[436] Gewinnstreben zur „Gier nach Profit"[437] und zu dem „Verlangen nach Macht mit dem Vorsatz, anderen den eigenen Willen aufzuzwingen"[438] mutiert.

2.2.2 Die ethische Dimension des Wirtschaftens

Die Wirtschaftsethik bestimmt die Ziele und Normen (incl. der Sozialethik) des individuellen und staatlichen wirtschaftlichen Handelns sowie des Verhältnisses zwischen beiden. Diese Ziele und Normen sind den formalen und materialen Zwecken des ökonomischen Handelns übergeordnet und lassen sich nicht aus diesen ableiten.
Ein ganzheitlicher Wirtschaftsbegriff[439] geht folglich vom Gesamten des gesellschaftlichen Lebens, von dem die Wirtschaft ein Teil ist, aus. Dieses gesellschaftliche Leben als Ganzes zerfällt in zwei große Bereiche:
einer ist die Welt der Werte (Zwecke, Ziele) und ist das, was kraft seines eigenen Wesens gilt, also z.B. Religion, Wissenschaft, Kunst, Sittlichkeit und Sinnlichkeit;[440]
"der zweite große Bereich ist jener, der der Verwirklichung der Werte (Zwecke, Ziele) dient, indem er für diese stofflich technische, physiologische oder seelisch-geistige Kräfte zur Verfügung stellt, an welche die Verwirklichung der Werte gebunden ist"[441].
Wenn wir uns mit der Frage nach Wirtschaften unter Beachtung ethischer Imperative beschäftigen, ergibt sich vorrangig die Notwendigkeit, das "Seiende" unter dem Aspekt des Sittlichen ganz allgemein und im Ganzen zu analysieren[442]. Das heißt, daß wir das Wirtschaftsgeschehen aus rationalökonomischer Sicht unter den Prämissen der Imperative regulativer Prinzipien und der Sittengesetze zu verstehen[443] haben.
Auch wenn man vielerorts der Meinung ist, daß Fragen der Wirtschaft, der Technik, der Chemie oder der Ökonomie durch die Erkenntnisse dieser Wissenschaften oder ihrer Kombination hinreichend bewältigbar wären, ist unübersehbar, daß alle damit im Zusammenhang stehenden Fragen eine exorbitante, allgemeine Bedeu-

---

[436] vgl.: Bader, E.: Christliche Sozialreform, a. a. O. S. 104
[437] Johannes Paul II: Enzyklika „Sollicitudo rei socialis". Rom 1987. Kap. 37
[438] ebd.: Johannes Paul II: Enzyklika „Sollicitudo rei socialis", a. a. O. Kap. 37
[439] vgl.: Heinrich, W.: Wirtschaftspolitik, 1. Bd., a. a. O. S. 63f
[440] vgl.: Johannes Paul II: Enzyklika „Centesimus Annus", a. a. O. IV/41
[441] Heinrich, W.: Wirtschaftspolitik, 1. Bd., a. a. O. S. 64
[442] vgl.: Klein, H. D.: Metaphysik, a. a. O. S. 8
[443] vgl., ebd.: Klein, H. D.: Metaphysik, a. a. O. S. 24

tung für das Leben der Menschen haben[444] und somit eine beachtliche ethische Dimension beinhalten.
Die Wissenschaft der Ökonomie kann zwar die Zusammenhänge der ökonomischen Faktoren beschreiben und unter bestimmten hypothetischen Voraussetzungen Ent-scheidungsalternativen vorschlagen. Da aber die möglichen Folgen dieser Alternativen nicht alle absehbar sind und die wissenschaftlichen Informationen allein noch keine Auswahl zwischen Entscheidungsalternativen rechtfertigen, sind für deren Beurteilung zusätzliche Wertkriterien notwendig. Die Ökonomie ist somit weder als Lehre von der Planung und Gestaltung gesamtwirtschaftlicher Prozesse (Volkswirtschafts-lehre/Nationalökonomie) noch als Lehre vom einzelwirtschaftlichen Handeln von Unternehmern (Betriebswirtschaftslehre) wertfrei, wie es insbesondere in der anglo-amerikanischen Sicht der wirtschaftlichen Zusammenhänge derzeit dargestellt wird.[445] In der Praxis zeigt sich nämlich, daß Wirtschaftstheorie, Menschenbild, Gesellschaftsverständnis und Weltanschauung untereinander stark verbunden sind.[446] Das Fundament jeder gesunden Wirtschaft ist daher eine tragfähige soziale Ordnung.[447]
Es besteht zweifellos die Notwendigkeit, den für die Ethik und die ökonomische Theorie typischen Dualismus vom Sachzwang auf der Macro-Ebene und dem Bereich der Autonomie (Selbstbestimmung) auf der Ebene des Individuums in einem neuen Konzept der Wirtschaftsethik zu überwinden.[448]
Das Wertproblem stellt sich im Kapitalismus deshalb wesentlich stärker als in Planwirtschaften, „weil es nicht zentral vorentschieden wird, sondern individuelle Zwecksetzung, d. h. Freiheit, selbst als Wert gilt. Freiheit ist sowohl ein Faktum als Nicht-Interferenz als auch eine Wertkategorie. Sie kann als ein Instrument zur Erlangung von anderen Gütern, aber auch als Selbstwert angesehen werden. (...) Freiheit als Handeln-Können nach selbstgesetzten Zwecken wird in der okzidentalen Tradition als Eigenwert angesehen und zwar als ein Wert, der sich gegenüber anderen Werten wie Stabilität, Berechenbarkeit und Geborgenheit immer stärker in den Vordergrund geschoben hat. Mit der Freiheit ist zugleich die Dialektik von Freiheit und Selbstverantwortung verbunden, ohne die eine freie kapitalistische Ordnung nicht denkbar ist. Diese Last der Freiheit bewirkt, daß eine freie Wirtschaft sich aus Effizienzgründen nicht quasi aufdrängt, sondern einen moralischen Willen zur Freiheit voraussetzt. Wirtschaftsfreiheit und Eigentum müssen **gewollt** werden.

---

444 vgl.: Mader, J.: Moral, Philosophie und Wissenschaft. Probleme der Ethik in Tradition und Gegenwart, a. a. O. S. 10

445 vgl.: Abschnitt 2.1

446 Schönborn, Ch.: Die katholische Soziallehre und die wirtschaftliche Entwicklung nach 1989, in: UZF (Hrsg.): Wiener Blätter zur Friedensforschung, a. a. O. S. 8

447 vgl., ebd.: Schönborn, Ch.: Die katholische Soziallehre und die wirtschaftliche Entwicklung nach 1989, in: UZF (Hrsg.): Wiener Blätter zur Friedensforschung, a. a. O. S. 5

448 vgl.: Karmasin, M.: Wirtschaftsethik - eine neue ökonomische Disziplin, in: Hrubi, F. R.; Karmasin, M. (Hrsg.): Wirtschaftsethik, a. a. O. S. 158

Der Wert der Freiheit als intrinsischem Gut beinhaltet ein bestimmtes Verhältnis zu anderen Werten. Diese sollen nur als vom Individuum frei affirmierte und nur dann gelten können, wenn ein Nebeneinanderbestehen-Können der individuellen Wertsetzungen gesichert ist. Der Kapitalismus als System der freien Arbeit und des Unternehmertums **eliminiert (...) nicht das Wertproblem, sondern lastet es den Individuen an**. Der ökonomische Individualismus ist daher notwendig mit einem ethischen verbunden. Das Problem des ökonomischen Individualismus lautet: was muß ich tun, um meinen Zweck bei den vorliegenden wirtschaftlichen und sozialen Rahmenbedingungen und unter der Gegebenheit, daß die anderen auch ihre Zwecke verfolgen, effizient zu realisieren? Das ethische Problem lautet: was soll ich wollen? Was sind für mich vernünftige Präferenzen?"[449]
Die Schlüsselrolle, die Unternehmer in der Gesellschaft einnehmen, fordert sie bei der Beachtung normativer Regeln der Ethik in besonders hohem Maße.
Selbst wenn aus rein wirtschaftlicher Sicht betrachtet die Entscheidungen des Unternehmers "...im Bereich seines freibleibenden Entscheidungsspielraumes vor allem nach rationalen Motiven, bezogen auf die unmittelbaren Ziele seines Unternehmens (...), also vor allem nach dem Gewinnprinzip"[450] zu fällen sind, verbleibt für sein Handeln im Rahmen seines Entscheidungsfeldes eine breite Palette von Handlungsmöglichkeiten, im Rahmen derer er wie jeder andere Mensch auch, "...vor seinem Gewissen verantwortlich ist."[451] Die Auswirkungen seiner Entscheidungen gehen jedenfalls - unterschiedlich zu solchen von Nichtunternehmern weit über die persönliche Existenzsicherung hinaus und sind in Summe von existentieller Bedeutung, nicht nur für ihn sondern auch für die Gesellschaft.
Doch auch für die Rahmenbedingungen gilt: Das formale Prinzip der Ökonomie ist die optimale zweckbestimmte Ausnutzung vorhandener Möglichkeiten mit rationalen Mitteln (ökonomisches Prinzip). Materiale Zwecke sind dabei der allgemeine wirtschaftliche und technische Fortschritt sowie die Steigerung der Produktion durch eine Entwicklung aller Ressourcen. Als sittliche Zwecke dieser Ziele gelten eine optimale Bevölkerungsentwicklung sowie ein möglichst hohes Maß an individueller Selbstentfaltung und Selbstbestimmung. Obwohl ökonomische Bedingungen zur Einlösung dieser Zwecke nur materielle Voraussetzungen schaffen können, hängt der Charakter der ökonomischen Systeme von einer grundsätzlichen Entscheidung darüber ab, ob die Realisierung der individuellen Zwecke die der sozialen zur Folge hat oder umgekehrt, oder ob diese Zwecke gegensätzlich sind und eigens politische und rechtliche Kriterien zu ihrem gerechten Ausgleich notwendig machen.[452] Die Kritik an wirtschaftlichem Denken und Handeln ist mannigfaltig:

---

[449] Koslowski, P.: Ethik des Kapitalismus, a. a. O. S. 48f, (Hervorh. HPS)
[450] Klose, A.: Unternehmerethik. Heute gefragt?, a. a. O. S. 14
[451] ebd.: Klose, A.: Unternehmerethik, a. a. O. S. 15
[452] vgl.: Vossenkuhl, W.: Wirtschaftsethik, in: Höffe O. (Hrsg.): Lexikon der Ethik, a. a. O. S. 338

2.2.3 Ethik des Kapitalismus

Auf Grund des Abhandenkommens der nach planwirtschaftlichen Kriterien ausgerichteten Volkswirtschaften des „real existierenden Sozialismus" dominiert heute die Marktwirtschaft den überwiegenden Teil des weltweiten Wirtschaftsgeschehens. Marktwirtschaft beschreibt Koslowski zufolge allerdings lediglich jenen Aspekt des wirtschaftlichen Koordinationsinstrumentes „Markt", der auch in nichtkapitalistischen Gesellschaften wirksam sein kann.[453] Dagegen steht Kapitalismus „für eine ganze Gesellschaftsordnung, die durch Marktwirtschaft, Privateigentum und wirtschaftlichen Individualismus (individuelle Gewinn- und Nutzenmaximierung als Wirtschaftszweck) bestimmt ist. Der Dialog mit den außerwestlichen Kulturen und Gesellschaften über die Frage, ob der Kapitalismus die einzig mögliche Weltwirtschaftsordnung ist oder ob er durch die unterschiedlichen Kulturen der Welt modifiziert wird, wurde zu einer Menschheitsfrage von hoher Priorität."[454]

Kapitalismus stellt jedenfalls als Gesellschaft freier Individuen enorme moralische Anforderungen an jeden einzelnen und moralische Einstellungen, welche die Ökonomie alleine nicht hervorbringen kann. Die Frage nach seiner Moralität muß über den Rahmen einer Individual-Ethik hinausgehen zu einer ganzheitlichen Betrachtung – ist er doch nicht bloß ein wirtschaftliches sondern auch ein soziales Phänomen.[455] Kapitalismuskritischen Stimmen, die zumeist seine ausschließliche Orientierung an Geld, Macht und Eigennutz sehen, ohne die bestehenden Eigentumsverhältnisse in Frage zu stellen und ihn in Ermangelung moralischer Grundwerte als hedonistisch verurteilen, entgegnet Koslowski, daß die Frage nach der Moralität des Kapitalismus falsch gestellt ist. Vielmehr muß diese Frage als sittliche Beurteilung der Gesamtheit der Argumente verstanden werden. „Das Moralische ist nicht ein Aspekt neben anderen, sondern eine Weise, die Perspektiven und Argumente der Wissenschaften zur Kenntnis zu nehmen, sie zu ordnen und zu bewerten und sie für die Praxis wirksam werden zu lassen. Insofern heißt die Frage nach der Moralität des Kapitalismus nicht: ‚Ist Kapitalismus moralisch?, sondern „Ist der Kapitalismus unter den Bedingungen der menschlichen Natur und der Knappheit der Ressourcen eine menschenwürdige und gute Wirtschaftsordnung? (...) Die Moralität des Kapitalismus kann nur aus der Natur der Sache, d. h. der Funktion der Wirtschaft und den Möglichkeiten menschlicher Selbstverwirklichung in ihr, gerechtfertigt werden. Moralität heißt soviel wie Sachgerechtigkeit und kann nicht in dem abstrakten Gegensatz eines moralischen Sollens gegenüber ökonomischen Sachargumenten bestehen. (...) Die moralische Frage steht nicht im Gegensatz zur ökonomischen Theorie, sondern hat diese aufzunehmen und zu fragen, ob in der ökonomischen Theorie alle Aspekte der Wirklichkeit zu ihrem

[453] vgl.: Koslowski, P.: Ethik des Kapitalismus, a. a. O. S. 6
[454] ebd.: Koslowski, P.: Ethik des Kapitalismus, a. a. O. S. 9
[455] vgl., ebd.: Koslowski, P.: Ethik des Kapitalismus, a. a. O. S. 14

Recht kommen. Auf den verständlichen Einwand, daß dieser Anspruch auf Totalität der Perspektiven im Moralischen ein sehr umfassender ist, muß geantwortet werden, daß die Menschen sich die Frage nach der Rechtfertigung ihres Handelns und des Systems in dieser Allgemeinheit und nicht als Frage nach der Rechtfertigung einzelner Aspekte ihrer Existenz stellen. Zum anderen leben wir in der Totalität der sozialen Bedingungen und werden durch diese bestimmt. Wir würden ebensowenig in einer ‚gerechten' Gesellschaft leben wollen, in der es nichts zu kaufen gäbe, wie in einer ‚effizienten, reichen' Gesellschaft, die ihre Mittel für moralisch verwerfliche Zwecke einsetzte. Wissenschaftliche Präzision darf daher in der Frage nach der Moralität des Kapitalismus, nach der Totalität seiner Merkmale, nicht durch Verzicht auf die Gesamtheit möglicher Aspekte erkauft werden. Zugleich ist damit deutlich, daß eine Gesellschaftsordnung niemals abschließend gerechtfertigt sein kann, weil die Zahl und das Gewicht der Gesichtspunkte, nach denen sie beurteilt werden muß, sich in der Zeit ständig ändern."[456]
Auch wenn der Begriff „Kapitalismus" im deutschen Sprachraum in hohem Maße negativ wertbeladen ist, so liegt der neue Zug des Kapitalismus nicht im „Mehr-Haben-Wollen", sondern in der „moralischen Neutralisierung des Gewinnmotivs zu einem respektablen menschlichen Motiv und seine Anerkennung als Grundmotor der Wirtschaft."[457] Die sozialphilosophische Frage ist daher, wieviel moralische und soziale Neutralität des Eigentums, der Gewinnmaximierung und des Preismechanismus gerechtfertigt werden kann – eine Frage die jedoch auf der menschlichen Freiheit und dem Vermögen des Guten und Bösen fußt[458] und schließlich in eine Frage der Gerechtigkeit mündet. Diese beschäftigt Philosophie und Religion von Aristoteles über Hobbes bis in die Gegenwart ohne eine für alle befriedigende Antwort gefunden zu haben. Koslowski sieht sie durch den Konsens der Vertragspartner verwirklicht und definiert: „Jeder Vertrag, der die nichterzwungene Zustimmung aller Vertragsparteien gefunden hat, ist ein gerechter Vertrag. Die Gerechtigkeit liegt nicht in einer Entsprechung von Preis und ontologischem Wert, sondern im Konsens der Parteien, in deren Willenentscheidung, beschlossen. Zustimmung zu einem Vertrag impliziert wechselseitig vorteilhaften Austausch und damit Gerechtigkeit des Vertrages."[459]
Doch selbst wenn man die Gerechtigkeit im Sinne Hobbes wertneutral lediglich auf die vertragliche Gesetzeskonformität reduziert schließt dies Konflikte zwischen konkurrierender Zielen nicht aus. Dann benötigen wir jedenfalls Wertvorzugsregeln. Ethisch ist die Frage, welche Zwecke sich Individuen in einer Gesell-

[456] Koslowski, P.: Ethik des Kapitalismus, a. a. O. S. 14f
[457] ebd.: Koslowski, P.: Ethik des Kapitalismus, a. a. O. S. 17
[458] vgl.: Koslowski, P.: Ethik des Kapitalismus, a. a. O. S. 21
[459] vgl.: Koslowski, P.: Gesellschaft und Staat. Ein unvermeidlicher Dualismus. Stuttgart 1982, S. 166f

schaft setzen, bedeutsamer als die Frage, wie diese Zwecke ökonomisch verwirklicht werden können.[460]
Wir müssen ebenso nach der Vernünftigkeit der Zwecke als auch nach der optimalen Allokation von Ressourcen für diese Zwecke fragen. Beide Fragen sind nicht ineinander überführbar, da die Gesellschaft keineswegs als reine Kattalaxie denkbar ist, wie die Schwierigkeiten eines gesellschaftlichen optimum optimorum paretianischer Art zeigen.[461]
Lassen wir das bereits erwähnte Problem der Ausgangsverteilung beiseite, so ist doch deutlich, daß alle Anpassungen in einem paretianischen System mehr oder weniger strategischer Art waren. „Präferenzen wurden nicht auf ihre Vernünftigkeit befragt oder transformiert, sondern unter der Annahme, daß sie gegeben und unveränderlich seien, lediglich an Umweltveränderungen angepaßt. Das Pareto-Optimum vermag nur ökonomische, nicht aber soziale oder ethische Optimalität zu definieren. Ethisch bleibt die Forderung bestehen, daß Individuen die Güternachfrage, die ihren gegebenen Präferenzen entspricht, nicht nur so varriieren und im Tausch mit anderen abstimmen, daß eine pareto-optimale Situation zustande kommt, sondern daß sie auch ihre Präferenzen ethisch bisweilen unter Berücksichtigung der Präferenzen anderer *transformieren*. Sie sollen nicht nur eine Bewegung auf der Indifferenzkurve vornehmen, sondern diese selbst in ihrer Gestalt verändern."[462]
Die Antwort auf diese Fragen gibt Kant mit dem Kategorischen Imperativ[463] hinsichtlich der Universalisierbarkeit individueller Handlungen. Doch auch der, von vielen Philosophen geschmähte, Utilitarismus stellt in jüngerer Zeit in seiner Ausprägung als Handlungsutilitarismus die Frage: „Was wäre, wenn jeder so handelte?"[464]
Kants Ethik „versucht ein Kriterium anzugeben, nach dem geprüft werden kann, ob (...) individuellen Zwecke mit denen aller anderen zusammenbestehen können. Erfüllen meine Zwecke diese Kriterium, entsteht auf der nächsten Ebene die Frage, wie sie auch real in der Sphäre der Ökonomie mit den Zwecken anderer zusammenbestehen können.
Gegen den formalen Charakter der Kantischen Ethik ist eingewandt worden, daß sie nicht eigentlich eine Antwort auf die Grundfrage der praktischen Philosophie geben kann: ‚Was soll ich tun?' In der Tat dient der kategorische Imperativ mehr als negatives Abgrenzungskriterium denn als Verfahren der Selektion von Zwe-

---

[460] vgl.: Koslowski, P.: Ethik des Kapitalismus, a. a. O. S. 46;
vgl. auch die Kritik Ulrichs in Abschnitt 2.8.1.4

[461] vgl.: Koslowski, P.: Ethik des Kapitalismus, a. a. O. S. 46;
vgl.: auch Abschnitt 1.5.3.1

[462] ebd.: Koslowski, P.: Ethik des Kapitalismus, a. a. O. S. 46f

[463] vgl.: Abschnitt 2.2

[464] vgl.: Höffe, O.: Einleitung, in: Höffe, O. (Hrsg.): Einführung in die utilitaristische Ethik, a. a. O. S. 37

cken. Wir kommen nicht ohne Werte als Vorzugsregeln und Kriterien aus, nach denen wir zwischen Handlungsalternativen auswählen können. Es zeigen sich hier die Grenzen regelgeleiteten methodischen Denkens. Das Gute kann nicht allein als Verallgemeinerung bestimmt, aber auch nicht mit einer einzigen Wertkategorie identifiziert werden. Bei der Auswahl zwischen Handlungsalternativen bleiben wir auf die Totalität der Situation und der Wertkategorien verwiesen und müssen Handlungssituationen als Ganzes bewerten. Es ist eine der **Grundeinsichten des Naturrechts, daß das Gute nicht in einem Prinzip oder Wert ausgedrückt werden kann, sondern unter Berücksichtigung der Totalität der Wirklichkeit als die Verwirklichung der vollkommenen Natur der Sache zu bestimmen ist.** (...) Der Mangel an Operationalisierbarkeit einer solchen Ethik der Wertabwägung nach der Totalität der Aspekte stellt erhebliche Anforderungen an die moralische Phantasie des einzelnen, aber das Sich-Verschließen gegenüber möglichen entscheidungsrelevanten Aspekten einer Sache kann geradezu als der Charakter des Unmoralischen bezeichnet werden. Eine Ethik der Totalität der Perspektiven kompensiert den Mangel an Operationalität durch fehlenden Regeldogmatismus und stärkere Beachtung von Nebenwirkungen.“[465]

Da der Handlungsfreiheit im Kapitalismus breiter Raum eingeräumt ist, besteht unleugbar die Notwendigkeit der Formulierung einer verbindlichen Wirtschaftsethik – einer, über die Individualethik hinausgehenden, Institutionenethik. Der einzelne moralische Unternehmer würde sonst durch jene, die dessen freiwillige Selbstbeschränkung unterlaufen, binnen kurzem vom Markt verdrängt. Eine allgemein gültige Wirtschaftsethik muß „immer die Konvergenz von Moralität und **wohlverstandenem** Eigennutz vertreten“[466], deren moralische Regeln verbindlich internalisiert werden.[467] Es bedarf aber auch deren rechtlicher Satzung, denn nicht zu Unrecht sprechen prominente Autoren der christlichen Soziallehre wie Nell-Breuning davon, daß das Marktsystem der menschlichen Unvernunft und Freiheit zuviel Raum lasse oder der Vernunft der Individuen zu viel zutraue.[468]

Daß der Kapitalismus als Wirtschaftssystem trotz seiner wirtschaftlichen Erfolge insgesamt eine schlechte Reputation hat, ist auf das unverstanden Phänomen der Nicht-Finalisierung der Wirtschaft zurückzuführen. Beinahe jede Gruppe sieht in diesem System ihre eigenen Zwecke nicht hinreichend befördert, weil sich das Marktsystem eben nicht auf ihre Zwecke festlegen läßt. Es kann nicht bestritten werden, daß der Kapitalismus eine bestimmte Gruppe verteilungsmäßig begünstigt, nämlich diejenige, die seinen Systembedingungen und –erwartungen am besten entspricht: die Gruppe der erfolgreichen Unternehmer, aber daß er andererseits denselben Typus auch ebenso stark bestraft, wenn er den Systemerwartungen

[465] Koslowski, P.: Ethik des Kapitalismus, a. a. O. S. 50f; (Hervorh. HPS)
[466] ebd.: Koslowski, P.: Ethik des Kapitalismus, a. a. O. S. 53; (Hervorh. HPS)
[467] vgl., ebd.: Koslowski, P.: Ethik des Kapitalismus, a. a. O. S. 54f
[468] vgl.: Nell-Breuning, O.v.: Kapitalismus kritisch betrachtet. Freiburg 1974, S. 120

nicht entspricht: den erfolglosen Unternehmer[469]: „Jedes nur denkbare System begünstigt immer denjenigen Typus, der seiner Systemdefinition am meisten entspricht: Planwirtschaften den Planer, theokratische Gesellschaften den Priester und kriegerische Gesellschaften das Militär. Der Kapitalismus kann hier auf den Vorteil verweisen, daß das Erfüllen von System- und Rollenerwartungen und die wirtschaftliche und soziale Belohnung der Wirtschaftselite in besonders effizienter Weise mit den Interessen und Bedürfnissen der Bevölkerung, mit der Nachfrage der Konsumenten, verbunden sind.“[470]

2.2.3.1 Kritik des Kapitalismus

Eine rein kapitalistische Gesellschaft, die allein auf Privateigentum, Gewinnmaximierung und Koordination durch Markt- und Preissystem gegründet wäre, ist noch nicht Wirklichkeit gewesen. Der Kapitalismus als Gesellschaftsmodell trägt utopische, kontrafaktische Züge, ist selbst eine soziale Utopie.[471] Sein utopischer Charakter wird immer dann sichtbar, wenn seine Vertreter ihn gegen Einwände von Gegnern mit dem Unvollständigkeitsargument immunisieren wollen, d. h. mit dem Hinweis verteidigen, daß er noch nie in reiner Form verwirklicht worden sei und seine Mängel immer auf modellexogene Einflüsse zurückzuführen seien. Von einem ethischen Standpunkt aus ist ein solches Verfahren nicht zu rechtfertigen. Eine Sozialtheorie muß sich in die Realität vermitteln und ihren historischen Ort und ihre historischen Verwirklichungsbedingungen mitbedenken. Der Kapitalismus kann folglich als Sozialtheorie, als eine Theorie der Gesellschaft nicht genügen, weil er im wesentlichen eine ökonomische Theorie von Produktion, Austausch und Koordination ist.[472] „Als ökonomische Theorie läßt er wesentliche Aspekte sozialen Handelns und politischer Integration unbeachtet.“[473]

„Die Gesamtheit der sozialen Ordnung darf nicht allein als Markt begriffen werden. Die Begründung einer kapitalistischen Wirtschaftsordnung beruht vielmehr auf ihrer Fähigkeit, viele Zwecke und individuelle Zielverfolgung so zu vermitteln, daß moralische und ökonomische Freiheit ohne den Krieg aller gegen alle möglich ist. Bezüglich dessen, was jeder einzelne wünscht, daß es für ihn und für die Gesellschaft verwirklicht werde, erreicht der Markt immer nur einen Kompromiß zwischen dem, was der einzelne für wünschenswert hält, und dem, was alle anderen für wichtig halten. Aber ein Kompromiß ist auch das einzige, was man erreichen kann, wenn man individuelle Zielverfolgung zuläßt. Der Wettbewerb am Markt ist ein rechtlich geregelter und begrenzter Wettkampf, ist, um ein

---

469 vgl.: Koslowski, P.: Ethik des Kapitalismus, a. a. O. S. 64f
470 ebd.: Koslowski, P.: Ethik des Kapitalismus, a. a. O. S. 65
471 vgl.: Koslowski, P.: Ethik des Kapitalismus, a. a. O. S. 67;
vgl. auch: Bader, E.: Christliche Sozialreform, a. a. O. S. 138f
472 vgl.: Koslowski, P.: Ethik des Kapitalismus, a. a. O. S. 67
473 ebd.: Koslowski, P.: Ethik des Kapitalismus, a. a. O. S. 67f

riskantes Paradox zu gebrauchen, eine Art des institutionalisierten, friedlichen Bürgerkriegs.“[474]
Das philosophische Manko in der Theorie des Kapitalismus ortet Koslowski vor allem in der Annahme bestehender Präferenzen und an den Grenzen des Koordinationsprinzips „Markt“.[475] Durch die Überbewertung von Freiheit und Effizienz vernachlässigt der Kapitalismus das Problem der Güterabwägung und die Vermittlung sozialer Präferenzen, insbesondere aber die Frage hinsichtlich der Präferenzbildung, die zumeist nach dem Mechanismus-Modell von Wahlhandlungen erfolgt. Doch gerade der Präferenzbildung kommt mit zunehmendem sozialen Reichtum und materieller Sättigung wachsende Bedeutung zu, denn keineswegs ist Handlungsfreiheit und Selbstverwirklichung auf Konsumfreiheit beschränkt.[476] Es geht ebenso um schöpferische Produktions- und Handlungsfreiheit. Die Koordination der Individuen im Kapitalismus muß in einem sozialen Rahmen stattfinden, der durch die Bedingungen dieser Koordination – Privateigentum, Gewinn- und Nutzenmaximierung und Marktsystem – nicht hinreichend bestimmt, sondern eben vorausgesetzt wird.[477] „Der Kapitalismus als Sozialtheorie ist *material unterbestimmt* und unvollständig. Er muß ergänzt werden durch eine umfassende sozialphilosophische Theorie über eben den Rahmen, in dem er seine Vorzüge als Koordinationsverfahren wirksam werden lassen kann: durch eine Theorie der sozialen Genese und normativen Rechtfertigung der Präferenzbildung (Sozialpsychologie und Ethik), durch eine Theorie der sozialen Institutionen, aus denen dieser Rahmen besteht (Familie, Firmen, intermediäre Korporationen, Kirche, Staat) und durch eine Theorie der politischen Korrektur von ‚Kapitalismus-Versagen' (Marktversagen, Grenzen des Subjektivismus und Berücksichtigung substantieller Lebensinteressen).
Die Notwendigkeit eines solchen Rahmens wird sichtbar in der eigentümlichen Dialektik [der] unserer drei Strukturmerkmale des Kapitalismus. In allen drei Merkmalen ist ein Umschlagen der Quantität in Qualität, der Form in einen Inhalt beobachtbar: Unbeschränkte Anhäufung von Privateigentum führt ab einer gewissen Marktbeherrschung zu einem qualitativen Sprung, zu einem Machtproblem. Unbeschränktes Gewinn- und Nutzenstreben führt zu einem Umschlagen in Geiz, Habgier und den Verlust des Reichtums menschlicher Handlungszwecke. Die Koordination von Produktion und sozialer Statuszuweisung *allein* durch Markterfolg, d. h. erfolgreiche Antizipation der nachfragewirksamen Zahlungsbereitschaft, führt zu einem überzogenen Subjektivismus in der Lenkung der Produktion und Zuweisung von Lebenschancen und zur Vernachlässigung substantieller Lebenszwecke.

---

[474] ebd.: Koslowski, P.: Ethik des Kapitalismus, a. a. O. S. 66
[475] vgl.: Koslowski, P.: Ethik des Kapitalismus, a. a. O. S. 68
[476] vgl., ebd.: Koslowski, P.: Ethik des Kapitalismus, a. a. O. S. 68ff
[477] vgl., ebd.: Koslowski, P.: Ethik des Kapitalismus, a. a. O. S. 70

Die *Form* der Koordination durch Eigentum, Gewinnmaximierung und Markt kann nicht der *Inhalt* unserer sozialen Ordnung und unseres individuellen Handelns allein sein, wie ebensowenig auf diese Form verzichtet werden kann, wenn Freiheit und Effizienz in der Wirtschaft gesichert sein sollen. Die Kapitalismus-Theorie bedarf einer Ergänzung durch die Sozialphilosophie und einer Erinnerung daran, daß *vernünftige Präferenzen* in die Koordination eingehen müssen."[478]

2.2.4 Utilitarismus

Während er in der englischsprachigen Welt nach Jeremy Bentham und John Stuart Mill seit dem 19. Jh. nach und nach zu einer der wichtigsten moralphilosophischen Positionen aufrückte, hat der Ausdruck „Utilitarismus" – vorwiegend in Kontinentaleuropa – einen negativen Beigeschmack. Dies trotz seiner Mitverantwortlichkeit für die Entwicklung der Wohlfahrtsökonomie[479] und zahlreicher sozialer und politischer Reformen. Im Laufe seiner Entwicklung hat sich der Utilitarismus in eine beinahe verwirrende Zahl von Positionen und Unterpositionen ausdifferenziert und ist längst nicht mehr eine einzige, in sich homogene Theorie[480]. Ein Kern, der den wichtigsten Varianten gemeinsam ist, läßt sich dabei herausdestillieren: „Als erstes zählt die Grundfrage: »Was ist moralisch verbindlich, und wie kann man es rational begründen?«"[481] Der Utilitarismus stellt ein Kriterium auf „nach dem sich Entscheidungen, Handlungen, Normen und Institutionen als moralisch richtig oder falsch sollen beurteilen lassen. Er ist eine moralphilosophische Analyse erster Ordnung: eine normative Ethik im Sinne einer Theorie der Ziele und Prinzipien moralisch richtigen Handelns. Den Ausgangspunkt bildet die wohlvertraute Situation, daß wir verschiedene Handlungsmöglichkeiten sehen, nicht wissen, welche wir ergreifen sollen, und dann ein Kriterium suchen, nach dem wir die rechte Wahl treffen können; der Utilitarismus rekonstruiert die moralisch richtige Handlung als Resultat einer rationalen Wahl zwischen alternativen Möglichkeiten. Dabei besteht sein Kriterium der Rationalität aus vier Elementen oder Teilkriterien bzw. Teilprinzipien:"[482]

1. Im Unterschied zur deontologischen Ethik sollen Handlungen bzw. Handlungsregeln (Normen) nicht für sich selbst oder aus ihren Eigenschaften heraus als richtig oder falsch beurteilt werden; ihre Richtigkeit bestimmt sich vielmehr von den Folgen her.

---

478 Koslowski, P.: Ethik des Kapitalismus, a. a. O. S. 71

479 vgl.: Bohnen, A.: Die utilitaristische Ethik als Grundlage der modernen Wohlfahrtsökonomie. Göttingen 1964

480 vgl.: Höffe, O.: Einleitung, in: Höffe, O. (Hrsg.): Einführung in die utilitaristische Ethik, a. a. O. S. 9

481 vgl., ebd.: Höffe, O.: Einleitung, in: Höffe, O. (Hrsg.): Einführung in die utilitaristische Ethik, a. a. O. S. 9

482 ebd.: Höffe, O.: Einleitung, in: Höffe, O. (Hrsg.): Einführung in die utilitaristische Ethik, a. a. O. S. 10

2. Gemessen werden die Folgen an ihrem Nutzen.
3. Entscheidend ist aber nicht der Nutzen für beliebige Ziele, Werte oder Zwecke, sondern der **Nutzen für das, was in sich gut ist**. Zwar kann die Begründung des in sich Guten eigenen philosophischen Überlegungen, denen einer ethischen Werttheorie, überlassen bleiben. So kann man als höchsten Wert etwa Vitalität, soziale Anerkennung, Schönheit, Erkenntnis oder eine Verbindung dieser und anderer Sinnbestimmungen auffassen; und diese Verschiedenheit benennt den Grund, warum der Utilitarismus sich in eine große Theoriefamilie verzweigt. Sofern man jedoch Bentham und Mill als den klassischen Vertretern folgt, enthält der Utilitarismus selbst eine werttheoretische Position. Als höchster Wert gilt die Erfüllung der menschlichen Bedürfnisse und Interessen: das menschliche Glück; Ziel ist die maximale Bedürfnis- und Interessenbefriedigung bzw. die minimale Frustration. Deshalb gilt das als sittlich geboten, was am meisten Lust bereitet (»positiver Utilitarismus«) oder aber Unlust vermeidet (»negativer Utilitarismus«). Kriterium der Beurteilung der Folgen einer Handlung ist ihr Gratifikationswert: das Maß an Lust, das die Handlung hervorruft, vermindert um das mit ihr verbundene Maß an Unlust.[483]
4. „Es kommt nicht auf den Gratifikationswert für den Handelnden allein an; das würde nur einen rationalen Egoismus begründen, dem der Utilitarismus deutlich widerspricht. Ausschlaggebend ist auch nicht das Wohlergehen bestimmter Gruppen, Klassen oder Schichten, sondern **das aller von der Handlung Betroffenen**."[484]

„Die vier Teilkriterien: Das Folgen- (Konsequenzen-) und das Nutzen- (Utilitäts)Prinzip, das hedonistische und das universalistische Prinzip lassen sich in das eine utilitaristische Prinzip, das Prinzip der Nützlichkeit, zusammenfassen: »Diejenige Handlung bzw. Handlungsregel ist moralisch richtig, deren Folgen für das Wohlergehen aller Betroffenen optimal sind«; oder als utilitaristische Maxime formuliert: »Handle so, daß die Folgen deiner Handlung bzw. Handlungsregel für das Wohlergehen aller Betroffenen optimal sind.«"[485]

Der vielfach negativen Beurteilung des Utilitarismus stellt James O. Urmson eine revidierte Mill-Interpretation gegenüber und präzisiert dessen Aussagen:

A. „Eine einzelne Handlung ist als richtig gerechtfertigt, wenn man zeigen kann, daß sie mit einer moralischen Regel übereinstimmt. Sie erweist sich als falsch, wenn man zeigen kann, daß sie eine moralische Regel verletzt.

[483] vgl.: Höffe, O.: Einleitung, in: Höffe, O. (Hrsg.): Einführung in die utilitaristische Ethik, a. a. O. S. 10f

[484] ebd.: Höffe, O.: Einleitung, in: Höffe, O. (Hrsg.): Einführung in die utilitaristische Ethik, a. a. O. S. 11; (Hervorh. HPS)

[485] ebd.: Höffe, O.: Einleitung, in: Höffe, O. (Hrsg.): Einführung in die utilitaristische Ethik, a. a. O. S. 11

B. Eine moralische Regel erweist sich als korrekt, wenn man zeigen kann, daß die Anerkennung dieser Regel das letzte Ziel befördert.
C. Moralische Regeln können nur im Hinblick auf Angelegenheiten gerechtfertigt werden, in denen das allgemeine Wohlergehen mehr als geringfügig betroffen ist.
D. Dort, wo keine moralische Regel anwendbar ist, stellt sich die Frage der Richtigkeit oder Falschheit bestimmter Handlungen nicht, doch kann der Wert der Handlungen auf andere Weise beurteilt werden.“[486]

Es war niemand geringerer als Mill selbst, der die menschliche Charakterschwäche erkannte und feststellte, daß die Menschen die Neigung haben, sich bei der Wahl zwischen sinnlichen und geistigen Freuden für das nähere Gut zu entscheiden, obgleich sie wissen, daß es geringeren Wert hat.[487] Menschliches Glück ist zudem nur eines der Zwecke des Handelns. Vielmehr streben sie z.B. auch nach Tugend und dem Freisein von Lastern ebenso aufrichtig wie nach Lust und dem Freisein von Schmerz.[488]
Hedonistischem Handeln aus Eigennutz tritt Mill sogar entschieden entgegen: „... bestreitet der Utilitarismus etwa, daß die Menschen nach Tugend streben oder behauptet er etwa, daß Tugend nicht erstrebenswert sei? Im Gegenteil. Er behauptet nicht nur, daß Tugend erstrebenswert ist, sondern daß sie uneigennützig, um ihrer selbst willen erstrebt werden sollte.“[489]

2.2.4.1 Kritik des Utilitarismus

Die Kritik am Utilitarismus verstummt dennoch auch in der Gegenwart nicht. Johannes Paul II moniert, daß „es in den Industrieländern bisweilen eine geradezu besessene Propaganda für die rein utilitaristischen Werte, verbunden mit der Enthemmung der Triebe und einen Drang zum unmittelbaren Genuß [gibt], die ein Erkennen und Anerkennen einer Werthierarchie im Leben geradezu unmöglich macht.“[490] Der Philosoph H. D. Klein bezeichnet Utilitarismus schlichtweg als „perverse Ethik“[491]. Und tatsächlich fordert eine konsequentialistische (teleologische) Ethik, die ohne deontologische Begründungsbasis auszukommen versucht, indem sie die Qualität einer Handlungsweise oder einer Handlungsregel allein von

486 Urmson, J. O.: Zur Interpretation der Moralphilosophie von John Stuart Mill. Org.: The Interpretation of the Moral Philosophy of J. S. Mill, in: The Philosophical Quarterly 3 (1953), S. 33 – 39; übersetzt von A. Pieper
487 vgl.: Mill, J. S.: Utilitarismus, in: Höffe, O. (Hrsg.): Einführung in die utilitaristische Ethik, a. a. O. S. 89
488 vgl., ebd.: Mill, J. S.: Utilitarismus, in: Höffe, O. (Hrsg.): Einführung in die utilitaristische Ethik, a. a. O. S. 93
489 ebd.: Mill, J. S.: Utilitarismus, in: Höffe, O. (Hrsg.): Einführung in die utilitaristische Ethik, a. a. O. S. 93
490 Johannes Paul II: Enzyklika Centesimus Annus“, a. a. O. III, 29b
491 Klein, H. D.: Geschichtsphilosophie, a. a. O. S. 36

ihren Folgen her beurteilt, Mißverständnisse heraus. Nach Ansicht seiner Kritiker vernachläßigt die pragmatische Orientierung der Utilitaristen an der Maximierung des Eigennutzes bzw. des Gemeinwohls eine allgemeine moralische Maxime und letztlich das Moralprinzip selbst.[492] Aber nicht lediglich philosophische sondern auch pragmatische Überlegungen führen Kritiker ins Treffen: Mangels entsprechender hinreichender Daten[493] ist die Nutzenkalkulation der „Betroffenen" nicht rechenbar. Selbst der Begriff der „Betroffenen" ist vage. Direkt oder indirekt Betroffene, diese oder die nächste Generation?[494]

Die Kritik Höffes richtet sich vor allem dagegen, daß der Anspruch des zeitgenössischen Utilitarismus, unsere gewöhnlichen Moralvorstellungen rational und kohärent zu rekonstruieren, nicht vereinbar mit unseren Gerechtigkeitsvorstellungen ist. „Insbesondere gibt es Prinzipien der distributiven Gerechtigkeit, Prinzipien der Verteilung von öffentlichen Gütern, von Rechten und Pflichten, von Vor- und Nachteilen gemeinsamer Handlungen, die uns als moralisch richtig einleuchten und die zugleich mit dem Prinzip der Nützlichkeit in Konflikt stehen. Wenn von zwei möglichen Handlungen, die den gleichen kollektiven Gesamtnutzen hervorbringen, die eine den Nutzen auf eine kleine Zahl von Personen, die andere ihn auf viele oder alle verteilt, so sind utilitaristisch gesehen beide Handlungen gleichwertig. Nach unseren Gerechtigkeitsüberzeugungen würden wir dagegen die eine als ungerecht verurteilen und nur die andere als gerecht hervorheben."[495]

Die Kritik aus philosophischer Sicht formuliert Höffe zusammenfassend:

„Der Utilitarismus greift nicht alle Probleme auf, die in den Umkreis einer philosophisch zureichenden Ethik gehören; vor allem metaethische Untersuchungen und transzendentale Begründungsversuche sprengen den utilitaristischen Grundsatz; so erweist er sich schon thematisch und methodisch gesehen als unvollständig."[496]

Doch trotz kritischer Argumente verteidigt Höffe den Utilitarismus mit Einschränkungen:

„Der Utilitarismus ist Moralphilosophie nur im Sinne einer normativen Ethik, die zudem moralische Verbindlichkeiten nicht auch vom Gesichtspunkt der eigenen Vollkommenheit her rechtfertigt, sondern sich allein auf den sozialen Aspekt konzentriert; er ist genauer eine normative Ethik im Sinne einer Sozialpragmatik. Selbst als Sozialpragmatik betrachtet, kann er aber nicht voll überzeugen. Weder ist Benthams Versuch gelungen, das Prinzip der Nützlichkeit mit Hilfe eines he-

---

492 vgl.: Ulrich, P.: Integrative Wirtschaftsethik, a. a. O. S. 74f

493 vgl.: Abschnitt 2.1

494 vgl.: Höffe, O.: Einleitung, in: Höffe, O. (Hrsg.): Einführung in die utilitaristische Ethik, a. a. O. S. 42

495 ebd.: Höffe, O.: Einleitung, in: Höffe, O. (Hrsg.): Einführung in die utilitaristische Ethik, a. a. O. S. 44f

496 ebd.: Höffe, O.: Einleitung, in: Höffe, O. (Hrsg.): Einführung in die utilitaristische Ethik, a. a. O. S. 49

donistischen Kalküls rational verfügbar zu machen, noch führt die immanente Verbesserung des Utilitarismus zum Regelutilitarismus zu einem Moralprinzip, das alle relevanten moralischen Pflichten legitimiert. Durch solche Einschränkungen wird die grundsätzliche Intention des Utilitarismus aber nicht diskreditiert: die Verpflichtung der Normen und Ziele menschlichen Handelns auf das Wohlergehen der Betroffenen; gerechtfertigt ist kein globales Verwerfen, wohl eine tiefgreifende Modifikation. Nennen wir das Resultat einen **kritischen Utilitarismus**; im Verhältnis zur klassischen und zeitgenössischen Diskussion müßte er sich durch mindestens drei Veränderungen auszeichnen:

1. Das im Nützlichkeitsprinzip gebotene allgemeine Wohlergehen ist ein regulatives, nicht ein operatives Ziel; das heißt, es ist ein normatives Leitziel, an dem sich menschliches Handeln ausrichten soll, ohne daß das Ziel schon aus sich heraus zu sagen vermag, welche Handlungen für den jeweiligen Lebensbereich und seine wechselnden Umstände genau folgen. Auch die Übersetzung des utilitaristischen Prinzips in einen hedonistischen Kalkül schafft kein zufriedenstellendes, präzises Verfahren. Der Versuch, das allgemeine Wohlergehen ausschließlich oder primär durch eine quantitativ exakte Kalkulation des individuellen wie des kollektiven Nutzens zu bestimmen, mißlingt, und zwar aus grundsätzlichen Überlegungen. Ohne Prozesse der Selbstbesinnung und der Selbstklärung, ohne eine Kritik aus Eigeninteresse wie aus sozialem Engagement stößt man nur auf die vermeintlichen statt auf die wohlverstandenen, auf die naturwüchsig vorhandenen statt auf die sozial akzeptablen Interessen. Wenn man aber jene zur Grundlage der Kalkulation macht, so wird das verfehlt, worum es eigentlich gehen sollte, das persönliche und das kollektive Wohlergehen.
2. Durch ein Handeln, das den moralischen Verbindlichkeiten genügt, wird nicht das allgemeine Wohlergehen selbst befördert; es werden allenfalls die limitierenden Bedingungen und Voraussetzungen geschaffen, die die Chance zu einem glücklichen Leben bieten. Das allgemeine Wohlergehen ist in indirekter, nicht in direkter Intention das sinnvolle Ziel moralischen Handelns.
3. Auch in indirekter Intention bezeichnet das allgemeine Wohlergehen nicht das schlechthin adäquate Moralprinzip. Die eigene Vollkommenheit kann ebenfalls ein Kriterium tatsächlicher moralischer Verbindlichkeiten sein, und unter rein sozialen Gesichtspunkten ist es vor allem, worauf das Prinzip Fairneß verweist: die Idee der Gerechtigkeit. Angemessener ist es deshalb, von einem umfassenderen normativen Leitprinzip auszugehen, das die Prinzipien der Nützlichkeit, der eigenen Vollkommenheit und der Gerechtigkeit integrieren kann, beispielsweise von der Idee der Humanität. Von einem solchen umfassenderen Prinzip aus würden die partielle Gültigkeit und auch die Grenzen der anderen Prinzipien verständlich.

Eine Sozialpragmatik, die sich diesen drei Elementen verpflichtet weiß und das allgemeine Glück als regulatives, nicht operatives, als indirektes, nicht als direktes Kriterium betrachtet und eine Idee der Humanität als Forum der Kritik anerkennt, würde die Überzeugungskraft des Utilitarismus verstärken.“[497]

Keinesfalls kann jedoch übersehen werden, daß der Utilitarismus niemals tradierte bzw. auch deontologisch begründete Maximen oder Grundsätze – soll er dem Anspruch einer **Verantwortungsethik** gerecht werden – ausblenden kann. Diese setzt nämlich die deontische Fundierung bereits voraus: „Eine »gesinnungslose Verantwortungsethik« lässt sich nicht vernünftig denken und macht praktisch keinen Sinn.“[498] Entwürfe des guten Lebens sind stets Teil eines umfassenden Ethos; sie setzen insbesondere in der Tugenddimension eine Moralkonzeption bereits voraus,[499] die für Gläubige mit der Offenbarung, für Ungläubige z.B. mit Kants kategorischem Imperativ vorgegeben sind.

2.2.5 Zur Ehrenrettung der Wirtschaftswissenschaften

darf nicht unerwähnt bleiben, daß Kritiker ihre Kritik zumeist mit dem Mangel dieser vorauszusetzenden Tugenddimension und der mangelnden Moralkonzeption, begründen. Jedoch: Adam Smith, Bentham, Mill, u. a. waren für ihre Zeit durchwegs Vorreiter für soziale Reformen und in Fragen der Armengesetzgebung. Konnten sie auf Grund der weitestgehenden Einheit von Religion und Philosophie zu jener Zeit nicht davon ausgehen, daß christliche Ethik derart im Gewissen der Zeitgenossen internalisiert war, daß sie keiner weiteren Interpretation bedurfte? Sind ihre Theorien nicht als pragmatisches Korrektiv der wahrgenommenen offensichtlichen Fehlentwicklungen des Frühkapitalismus zu verstehen? Gerade Adam Smith, selbst Moralphilosoph und Theologe, wird häufig auf sein Hauptwerk, „The wealth of Nations“[500], reduziert, während seine „Theorie der ethischen Gefühle“[501] zumeist mißachtet wird. Dort betont er jedoch unmißverständlich die Bedeutung von Vernunft und Gewissen: „Es ist Vernunft, Grundsatz und Gewissen (...) der große Richter und Schiedsherr über unser Verhalten.“[502]
Zudem hat Smith noch vor Kants „räsonierender Öffentlichkeit“ das universalistische Moralprinzip erkannt, indem er den universalistischen Standpunkt der Moral als den imaginären Standpunkt eines unbeteiligten und unparteiischen Zuschauers veranschaulicht: „Wir bemühen uns, unser Verhalten so zu prüfen, wie es unser

---

[497] Höffe, O.: Einleitung, in: Höffe, O. (Hrsg.): Einführung in die utilitaristische Ethik, a. a. O. S. 49ff

[498] Ulrich, P.: Integrative Wirtschaftsethik, a. a. O. S. 73

[499] vgl., ebd.: Ulrich, P. Integrative Wirtschaftsethik, a. a. O. S. 72

[500] vgl.: Abschnitt 2.4

[501] vgl.: Smith, A.: Theorie der ethischen Gefühle. Eckstein, W. (Hrsg.). Hamburg 1985; Titel der Originalausgabe: The Theory of Moral Sentiments. London 1759

[502] ebd.: Smith, A.: Theorie der ethischen Gefühle, a. a. O. S. 203

Ansicht nach irgend ein anderer gerechter und unparteiischer Zuschauer prüfen würde."[503] Unter dem Begriff „Sympathie"[504] den Smith als Grundlage unserer moralischen Urteilskraft sieht, versteht er „generelles zwischenmenschliches Einfühlungsvermögen"[505] und fordert vom Akteur „... so zu handeln, daß der unparteiische Zuschauer den Maximen seines Verhaltens zustimmen könnte ..."[506]. Der sympathisierende Rollentausch mit anderen Menschen, also „das Vermögen der kritischen Selbstreflexion"[507] verschafft uns die prinzipielle Möglichkeit der moralischen „Selbstbeherrschung"[508]. Die systematische Grenze der smithschen „Theorie der ethischen Gefühle" als Ethik liegt darin, daß sie davon ausgeht, daß die Natur des Menschen als Gottes Schöpfung fraglos gut und sein moralisches Bewußtsein folglich richtig ist.[509]

2.2.6 Regelutilitarismus

In der langjährigen Utilitarismus-Diskussion hat sich in jüngster Zeit als Regulativ der Begriff „Regelutilitarismus" etabliert. Dessen bekanntester Vertreter, Marcus G. Singer versucht, unmittelbar die Folgen regelmäßigen Handelns nach bestimmten Maximen zum Kriterium des Universalisierungsprinzips zu erheben.
Die negative Formulierung Singers lautet: „Die Folgen davon, daß jeder in einer bestimmten Weise handelt, dürfen nicht derart sein, daß sie nicht wünschenswert wären."[510] „Der *Regelutilitarismus* bezieht dieses Kriterium im Unterschied zum älteren Handlungsutilitarismus nicht mehr unmittelbar auf jede einzelne Handlung, sondern auf Handlungsregeln für bestimmte Situationstypen. Eine Regel selbst wird zwar teleologisch (d. h. von ihrem Nutzen für das Gemeinwohl her, notabene unter Ausblendung aller Gerechtigkeitsfragen) begründet, jedoch deontologisch die Pflicht zur Einhaltung der so begründeten Regel (in jedem Fall!) gefordert."[511] Das deontologische Moment, das im regelutilitaristischen Verallgemeinerungskriterium stillschweigend vorausgesetzt wird, ist die Idee der Gleichberechtigung und der fairen Kooperation aller Beteiligten bei der kollektiven Aufrechterhaltung der regulären Praxis.[512]

Es kommt dabei auf die prinzipielle Anerkennung der Grundnorm an, wonach es nicht legitim sein kann, wenn Einzelne sich als free rider (Trittbrettfahrer) verhal-

[503] Smith, A.: Theorie der ethischen Gefühle, a. a. O. S. 167
[504] vgl., ebd.: Smith, A.: Theorie der ethischen Gefühle, a. a. O. S. 3ff
[505] Ulrich, P.: Integrative Wirtschaftsethik, a. a. O. S. 63
[506] Smith, A.: Theorie der ethischen Gefühle, a. a. O. S. 123
[507] Ulrich, P.: Integrative Wirtschaftsethik, a. a. O. S. 64
[508] ebd.: Ulrich, P.: Integrative Wirtschaftsethik, a. a. O. S. 64f
[509] ebd.: Ulrich, P.: Integrative Wirtschaftsethik, a. a. O. S. 66
[510] Singer, M. G.: Verallgemeinerung in der Ethik. Zur Logik moralischen Argumentieren. Frankfurt am Main 1975, S. 30
[511] Ulrich, P.: Integrative Wirtschaftsethik, a. a. O. S. 75
[512] vgl.: Wimmer, R.: Universalisierung in der Ethik. Frankfurt am Main 1980, S. 318f

ten und davon profitieren, daß die anderen nicht so handeln, durch alle an. Insofern geht es beim regelutilitaristischen Verallgemeinerungskriterium um eine „allgemeine Praxis des Unterlassens“[513] nicht verallgemeinerungsfähiger Handlungsweisen aus Gründen der Gerechtigkeit. Dann aber ist sicherzustellen, daß Regeln – vor allen Aspekten der kollektiven Funktionalität – tatsächlich allen Beteiligten gerecht werden.[514]

Das regelutilitaristische Verallgemeinerungskriterium setzt implizit immer schon den übergeordneten Orientierungshorizont eines geklärten Moralprinzips voraus.

2.3 Der Stufenbau der Wirtschaft

Zum besseren Verständnis dafür, wie ausdifferenziert Handeln in der Wirtschaft erforderlich ist kann ein Überblick über den "Stufenbau der Wirtschaft" beitragen, denn wie bereits O. Spann zu Beginn des 20. Jh. ausführte, spielt sich das wirtschaftliche Geschehen auf unterschiedlichen Ebenen ab.[515]

Dieses, für seine Zeit bahnbrechende Erkennen[516] der interdependenten Verflechtung der wirtschaftlichen Zusammenhänge stellt sich heute noch wesentlich differenzierter als dereinst wie folgt dar:

---

[513] Wimmer, R.: Universalisierung in der Ethik, a. a. O. S. 302

[514] vgl.: Ulrich, P.: Integrative Wirtschaftsethik, a. a. O. S. 77

[515] Spann unterscheidet folgende Ebenen für den Stufenbau der Wirtschaft:
Weltwirtschaft
Großraumwirtschaft
Volkswirtschaft
Unterganzheiten der Volkswirtschaft - Wirtschaftsverbände
Betrieb (Unternehmen)
Betriebsglied
Haushalt
Haushaltsglied
vgl.: Spann, O.: Fundament der Volkswirtschaftlehre. Jena 1929, S. 25,
vgl.: Spann, O.: Die Haupttheorien der Volkswirtschaftslehre auf lehrgeschichtlicher Grundlage, a. a. O. S. 221;
vgl.: auch Heinrich, W.: Wirtschaftspolitik. 2. Band, 2. Hälfte, 2. neubearb. Auflage, Berlin 1969, S. 101ff

[516] "Bahnbrechend" deshalb, weil zu jener Zeit ca. 1/3 der Welt britisch und 1/4 französisch war und wirtschaftliche Aktivitäten in nur geringem Maße über den eigenen Einflußbereich hinaus stattfanden. Die wirtschaftlichen Beziehungen mit den Kolonien spielten sich somit innerhalb der eigenen Volkswirtschaft ab.

Macro- Bereich:	- Weltwirtschaft - "Global Players" - wie TNC's aber auch NGO's
Meso-Bereich:	- Großraumwirtschaft a) als Institutionen: EU, NAFTA, ASEAN, etc. aber auch Regionen wie in der gegenwärtigen EU-Diskussion b) betriebswirtschaftlich: multinationale bzw. internationale Konzerne - Volkswirtschaft - Unterganzheiten der Volkswirtschaften (Wirtschaftsverbände, Gewerkschaften, etc.) - Betrieb (Unternehmen) auf lokaler Ebene a) Großbetriebe
Micro-Bereich	b) Klein- und Mittelbetriebe - Betriebsglied - Haushalt - Haushaltsglied

Es wird bei Betrachtung des Stufenbaus unmittelbar erkennbar, daß die internalisierten moralischen Werte an Wirkungsgrad verlieren, je höher die betrachtete Wirtschaftsstufe liegt. Was für den Einzelnen als moralisch gilt, ist sogar oft bereits innerhalb eines Haushaltes strittig; man denke bloß an die verschiedenen Werthaltungen mehrerer Generationen innerhalb einer Familie.

So kann hinsichtlich der möglichen Implementation und der Reflexion ethischer Werte bei der Betrachtung des Stufenbaus - und das mangels exakt bestimmbarer Grenzen - lediglich oberflächlich - zwischen einem Micro-, einem Meso- und einem Macrobereich unterschieden werden , in welchem zusätzlich verschiedene Subsysteme, des/der Gesellschaftssystems/e, deren wirkungsmächtigste Politik und Wirtschaft sind, konkurrieren.

Im Micro-Bereich kann davon ausgegangen werden, daß der Sozialisationsprozeß der Betroffenen über weite Bereiche (Erziehung, Schule, Religion, usw.) wenigstens teilweise - ähnlich und in überschaubaren Gebilden verlaufen ist und demgemäß vielfach in face-to-face-Beziehungen relativ ähnliche Werthaltungen erlernt wurden und somit - wenn auch oft in weiterer Folge unterschiedliche Positionen bezogen werden - zumindest bekannt sind.

"Die moralisch urteilenden Subjekte können normalerweise ihrer Einsicht gemäß erst handeln, wenn sie in sittlichen Lebenszusammenhängen zu moralisch handlungsfähigen Subjekten herangebildet worden sind. Die Sittlichkeit einer Lebensform bewährt sich also in Bildungsprozessen und in Verhältnissen, die dem Ein-

zelnen seine konkreten Pflichten bewußt machen und ihn zugleich motivieren, danach zu handeln."[517]
Auch im Mesobereich birgt die noch relative Nähe der involvierten Entscheidungsträger trotz zumeist unterschiedlicher Weltanschauungen die Chance einer konsensualen, auch in Hinblick auf ethische Motive vertretbaren Lösungen nach einem entsprechend langwierigen Diskurs. So wachsen innerhalb der EU auf Grund allgemein anerkannter Werte - wenn auch für viele viel zu langsam (andere sehen dies auch konträr) die verschiedenen Volkswirtschaften entsprechend einem gemeinsamen Wollen, zusammen. Es besteht zwar ein Konkurrenzverhältnis der Wirtschaftssubjekte und deren Institutionen, doch gleichzeitig hinsichtlich des ethischen Oberwertes "Solidarität" ein gewisses Vorwegverständnis - alleine schon auf Grund eines ähnlichen Sozialisationsprozesses in ähnlichen Gesellschaftssystemen.

Die Programme der - wenn auch auf unterschiedlichen Ethiken aufbauenden - politisch entscheidungsverantwortlichen Parteien konvergieren zusehends, die christlichen Kirchen finden in der Ökumene zusammen und auf der Ebene der Verbände ist der "soziale Friede" ein Wert, der in der in Österreich installierten Sozialpartnerschaft seine vorbildhafte Ausprägung findet.
Im Macrobereich fehlen neben vielen anderen bereits diese angeführten grundsätzlichen Ähnlichkeiten, weil jegliches Tätigsein des Menschen ein historisches Produkt ist, das nicht zuletzt auch durch die Entwicklung der gesellschaftlichen Verhältnisse bedingt ist. Nicht minder gilt das geschichtliche Gewordensein aber für die bestimmten Gestalten des moralischen Bewußtseins und seiner Verwirklichung im moralischen Handeln.[518] Daraus resultiert, daß die Gesellschaftssysteme in der Regel gänzlich anders strukturiert sind, der Sozialisationsprozeß verläuft vollkommen anders, parteipolitische Programme haben häufig noch immer den Antagonismus der Klassen als Grundlage und Sozialpartnerschaft ist weitestgehend ein Fremdwort; das christliche Gebot der Nächstenliebe erfaßt - selbst wenn man unterstellt, daß die Taufscheinchristen diesem Gebot auch folgen – bloß eine Minderheit der Weltbevölkerung. Der einzige globale Berührungspunkt - abgesehen vom oberflächlichen Zusammentreffen mit Touristen und dem beschränkten Konsum fremdsprachiger Fernsehprogramme - ist der Markt. Obwohl die Prinzipien, Werte und Normen, die Regeln, die im Bereich des Ethos, der Moralität als geltend angesehen werden, sehr differenziert sind[519], begegnen sich im Marktprozeß verschiedenartigste Kulturen nach jahrelang eingespielten und allgemein als gültig angesehenen Regeln.

---

[517] Habermas, J.: Erläuterungen zur Diskursethik, a. a. O. S. 36f

[518] vgl.: Mader, J.: Moral, Philosophie und Wissenschaft. Probleme der Ethik in Tradition und Gegenwart, a. a. O. S. 24

[519] vgl., ebd.: Mader, J.: Moral, Philosophie und Wissenschaft. Probleme der Ethik in Tradition und Gegenwart, a. a. O. S. 24

Es haben sich im Laufe von Jahrzehnten stets zunehmend verfeinerte und adaptierte Usancen und Normen entwickelt, die es den Wirtschaftssubjekten ermöglichen, sogar in codierter Form zu kommunizieren, weil diese Codes universelle globale Gültigkeit haben. Sie existieren im internationalen Zahlungsverkehr ebenso wie im transnationalen Transport- und Versicherungswesen und verlangen weltweit von den Geschäftspartnern deren Einhaltung.
So sind beispielsweise die Incoterms wie fob, cif usw. Bestandteil der Preise und der Lieferbedingungen und die Zahlungsmodalitäten bei Akkreditiven (L/C) global im Wirtschaftsverkehr Rahmenbedingungen des Waren- und Dienstleistungsverkehrs, die die Partizipanden sogar in codierter Form zu deren Beachtung zwingen. Doch auch in Hinkunft wird es im Konkreten, auch in der globalisierten Wirtschaft, primär darauf ankommen, „daß Menschen einander vertrauen können, daß das Wort gilt, die Zusage hält, das Vertrauen sich bewährt. Alle rechtliche Absicherungen (...) dienen nur der Sicherung des Grundvertrauens ...“[520]
Marktteilnehmer, die diese Regeln mißachten, werden allzubald aus dem Markt verdrängt und ihre Partner an regelkonform agierende Kontrahenten verlieren.
Abgesehen von all den bisher hinsichtlich der Wirtschaft vorgebrachten Gründen zur Beurteilung des Marktes als unverzichtbare moralische Instanz gilt es darüber hinaus noch zu bedenken, daß der Markt per se als exorbitant bedeutsame ethische Einrichtung anzusehen ist: als Ort der Begegnung zur Entwicklung der Völkerverständigung durch wechselseitige Mehrung des Wissens über die Andersartigkeit der Kulturen und deren Verstehen.
Damit der Markt seine Aufgabe als moralische Institution auch **optimal** erfüllen kann, bedarf es allerdings entsprechender Regelungen: der Rahmenordnung.

2.4 Der Markt und seine Rahmenordnung

Eine moderne Wirtschaft ist gekennzeichnet durch tiefe Arbeitsteilung, anonyme Austauschprozesse, lange Produktions(um)wege unter Beteiligung vieler Akteure, durch wachsende Interdependenz und hohe Komplexität. "Interdependenz" meint die Tatsache, daß das Ergebnis des Handelns nicht mehr vom eigenem Handeln allein abhängt, sondern auch davon, was die anderen - z.T. in (bewußter oder unbewußter) Reaktion auf das eigene Handeln - tun. Daraus ergeben sich unmittelbar zwei für ein modernes Verständnis von Ethik fundamentale Probleme:

Zum ersten: Kein einzelner bzw. kein einzelnes Unternehmen hat das Gesamtergebnis hervorgebracht, jenes Gesamtergebnis, das für die - ethisch höchst bedeutende - Wohlstandsposition vieler Menschen (Verfügbarkeit von Konsumgütern, Arbeitsplätze z.B.) von überragender Bedeutung ist. Daher ist auch kein einzelner bzw. kein einzelnes Unternehmen für dieses Gesamtresultat verantwortlich (zu

[520] Schönborn, Ch.: Die katholische Soziallehre und die wirtschaftliche Entwicklung nach 1989, in: UZF (Hrsg.): Wiener Blätter zur Friedensforschung, a. a. O. S. 5

machen). Es stellt sich vielmehr als ungeplantes - und unplanbares - Resultat unzähliger Handlungen von zahllosen Akteuren ein.
Zum zweiten: Aufgrund von Arbeitsteilung, der Anonymität des Prozesses und der zunehmenden Interdependenzen kann der Leistungsbeitrag des einzelnen (Unternehmens) von einer übergeordneten Instanz nur noch schwer bzw. gar nicht kontrolliert werden. Eine Steuerung über moralische Motive wie Sympathie und Altruismus ist unmöglich, weil man, um Leistungen zu erhalten, wie z.B. im untergegangenen "real-existierenden Sozialismus", erst die Freundschaft der Partner erwerben müßte. Dies würde die Tiefe der Arbeitsteilung wieder auf den Kreis persönlich Bekannter begrenzen und damit die Vorteile einer Vergrößerung des Marktes annullieren. Wollte man eine anonyme Gesellschaft über Motive steuern, wäre eine Sanktionierung - eine Grundeigenschaft des Marktes - jener, die schlechte Leistungen als gute verkaufen, unmöglich.
Demgemäß ist erforderlich - wie bereits Adam Smith erkannt hat - daß die für Interaktionen erforderliche Verläßlichkeit der wechselseitigen Verhaltenserwartungen nicht mehr durch altruistische Motive oder durch allen Teilnehmern gemeinsame Ziele sichergestellt werden kann oder muß, sondern durch allgemeine Regeln, die die Akteure zu beachten haben.[521]
Diese, von Walter Heinrich äußerst zutreffend als "Fruchtbarkeitsbedingungen der Wirtschaft" bezeichneten Rahmenbedingungen sind von ihm mit dem Postulat der "Entsprechung" versehen.
Darunter ist das "... Aufeinander-abgestimmt-Sein der Leistungen innerhalb eines Wirtschaftsgebildes und weiterhin aller Wirtschaftsgebilde im Gesamtganzen der Wirtschaft"[522] zu verstehen. Entsprechung drückt also "... ein sinnvolles Aufeinander-angelegt-Sein der Inhalte aller Leistungen und Gebilde"[523] aus. "Nur wenn sich die Leistungen innerhalb jedes Wirtschaftsgebildes (...) im Zustande der Entsprechung befinden und wenn auch die Wirtschaftsgebilde untereinander Ausgeglichenheit aufweisen, ist die Wirtschaft störungs- oder krisenfrei; nur dann ist sie auch fruchtbar."[524]
Aus dieser Erkenntnis heraus ist also nicht lediglich das einzelne Unternehmen oder allenfalls die Volkswirtschaften, sondern sind auf Grund der interdependenten Verflechtung sämtlicher Teilnehmer am Wirtschaftsgeschehen im Rahmen des Stufenbaus der Wirtschaft stets vordringlich auch die "übergeordneten" Wirtschaftsstufen, in der Ära der Globalisierung insbes. auf der Macro-Ebene gefordert, den Imperativen der Ethik bei der Schaffung der Fruchtbarkeitsbedingungen zum Durchbruch zu verhelfen.
Das entbindet jedoch keineswegs den einzelnen oder die Unterganzheiten der Weltwirtschaft von ihrer Verantwortung. Ulrich spricht in diesem Zusammenhang

[521] vgl.: Homann, K.; Blome-Drees, F.: Wirtschafts- und Unternehmensethik, a. a. O. S. 21f
[522] Heinrich, W.: Wirtschaftspolitik. 1. Bd., a. a. O. S. 75
[523] ebd.: Heinrich, W.: Wirtschaftspolitik. 1. Bd., a. a. O. S. 75
[524] ebd.: Heinrich, W.: Wirtschaftspolitik. 1. Bd., a. a. O. S. 76

von der „topologischen Grundfrage der Wirtschaftsethik, (...) dem Verhältnis von Individualethik und Institutionenethik.“[525] Es scheint geboten, „die unverzichtbaren tugendethischen ebenso wie die institutionenethischen Voraussetzungen vernünftigen Wirtschaftens in **wechselseitiger Verzahnung** zu klären. Prinzipiell sind fünf systematische «Orte» der Vermittlung von Moral und Marktlogik denkbar (...): der einzelne Wirtschaftsbürger in seinem privaten und beruflichen Handeln (z.B. als Arbeitnehmer, Konsument oder Kapitalanleger) sowie in seinem öffentlichen Handeln (als Staatsbürger und Teilnehmer an der öffentlichen Diskussion); die staatlich gesetzte Rahmenordnung des Marktes; die Unternehmen, die innerhalb dieser Rahmenordnung erfolgreich zu wirtschaften versuchen; und schließlich der unpersönliche Marktmechanismus selbst, dem dann als solchem eine Binnenmoral zugesprochen wird.“[526]
Obzwar die Grenzen der Verantwortung schwer zu bestimmen sind, tragen wir Verantwortung als Konsumenten und Produzenten, als Arbeitnehmer, Arbeitgeber, Bauer, usw., wobei gerade das Christentum dem Menschen das Bewußtsein der persönlichen Verantwortung stärker zu geben vermag als z. B. der Islam, weil der Handelnde in seinem Handeln frei ist. [527]

Homann/Blome-Drees erklären die Notwendigkeit einer Rahmenordnung mit allgemeingültigen Regeln für alle Interaktionspartner sehr plastisch anhand des Vertrauensgrundsatzes im Straßenverkehr:
Wenn jemand an seiner Ampel "Grün" hat, verläßt er sich bei Lebensgefahr (!) darauf, daß der Querverkehr "Rot" hat und anhält; er braucht nicht mehr nach den Motiven der anderen Verkehrsteilnehmer zu fragen, es ist gleichgültig, ob sie anhalten aus Egoismus, aus Altruismus, aus Rücksicht auf ihre eigenen Familienangehörigen, aus Furcht vor der Polizei oder aus noch anderen Motiven. Die Leistungsfähigkeit einer modernen Wirtschaft wird unter Verzicht auf altruistische, solidarische Motive und unter Verzicht auf gemeinsame Ziele allein durch die geeignete Regelbindung der Akteure erzielt, wobei im wirtschaftlichen Verkehr nicht einmal zwischen Links- und Rechtsfahrordnung unterschieden werden muß.[528]

Bereits Adam Smith hat vor über 200 Jahren in seinem berühmten Werk "Wealth of Nations"[529] erkannt, daß es nur zwei Wege zur Bekämpfung der Armut gibt:

---

525 Ulrich, P.: Integrative Wirtschaftsethik, a. a. O. S. 285

526 ebd.: Ulrich, P.: Integrative Wirtschaftsethik, a. a. O. S. 287; (Hervorh. HPS)

527 vgl.: Klose, A.: Christliche Soziallehre: eine ökumenische Herausforderung. Graz, Esztergom, Paris, New York 1993, S. 18

528 vgl.: Homann, K.; Blome-Drees, F.: Wirtschafts- und Unternehmensethik, a. a. O. S. 22

529 Smith, A.: Der Wohlstand der Nationen. Recktenwald, H. C. (Hrsg.): München 1978, S. 17; Titel der Originalausgabe: An Inquiry into the Nature and Causes of the wealth of Nations. London 1776

- caritas, - Hilfe für identifizierbare einzelne durch Zuwendungen, also durch Interventionismus oder
- Wachstum, wobei im Mittelpunkt seiner ethischen Überlegungen steht, daß die universalisierbare Solidarität in Form einer "Hilfe für die unidentifizierbare Allgemeinheit durch einen Prozeß des gesamtwirtschaftlichen Wachstums (...), das durch Markt und Wettbewerb hervorgebracht wird"[530] am besten zu verwirklichen ist.

"Er tat dies aus moralphilosophischen, aus ethischen Erwägungen. Zu diesem Zweck mußte er das moralisch erwünschte Resultat des Wirtschaftsprozesses, den Wohlstand aller als Voraussetzung der Freiheit aller, von den Handlungsmotiven der Akteure abkoppeln. Dies ist der Sinn der berühmten Sätze aus 'Wealth of Nations':"[531]
"Nicht vom Wohlwollen des Metzgers, Brauers oder Bäckers erwarten wir das, was wir zum Essen brauchen, sondern davon, daß sie ihre eigenen Interessen wahrnehmen. Wir wenden uns nicht an ihre Menschen -, sondern an ihre Eigenliebe, und wir erwähnen nicht die eigenen Bedürfnisse, sondern sprechen von ihrem Vorteil, (...)"[532] "Diese Entkoppelung von Motiven und Ergebnissen gilt auch umgekehrt: Zustände, die unerwünscht sind und die die moralische Empörung vieler Menschen hervorrufen, müssen und dürfen unter Bedingungen der modernen Wirtschaft und Gesellschaft nicht länger auf böse, egoistische Motive zurückgeführt werden. Damit sind die verbreiteten Ursachenzuschreibungen und Schuldzuweisungen wie z.B. 'Profitgier', 'Egoismus' und 'Materialismus' durchweg auf eine vormoderne Gesellschaftstheorie zurückzuführen, die die von A. Smith (...) eingeleitete paradigmatische Wende noch nicht vollzogen hat."[533] "'Motiv' und 'sozialer Sinn' fallen auseinander."[534] "Der Wohl-Stand hängt nicht vom Wohl-Wollen ab."[535] Das Resultat wird bestimmt von den Regeln, die die Interaktionen kanalisieren.

Obwohl bedeutende Vertreter der Kirche, wie Kardinal Schönborn, überzeugt sind, die „unsichtbare Hand" – häufig als die Hand Gottes interpretiert - sei eine Illusion, weil die Menschen zu Habgier und Ungerechtigkeit neigen, hat in der kirchlichen Soziallehre eine Entwicklung stattgefunden, eine positive Bewertung der wirtschaftlichen Grundgegebenheiten vorzunehmen: „ohne Freiheit des Marktes, ohne eine gewisse Gewinnorientierung und ein Erfolgsinteresse kann keine Wirtschaft (...) gedeihen. (...) Nicht der Markt ist böse, nicht die freie Wirtschaft

---

530 Homann, K.; Blome-Drees, F.: Wirtschafts- und Unternehmensethik, a. a. O. S. 22
531 ebd.: Homann, K.; Blome-Drees, F.: Wirtschafts- und Unternehmensethik, a. a. O. S. 22
532 Smith, A.: Der Wohlstand der Nationen, a. a. O. S. 17
533 Homann, K.; Blome-Drees, F.: Wirtschafts- und Unternehmensethik, a. a. O. S. 23
534 vgl.: Schumpeter, J. A.: Kapitalismus, Sozialismus und Demokratie. 3. Auflage, München 1972, S. 448
535 Homann, K.; Blome-Drees, F.: Wirtschafts- und Unternehmensethik, a. a. O. S. 23

mit ihrem Spiel von Angebot und Nachfrage, böse kann nur deren Mißbrauch sein, der mit der menschlichen Freiheit getrieben wird."[536]

Ebenso einfach wie die Notwendigkeit einer Rahmenordnung erklären Homann/Blome-Drees den Unterschied zwischen der Rahmenordnung selbst und den Handlungen **innerhalb** der Rahmenordnung in der Sprache des Sports: mit der Unterscheidung zwischen **Spielregeln** und **Spielzügen**.
"Die Rahmenordnung umfaßt allgemeine, (relativ) dauerhafte Regeln für das Handeln. Diese müssen beim Handeln eingehalten werden, ihre Verletzung wird sanktioniert. Für die moderne Wirtschaft sind dies insbesondere: Verfassung, Gesetze, also insbesondere das öffentliche Recht, das Privatrecht und das Strafrecht, ferner die speziellen Bereiche des Wirtschaftsrechts wie das Gesellschaftsrecht, das Arbeits- und Tarifrecht, das Wettbewerbsrecht, Mitbestimmungsregelungen und der gesamte Komplex der Unternehmensverfassung, ferner die Haftungsregeln, schließlich bestimmte moralische und kulturelle Verhaltensstandards. Die konkreten Handlungen der zahllosen Akteure in all ihrer Vielgestaltigkeit haben die Rahmenordnung einzuhalten: Auf diese Weise wird die Verläßlichkeit der wechselseitigen Verhaltenserwartungen sichergestellt. (...) Man braucht für die (...) Interaktion keine gemeinsamen Ziele: Wie die Verkehrsteilnehmer verfolgen Wirtschaftssubjekte unterschiedliche Ziele; damit alle ihre jeweiligen Ziele erreichen, brauchen sie lediglich ein geeignetes Regelsystem, die Wirtschaftsordnung bzw. die Straßenverkehrsordnung.
Im Rahmen dieser Regeln verfolgen die Wirtschaftssubjekte ihre je eigenen Ziele"[537], setzen jeder für sich regelkonforme oder regelwidrige Handlungen; die Frage nach den Motiven regelwidrigen Handelns wird obsolet. Alleine die Verträglichkeit mit der Rahmenordnung ist gefordert. Sieht man den Markt und seine Wirkungsweise in dieser Form, so bringt uns gerade die Globalisierung - auch aus der Sicht der Wirtschaftsethik - neue Chancen, nämlich als der von vielen Autoren vermißte Schnittpunkt[538] zur Implementierung von moralischen Werten im Meso- und Makrobereich.
Hier gilt es, der „Kapitalismuskritik" der Kirche zu begegnen und die wirtschaftliche Freiheit in eine feste Rechtsordnung einzubinden, „die sie in den Dienst der vollen menschlichen Freiheit stellt und sie als eine besondere Dimension dieser Freiheit mit ihrem ethischen und religiösen Mittelpunkt ansieht."[539]

---

[536] Schönborn, Ch.: Die katholische Soziallehre und die wirtschaftliche Entwicklung nach 1989, in: UZF (Hrsg.): Wiener Blätter zur Friedensforschung, a. a. O. S. 4
[537] Homann, K.; Blome-Drees, F.: Wirtschafts- und Unternehmensethik, a. a. O. S. 23f
[538] Freeman, R. E.; Gilbert, D. R.: Unternehmensstrategie. Ethik und persönliche Verantwortung. Frankfurt - New York 1991, S. 98
[539] Schönborn, Ch.: Die katholische Soziallehre und die wirtschaftliche Entwicklung nach 1989, in: UZF (Hrsg.): Wiener Blätter zur Friedensforschung, a. a. O. S. 6

Es gilt u.a., im gesellschaftlichen Umfeld die selbständige, verantwortungsbewußte unternehmerische Persönlichkeit zu fördern[540] und alle Bemühungen zu unterstützen, die die Globalisierung des Weltmarktes durch „neue globale soziale und politische Begleit- und Schutzmaßnahmen ergänzen“[541], sowie „alles zu fördern, was das Bewußtsein des übernationalen und weltweiten Gemeinwohls fördert.“[542]

2.5 Die „Spielregeln“ in der Marktwirtschaft

"In den Spielregeln wird (analog zu dem zuvor verwendeten Beispiel aus dem Sport) festgelegt wer mitspielen darf, was - z.B. im Fußball - Foul, Abseits, Handspiel, Ecke ist und wie Regelverletzungen geahndet werden, durch Freistöße, gelbe und rote Karten etc. (Verfassung, Gesetze usw.). Über diese Regeln herrscht unter den Mannschaften Konsens. Sie setzen - über ihre Verbände - einen neutralen Schiedsrichter ein, der die Einhaltung der Regeln überwacht und Regelverletzungen sanktioniert (Justiz, Kartellamt). Nur auf der Grundlage eines Konsenses über die Regeln und unter Etablierung einer neutralen Sanktionsinstanz kann das Spiel, kann der Wettbewerb im Spiel, überhaupt stattfinden. (...) Zum besseren Verständnis der Analogie zwischen dem sportlichen Spiel und dem wirtschaftlichen Wettbewerb sei darauf hingewiesen, daß die Spieler des einen Spiels in einem anderen Spiel Zuschauer sind und daß manche Zuschauer in einem anderen Spiel auch Spieler sein können; in der Marktwirtschaft sind viele Konsumenten auch Produzenten, zugleich sind alle Produzenten auch Konsumenten. Weil alle Akteure Konsumenten sind, läßt sich begründen, daß es in einer Marktwirtschaft letztlich immer um das Wohl der Konsumenten und damit aller Mitglieder der Gesellschaft geht."[543]
Damit das Zusammenspiel von Spielregeln und Spielzügen auch tatsächlich zu der erwünschten Mischung von Konsens und Wettbewerb führt, sind eine Reihe von Funktionsbedingungen erforderlich, die dafür sorgen, daß die Regeln so gestaltbar sind, daß innerhalb dieser Regeln "Fairneß, also individuelles moralisches Verhalten möglich wird"[544]:

1. "Die Regeln müssen für alle Kontrahenten gleich sein: Es geht nicht an, daß die eine Mannschaft nach den Regeln des Fußballs spielt, während die andere gedopt ist, gelegentlich die 'Hand Gottes' (Diego Maradona) zu Hilfe nimmt oder nach Rugby-Regeln spielt. Bei vielen ungelösten Problemen unserer Welt im internationalen Bereich unterliegen die Wettbewerber un-

---

[540] vgl.: Schönborn, Ch.: Die katholische Soziallehre und die wirtschaftliche Entwicklung nach 1989, in: UZF (Hrsg.): Wiener Blätter zur Friedensforschung, a. a. O. S. 9

[541] ebd.: Schönborn, Ch.: Die katholische Soziallehre und die wirtschaftliche Entwicklung nach 1989, in: UZF (Hrsg.): Wiener Blätter zur Friedensforschung, a. a. O. S. 11

[542] ebd.: Schönborn, Ch.: Die katholische Soziallehre und die wirtschaftliche Entwicklung nach 1989, in: UZF (Hrsg.): Wiener Blätter zur Friedensforschung, a. a. O. S. 11

[543] Homann, K.; Blome-Drees, F.: Wirtschafts- und Unternehmensethik, a. a. O. S. 25f

[544] ebd.: Homann, K.; Blome-Drees, F.: Wirtschafts- und Unternehmensethik, a. a. O. S. 28

gleichen Regeln: Waffenlieferungen, Agrar- und Stahlproduktion, Handelsbestimmungen im Spannungsfeld von Liberalisierung und Protektion, gentechnologische Produktion und Forschung usw. Bedeutende moralische Probleme resultieren aus solchen ungleichen Regeln für den Wettbewerb.

2. Die Regeln müssen den Spielern bekannt und von ihnen im Prinzip auch anerkannt sein, da sonst die Spieler nicht (richtig) spielen können. Regelunsicherheit behindert das Spiel wie die Marktwirtschaft ebenso wie die Ablehnung einzelner Regeln, die zu 'versteckten Fouls' führt. (...)
3. Die Regeln müssen durchgesetzt werden: Man stelle sich nur ein wichtiges Fußballspiel ohne Schiedsrichter, allein auf der Basis von Appellen zur Regelbefolgung vor! (...) Auch muß die Durchsetzungsinstanz neutral sein: Schon L. Erhard hat vor dem Fall gewarnt, daß der Schiedsrichter zum Mitspieler auf einer Seite wird.
4. Im Sport sollte die relative Stärke der Mannschaften ungefähr gleich sein, damit das Spiel für die Zuschauer interessant ist. Auf die Wirtschaft übertragen bedeutet das, dafür zu sorgen, daß eine hinreichende Zahl potenter Wettbewerber vorhanden ist, (...). Wie es im Sport Handicaps und verschiedene Spielklassen gibt, so kann auch in der Wirtschaft die Ausgangssituation so gestaltet werden, daß ein echter und fairer Leistungswettbewerb stattfinden kann. Dauerhafte Machtpositionen von 'Großen' mit der Möglichkeit zu ruinöser Konkurrenz untergraben den Sinn des Wettbewerbs; aus dem gleichen Grund ist der Patentschutz zeitlich begrenzt.
5. Die Spieler müssen den Wettbewerb ernst nehmen, d. h. sie müssen gewinnen wollen, (...). Es gibt in der Wirtschaft immer Bestrebungen, aus dem Wettbewerb auszusteigen und Bestandsgarantien anzustreben. (...)
6. Die Regeln müssen zeitlich eine gewisse Stabilität aufweisen, damit sie ihren Zweck, die Sicherheit der wechselseitigen Verhaltenserwartungen, erfüllen. Regeländerungen müssen förmlich, (...) für alle gleich verbindlich durchgeführt werden. Es ist nicht möglich, nur an eine Mannschaft zu appellieren, daß sie z.B. legale Waffenexporte - unterlassen möge, während ihre Gegner, die Konkurrenten, weiter Vorteile aus solchen Spielzügen ziehen können. Appelle ohne Sanktionsandrohung tragen unter echten Wettbewerbsbedingungen den großen Nachteil, daß sie ausbeutbar werden: Gerade diejenigen, die sich im Sinne eines fairen Spiels - einer anspruchsvollen Moral - verhalten, werden 'bestraft', und das hält die gesellschaftlich relevante Moral nicht lange aus.
7. Damit werden allgemeine Fairneß-Appelle nicht überflüssig, im Gegenteil, aber sie bedürfen der institutionellen Unterstützung und Absicherung gegen Ausbeutbarkeit. Appelle werden i.d.R. nur auf der Grundlage von sanktionsbewehrten Regeln und in diesem Sinne zusätzlich, in einem klei-

nen Bereich, Moral realisieren können. 'Das Gewissen des einzelnen kann ein Versagen der Institution nicht kompensieren.'"[545]

Sogar ohne formelle Implementierung von Rechtsnormen wirkt in der Wirtschaft vielfach die bestehende konsensual entwickelte Moral in der tradierten Form von Usancen sowie die Verfolgung des Eigennutzens wesentlich stärker als allgemein angenommen. Der häufig geschmähten „unsichtbaren Hand" wohnt in erheblichem Maße eine sehr wirkungsvolle Selbstreinigungskraft inne. Die Verletzung - selbst nicht gesatzter, sondern lediglich tradierter Usancen, ja sogar ein Vertrauensverlust durch die Nichterfüllungen von Erwartenshaltungen - führt unweigerlich zu Sanktionen durch die Kontrahenten am Markt.
In Österreich ist dieser Wirkungsmechanismus derzeit bei der Aufarbeitung der NS-Vergangenheit unschwer nachvollziehbar: Es sind keineswegs neu aufkommende moralische Bedenken seiten des Staates oder der involvierten Unternehmen, die die Bereitschaft, Entschädigungszahlungen an NS-Zwangsarbeiter oder jüdische NS-Verfolgte zu leisten, hervorgebracht haben. Vielmehr ist der befürchtete Imageschaden und der daraus allenfalls resultierende wirtschaftliche Nachteil für den Eintritt in Wiedergutmachungsverhandlungen auch ohne einen entsprechenden Rechtstitel (Verjährung, nicht gegebene Rechtsnachfolge usw.) - somit weitestgehend die erwartbare Schädigung des Eigennutzes auf Grund von Sanktionen - der wirkungsmächtige Antrieb.

2.6 Die „Spielzüge" in der Marktwirtschaft

"Der ungeregelte 'Kampf aller gegen alle' hat mit dem in der Marktwirtschaft praktizierten Wettbewerb nichts zu tun. Wettbewerb ist im Sport und mehr noch in der Marktwirtschaft an ein äußerst artifizielles Regelsystem gebunden. (...) Mit dem Anpfiff sind die Mannschaften Gegner. Sie versuchen, unter Ausschöpfung aller Möglichkeiten, die ihnen die Regeln lassen, durch intelligente Spielzüge den Gegner zu besiegen. Ihre Aufgabe besteht also in der kreativen Entwicklung neuer Spielzüge. Motiv/Ziel der Spieler ist es, den Gegner zu besiegen; Motiv/Ziel der Zuschauer ist es, ein interessantes, spannendes Spiel zu sehen: Die Motive der Spieler - Wettbewerber - und der Zuschauer - Konsumenten - fallen also systematisch auseinander. Der Wettbewerb auf dem Spielfeld/Markt hat seinen Sinn darin, für die Zuschauer/Konsumenten eine Leistungssteigerung zu bringen."[546]
Stimmen die Regeln mit dem überein, was innerhalb einer konsensual entwickelten Moral gesollt ist, sollte innerhalb dieser global verbindlichen "Satzungen" ethisches Handeln für jedes einzelne Subjekt des Wirtschaftsgeschehens problemlos möglich sein. Bloß: da der Markt - wie bereits ausgeführt - sich selbst keine Moral geben kann, sondern deren Implementierung bedarf - besteht hin-

[545] Homann, K.; Blome-Drees, F.: Wirtschafts- und Unternehmensethik, a. a. O. S. 27f
[546] ebd.: Homann, K.; Blome-Drees, F.: Wirtschafts- und Unternehmensethik, a. a. O. S. 25

sichtlich global verbindlicher Normen ein Manko: Auf Grund dessen orientieren die Marktteilnehmer ihre Handlungsweisen an den ihnen bekannten und vermeintlich verbindlichen Normen, die sich zumeist auf ihre eigene oder gerade übergeordnete Wirtschaftsstufe als für sie überschaubare Gebilde beschränken und stellen darauf die handlungsbestimmenden Entscheidungen ab.

2.7 Zu den Begriffen „Entscheiden" und „Handeln"[547]

"Die Frage, wie sich die Menschen in ihrem Leben verhalten, wie sie handeln sollen, so daß ihr Handeln als moralisch gut gelten kann, tritt uns heute wesentlich differenzierter entgegen als etwa (...) über das Ethos im antiken Griechenland. (...) Wenn auch die durch das Handeln angestrebten Ziele und Zwecke, die Werte und Normen sowie die Regeln des Verfahrens sehr unterschiedlich sind, wird jegliches Tätigsein je nach den gewünschten Zielen nach den entsprechenden Werten, Normen und Regeln vollzogen. Sicher ist auch, daß das Tätigsein immer in einer konkreten Situation vollzogen wird und daß neben dem Motiv als dem subjektiven Beweggrund des Tuns auch die Sachgesetzlichkeit des Tätigkeitsbereiches eine maßgebliche Bedeutung für den Realisierungsvorgang, das Handeln und sein Ergebnis hat. Jede bestimmte Tätigkeit ist den Sachzwängen des speziellen Tätigkeitsbereichs unterworfen. (...) Das Tätigsein wird im allgemeinen nicht bloß durch seine Intentionalität und Normativität sowie durch die im Tätigkeitsbereich herrschende Sachgesetzlichkeit bestimmt, sondern ebenfalls durch die Erfordernisse und Bedingungen, die sich aus dem Zusammenwirken der am Tätigsein beteiligten Individuen ergeben. In jedem Tätigsein, das nicht von isolierten Individuen nur für sich selbst und allein vollzogen wird, (...) tritt das Individuum mit anderen Individuen in eine Beziehung, die von unterschiedlicher Intensität sein und der eine verschieden gewichtete Bedeutung für das Erreichen des Handlungszieles zukommen kann. (...) Dem Tätigsein kommt noch ein weiteres wesentliches, der Intentionalität und Normativität gleichrangiges Konstituens zu: die Reflexivität. Die Menschen verfolgen bewußt die gefaßten Zwecke, überlegen die Mittel, die bei ihrer Realisierung dienlich sein können. Sie haben ein Wissen von den Gesetzmäßigkeiten des Tätigkeitsbereiches und den in ihm geltenden Regeln des gegenseitigen Verhaltens. Die Intentionen, die Normen, die Sachgesetzlichkeiten und die Regeln des kommunikativen Handelns sind also bewußt; allem Tätigsein ist derart ein Wissen und ein Überlegen (...) eigen. Es gehört wesentlich zum Tätigsein der Menschen. Es vollzieht sich jedoch in den verschiedenen Tätigkeiten in unterschiedlicher Weise."[548]

---

[547] vgl.: auch Abschnitt 2.1 und 2.2.6

[548] Mader, J.: Moral, Philosophie und Wissenschaft. Probleme der Ethik in Tradition und Gegenwart, a. a. O. S. 24f

Das Bewußtsein von Spielregeln hat aber einen ganz anderen Charakter als das Bewußtsein **des moralischen Prinzips im Gewissen.**[549]
Das bedeutet, daß selbst bei Vorhandensein global gültiger Spielregeln davon ausgegangen werden muß, daß diese von einzelnen Individuen als ungenügend oder für sie nicht verbindlich angesehen werden.
Umsomehr stellt sich dieses Problem, als nur sehr wenige global gültige Spielregeln existieren und sich diese überdies auf das praktikable Handling des Wirtschaftsablaufs beschränken - gesatzte Normen zur Selbstbeschränkung gibt es nur in bescheidenem Maße (z.B. Tropenhölzer).
Selbstbeschränkung kann - ausschließlich mit Vernunft und Gewissen begründet - auf den einzelnen Stufen des emporsteigenden Stufenbaus auf Grund der zunehmenden Anzahl der Betroffenen mit lediglich verkehrt proportional abnehmenden Wirkungsgrad eingefordert werden.

2.8 Entscheiden: Prämisse des Handelns

Jegliches Handeln ist als ein Prozeß zu verstehen, dem eine Überlegung vorangeht.[550] "Wir haben es also mit einer spezifischen Form von Ablauf in der Zeit zu tun. In der Überlegung werden Möglichkeiten überlegt",[551] von denen eine verwirklicht wird; und zwar dadurch, daß der Wille Ursache des dann zu verwirklichenden Prozesses ist. Da Handeln immer als verantwortlicher und freiwilliger Akt von Menschen zu verstehen ist, ist es zugleich auch eine bewertende Vorwegnahme der Zukunft, die sowohl von Erinnerungen an frühere Gegenwarten als auch durch die Vorwegnahme zukünftiger Zustände, die wir erwarten oder befürchten, geprägt ist.[552] Handeln beinhaltet somit neben einer Struktur eines Geflechts von Imperativen auch ein Urteilsgeflecht.[553] Dieses Urteilsgeflecht stützt sich neben den allgemeinen Lebenserfahrungen des Menschen, die aus dem Sozialisationsprozeß abgeleitet sind, auch auf dessen höchstpersönliches bzw. berufsspezifisches Know-how und bildet die Grundlagen der Entscheidung - eben jenen Ausfluß der Überlegungen und die Auswahl einer Möglichkeit aus einer Anzahl möglicher Möglichkeiten.

Betrachten wir das Problem der Entscheidungsfindung bei wirtschaftlichen Fragestellungen generell, so läßt sich unschwer erkennen, daß sich jeder Entscheidungs-

---

[549] vgl.: Mader, J.: Moral, Philosophie und Wissenschaft. Probleme der Ethik in Tradition und Gegenwart, a. a. O. S. 27ff
[550] vgl.: Klein, H. D.: Metaphysik, a. a. O. S. 45
[551] ebd.: Klein, H. D.: Metaphysik, a. a. O. S. 45
[552] vgl., ebd.: Klein, H. D.: Metaphysik, a. a. O. S. 44f
[553] vgl., ebd.: Klein, H. D.: Metaphysik, a. a. O. S. 47

träger, auf jeder Stufe der Gesamtwirtschaft, deren ein Teil jeder Einzelne ist, sich einem Entscheidungsfeld gegenüber sieht.[554]
Es umfaßt die Menge und Art von Personen und Sachen, die durch einen Willensakt des Entscheidungsträgers direkt oder indirekt beeinflußt werden können, sowie die Gegebenheiten der Umwelt, die den Erfolg der Willensakte beeinflussen. Der beeinflußbare Teil des Entscheidungsfeldes ist das Aktionsfeld, der nicht oder nur schwer beeinflußbare Teil hat den Charakter von Daten.[555] Die in den einzelnen Handlungsalternativen enthaltenen Handlungsmöglichkeiten können prinzipiell für jedermann sowohl in einem Tun als auch in einem Unterlassen bestehen.[556]

Die Entscheidungsfindung selbst als Prämisse des Handelns oder Unterlassens erfolgt im Rahmen zweier unterschiedlicher Kategorien von Entscheidungsproblemen und zugehöriger Entscheidungsmodelltypen. Zur Lösung "wohl strukturierter" Probleme stehen "geschlossene Entscheidungsmodelle", zur Lösung "schlecht strukturierter" Probleme "offene Entscheidungsmodelle" zur Verfügung.[557]

"Wohl strukturierte" Probleme sind durch folgende Merkmale gekennzeichnet:
- eine bestimmte Anzahl von Alternativen
- hinreichende bekannte Konsequenzen
- klar formulierte Ziele sowie
- Regeln, mit deren Hilfe eine eindeutige Rangordnung der Alternativen gebildet werden kann.

Einer so charakterisierten Problemstruktur entsprechen "geschlossene Entscheidungsmodelle", wobei von einer vollkommenen Information ausgegangen wird, d. h. alle Alternativen und Konsequenzen sind bekannt und können nach einer Entscheidungsregel in eine Rangordnung gebracht werden.[558]

Komplexe Entscheidungssituationen, mit denen wir im alltäglichen Leben - so auch in Fragen der Wirtschaft - konfrontiert sind, sind allerdings in der Regel nicht "wohl strukturiert". Selbst die Integration relevanter sozialpsychologischer,

---

[554] vgl.: Heinen, E.: Industriebetriebslehre als Entscheidungslehre. Erster Teil. In: (ders.) (Hrsg.): Industriebetriebslehre. Entscheidungen im Industriebetrieb. 3. durchgesehene und verbesserte Auflage. Wiesbaden 1974, S. 36

[555] vgl., ebd.: Heinen, E.: Industriebetriebslehre als Entscheidungslehre. Erster Teil. In: (ders.) (Hrsg.): Industriebetriebslehre. Entscheidungen im Industriebetrieb, a. a. O. S. 36

[556] vgl., ebd.: Heinen, E.: Industriebetriebslehre als Entscheidungslehre. Erster Teil. In: (ders.) (Hrsg.): Industriebetriebslehre. Entscheidungen im Industriebetrieb, a. a. O. S. 36

[557] vgl., ebd.: Heinen, E.: Industriebetriebslehre als Entscheidungslehre. Erster Teil. In: (ders.) (Hrsg.): Industriebetriebslehre. Entscheidungen im Industriebetrieb, a. a. O. S. 55

[558] vgl., ebd.: Heinen, E.: Industriebetriebslehre als Entscheidungslehre. Erster Teil. In: (ders.) (Hrsg.): Industriebetriebslehre. Entscheidungen im Industriebetrieb, a. a. O. S. 55

psychologischer, soziologischer und politologischer Erkenntnisse - von ethischen Überlegungen ganz zu schweigen - bringt nur selten geschlossene Entscheidungsfelder hervor. Die Mehrzahl der Probleme, die wir zu lösen gezwungen sind, sind demnach "schlecht strukturiert" und dadurch gekennzeichnet, daß ihnen mindestens eines der Kennzeichen wohl strukturierter Probleme fehlt.[559]

In diesem "offenen Entscheidungsfeld" empfängt der Mensch Informationen aus der Umwelt, und versucht, diese unter Berücksichtigung seiner bisherigen Erfahrungen und seines Gewissens in einem Denkprozeß problementsprechend zu ordnen; er gelangt dadurch zu mehr oder weniger guten Lösungen seines Problems, indem er sich im Rahmen seiner Erkenntnismöglichkeit ein kognitives Modell als Basis für die Entwicklung seiner weiteren Verhaltensweisen bildet.
Die einzelnen Elemente seiner Entscheidungssituation werden durch psychische Prozesse des Wahrnehmens, Erkennens und Assoziierens gewonnen bzw. durch ein gelerntes Repertoire geistiger Informationsprogramme hervorgerufen.[560]
Der Einfluß ethischer Imperative in die Entscheidungsfindung ist eine Frage der Internalisierung ethischer Normen im Gewissen des Entscheidungsträgers, einer Gruppe von Entscheidungsträgern wie z.B. im Vorstand eines Wirtschaftsunternehmens oder im übertragenen Bereich, z.B. in politischen Gremien im Gewissen der verantwortlichen Organwalter. Es ist folglich jedem einzelnen Entscheidungsträger, also jedem einzelnen handelnden Menschen möglich, genauso ethisch wie unethisch zu handeln. Das heißt aber, daß es auf jeder Ebene des Stufenbaus der Wirtschaft - selbst gestützt auf das Eigeninteresse des Entscheidungsträgers - diesem möglich ist, sowohl den ethischen Normen entsprechende als auch diesen widersprechende Handlungen zu setzen. Letztere müssen nicht zwangsläufig bewußt unethisch gewollt sein, sondern können ebensogut auch bloß einem "irrenden Gewissen"[561] entspringen. Dieser Vorwurf wird übrigens häufig von Ethikern gegenüber Entscheidungen der Wirtschaftsunternehmen vorgebracht, was allerdings insoferne eigenartig klingt, als zumeist lediglich das Eigeninteresse der Unternehmer um der Effizienz willen kritisch unter die Lupe genommen wird, andererseits jedoch das Eigeninteresse der Arbeitnehmer idealisiert wird,[562] obwohl jeder Mensch erfahrungsgemäß erstrangig vom Eigeninteresse motiviert ist.[563]

---

[559] vgl., ebd.: Heinen, E.: Industriebetriebslehre als Entscheidungslehre. Erster Teil. In: (ders.) (Hrsg.): Industriebetriebslehre. Entscheidungen im Industriebetrieb, a. a. O. S. 61

[560] vgl., ebd.: Heinen, E.: Industriebetriebslehre als Entscheidungslehre. Erster Teil. In: (ders.) (Hrsg.): Industriebetriebslehre. Entscheidungen im Industriebetrieb, a. a. O. S. 61

[561] vgl.: Berger, H.: Interview vom 15.06.1998. Herbert Berger ist Geschäftsführer der AGEZ (ArbeitsGemeinschaft EntwicklungsZusammenarbeit)

[562] vgl.: Utz, A. F.: Auf der Suche nach einer authentischen Ethik der Wirtschaft, in: Institut für Gesellschaftswissenschaften Walberberg e. V.: Die Neue Ordnung. Nr. 1/1993 Februar, 47. Jg., Bonn 1993, S. 56

[563] vgl., ebd.: Utz, A. F.: Auf der Suche nach einer authentischen Ethik der Wirtschaft, a. a. O. S. 56

Obzwar das Moralprinzip auch von Hayek als wichtigster Grundsatz des Handelns anerkannt ist, ist ihm jedoch hinsichtlich jener Erkenntnis beizupflichten, daß nicht jede Entscheidung einen Entscheidungsprozeß nach ethischen Imperativen auslöst, sondern vielfach Entscheidungen nach unbewußten, auf Erfahrungen der Vergangenheit basierenden, quasi ritualisierten, Verhaltensmustern gefällt werden.[564]

Tatsächlich vollziehen sich nämlich viele Entscheidungen im Alltagsleben unter Außerachtlassung von Überlegungen hinsichtlich idealtypischer Imperative der Ethik. Hayek sagt diesbezüglich: "Unter den Konventionen und Gebräuchen des menschlichen Verkehrs sind die Moralregeln die wichtigsten, doch keineswegs die einzigen, die Bedeutung haben. Wir (...) können erfolgreich nach unseren Plänen handeln, weil in den meisten Dingen sich die Mitglieder unserer Zivilisation nach unbewußten Verhaltensformen richten, in ihrem Handeln eine Regelmäßigkeit zeigen, die nicht die Folge von Befehlen oder Zwang, oft nicht einmal von einer bewußten Einhaltung bekannter Regeln ist, sondern die Folge von fest eingewurzelten Gewohnheiten und Überlieferungen."[565]

2.8.1 Handeln im Micro-Bereich der Wirtschaft

worunter der oben getroffenen Abgrenzung in Anlehnung an die Spann'schen Kategorien zu verstehen sind:

- Haushaltsglied
- Haushalt
- Betriebsziel
- Klein- und Mittelbetriebe.

Hier kann zweifelsohne die im Verlaufe des Sozialisationsprozesses anerzogene Individualethik die von den Eltern, Lehrern, Kirche usw. und den staatlichen Organen als wünschenswert angestrebte Wirkung am ehesten zur Geltung gebracht werden. Sie muß sich jedoch auf die anerkannte Geltung von Institutionen stützen können, verlangt nach der Schubkraft von Motiven und ist auf "entgegenkommende Lebensformen" angewiesen.[566]

Jede universalistische Moral "bedarf einer gewissen Übereinstimmung mit Sozialisations- und Erziehungspraktiken, welche in den Heranwachsenden stark internalisierte Gewissenskontrollen anlegen und verhältnismäßig abstrakte Ich-Identitäten fördern. Eine universalistische Moral bedarf auch einer gewissen Übereinstimmung mit solchen politischen und gesellschaftlichen Institutionen, in

[564] vgl.: Hayek von, F. A.: Die Verfassung der Freiheit. 2. durchgesehene Aufl., Tübingen 1983, S. 84f

[565] ebd.: Hayek von, F. A.: Die Verfassung der Freiheit, a. a. O. S. 78f

[566] vgl.: Habermas, J.: Erläuterungen zur Diskursethik, a. a. O. S. 25

denen postkonventionelle Rechts- und Moralvorstellungen bereits verkörpert sind."[567]

Bereits in den jüngsten Lebensjahren wird jedes Individuum tagtäglich auch zum Teilnehmer am wirtschaftlichen Verkehr und folglich ständig zu ökonomischen Entscheidungen veranlaßt; diese wird in der Regel jeder entsprechend seines wirtschaftlichen Blickwinkels[568] nach seinen höchstpersönlichen Nutzenüberlegungen treffen. er wird bei Kaufentscheidungen Preise vergleichen und in Marktwirtschaften jene Produkte auswählen, die seinen Vorstellungen entsprechen, er wird bei Kreditaufnahmen - z.B. zur Gründung eines Hausstandes - die Konditionen vergleichen und er wird - wahrscheinlich - auch sparen. Für sein Sparguthaben erhält er Zinsen und er entschließt sich möglicherweise nach Beratung wegen der gegenwärtig niedrigen Sparzinsen Investmentfonds auf Basis von Obligationen oder Aktien zu kaufen, um höhere Zinsen zu lukrieren. Eine derart gelagerte Verhaltensweise wird im allgemeinen als verantwortungsbewußte Tugend angesehen, weil Spargelder wiederum im wirtschaftlichen Kreislauf für Investitionen genützt werden können - also eine investive Wirkung implizieren[569] - und rationales Konsumverhalten (abgesehen vom "Snobappeal") eine regulierende Wirkung auf die Konsumentenpreise und das Warenangebot ausübt. Ganz im Sinne der Erkenntnisse von Adam Smith führt also somit das wirtschaftliche Entscheiden und Handeln nach dem Prinzip des Eigennutzes jedes einzelnen zum Wohle aller und erfreut sich allgemeiner Wertschätzung, solange es nach erlaubten Spielregeln innerhalb der vorgegebenen Rahmenordnung erfolgt.

Auch bedeutende Nationalökonomen der Gegenwart wie Wilhelm Röpke sehen das ebenso. Er erkennt in der Lehre von der Selbstversorgung des einzelnen die eigentliche sittliche Grundlage der Nationalökonomie und selbst wenn wir – wie er meinte – schlimmstenfalls nicht Besseres entdecken als die Triebfeder des nackten materiellen Vorteils, sollten wir nicht vergessen, daß derjenige, der für sich und die Seinen aus eigener Kraft und Verantwortung sorgt, nichts Geringes und Verächtliches tut. Jedenfalls ist er unserer Sympathie eher würdig als diejenigen, die diese Sorge im Namen einer „höheren" sozialen Ethik den anderen überlassen möchten, und auch als solche, die sich moralisch etwas darauf zugute tun, daß sie freigebig auf Kosten anderer sind. Die Wirtschaft selbst sei ein Teilbereich

---

[567] ebd.: Habermas, J.: Erläuterungen zur Diskursethik, a. a. O. S. 25;
vgl.: auch Abschnitt 2.9.3

[568] vgl.: Abschnitt 0.1

[569] Die Kapitalbildung hat aus ethischer Sicht folglich hinsichtlich ihrer Sozialfunktion eine überragende Bedeutung in der fortgeschrittenen Industriegesellschaft. Fortschritt und Wachstum, vor allem qualitatives Wachstum, bedingen die ständige Zunahme des Faktors Kapital und parallel dazu die entsprechende Qualifizierung des Faktors Arbeit!
Vgl. hiezu: Schnarrer, J. M. (Hrsg.): Gemeinwohl und Gesellschaftsordnung. Beiträge zum Naturrecht. Johannes-Messner-Gesellschaft 2, Wien 1997, S. 71

der Ethik: Ihre Funktionsfähigkeit setzt ein gewisses Maß an ethischen Werten bei allen Beteiligten voraus: Selbstdisziplin, Gerechtigkeitssinn, Ehrlichkeit, Fairneß, Ritterlichkeit, Maßhalten, Gemeinsinn, Achtung vor der Menschenwürde des anderen, feste sittliche Normen ... [570]

Doch schon im Micro-Bereich wird die Anschauung über moralisches Handeln häufig relativiert wenn es um die Entscheidungen von Unternehmen geht, die für den einzelnen - aus welchen Gründen auch immer - nicht nachvollziehbar sind. Bereits die Klein- und Mittelbetriebe - obwohl es sich um durchaus überschaubare Gebilde im Nahbereich handelt - sehen sich nicht selten der Anfeindung kritischer Geister und zahlreicher Institutionen (Arbeiterkammer, Gewerkschaften, Konsumentenvertreter, Politiker, usw.), trotz Einhaltung der "Spielregeln" ausgesetzt und mit den Vorwürfen mangelnder Moral, mangelnder Solidarität, Profitgier u.s.f. konfrontiert, soferne sie nichts anders tun als jeder einzelne auch: nach ihrem eigenen Vorteil zu streben. Nichtwirtschaftstreibende verlangen häufig mit moralischen Argumenten Selbstbeschränkung auf der Unternehmerseite und stellen nicht selten das Gewinnprinzip überhaupt in Frage. Auch prominente Wissenschafter wie P. Ulrich stehen dem Gewinnprinzip äußerst kritisch gegenüber.

2.8.1.1 Das Gewinnprinzip im Spannungsfeld der Ethiker[571]

"Der Haltung gegenüber dem 'Gewinnprinzip' kommt in der Diskussion um die Fundierung der Unternehmensethik eine derart grundlegende Rolle zu, dass sich die wichtigsten Ansätze systematisch nach dem Gesichtspunkt ordnen lassen, wieweit sie diesem vermeintlichen Prinzip und den ihm zugrunde liegenden ökonomistischen Prämissen verhaftet bleiben oder wieweit sie es durchbrechen und ethische Ansprüche an das unternehmerische Handeln mit den unternehmerischen Selbstbehauptungsbedingungen im marktwirtschaftlichen Wettbewerb in nichtökonomistischer Weise zu vermitteln vermögen."[572] Ulrich unterscheidet dabei im Wesentlichen vier Ansätze (siehe Abb. 2).

Die ersten drei Ansätze bleiben dem Gewinnprinzip in je spezifischer Weise und unterschiedlichem Maße treu. Die vierte Variante setzt jenseits des Gewinnprinzips an und unterstellt das unternehmerische Gewinnstreben durchgängig der unternehmerischen Legitimationspflicht. Der Grad der Anerkennung des Eigenwerts ethischer Gesichtspunkte und damit der Überwindung des "Gewinnprinzips" nimmt zwischen den vier erwähnten Ansätzen in der bezeichneten Reihenfolge zu.[573]

---

[570] vgl.: Schmitz, W.: Die ethische Fundierung der Ordnungspolitik, a. a. O. S. 236

[571] vgl.: auch Abschnitt 2.2.1

[572] Ulrich, P.: Integrative Wirtschaftsethik, a. a. O. S. 416

[573] vgl., ebd.: Ulrich, P.: Integrative Wirtschaftsethik, a. a. O. S. 418

Abbildung 2: Unternehmensethische Ansätze und ihr Verhältnis zum Gewinnprinzip[574]

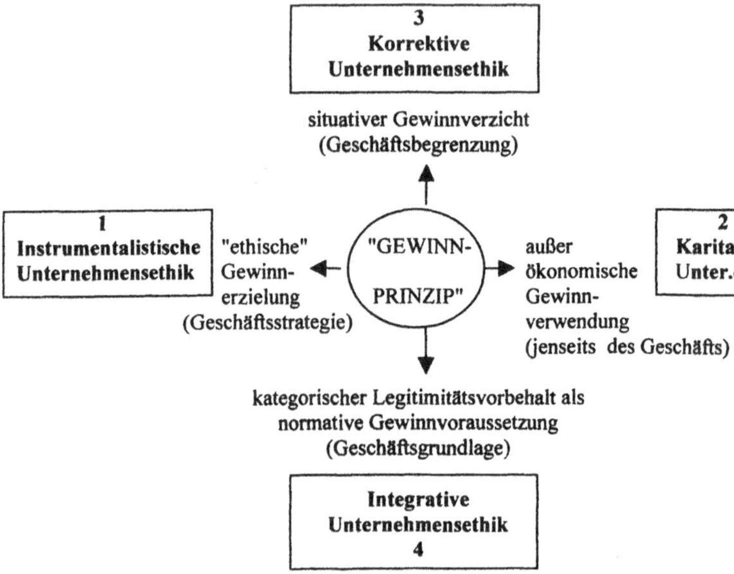

2.8.1.2 Instrumentalistische Unternehmensethik

Dieser Ansatz sieht Ethik als Teil der Politik des Unternehmens, um seine Stellung im Markt zu behaupten. "Aktives Wertemanagement und Moralcontrolling ist in modernen Gesellschaften ein Element modernen Firmenmanagements."[575] "Die 'Investition' in 'Ethik' im Sinne der Inkaufnahme gegenwärtiger Opportunitätskosten findet ihre Begründung im strategischen Zweck der Sicherung längerfristiger Gewinnpotentiale. Zu apostrophieren ist der Begriff der Ethik dabei, weil nicht der Eigenwert moralischer Gesichtspunkte, sondern die Funktionalität ihrer Berücksichtigung im Hinblick auf die unternehmerische Erfolgssicherung interessiert: Es kann unter Umständen klug sein, ethischen Ansprüchen 'Rechnung zu tragen'. Damit wird 'Ethik' zum Führungsinstrument und/oder zum Investitionsgut in langfristökonomischer Perspektive:"[576]

Aus ethischer Sicht bleibt das **Motiv** zu bemängeln:

---

[574] ebd.: Ulrich, P.: Integrative Wirtschaftsethik, a. a. O. S. 418

[575] Wieland, J.: Warum Unternehmensethik?, in: Forum für Philosophie. Bad Homburg 1994, S. 228

[576] Ulrich, P.: Integrative Wirtschaftsethik, a. a. O. S. 418

"Es geht hier offenkundig nicht oder zumindest nicht in erster Linie um eine ethische Maxime, sondern um ein Motiv strategischer Klugheit,"[577] um im Umgang mit der kritischen Umwelt mit ethischen Aussagen argumentieren zu können und die innerbetriebliche human relations ethisch zu verbrämen.

2.8.1.3 Karitative Unternehmensethik[578]

Auch gemäß diesem Denkmuster soll das unternehmerische Handeln zunächst strikt am Prinzip der Gewinnmaximierung ausgerichtet sein, um die erzielten Überschüsse in der Folge in Form einer Spendenethik oder einer karitativen Almosenethik guten Zwecken zuzuführen.
Wie die gespendeten Gewinnanteile erzielt worden sind, also die ethische Qualität der Geschäftsstrategien und -methoden selbst, bleibt dabei völlig ausgeblendet.
"Für den Prozess der unternehmerischen Erfolgserzielung ('profit-making') wird prinzipiell an der Verbindlichkeit des Gewinnmaximierungsprinzips festgehalten; anerkannt wird erst die Möglichkeit und Notwendigkeit des Einbringens ethischer Gesichtspunkte bei der nachfolgenden Erfolgsverwendung ('profit-spending'). Die Trennung zwischen beiden Aspekten ist allerdings weniger eindeutig, als es auf den ersten Blick erscheinen mag: Die später zur guten Verwendung verfügbaren Gewinne werden ja umso höher sein, je konsequenter ein Unternehmen die gegenwärtigen 'Überschüsse' zunächst reinvestiert statt sie auszuschütten. In langfristökonomischer Perspektive schwindet somit im karitativen Konzept die 'Möglichkeit' unverzüglicher Wohltätigkeit; es gilt dann stets 'zunächst' die Gewinne zu maximieren.
Verkannt wird bei einer solchen Unternehmensethik (...) aber vor allem, daß wesentliche natürliche und soziokulturelle Voraussetzungen oder Qualitäten des guten Lebens und gerechten Zusammenlebens, die durch striktes Gewinnmaximierungsverhalten tangiert oder beschädigt werden (z.B. irreversible ökologische Schäden oder psychosomatische Folgen inhumaner Arbeitsbedingungen für den arbeitenden Menschen), nicht den Charakter käuflicher Güter haben und daher die Missachtung ihres Eigenwerts nicht nachträglich mit Geld abgegolten oder entschädigt werden kann. Dieselbe ökonomistische Verkürzung der unternehmensethischen Problematik findet sich in der bekannten Kuchen-Metapher, dergemäss der 'Gewinnkuchen' (oder in der volkswirtschaftlichen Variante: der 'Sozialproduktkuchen') zuerst gebacken werden müsse, bevor er verteilt werden könne; je größer der Kuchen, um so mehr könne für ausserökonomische Zwecke wie Umweltschutz und soziale Wohlfahrt verteilt werden."[579]

---

[577] Ulrich, P.: Integrative Wirtschaftsethik, a. a. O. S. 419
[578] vgl., ebd.: Ulrich, P.: Integrative Wirtschaftsethik, a. a. O. S. 421ff
[579] ebd.: Ulrich, P.: Integrative Wirtschaftsethik, a. a. O. S. 422f

2.8.1.4 Korrektive Unternehmensethik: Ethik als situative Selbstbegrenzung des unternehmerischen Gewinnstrebens[580]

Unternehmensethik beginnt gemäß dieses Ansatzes überhaupt erst mit der freiwilligen Selbstbegrenzung des Gewinnstrebens, womit implizit oder explizit das Gewinnmaximierungsziel aufgegeben wird. Charakteristischen Niederschlag findet dieser Ansatz beispielsweise in einem Ethik-Kodex, der im Sinne der moralischen Selbstbindung der Unternehmensleitung (oder auch einer ganzen Branche) die moralischen Leitlinien und "Grenzwerte" definiert, die das eigene Erfolgsstreben in Schranken weisen sollen.
Ethik verursacht demzufolge durch die Durchbrechung des Gewinnprinzips Kosten, ohne daß diese den Charakter einer Investition haben.
Für den "Normalfall" wird an der ethischen Richtigkeitsvermutung des Gewinnprinzips festgehalten. Im Konfliktfall, wenn diese Richtigkeitsvermutung durch ethische Bedenken von Betroffenen oder durch manifeste Konflikte mit ihnen erheblich in Frage gestellt wird, ist Unternehmensethik als "situationales Korrektiv" des Gewinnprinzips zu aktivieren: Gewinnprinzip und Unternehmensethik stehen also - so gesehen - im Verhältnis von Regel und Ausnahme.
Ulrich sieht selbst diese Art der Wirtschaftsethik, die Ethik als Korrektiv von Ökonomieversagen (Marktversagen)[581] als nicht hinreichend, denn sie ist bloß eine kompromißhafte Eingrenzung der ökonomischen Sachlogik durch „moralische Gartenzäune“[582]; seine Kritik wendet sich gegen „den Reflexionsstopp vor den vorgefundenen ‚marktwirtschaftlichen Bedingungen' und dem ökonomischen Rationalitätsverständnis als solchem“.[583] Als den Imperativen der Ethik entsprechende Unternehmenspolitik stellt Ulrich die

2.8.1.5 integrative Unternehmensethik[584]

zur Diskussion und führt aus:
"Die Verfolgung eines frei gewählten Unternehmenszwecks ist stets so weit und nur so weit legitim, wie dieser selbst in ethischer Perspektive 'möglich', nämlich im Lichte der moralischen Rechte aller von der Zweckverfolgung Betroffenen legitim ist. Jede ernsthafte, nicht (...) verkürzte Unternehmensethik beginnt daher (...) mit dem Grundsatz, dass Unternehmer nur solche Unternehmenszwecke und Handlungsorientierungen verfolgen sollen, die ethisch legitim und verantwortbar sind. Es geht somit um nicht mehr und nicht weniger als darum, das unternehmerische Erfolgs- und Gewinnstreben kategorisch der normativen Bedingung der Legitimität unterzuordnen. Darin - und nicht im 'Gewinnprinzip' - ist das oberste unternehmensethische Prinzip zu erkennen.

---

580 vgl.: Ulrich, P.: Integrative Wirtschaftsethik, a. a. O. S. 424ff
581 vgl.: Koslowski, P.: Prinzipien der Ethischen Ökonomie. Tübingen 1988, S. 31ff
582 Ulrich, P.: Integrative Wirtschaftsethik, a. a. O. S. 103
583 ebd.: Ulrich, P.: Integrative Wirtschaftsethik, a. a. O. S. 103
584 vgl.: Ulrich, P.: Integrative Wirtschaftsethik, a. a. O. S. 427ff

Der integrative Ansatz der Unternehmensethik zielt darauf, das unternehmerische Erfolgsstreben von vornherein und buchstäblich von Grund auf auf eine tragfähige normative 'Geschäftsgrundlage' (Legitimationsbasis) zu stellen, statt wie im korrektiven Ansatz Ethik bloß als äußere Grenze des 'normalerweise' als ethisch gerechtfertigt vermuteten 'Gewinnprinzips' zu konzipieren."[585]
"Integrative Unternehmensethik versteht sich als permanenter Prozess der vorbehaltlosen kritischen Reflexion und Gestaltung tragfähiger normativer Bedingungen der Möglichkeit lebensdienlichen unternehmerischen Wirtschaftens. Die Unternehmung soll (bzw. will in ethischer Selbstbindung) ihre Existenzsicherung und ihren betriebswirtschaftlichen Erfolg im Wettbewerb ausschliesslich mit gesellschaftlich legitimen und sinnvollen Strategien unternehmerischer Wertschöpfung erreichen. Die damit umschriebene allgemeine Grundnorm integrativer Unternehmensethik sei Geschäftsintegrität genannt. Ihren Härtetest erfährt die Geschäftsintegrität immer dann, wenn erfolgbringende und zugleich ethisch tragfähige Geschäftsstrategien nicht ohne weiteres gefunden oder entwickelt werden können. Konsequenterweise ist in solchen Fällen auf die entsprechenden Gewinnchancen zu verzichten und die Sicherung der Unternehmensexistenz auf anderen Wegen mit besserem normativen 'Unterbau' anzustreben."[586]
Es ergibt sich daraus die Notwendigkeit, daß das Unternehmen von den Sachzwängen des Marktes losgelöst auf betriebswirtschaftlicher Ebene hinterfragt, ob und wieweit der normative Geltungsanspruch der bestehenden Spielregeln des marktwirtschaftlichen Wettbewerbs aus dem Blickwinkel der Ethik überhaupt Gültigkeit hat.
Darauf aufbauend geht es um die Frage, inwieweit "...die republikanische Mitverantwortung der 'Privatwirtschaft' für die branchen- und insbesondere die ordnungspolitischen Rahmenbedingungen geht, unter denen die einzelne Unternehmung sich die Aufgabe der Selbstbehauptung im Wettbewerb überhaupt zumuten lässt. Als systematische Konsequenz ist die integrative Unternehmensethik in sich schon zweistufig zu konzipieren - zusätzlich zu und nicht etwa an Stelle der (unbestrittenen) Zweistufigkeit von Ordnungs- und Unternehmensethik: Die Integration von Ethik und betriebswirtschaftlicher Erfolgslogik wird als unternehmerische Herausforderung der Geschäftsintegrität begriffen (1. Stufe), die jedoch ordnungspolitisch zu ermöglichen und zu unterstützen ist, wofür die Unternehmensleitungen über die unmittelbare Geschäftsethik hinaus ihre republikanisch-politische Mitverantwortung (2. Stufe) auf Firmen- ebenso wie auf Verbandsebene erkennen und wahrnehmen sollen (siehe Abb. 3)
Peter Ulrich sieht jedenfalls unternehmerisches Handeln, das nicht mit ethischen Grundprinzipien in Konflikt gerät durch

[585] ebd.: Ulrich, P.: Integrative Wirtschaftsethik, a. a. O. S. 427f
[586] ebd.: Ulrich, P.: Integrative Wirtschaftsethik, a. a. O. S. 428f

Abbildung 3: Integrative Wirtschaftsethik

2. Stufe der Verantwortung:
Republikanische Unternehmensethik

Kritische Hinterfragung gegebener Wettbewerbsbedingungen, die in unternehmensethische Dilemmasituation führen

1. Stufe der Verantwortung: **Geschäftsethik**
Suche nach rentablen Wegen sozialökonomisch sinnvollen und legitimen Wirtschaftens innerhalb der ordnungspolitischen Rahmenbedingungen (Geschäftsintegrität)

- **unternehmerische Wertschöpfungsaufgabe**
  lebensdienlicher Unternehmenszweck auf einer tragfähigen normativen "Geschäftsgrundlage" (Legitimitätsprämisse und Sinngebung)

- **branchen- und ordnungspolitische Mitverantwortung**
  für ethisch verantwortbare Standards und Rahmenbedingungen des Wettbewerbs
  (ordoliberales Engagement in Richtung einer vitalpolitisch eingebundenen, lebensdienlichen Marktwirtschaft)"[587]

2.8.1.6 Die unternehmerische Wertschöpfungsaufgabe (Geschäftsethik)

beschränkt. "Die Grundfunktion jeder Unternehmung, die sie von anderen gesellschaftlichen Organisationstypen unterscheidet, ist und bleibt selbstverständlich die Erstellung entgeltlicher Marktleistungen für Abnehmer; doch unter dem Gesichtspunkt der Lebensdienlichkeit ist das noch keine hinreichende Bestimmung des Unternehmenszwecks. Vielmehr beginnt integrative Unternehmensethik mit der sinngebenden Orientierung der unternehmerischen Tätigkeit an einer 'Vision' der lebenspraktischen Werte, die geschaffen werden sollen, seien es solche auf der Ebene der menschlichen Lebensgrundlagen oder solche auf der Ebene der Erweiterung der menschlichen Lebensfülle.
Dabei kann es entweder um einen Beitrag zur Verbesserung der privaten Lebensqualität der Abnehmer von Konsumgütern oder Dienstleistungen oder aber - anspruchsvoller - um die bessere Erfüllung einer grundlegenden gesellschaftlichen Aufgabe (z.B. der Ernährung, der Bereitstellung von Wohnraum, des Verkehrs, der Gesundheit, der Bildung usw.) gehen. Das Engagement für eine Wertschöpfungsidee, die darauf zielt, einen echten Beitrag zur gesellschaftlichen Lebensqualität zu leisten, ist selbst schon Ausdruck der republikanisch-ethischen Grundhaltung einer Unternehmensleitung."[588]

---

[587] Ulrich, P.: Integrative Wirtschaftsethik, a. a. O. S. 429f
[588] Ulrich, P.: Integrative Wirtschaftsethik, a. a. O. S. 430f

Maßgeblich dafür ist eine entsprechende Vision des Unternehmers, bedeutsame Anliegen und Bedürfnisse in innovativer Weise besser und lebensdienlicher als bisher zu erfüllen (z.B. Migros, 3. Welt-Läden, Body Shop).
"Aus der Perspektive der integrativen Unternehmensethik ist hier der systematische Gedanke wesentlich, dass die Lebensdienlichkeit der unternehmerischen Wertschöpfungsidee als die konstitutive ethische und funktionale Grundlage des Geschäftserfolgs verstanden wird, wobei aber der kategorische Vorrang der begründenden Lebensdienlichkeit vor der betriebswirtschaftlichen Erfolgsträchtigkeit durchzuhalten ist. Am Anfang steht nicht ein strategisches Kalkül, sondern die lebenspraktische Frage: 'Wofür setzen wir uns ein?' (...) Die Bestimmung der unternehmerischen Wertschöpfungsaufgabe ist nämlich zugleich der systematische Ort, an dem die Unternehmensleitung die Möglichkeit einer von Grund auf in ethischer Hinsicht reflektierten strategischen Wahl der marktspezifischen 'Sachzwänge' hat,"[589] unter die zu stellen sie überhaupt gewillt ist und die somit verhindert, in das Dilemma zu geraten zwischen Sachzwängen zur Behauptung am Markt und ethisch fragwürdigen Entscheidungen wählen zu müssen.
Insofern ist es unternehmerisch klug, neue Geschäftsstrategien von Anfang an auf einer auch in ethischer Perspektive zukunftsfähigen Schnittfläche möglicher geschäftspolitischer Synthesen aufzubauen:
"Wir können Ethik und Strategie nicht verbinden, wenn es keinen Schnittpunkt gibt zwischen den Werten, die wir vertreten, und den Geschäftspraktiken, in denen diese Werte zum Ausdruck kommen. Wenn wir unsere Strategie wirklich auf Moral aufbauen und nicht nur eine nachträgliche Rechtfertigung für unsere Handlungen suchen, dann müssen wir die Frage: 'Wofür setzen wir uns ein?' bereits vor unseren grundlegenden strategischen Entscheidungen stellen. Wir können sie nicht auf später verschieben."[590]
Eine umfassende unternehmerische Wertschöpfungskonzeption begrenzt ihren Blick dabei nicht allein auf den unmittelbaren Kundennutzen der am Markt angebotenen Produkte oder der erbrachten Dienstleistungen, sondern integriert auch die Bedingungen der Produktion, die marktinternen Effekte auf Lieferanten und Konkurrenten sowie die gesamten sozialen und ökologischen Folgen der Produkt- bzw. Leistungsverwendung after sale. Mit anderen Worten: Eine ethisch fundierte Geschäftsstrategie bezieht den ganzen Lebenszyklus der anzubietenden Produkte, von den Rohstoffen über die Transportwege, die Produktionsverfahren und die Verwendungsbedingungen bis zum Recycling wiederverwendbarer Teile oder Materialien und zur Entsorgung des Abfalls in die Beurteilung der Wertschöpfung ein.[591]

---

[589] Ulrich, P.: Integrative Wirtschaftsethik, a. a. O. S. 432

[590] Freeman, R. E.; Gilbert, D. R.: Unternehmensstrategie, Ethik und persönliche Verantwortung. Frankfurt - New York 1991, S. 98

[591] vgl.: Ulrich, P.: Integrative Wirtschaftsethik, a. a. O. S. 433

Als kritische Anmerkung hiezu sei jedoch festgehalten, daß diese Argumentation Ulrichs an den falschen Adressaten gerichtet ist: das Problem der Normenanwendung trifft vielmehr die für deren Schaffung verantwortliche politische Ebene; die Unternehmen können ihr Handeln lediglich auf diejenigen, sich als universalistisch verstehenden Bedingungen, die noch keineswegs als solche in den Rahmenordnungen verwirklicht sind, ausrichten.
Auf diese Problematik weist auch Apel ausdrücklich hin: "Man muß (...) zwischen zwei Problemen unterscheiden: zwischen dem - auch schon unter den Bedingungen einer konventionellen, prä-universalistischen Moral bestehenden - Problem der klugen Anwendung von Normen auf komplexe Situationen und dem - für die geschichtliche Realisierung einer postkonventionellen Moral charakteristischen - Problem der Herstellung der Anwendungsbedingungen. Dieses letztere Problem kann leider nicht allein durch kontrafaktische Vorwegnahme der Bedingungen solidarischer Kooperation gelöst werden."[592]

2.8.2 Ethisches Handeln auf der Stufe der Betriebswirtschaft

Grundsätzlich ist die Betriebswirtschaft "ein Gebilde, das gekennzeichnet ist durch eine arteigene Planung und Organisation, die im Hinblick auf das Leistungsziel (Betriebszweck) und die Leistungseigenart ausgerichtet sind."[593] An der Spitze der Leistungs- oder Funktionsbereiche steht die Planung und hat mit der Organisation (einschließlich Leitung des Unternehmens) gemeinsam, daß sie "eine das Handeln bewirkende Tätigkeit ist".[594] "Sie ruft mittelbar, die Organisation unmittelbar anderes Handeln hervor."[595] "Daß die Planung unter dem Gesichtspunkt der Wirtschaftlichkeit zu erfolgen hat"[596] ist das Wesen von Betriebswirtschaften, die ihre Aufgabe als Organe der Volkswirtschaft zu erfüllen haben[597], da die Gesamtheit ihrer Leistungen "über die Grenzen der Betriebswirtschaft in überwirtschaftliche Zusammenhänge"[598] hineinreichen. Es ist jedoch auch ein fundamentales Anliegen der Betriebswirtschaftslehre, festzustellen, daß ein Betrieb ein soziales Gebilde darstellt und eine der wesentlichen Aufgaben eines Unternehmens darin besteht, eine echte Betriebsgemeinschaft zu begründen.[599]

---

592 Apel, K.-O.: Diskurs und Verantwortung, a. a. O. S. 295

593 Hruschka, E.: Aufdeckung und Beseitigung betrieblicher Verlustquellen. Grundlagen zur betriebswirtschaftlichen Beratung von Klein- und Mittelbetrieben. Stuttgart 1966, S. 3

594 ebd.: Hruschka, E.: Aufdeckung und Beseitigung betrieblicher Verlustquellen, a. a. O. S. 5

595 ebd.: Hruschka, E.: Aufdeckung und Beseitigung betrieblicher Verlustquellen, a. a. O. S. 5

596 ebd.: Hruschka, E.: Aufdeckung und Beseitigung betrieblicher Verlustquellen, a. a. O. S. 7

597 vgl.: Kosiol, E.: "Rentabilität" in: Handwörterbuch der Betriebswirtschaft. Band III. Stuttgart 1960. Sp 4643

598 Hruschka, E.: Aufdeckung und Beseitigung betrieblicher Verlustquellen, a. a. O. S. 25

599 vgl., ebd.: Hruschka, E.: Aufdeckung und Beseitigung betrieblicher Verlustquellen, a. a. O. S. 26

Demzufolge erlangen in der Planung und Entscheidung der Betriebswirtschaften normative Prämissen der Ethik eine grundsätzliche, das Handeln bestimmende, Bedeutung.[600]

Neben der Bereitschaft zur Übernahme von Risken und des Einsatzes seines Kapitals ist es - neben den 3 Elementarfaktoren - Arbeitsleistung, Betriebsmittel und Werkstoffen vor allem der **dispositive Faktor**[601], der die Tätigkeit eines Unternehmens kennzeichnet: die Geschäfts- und Betriebsleitung.
"... Aufgabe ist es, die Elementarfaktoren zu kombinieren. Versagt der dispositive Faktor, dann kann kein geordneter betrieblicher Prozeß zustande kommen. Werden die beiden Führungsfunktionen Planung und Organisation auf besondere Instanzen übertragen, dann gliedert sich der dispositive Faktor in die drei Faktoren: Geschäfts- und Betriebsleitung, Planung und Organisation. Das System der produktiven Faktoren besteht dann aus dem System der drei Elementarfaktoren: menschliche Arbeitsleistung, Betriebsmittel, gegebenenfalls auch Werkstoffe, und den drei dispositiven Faktoren: Geschäfts- und Betriebsleitung, Planung und Betriebsorganisation."[602]

Die unternehmerische Aufgabe erschöpft sich nicht in der Erstellung und Verwertung von Sachgütern und Dienstleistungen für den Markt, sondern es ist "die Aufgabe der Führungsorgane (...) die Unternehmungspolitik auf nahe und weite Sicht festzulegen. Diese Aufgabe kann den leitenden Organen in den Unternehmen niemand abnehmen. Sie gehört ganz und gar zur Unternehmensleitung, ist die Führungsaufgabe schlechthin. (...) Charakteristisch für diese Aufgabe ist die Tatsache, daß sie in die Zukunft gerichtet ist,"[603] folglich ein irrationales Element enthält, das dem dispositiven Faktor nun einmal innewohnt[604] und für unternehmerische Entscheidungen neben Sachkenntnis und Erfahrung "Vorstellungsfähigkeit und Urteilskraft"[605] erfordert. Nicht zu Unrecht hat der vielseitige Denker, evangelische Schriftsteller, Arzt, Augenarzt, Philosoph, Ökonom und Staatslehrer Jung-Stilling[606] Unternehmer bereits im 18. Jh. als "Handlungsgenies"[607] bezeichnet.

---

600 vgl.: Braun, E.: Werturteile in theoretischer und angewandter Betriebswirtschaftslehre, in: Journal für Betriebswirtschaft 2/79. Wien 1979, S. 87ff

601 vgl.: Gutenberg, E.: Einführung in die Betriebswirtschaftslehre. 1. Lieferung, Reihe A, (Betriebs-wirtschaftslehre) 1. Beitrag, Wiesbaden 1958, S. 27

602 ebd.: Gutenberg, E.: Einführung in die Betriebswirtschaftslehre, a. a. O. S. 27

603 ebd.: Gutenberg, E.: Einführung in die Betriebswirtschaftslehre, a. a. O. S. 45

604 vgl., ebd.: Gutenberg, E.: Einführung in die Betriebswirtschaftslehre, a. a. O. S. 12ff

605 ebd.: Gutenberg, E.: Einführung in die Betriebswirtschaftslehre, a. a. O. S. 45f

606 vgl.: Klose, A.: Johann Heinrich Jung-Stilling als Sozialethiker. Siegen 1992, S. 9

607 vgl.: Kröger, C.: Herrn Professor Jungs Abhandlungen, oeconomisch und statistischen Inhalts. Kopenhagen-Leipzig 1788. Zit. in: Klose, A.: Johann Heinrich Jung-Stilling als Sozialethiker, a. a. O. S. 43

Inwieweit nun Entscheidungen in den Betriebswirtschaften den Anforderungen der Ethik entsprechen bzw. nicht entsprechen, ist aber ebenso wie bei den Handlungen jedes Nichtunternehmers eine Frage des höchstpersönlichen Ethikverständnisses der/s Unternehmer/s bzw. Manager/s. Großfirmen haben häufig ihre eigene Unternehmenskultur mit moralischen Leitsätzen für unternehmerisches Handeln in „Leitlinien“, einer quasi Unternehmensverfassung, codifiziert.[608]
Sie alle haben etwas gemeinsam: In den marktwirtschaftlich organisierten Volkswirtschaften sind dynamische Unternehmer erforderlich, "die in der Lage sind, eine bestmögliche Versorgung mit Gütern und Dienstleistungen zu gewährleisten."[609]

Bei Betriebswirtschaften in marktwirtschaftlichen Wirtschaftssystemen herrscht das erwerbswirtschaftliche Prinzip vor. Es besagt, daß es Ziel der Betriebswirtschaft sei, Einkommen für jene Haushalte zu erwirtschaften, die das erforderliche Eigenkapital zur Verfügung stellen.
Das erwerbswirtschaftliche Prinzip findet seinen Ausdruck im Gewinnstreben. Grundsätzlich ergibt sich der Gewinn als Differenz aus Leistungen und Kosten. Im Grunde kann jedoch nicht vom Gewinnziel schlechthin gesprochen werden. Es ist vielmehr davon auszugehen, daß in der Praxis mehrere Formen des Gewinnziels vorliegen, und daß auch diese nur als Konventionen festgelegt sind, da Leistungen und Kosten sich nur auf der Basis bestimmter Wertvorstellungen definieren lassen.[610]
Im Industriebetrieb ist als weitere bedeutsame Zielgröße das Wirtschaftlichkeitsstreben herauszustellen. In der Betriebswirtschaftslehre finden sich verschiedene Interpretationen des Wirtschaftlichkeitsprinzips. "Die Interpretationen knüpfen jeweils an unterschiedlichen Maßgrößen an. Zunächst ist zwischen einzelwirtschaftlicher und gesamtwirtschaftlicher Wirtschaftlichkeit zu trennen. Bei gesamtwirtschaftlicher Wirtschaftlichkeit wird die Betriebswirtschaft danach beurteilt, wie sie zur Erfüllung gesamtwirtschaftlicher Aufgaben beiträgt. Vielfach wird die Meinung vertreten, daß eine derartige Zielsetzung für eine Betriebswirtschaft nicht direkt meßbar und daher nicht praktikabel ist."[611]
Im Zielkatalog jeder Betriebswirtschaft ist überdies in der Regel das Sicherheitsstreben zu finden, nämlich der Gedanke der Aufrechterhaltung der Leistungskraft des Unternehmens.[612]

---

608 vgl.: Branahl, M.: Zum Verhältnis von sittlicher und ökonomischer Rationalität – aufgezeigt am Beispiel der Unternehmenskultur der Siemens AG, Köln 1991, S. 178ff

609 Klose, A.: Unternehmerethik, a. a. O. S. 11

610 vgl.: Heinen, E.: Industriebetriebslehre als Entscheidungslehre. Erster Teil. In: (ders.) (Hrsg.): Industriebetriebslehre. Entscheidungen im Industriebetrieb, a. a. O. S. 42

611 ebd.: Heinen, E.: Industriebetriebslehre als Entscheidungslehre. Erster Teil. In: (ders.) (Hrsg.): Industriebetriebslehre. Entscheidungen im Industriebetrieb, a. a. O. S. 43

612 vgl., ebd.: Heinen, E.: Industriebetriebslehre als Entscheidungslehre. Erster Teil. In: (ders.) (Hrsg.): Industriebetriebslehre. Entscheidungen im Industriebetrieb, a. a. O. S. 44

Unterschiedlich zur mehr oder minder mechanischen Entscheidungsfindung der Quasiunternehmer in planwirtschaftlich ausgerichteten Gesellschaftssystemen kennzeichnen der Wille zum Erfolg (aber auch die Bereitschaft für Mißerfolge des eigenen Handelns einzustehen), Risikofreude, Leistungsbereitschaft, sowie Phantasie und Unternehmungslust den Unternehmer in der Marktwirtschaft.[613] "Kennzeichnend für den Unternehmer ist die Notwendigkeit, sich immer neuen Entscheidungssituationen zu stellen, das unternehmerische Handeln wird nicht nur für die Unternehmer selbst, sondern auch für alle Mitarbeiter und viele andere Menschen bedeutsam. Gesamtwirtschaftlich gesehen hängt die wirtschaftliche und soziale Entwicklung eines Landes sehr weitgehend davon ab, daß diese unternehmerischen Entscheidungen (...) bestmöglich erfolgen."[614]
Es stellt sich daher auch unweigerlich die Frage, inwieweit Unternehmen als solche (und nicht nur die jeweiligen "verantwortlichen Führungskräfte" als "moralische Person" (in Analogie zur "juristischen Person") Verantwortung zu tragen haben, wenn sie aber Verantwortung trägt, dann wofür, wem gegenüber und wie weitreichend?[615] Trotz häufiger Kritik wird aufmerksamen Beobachtern des Wirtschaftsgeschehens kaum verborgen bleiben, "..., daß ethische Motive in der Unternehmerentscheidung (...) eine größere Rolle spielen, als einer breiten Öffentlichkeit bewußt ist."[616]
Es kann aber keineswegs wegdiskutiert werden, daß - sollen Betriebswirtschaften ihre Aufgabe in der Gesellschaft erfüllen können - die Wahlmöglichkeit bei Unternehmensentscheidungen - auch wenn diese oft mit ethischen Argumenten in Frage gestellt werden Sachzwängen unterworfen sind, die von den übergeordneten Wirtschaftsstufen gleichsam als Daten vorgegeben sind.
Neu dabei ist im Zeitalter der Globalisierung allerdings, daß sich die Menge der als Entscheidungsparameter zu berücksichtigenden Daten erheblich vermehrt und die Wirkungsintensität bei der Implementierung der "Geschäftsethik" relativiert haben:
Je nachdem, auf welcher Ebene des Stufenbaus der Wirtschaft das Unternehmen angesiedelt ist, unterliegen die unternehmerischen Entscheidungen unterschiedlichen Prämissen mit unterschiedlicher Wirkungskraft. Im Micro-Bereich der Wirtschaft haben wir es weitgehend mit Klein- und Mittelbetrieben zu tun, im Mesobereich agieren zumeist Großbetriebe und internationale Konzerne und im Macro-Bereich finden sich die TNC's.

---

[613] vgl.: Klose, A.: Unternehmerethik, a. a. O. S. 12
[614] ebd.: Klose, A.: Unternehmerethik, a. a. O. S. 12f
[615] vgl. zu diesem Thema: Hrubi, F. R.: Spielräume der Verantwortung oder Wozu philosophieren wir eigentlich? In: Vetter, H.; Pöltner, G.; Kampits, P. (Hrsg.): Verantwortung. Beiträge zur praktischen Philosophie, a. a. O. S. 69ff
[616] Klose, A.: Unternehmerethik, a. a. O. S. 9

2.8.2.1 Unternehmerethik im Micro-Bereich

"Unternehmerethik ist im normativen Sinn die Lehre vom rechten Handeln und Entscheiden des Unternehmers in existentiellen Fragen, in denen eine Orientierung an ökonomisch-rationalen Motiven nicht ausreicht. In diesem Sinn handelt es sich um eine Form der Individualethik: eine auf die Person des Unternehmers abgestellte Sollenslehre. Im besonderen ist die Unternehmerethik Persönlichkeitsethik: Es ist dem Menschen aufgetragen, sein Selbst zu verwirklichen, seine Persönlichkeit zu entfalten, die in ihm angelegten Kräfte zur Durchsetzung zu bringen (...). Diese Selbstverwirklichung ist nur dem Menschen möglich: Sie bedarf einer immer neu sichtbaren Eigeninitiative. Der Unternehmer ist seinen ganzen Aufgaben nach auf eine solche Selbstverwirklichung in seiner beruflichen und persönlichen Situation hin angelegt. Der Wettbewerb zwingt ihn immer wieder dazu, seine Fähigkeiten zur Geltung zu bringen.
Der Unternehmer lebt nicht isoliert von der Gesellschaft, sondern in seinem Unternehmen, im Kontakt mit den Mitarbeitern, mit Kunden und Geschäftsfreunden, mit Personen aus der Verwaltung und den Interessenvertretungen und vielen anderen. (...). So gehen seine Aktivitäten über den Unternehmensbereich hinaus, er wird selbst mitgestaltend am Gesellschaftsleben, oft auch am politischen Entscheidungsprozeß tätig. So treten an ihn auch in sozialethischer Hinsicht Aufgaben und Anforderungen heran. Auf jeden Fall stellen sich immer wieder auch Probleme der Sozialethik im Zusammenhang mit der Unternehmerethik, vor allem solche der politischen Ethik."[617]

Auf dieser Ebene des Stufenbaus der Wirtschaft hat schon allein auf Grund der unmittelbaren gesellschaftlichen Nachbarschaft und oftmals der Identität des Unternehmers mit dem Unternehmen als ein und dieselbe moralische Person (im oben erwähnten Sinn) Handeln auf Grund ethisch vertretbarer Entscheidungen die größtmögliche Realisationsmöglichkeit. Selbst wenn die handlungsbestimmenden Maximen nicht auf ein entsprechend entwickeltes Gewissen zurückzuführen sein sollten, zwingen die Bedürfnisse nach Zugehörigkeit, Achtung, Selbstentfaltung usw. - also wesentliche Faktoren dessen, was - "das gute Leben" bzw. die Selbstverwirklichung ausmacht - neben einer Unzahl von rechtlichen Normen Unternehmer von Klein- und Mittelbetrieben zur Orientierung an einer restriktiven Geschäftsethik.
Über die rechtlichen Normen hinausgehend sind nämlich bei der Entscheidungsfindung auch Reziprozitätserwartungen wirksam; mögliche Sanktionen seitens der Kontrahenten am Markt sind auf Grund der unmittelbaren gesellschaftlichen Nachbarschaft in nur geringer Nähe gravierende Entscheidungsparameter mit exorbitanter Wirkung und führen möglicherweise bei Nichtbeachtung nicht nur zum Ehr- sondern auch zum Existenzverlust.

---

[617] Klose, A.: Unternehmerethik, a. a. O. S. 128

Trotz der durch die staatliche Gesetzgebung vorgegebenen Sachzwänge - man denke diesbezüglich nur an die Unzahl der Bestimmungen für die Gründung eines Unternehmens, das Gewerbe- und Handelsrecht, das Wettbewerbsrecht sowie die große Anzahl der Gesetze des Abgaben-, Sozial-, Versicherungs- und Arbeitsrechts - ist für das Handeln des Unternehmers stets eine langfristige Perspektive bestimmend. Diese ist aber zunächst ein Kennzeichen jeglichen ethisch motivierten Handelns.[618]

Und dieses ethisch motivierte Handeln des Unternehmers kann ebenso wie das Handeln jedes anderen Menschen im Lichte der philosophischen Begründungszusammenhänge zwar auf einem irrenden moralischen Urteil fußen, "... nicht jedoch läßt sich sagen, daß er auf Grund des Irrtums im moralischen Urteil schon unmoralisch handelt, soferne er (...) hinreichende Anstrengungen unternommen hat, um sein moralisches Urteil zu kultivieren."[619]

Wenngleich auch Entscheidungen eines Unternehmers "... im Bereich seines freibleibenden Entscheidungsspielraumes vor allem nach rationalen Motiven, bezogen auf die unmittelbaren Ziele seines Unternehmens (...), also vor allem nach dem Gewinnprinzip"[620] zu fällen sind, verbleibt dennoch für sein Handeln im Rahmen seines Entscheidungsfeldes eine breite Palette von Handlungsmöglichkeiten, im Rahmen derer er wie jeder andere Mensch auch, "... vor seinem Gewissen verantwortlich ist."[621] Hier spielt sicherlich ein Branchenethos, die aus Zunftzeiten herübergerettete Standesehre mit hohen moralischen Ansprüchen, eine bedeutsame Rolle. Die Auswirkungen von Unternehmerentscheidungen gehen jedenfalls - unterschiedlich zu solchen von Nichtunternehmern - weit über die persönliche Existenzsicherung hinaus und sind in Summe von außerordentlicher Bedeutung für die Gesellschaft, denn selbst unzählige negativ operierende Betriebswirtschaften können insgesamt keine positiv bilanzierende Volkswirtschaft hervorbringen. So ist das schöpferische Element der Unternehmerfunktion entscheidend für die "Eröffnung neuer Möglichkeiten volkswirtschaftlichen Fortschritts und Wachstums mit der Folge der Erhöhung des allgemeinen Lebensstandards."[622] Ein in letzter Zeit brandaktuell gewordenes Problem erfordert eine ethische Entscheidung aus jenem Langzeitdenken heraus, das für die Unternehmerethik kennzeichnend ist: das Ziel der Erhaltung einer lebenswerten Umwelt.[623]

Man kann in diesem Sinne mit den Worten Alfred Kloses zusammenfassen:
"Unternehmerethik ist in gewisser Hinsicht Teilbereich der Wirtschaftsethik, wenn auch manche Fragestellungen gesellschaftspolitischer Art - etwa im Zu-

---

[618] vgl., ebd.: Klose, A.: Unternehmerethik, a. a. O. S. 14
[619] Klein, H. D.: Geschichtsphilosophie, a. a. O. S. 74
[620] Klose, A.: Unternehmerethik, a. a. O. S. 14
[621] ebd.: Klose, A.: Unternehmerethik, a. a. O. S. 15
[622] Messner, J.: Das Naturrecht. 5. Aufl., Innsbruck 1966, S. 1005f
[623] vgl.: Klose, A.: Unternehmerethik, a. a. O. S. 22

sammenhang mit dem Bildungsproblem - über das eigentlich Ökonomische hinausgehen. Der Standort der Unternehmerethik wurde in der ethischen Theorie vor allem mit dem Utilitarismus umschrieben: Das Nutzenprinzip allein reicht zur Kennzeichnung der geistig-ideologischen Position nicht aus. Pragmatismus sieht mehr auf die Folgen des Handelns als auf die Wahrheit menschlicher Urteile. Es ist ein pragmatisch-teleologisches Denken, das in der Unternehmerethik hervortritt.
Die Entscheidungssituation des Unternehmers ist überaus differenziert und unterschiedlich: So treten Gesichtspunkte der Situationsethik hervor. Im übrigen ist es das vielseitige Gedankengut des Liberalismus, das hier auch bestimmend mitwirkt.
Unternehmerethik ist vor allem Verantwortungsethik: Es ist der in schwieriger Handlungs- und Entscheidungssituation stehende Unternehmer, dem in der modernen so komplexen Wirtschaftsgesellschaft, aber auch im politischen System ein wichtiger Verantwortungsbereich zukommt.
Ethik ist mehr als ein Normensystem: Sie ist die Wissenschaft von den sittlich relevanten Tatsachen, von den letztmöglichen Begründungs- und Rechtfertigungsfragen von Moral, von sittlichem Handeln und Entscheiden. In diesem Sinn wird vor allem die Tatsache und die Funktion des Gewissens zu einer entscheidenden Frage: Auch in der Unternehmerethik kommt der Gewissensentscheidung erstrangige Bedeutung zu."[624]

Diese ist allerdings mit der Problematik behaftet, daß die traditionellen religiös-ethischen Normensysteme der verschiedenen Kulturen primär auf die Ehe-Familien und Nachbarschaftsbeziehungen innerhalb weniger Gruppen bezogen waren "und allenfalls durch gesinnungsethische Verallgemeinerungen dieser interpersonalen Normen eine kosmopolitische Dimension gewannen - so etwa in den Weltreligionen und im philosophischen Humanismus."[625]

Doch selbst der verantwortungsbewußteste Unternehmer, muß sich stets bewußt sein, daß seine Entscheidungen - und das bei Klein- und Mittelbetrieben, die zumeist unter atomistischer Konkurrenz agieren müssen in erhöhtem Maße - stets nach dem Modell des Gefangenendilemmas, (das in der Folge noch ausführlich behandelt wird) fallen: eine nicht wegzudiskturierende Tatsache, die den unternehmerischen Entscheidungsspielraum im Hinblick auf generelle Fragen der Moral ganz erheblich einschränkt.

2.8.2.2 Unternehmensethik im Mesobereich

worunter zufolge der gewählten Abgrenzung

---

[624] Klose, A.: Unternehmerethik, a. a. O. S. 128f
[625] Apel, K.-O.: Diskurs und Verantwortung, a. a. O. S. 23

- größere Unternehmen auf lokaler sowie auf internationaler Ebene
- die Verbände der einzelnen Volkswirtschaften
- die Volkswirtschaft/en selbst sowie
- die Überganzheiten der Volkswirtschaften in Gestalt der Großraumwirtschaften wie EU, NAFTA, usw.

zu zählen sind.

Auf Grund der geänderten Größenordnung - wobei die Grenzen zwischen Micro- und Mesobereich fließend sind, wird bereits bei oberflächlichster Betrachtung unschwer erkennbar, daß mit der zunehmenden Anzahl handelnder Individuen, der Wirkungsgrad der Moral des einzelnen Individuums - also die Individualethik - gegen Null konvergiert. Dennoch sind Unternehmen in der Regel als soziale Systeme zu verstehen, denen es schon aus ihrem Selbstverständnis heraus ein Anliegen ist, moralischen Ansprüchen zu genügen.[626] Selbst ein so fundamentaler Wert des Sollens wie der Kategorische Imperativ kann jedoch im größeren Bereich auf Grund seines Postulats der universellen Gültigkeit nur bedingt greifen, denn er setzt einen "atomistischen Begriff der Person voraus"[627] und entläßt den freien Willen aus den gegebenen sozialen Bindungen, die bei Überschreiten der Grenzen des Micro-Bereichs dem sittlichen Leben erst seinen Sinn geben.[628]

---

[626] Besonders deutlich wird dies bei Betrachtung der historischen Entwicklung der unternehmerischen Führungsaufgaben erkennbar. Als eine der ersten Führungsaufgaben galt zunächst die Durchsetzung von Arbeitsdisziplin, wozu man das Modell des Paternalismus als auch jenes der Bürokratie einsetzte. Die innerbetrieblichen sozialen Beziehungen waren zwar hierarchisch organisiert, zugleich bestanden jedoch enge persönlich-soziale Kontakte zwischen Unternehmer und Beschäftigten. Totale Hingabe an die Unternehmensziele und absolute Loyalität einerseits, soziale Verpflichtung für die Beschäftigten und solidarprotektionistische Fürsorge andererseits kennzeichnen die Unternehmenskultur. Bei Klein- und Mittelbetrieben existiert dieses Führungsmodell im Prinzip heute noch. Mit zunehmender Unternehmensgröße und der Durchsetzung anonymer Kapitalgesellschaften wird dieses Modell durch ein bürokratisches Führungsmodell abgelöst. Hochgehalten wird ein "rationaler Führungsstil", der durch eine eigens dafür bestellte "Unternehmensleitung" praktiziert wird. Es kommt zur weitgehenden Entpersönlichung der Arbeitsbeziehungen. Charakteristisch ist die strikte Trennung von Eigentümer- und Managementfunktion, das Kernstück der sogenannten "Managerial Revolution". In der sogenannten "zweiten industriellen Revolution" setzten sich dann Führungsmodelle durch, die sich am Vorbild der Maschine orientieren. Eine konsequente Umsetzung des Maschinen-Paradigmas erfolgte mit der "wissenschaftlichen Betriebsführung" nach Taylor, wobei die Motivation nur über Lohnanreize erfolgte. Schließlich folgten motivationsorientierte Managementkonzeptionen, in denen der Mensch nicht mehr als isolierte und ausschließlich durch materielle Anreize gesteuerte "Produktionseinheit" verstanden wird. Über den Human-Relation-Ansatz gelangte man zum Human-Resources-Ansatz und zur Entstehung einer motivationsorientierten Organisationstheorie, in der Unternehmen als soziale Systeme interpretiert wurden. Vgl.: Matis, H.: Führung im Wandel, in: Industrie. 99. Jg., Nr. 12, Wien 1999, S. 10

[627] Habermas, J.: Erläuterungen zur Diskursethik, a. a. O. S. 86

[628] vgl., ebd.: Habermas, J.: Erläuterungen zur Diskursethik, a. a. O. S. 86

Dem atomistischen Begriff einer Person entspricht zudem ein Gesellschaftskonzept, das dem auf Kalkül und Eigeninteresse zurückgeführten Lebenszusammenhang jede ihm selbst innewohnende moralische Qualität abspricht.[629]
Unternehmensethik, doch noch viel mehr die Ethik der Volkswirtschaften und deren Überganzheiten ist eine Ethik der Institutionen mit sämtlichen damit zusammenhängenden Fragestellungen der Implementation hinsichtlich gesellschaftspolitischer und wirtschaftspolitischer Werturteile und Wirtschaftsgesetze.[630]
Wirtschaftspolitik "ist immer zugleich durch überwirtschaftliche, gesamtgesellschaftliche oder sozialpolitische Zielsetzungen wie durch wirtschaftliche, an den Sacherfordernissen der Wirtschaft selbst abzulesende, geprägt."[631]
Solche komplexe Problemstellungen - Habermas bezeichnet sie als "pragmatische Diskurse" - verweisen, sobald das eigene mit dem fremden Interesse in Einklang gebracht werden muß, auf die Notwendigkeit von Kompromissen. In ethisch-politischen Diskursen geht es um die Klärung einer kollektiven Identität, die Raum lassen muß für die Mannigfaltigkeit individueller Lebensentwürfe. Das Problem der Zumutbarkeit moralischer Gebote motiviert zum Übergang von der Moral zum Recht. Und mit der Implementierung von Zielen und Programmen stellen sich schließlich Fragen der Übertragung und der neutralen Verwendung von politischer Macht.[632]

Bis vor wenigen Jahren war es noch vollkommen unbestritten, daß der Staat "die fundamentalen Leitsätze und Richtlinien für die wirtschaftspolitische Gestaltung aufzustellen [hat], wobei diese allerdings wenigsten auf die Dauer nicht so beschaffen sein können, daß durch sie das Eigenleben der Wirtschaft und ihre Sacherfordernisse vergewaltigt würden."[633]
Im Zeitalter der Globalisierung - bereits die EU ist Globalisierung[634] - scheint diese grundsätzliche Erkenntnis sich jedoch umgekehrt zu haben und es entsteht der Eindruck, als ob das Eigenleben und die Sacherfordernisse der Wirtschaft mittlerweile die Volkswirtschaften vergewaltigen.
In diesem Punkt erscheint Kritik der Globalisierungsgegner insoferne berechtigt, als zahlreiche rechtliche Normen der EU in derem Schoße geschaffen und in das nationale Recht lediglich transformiert werden. Es bleibt abzuwarten, ob bei der Vertiefung der EU die Befürworter des Zentralismus oder jene, die sich für die Regionalisierung und die Subsidiarität einsetzen, die Oberhand gewinnen. Mangels hinreichender Information kann lediglich vermutet werden, daß sich auch in

---

629 vgl.: Habermas, J.: Erläuterungen zur Diskursethik, a. a. O. S. 86
630 vgl.: Heinrich, W.: Wirtschaftspolitik, 1. Bd., a. a. O. S. 57
631 ebd.: Heinrich, W.: Wirtschaftspolitik. 1. Bd., a. a. O. S. 57
632 vgl.: Habermas, J.: Erläuterungen zur Diskursethik, a. a. O. S. 117
633 Heinrich, W.: Wirtschaftspolitik. 1. Bd., a. a. O. S. 57
634 vgl.: Stenzel, U.: in: "Zur Sache" in ORF 2 vom 19.4.1999

den anderen "Überganzheiten" ähnliche Problemstellungen ergeben und nach einer diskursiven Lösung verlangen.
Doch selbst dort, wo - z.B. in Österreich im Rahmen der Sozialpartnerschaft - die Kompromißfindung im Laufe von Jahrzehnten kultiviert und quasi ritualisiert wurde, stellen sich in der Ära der Globalisierung neue Fragen: War im Rahmen dieser nichtinstitutionalisierten Institution ein relativ kleiner social circle mit, im Laufe der Zeit, gefestigten, auf individualethischen Werten aufbauenden face-to-face Beziehungen mit dem kollektiven Bargaining unter dem vorrangigen Ziel "sozialer Friede" als Oberwert der nationalen Gesellschaftspolitik[635] befaßt, gelten auch hier neue Regeln: durch das Zusammenwachsen der einzelnen Volkswirtschaften zu einer Einheit werden für die Dauer dieses Prozesses Probleme der anderen Volkswirtschaften für die heimischen Vertreter vermehrt wirksam. So konfrontiert beispielsweise die Möglichkeit der freien Arbeitsplatzwahl der EU-Bürger die Gewerkschaften mit der Tatsache, daß innerhalb der EU gravierende Differenzen bei den Löhnen und Sozialstandards bestehen (z.B. portugiesische Bauarbeiter in der BRD) und daß somit auf die lokalen Verhandler im Rahmen der Sozialpartnerschaft Druck ausgeübt werden kann. Die lange bewährte Vorwegverständigung der Partizipanden des social circles wird à la longue von objektiven Sachzwängen verdrängt werden. Die bestehende individuelle Moral wird durch ihren Übergang auf anonyme Institutionen, was sich nach dem Entstehen eines homogenen Gebildes noch verstärken wird, schlußendlich obsolet.
Derart betrachtet bringt die Globalisierung möglicherweise in ferner Zukunft eine universell gültige Rahmenordnung und ebensolche Spielregeln für die Wirtschaft. Doch gegenwärtig stehen die Unternehmen, ebenso wie die Volkswirtschaften, in einem - zumeist atomistischen - Konkurrenzverhältnis und begegnen sich - nicht immer ohne Zuhilfenahme unlauterer Mittel - am Markt. Da es sich die moderne Wirtschaft kaum leisten kann, ausschließlich auf das Wohlwollen der Marktteilnehmer angewiesen zu sein, läßt sich aus ethischen Blickwinkel mit Homann/Blome-Drees formulieren:
"Die moderne Wirtschaft ist ein - mindestens - zweistufig ausdifferenziertes Handlungssystem mit Spielregeln und Spielzügen, in dem Moral und Effizienz paradigmatisch auf unterschiedlichen Ebenen und dadurch simultan abgearbeitet werden können: die Effizienz in den Spielzügen, die Moral in den Spielregeln. Gerade dadurch, daß man die Spielzüge von moralischen Forderungen entlastet und lediglich die Einhaltung der Spielregeln verbindlich macht, wird es möglich, die Wettbewerbshandlungen allein an der Effizienz auszurichten und die Moral in den Spielregeln, in den für alle Spieler verbindlichen Rahmenbedingungen, abzugelten. Daher kommen wir zu folgender grundlegender These: **Der systematische Ort der Moral in einer Marktwirtschaft ist die Rahmenordnung.**"[636]

---

[635] vgl.: Klose, A.: Gewissen in der Politik, a. a. O. S. 89
[636] Homann, K.; Blome-Drees: Wirtschafts- und Unternehmensethik, a. a. O. S. 35 (Herv. HPS)

Innerhalb dieser Rahmenordnung und selbst unter Einhaltung der Spielregeln setzen die am Markt teilnehmenden Wirtschaftssubjekte (sowohl Anbieter als auch Nachfrager) ihre Handlungen als Spielzüge mit eingeschränkten Möglichkeiten, die Homann/Blome-Drees in Anlehnung an das aus der Spieltheorie abgeleitete Gefangenendilemma, wie folgt erklären:
In diesem Modell des Gefangenendilemmas lassen sich wie in jedem Spiel Spielregeln und Spielzüge unterscheiden. Es ist bewußt so konstruiert, daß es eine Situation abbildet, in der zwei Spieler ein ihnen gemeinsames Interesse nicht realisieren, obwohl dies prinzipiell möglich wäre. Ihre Situation läßt sich folgendermaßen plausibilisieren: Zwei Untersuchungsgefangene - A und B - werden vor einen Haftrichter geführt. Er konfrontiert sie mit dem Entscheidungsproblem, eine ihnen zur Last gelegte Straftat entweder zu gestehen oder zu leugnen. Gestehen beide, so werden sie zu acht, leugnen beide, so werden sie - z.B. aufgrund eines nachweisbaren geringfügigen Delikts - zu zwei Jahren Freiheitsstrafe verurteilt. Treffen die beiden Gefangenen jedoch unterschiedliche Entscheidungen, so greift eine Kronzeugenregelung. Wer gesteht, kommt frei; wer leugnet, erhält die Höchststrafe von zehn Jahren. Mit diesen Informationen versehen werden beide Gefangenen in getrennte Zellen geführt. Sie erhalten keine Gelegenheit, ihr Verhalten aufeinander abzustimmen, sondern müssen ihre individuelle Entscheidung bekanntgeben, ohne zu wissen, wie der jeweils andere sich entschieden hat, d.h. es wird den Gefangenen unmöglich gemacht, ihr Verhalten durch verbindliche, sanktionsbewehrte Absprachen, etwa durch einen Vertrag, zu manipulieren.
Es ist unschwer nachzuvollziehen, daß beide Gefangenen ein gemeinsames Interesse an einer möglichst geringen Haftstrafe haben. Im Prinzip könnten sie dieses Interesse durch ein beiderseitiges Leugnen auch realisieren. Daran werden sie jedoch durch die Struktur der Situation faktisch gehindert, die aufgrund ausgeklügelter Spielregeln so gestaltet ist, daß die kollektiv beste Lösung (= also jene für beide Gefangenen) aus individueller Sicht nur die zweitbeste und umgekehrt die kollektiv schlechteste Lösung aus individueller Sicht nur die zweitschlechteste Lösung ist.
Angesichts dieser Situation gestehen beide Gefangenen die Straftat und geraten so in einen Zustand, den beide bloß als suboptimal empfinden können. Aufgrund individueller Vorteilserwägungen kommt das kollektiv schlechteste Ergebnis zustande. Die Spielregeln sind so gesetzt, daß die beiden Gefangenen systematisch gegen ihre Interessen verstoßen müssen. Die Logik der Situation zwingt sie zu einer kollektiven Selbstschädigung.[637]

---

[637] vgl.: Homann, K.; Blome-Drees: Wirtschafts- und Unternehmensethik, a. a. O. S. 29ff
vgl. auch: Hrubi, F. R.: Vernunft, Ethik und Rationalität, in: Prat, E. H. (Hrsg.): Ökonomie, Ethik und Menschenbild, a. a. O. S. 132ff

"Diese Logik ist auch auf Wettbewerbsmärkten anzutreffen und gilt dort sowohl für Nachfrager als auch für Anbieter. Aus Platzgründen wird jedoch nur das Anbieterdilemma behandelt.
Die unter den Bedingungen der modernen Wettbewerbswirtschaft handelnden Anbieter befinden sich in der Tat in einer Situation, die dem Gefangenendilemma sehr ähnlich ist. Folgende Analogien zeigen das: Auch auf dem Markt gibt es Spielregeln, die Rahmenbedingungen der Wettbewerbsordnung, so daß sich die einzelnen Wettbewerbshandlungen als Spielzüge auffassen lassen. Zudem haben alle Anbieter ein gemeinsames Interesse an hohen Absatzpreisen. Sie werden jedoch daran gehindert, dieses gemeinsame Interesse auch zu verfolgen, weil jeder einzelne von ihnen einen größeren individuellen Vorteil realisieren kann, wenn er den Preis der anderen unterbietet. Ähnlich wie die beiden Gefangenen ein Interesse daran haben, sich abzusprechen und so die Haftstrafe zu reduzieren, haben die Anbieter ein Interesse daran, sich ebenfalls abzusprechen und die Absatzpreise in die Höhe zu treiben (Kartelle). Ähnlich wie die Gefangenen durch die Spielregeln daran gehindert werden, sich wirksam abzusprechen, weil der Richter sie in getrennte Zellen schickt und eine Verhaltenskoordination zwischen ihnen verhindert, werden die Anbieter durch einen Wettbewerbsschiedsrichter, das Kartellamt, daran gehindert, ihre Mengen und Preise abzusprechen.
Die für Märkte geltenden Spielregeln zielen darauf ab, daß die Spielzüge in einer kollektiven Selbstschädigung der Anbieter resultieren - zum Wohl der Nachfrager, der Konsumenten! Erst dadurch, daß die Anbieter gegen ihre kollektiven Interessen verstoßen - aufgrund der durch die Wettbewerbsregeln gesetzten Anreize verstoßen müssen -, kommt es zu den von den Konsumenten erwünschten Wettbewerbsergebnissen."[638]

Die oben aufgezeigten Probleme brachten es mit sich, daß im letzten Drittel des 20. Jahrhunderts die Wirtschaftswissenschaften und mit ihr die Unternehmen sich mehr und mehr von ihrer bisherigen Auffassung einer gesamtgesellschaftlichen Verantwortung abnabelten und sich zunehmend an objektiven Kriterien orientieren. Die Intensivierung des Wettbewerbs läßt zudem den Unternehmen immer weniger Spielraum für eine Besinnung auf ihre Verantwortung als quasiöffentliche Institutionen und für soziale Überlegungen. Der Markt nimmt Produkte lediglich zu einem gewissen Preis in bestimmter Qualität an. Stimmt das Preis/Leistungsverhältnis nicht, wird das angebotene Konsumgut oder die angebotene Dienstleistung von den Konsumenten - also uns allen - am Markt nicht nachgefragt und führt schließlich zumeist zum Untergang des Produktes - im schlimmsten Fall zum Untergang des Unternehmens.

[638] ebd.: Homann, K.; Blome-Drees: Wirtschafts- und Unternehmensethik, a. a. O. S. 32

Der von Kritikern häufig vorgebrachte Vorwurf, Monopolunternehmen, sicherten sich sittenwidrige exorbitante Gewinne, ist rein dialektischer Natur und resultiert aus der tradierten Ideologie des vorigen Jahrhunderts:
Der erhöhte Wettbewerb sowie die Freihandelsdoktrin der WTO lassen nämlich Monopole mittlerweile kaum zu und rufen sowohl in den USA als auch in Europa bereits bei Kartellen sehr rasch die Wettbewerbsbehörden auf den Plan um eine allzugroße Marktbeherrschung zu unterbinden. Die Deregulierung des Luftverkehrs sowie die Zersplitterung des dereinst übermächtigen AT&T-Konzerns in die einzelnen Babybells sind Beispiele aus den USA, denen in Europa u.a. die Privatisierung der Telekommunikationsunternehmen oder der "gelben Post" - ursprünglich Staatsmonopole – folgten:
Erst jüngst, im April 2000, erregte jenes Gerichtsurteil, das die Zerschlagung von Microsoft wegen seiner marktbeherrschenden Position verlangt, weltweite Beachtung.
Selbst in Österreich war die Macht der Wettbewerbsbehörde zu verfolgen, verhinderte sie doch, um eine übergroße Marktbeherrschung zu unterbinden, die gänzliche Übernahme von MEINL durch die BILLA-REWE-Gruppe.
Problematisch wird die Frage hinsichtlich einer Regelung allerdings außerhalb der hochentwickelten Industriestaaten, denn 70 der insgesamt 134 Mitglieder der WTO haben keine entsprechenden Wettbewerbsgesetze. Von der EU wurde daher bereits der Vorschlag unterbreitet, eine weltweit tätige Kartellbehörde nach den Muster der WTO einzurichten. Für die Industriestaaten gilt allerdings:
Marktbeherrschung und somit ein Quasi-Monopol ist unter den derzeit bestehenden exorbitanten Wettbewerbsverhältnissen allenfalls über Patente möglich, die jedoch in der Regel das Resultat äußerst hoher Forschungs- und Entwicklungskosten sind, die wiederum häufig der Grund für Firmenzusammenschlüsse sind um durch die Nutzung von Synergieeffekten Kosteneinsparungen zu erzielen - oftmals der ausschlaggebende Grund für die derzeitige Problematik am Arbeitsmarkt. Relikten von Staatsmonopolen ist lediglich eine kurze Restlaufzeit beschieden.

Im Mesobereich, in dem vorwiegend international tätige Großunternehmen das Wirtschaftsgeschehen diktieren, verbleibt den Managern für ethische Überlegungen auf Grund des zuvor geschilderten Gefangenendilemmas lediglich ein stark eingeschränkter Spielraum, der zudem zumeist – schon aus pragmatischen Überlegungen heraus - durch die „Leitlinien“ der Unternehmen geregelt ist.[639]

Das sich vordergründig als ungehemmtes Gewinnstreben per se darstellende Agieren der internationalen Konzerne, erweist sich bei näherer Betrachtung als äußerst komplexes Aktionsfeld in welchem die Konzerne nicht nur aus eigenem

[639] vgl.: Abschnitt. 2.8.2

Antrieb agieren können, sondern selbst zu Getriebenen der Konkurrenz und der Investoren werden. Es sind auch in geringerem Maße private Spekulanten, die an den Börsen die Kurse beeinflussen und die „großen Gewinne“ erzielen; vielmehr bestimmen die institutionellen Anleger wie Versicherungen, Pensionsfonds und zahlreiche von Investmentgesellschaften zur Vermögensveranlagung und -sicherung aufgelegte Fonds[640] das Geschehen; diese sind wiederum selbst in ihren Entscheidungen nicht frei von Sachzwängen sondern- zumeist sogar per Gesetz - verpflichtet, die Gelder ihrer Klienten verantwortungsbewußt anzulegen, wobei die bestimmenden Parameter für die Investitionsentscheidung neben der Einschätzung der künftigen Entwicklung Sicherheit und Ertrag des zu veranlagenden Kapitals sind.
Daß die Investoren, also die Käufer von Aktien oder Fondsanteilen ausschließlich an einer sicheren und ertragsstarken Veranlagung ihres Kapitals interessiert sind und demgemäß ihre Anlageentscheidung treffen, entspricht genau jener Verhaltensweise, die jeder einzelne Sparer an den Tag legt, wenn er mit seiner Bank um Zinsen für sein Spargeld feilscht.[641]

Die Frage, wie Ersparnisse angelegt werden sollen, wird neuerdings vermehrt Spezialisten überlassen. Der einzelne Vermögensbesitzer hat sich traditionell von einem örtlichen Berater bei seiner Bank oder von Personen beraten lassen, mit denen er aus anderen Gründen mit Geldangelegenheiten zu tun hatte: Steuerberater, Rechtsanwälte. Diese Berater kannten dasselbe lokale Umfeld wie der Beratene selbst. Wohl haben die Banken schon vor langer Zeit ein Beratungs-Know-How auf nationaler Ebene aufgebaut, so daß zumindest für große Aktiengesellschaften ein wenigstens nationaler Börsenmarkt entstanden war. Aber traditionell gab es für den Anlageberater vor Ort wenig Unterstützung durch auf bestimmte Branchen oder Unternehmen spezialisierte Kenner von Anlagemöglichkeiten.
Im Verlauf der letzten zwei Jahrzehnte haben sich die sogenannten institutionellen Anleger sehr stark entwickelt. Zwischen den letztendlichen Vermögensbesitzer und die Aktie ist ein Fonds geschaltet, der in zahlreiche Aktien investiert, der aber auch einer sehr großen Zahl von Fonds-Anteilseignern gehört. Der Fonds wird von darauf spezialisierten Personen verwaltet. Die Anlage-Entscheidung zahlreicher Vermögensbesitzer wird mit Hilfe dieses Fonds zentralisiert und kann deshalb mit wesentlich besserer Kenntnis der Anlagemöglichkeiten, eben professioneller, erfolgen. Wobei dem Verwalter eine große Infrastruktur an Informationsquellen zur Verfügung steht. Diese Fonds sind entweder direkt aus Anlagegeldern der Vermögensbesitzer gespeist, oder aus den Pensionsgeldern von Personen, denen ihr Arbeitgeber Geld in einen Pensionsfonds einzahlt, oder von Lebensversicherungsbeiträgen, die für Selbständige die Altersvorsorge bilden. Wie auch im-

[640] weltweit ca. 33.000
[641] vgl. hiezu auch Abschnitt 3.7.2.2

mer diese Fonds im einzelnen konstruiert sind, die Anlageentscheidung ist bei ihnen nicht mehr eine Entscheidung »aus dem Bauch heraus«, sondern Ergebnis systematischer Suche, Untersuchung und Beobachtung von Anlagemöglichkeiten. Die Anlage wird in diesem Bereich von Professionals betrieben. Diese Professionals leben davon, daß sie so gut sind wie ihre Konkurrenten, und sie können nur durch hinreichende Spezialisierung so gut sein wie die Konkurrenz.
Dabei bezieht sich die Spezialisierung entweder auf bestimmte Anlagesegmente wie Aktien von Unternehmen einer bestimmten Branche, oder bestimmte geographische Regionen oder bestimmte gesamtwirtschaftliche Entwicklungen, oder das Maßnehmen und Maßschneidern von Anlage-Portfeuilles für einzelne Kunden, oder die Nutzung von Arbitragemöglichkeiten mit Hilfe von bestimmten Finanzinstrumenten (Finanzderivate wie Optionen etc.) oder, oder, oder. Das Gesamtbild der Spezialisierung ist bunt.[642] Es ist verteilt auf ganz unterschiedliche Unternehmen und Institutionen wie Banken im kontinentaleuropäischen Sinn, Investment-Banken im angelsächsischen Sinn, Pensionsfonds, Versicherungsgesellschaften, Unternehmen, die sich auf die Entwicklung und Verwaltung von Anlagefonds spezialisieren, Vermögensverwaltungsgesellschaften, Brokern, Market-Makers von börsengehandelten Titeln, Venture-Capital-Spezialisten, Rating-Agenturen, Wirtschaftszeitungen, ...

Die Internationalisierung des Aktieninvestments und damit verbunden auch der Fonds fand – obzwar seit ungefähr 20 Jahren im großen Stil entwickelt – nicht im Gleichschritt mit der Professionalisierung der internationalen Vermögensanlegung statt. Das führt dazu, daß die Anleger und ihre Berater sich bei grenzüberschreitenden Anlagen sehr viel weniger sicher fühlen als bei heimischen Anlagen. Aus diesem Grund erfolgen bei Rückschlägen an den Börsen vielfach Rückzüge von den als riskanter angesehenen ausländischen Börsen und Umschichtungen in heimische Werte. Das bedeutet dann für die vergleichsweise jungen Aktienmärkte der Schwellenländer weitaus schwerere Kurseinbußen, da auf diesen Märkten das ausländische Kapital eine prozentual viel wichtigere Rolle spielt.[643]
Bei allen Anlageentscheidungen beeinflussen jedoch die Ratings international tätiger Bewertungsagenturen[644] neben anderen Faktoren[645] häufig als letztendliche Entscheidungshilfe die Veranlagungsdisposition der institutionellen Investoren.

---

642 Komprimiert und übersichtlich dargestellt ist das breite Spektrum der Fonds in der Sonderbeilage Anlagefonds 98 der NZZ – Neue Zürcher Zeitung, Internationale Ausgabe, 220 Jahrgang Nr. 20 vom 26.1.1999, S. B1 – B27

643 vgl.: Weizsäcker, C.C.: Logik der Globalisierung, a. a. O. S. 99ff

644 Die großen Bewertungsagenturen Moody's und Standard & Poor's benoten die Sicherheit von Aktien/Anleihen/Schuldnern mit den Noten Aaa (AAA) ... A (A) ... bis D, wobei drei A für beste, (C) D für schlechteste Bonität stehen.

Nicht nur die Höhe der am Kapitalmarkt zu bezahlenden Zinsen richtet sich nach diesen Ratings (schlechtes Rating bedeutet wesentlich höhere Zinsaufwendungen für Kredite)[646], sondern der Sicherheitskoeffizient selbst beeinflußt die Investitionsentscheidung unmittelbar. Sobald die Investoren das Vertrauen in die Sicherheit bzw. Rentabilität ihrer Anlage verlieren, zwingt das "Herausgehen" institutioneller Anleger aus ihren Investments die verschmähten Unternehmen nicht selten dazu, enorme Summen, die in der Folge für notwendige Investitionen fehlen, für teure Zinsen am Kapitalmarkt aufzunehmen, um diese für den Rückkauf ihrer Aktien/Anleihen an den Börsen einzusetzen.[647]

Gegenwärtig sind auf Grund der niedrigen Inflationsraten in den Industriestaaten in diesen auch die Zinsen generell auf einem niedrigen Niveau, wodurch die institutionellen Anleger in Erwartung höherer Renditen überproportional Aktien von Unternehmen hoher Bonitätsstufe nachfragen, was nicht nur deren Kurse pusht

---

	Moody's Investor Service Inc.	Standard & Poor's	
gute Bonität	Aaa	AAA	<---steigende Zinsen ---
	Aa	AA	
	A	A	
	Baa	BBB	
erhöhtes Risiko	Ba	BB	
	B	B	
	Caa	CCC	
	Ca	CC	
	C	D	

Tabelle in: TREND. Das österreichische Wirtschaftsmagazin 4/98, Wien 1998, S. 188

645 Fundamental- und Chartanalysen, Kurs-/Gewinnverhältnis (P/E) der Anlagepapiere sowie die Einschätzung der zukünftigen Ertrags- und Sicherheitskomponenten der Unternehmen beeinflussen ebenfalls die Investitionsentscheidungen.

646 Schlechtes Rating ist ein Signal an die Finanzwelt, daß Investitionen riskant sind und bedeutet vor allem für die Entwicklungsländer einen erschwerten Zugang zu den Finanzmärkten. Da die Abwertung ihrer Währungen bzw. Zahlungsunfähigkeit oder Zahlungsunwilligkeit befürchtet wird, zahlen sie oft ein vielfaches der Zinsen reicher Länder; die Caritas schätzt, daß in den Achtzigerjahren die Zinsen für arme Länder viermal höher waren als für wohlhabende Staaten.

Vgl.: Koordinationsstelle der österreichischen Bischofskonferenz für internationale Entwicklung und Mission - KOO (Hrsg.): Menschliche Entwicklung braucht Entschuldung. Wien 1998, S. 18

647 Darüber, wie sehr die internationale Verflechtung Verpflichtung zu Handeln nach internationalen Regeln ist mag eine Pressekonferenz von Böhler-Uddeholm aufklären, bei welcher deren Aufsichtsratspräsident Sekyra feststellte: "Böhler-Uddeholm hat mindesten 50 % des Aktienkapitals in angelsächsischen Portfeuilles. Wir können doch nicht einfach deren Geld nahmen und weiter nach unseren krausen Spielregeln agieren".

Georg Thurnheim, früherer Chefstratege der verstaatlichten Industrie Österreichs, ergänzt: "... da werden (...) Sanktionen wie blitzschneller Abzug des investierten Aktienkapitals angedroht".

Sekyra, H. M.: Zit. in: Trend. Das Österreichische Wirtschaftsmagazin 4/98, S. 146f;
Thurnheim, G.: ebd. S. 146

sondern zusätzlich wegen des enormen Kapitals, das an die Börsen drängt, Unternehmensfusionen und -übernahmen wegen der Erwartung daraus resultierender Synergieeffekte begünstigt.

Unter dem Druck der Anleger - im wesentlichen nichts anderes als die Summe vorsorgender Sparer auf einer höheren Ebene - stehen unmittelbar die Manager von Investmentfonds, die eine adäquate Performance liefern sollen; sie bringen ihrerseits wiederum als Folge ihrer Investitionsentscheidungen über die Anonymität der Börsen die notierten Unternehmen in Zugzwang: Sicherheit und Ertrag müssen stimmen - sonst gehen die Anleger aus ihrem Investment und suchen andere Anlagemöglichkeiten. Der einprägsame Satz von Milton Friedmann "the business is the business of business" wurde zum Leitbild von rationalen Investitionsentscheidungen und führte Ende des 20. Jh. zum Entstehen des "Shareholder's-Value-Konzepts", das sich ausschließlich am Nutzen/Ertrag einer Investition orientiert und bei Zugrundelegung einer **langfristigen** Orientierung auch ethisch vertretbaren Anforderungen gerecht werden sollte.

2.8.2.3 Das Shareholder's-Value - Konzept

Die mittlerweile mit Anglizismen reichlich versorgte deutsche Sprache wurde in der letzten Zeit erneut um einen aus dem Englischen stammenden Begriff bereichert, nämlich **Shareholder's Value**; ein Begriff der ursprünglich lediglich in den Wirtschaftsteilen der Medien anläßlich von Berichten über das Börsengeschehen oder über Hauptversammlungen von Aktiengesellschaften zu finden war.
Übersetzt ist Shareholder[648] im Britischen die Bezeichnung für "Aktionär", aber grundsätzlich auch Anteilseigner bzw. Besitzer einer Beteiligung, eines Geschäftsanteils oder einer Kapitalanlage.
Value bedeutet ganz allgemein "Wert", jedoch ebenso "Nutzen", "vergleichend bewerten", "hochschätzen" bzw. "achten".[649]
Wir können also generell Shareholder's value wörtlich mit dem hochgeschätzten Nutzen einer Kapitalbeteiligung übersetzen.
In der ideologisch gefärbten Diskussion wird allerdings von Kritikern der Marktwirtschaft dieser Begriff für ein von ihnen als "unsittlich" inkriminiertes ungehemmtes Streben nach Gewinnmaximierung von Kapitaleignern und den international tätigen Konzernen (TNC's) und synonym für den Neoliberalismus verwendet.
Tatsächlich sind in den letzten Jahren zumindest bis zum "Salamicrash" - des Sommers 1998 - die Erträge aus Kapitalveranlagungen an den meisten Börsen

---

[648] vgl.: Langenscheidts Handwörterbuch Englisch. Teil I Englisch-Deutsch, 6. Aufl., Berlin-München 1994, S. 582

[649] vgl., ebd.: Langenscheidts Handwörterbuch, a. a. O. S. 705

überproportional gegenüber anderen Anlageformen, insbesondere aber gegenüber den Erwerbseinkommen gestiegen.
Was beinhaltet aber nun das Shareholder's-Value-Prinzip wirklich?
Zum Leitbild des Wirtschaftens unter den Regeln des Neoliberalismus wurde das Shareholder-Value-Konzept Ende der 80er Jahre[650] in den USA entwickelt und weitet sich seitdem eng verbunden mit den aufgrund der Globalisierung erweiterten Möglichkeiten und Gegebenheiten weltweit rasant aus. Es ist ein Konzept "...der Führung des Unternehmens nach dem Prinzip der möglichsten Vergrößerung des Eigenkapitals im Interesse der Aktionäre. Alle Aktivitäten des Managements erfolgen aus der Sicht der Investoren mit dem (einzigen) Zweck, den Wert des Eigenkapitals des Unternehmens zu erhöhen."[651]
Bei börsennotierten Aktiengesellschaften gilt in der Regel deren Börsenkapitalisierung als Maßstab des Unternehmenswertes, da diese die Einschätzung des künftigen Gewinnpotentials durch den Kapitalmarkt widerspiegelt und somit Gewinne der Zukunft in der Gegenwart antizipiert. In der **langfristigen** Orientierung von Investments in Unternehmen mit einer derartigen Unternehmenskultur - insbesondere wenn diese in Harmonie mit den Arbeitnehmern und der Umwelt erfolgt[652] sehen Verfechter des Shareholder-Value-Prinzips eine besonders hohe ethische Qualität der Gemeinwohlorientierung[653]. Das wird verständlicher, wenn man sich auf den Anlaß zur Formulierung des Shareholder-Value-Ansatzes rückbesinnt: „Maßgeblich dazu war der Umstand, dass die USA eine Welle von Unternehmensübernahmen in den 80er Jahren erlebten. Hintergrund dafür war die schlechte Aktienkursentwicklung vieler amerikanischer Unternehmen und der sich daraus ergebende ‚Value Gap', also die Differenz zwischen dem Wert der einzelnen Unternehmensteile bei deren Veräußerung und dem Börsenwert des gesamten Unternehmens. Das führte in vielen Fällen zur Zerschlagung von übernommenen Unternehmen. In der Suche nach Abwehrstrategien gegen feindliche Übernahmen zeigte sich eindeutig, dass nur ein dem Wert des Unternehmens entsprechender Aktienkurs vor feindlichen Übernahmen schützen kann.“[654]
Wieso kommt aber gerade der Shareholder-Value-Ansatz ins Kreuzfeuer der Kritiker? "Die Konflikte liegen im kurz- bis mittelfristigen Bereich begründet"[655], wobei solche kurzfristige, spekulative Investments selbst von erfolgreichen und

[650] vgl.: Rappaport, A.: Shareholder Value. Wertsteigerung als Maßstab für die Unternehmensführung. Stuttgart 1995, Titel der Originalausgabe: Creating Shareholder Value. New York 1986
[651] Lechner, K.; Egger, A.; Schauer, R.: Einführung in die allgemeine Betriebswirtschaftslehre. Wien 1996, S. 313
[652] vgl.: Volkart, R.: Langfristige Shareholder - Orientierung, in: NZZ – Neue Zürcher Zeitung, Internationale Ausgabe, 219. Jahrgang, Nr. 154 vom 5.7.1998, S. 23
[653] vgl.: Ulrich, P.: Integrative Wirtschaftsethik, a. a. O. S. 441
[654] Todev, T.: Die genossenschaftlichen Banken als Alternative der sich am Sharholder-Value-Ansatz orientierenden Kommerzbanken, in: Pribyl, H.: Shareholder-Value, a. a. O. S. 66f
[655] Volkart, R.: Langfristige Shareholder - Orientierung, a. a. O. S. 23

anerkannten Börsenprofis wie A. Kostolany in Frage gestellt werden: "Zocken bringt nichts. Es geht um langfristige Investments."[656]
Mit dem Shareholder-Value-Konzept soll folglich - entgegen der Ansicht der Kritiker - das **kurzfristige** Ziel des maximalen buchhalterischen Gewinnausweises eines Unternehmens entschärft werden. "Ins Zentrum wird vielmehr die längerfristig orientierte 'nachhaltige' Steigerung des Unternehmenswertes gestellt"[657], was sich in der Regel in steigenden Aktienkursen und nicht in der Ausschüttung von möglichst hohen Dividenden niederschlägt; diese idealtypische Sichtweise entspräche auch der investiven Grundhaltung des traditionellen Unternehmerethos.
Für das Shareholder-Value-Konzept gilt also als Ziel der optimale Erfolg für die Aktionäre.
"Jede andere als die strikt kapitalverwertungsorientierte Verantwortung wird dem Management abgesprochen, da die Entscheidung für soziale Verwendungszwecke ihres Kapitals ausschließlich Privatsache der Kapitaleigner sei ..."[658], etwa nach folgendem Motto: "What are you doing with my money? I didn't invest in your company for philantropic, humanitarian, or social objectives. I invested for profits. I'll make my own decisions about other uses of my money."[659]

Um angesichts der in den meisten Unternehmen vorgegebenen Trennung von Eigentum (Aktionäre) und Kontrolle (Management) das Interesse der Manager am Unternehmenserfolg mit jenem der Eigentümer zur Deckung zu bringen, wurde folgender Ansatz entwickelt:
- 1) eine erhebliche Kapitalbeteiligung der Manager und
- 2) eine an der Unternehmenswertsteigerung gemessene erfolgsabhängige Honorierung der Führungskräfte

als vorteilhaft für das Shareholder-Value-Prinzip werden angesehen:
- 3) ein starker Druck des Kapitalmarktes auf das Management samt der Gefahr einer unfreundlichen Übernahme (Schwarze Ritter) sowie
- 4) eine lebhafte Konkurrenz auf dem Arbeitsmarkt für Führungskräfte.[660]

Die Kapitalbeteiligung der Manager und häufig auch der Arbeiter erfolgt in der Regel anteilsmäßig aus den Erträgen des Unternehmens, da ein Teil des erfolgsabhängigen Einkommensbestandteils in bar, ein anderer jedoch in Aktien (shares) des Unternehmens honoriert wird.

---

656 Kostolany, A.: Vortrag in der Erste-Bank. Zitiert in: KURIER. Unabhängige Tageszeitung für Österreich, Nr. 164 vom 15.6.1998, S. 17
657 Ulrich, P.: Integrative Wirtschaftsethik, a. a. O. S. 411
658 ebd.: Ulrich, P.: Integrative Wirtschaftsethik, a. a. O. S. 410
659 ebd.: Ulrich, P.: einen anonymen Aktionär zitierend aus: Anshen, M.: Managing the socially Responsible Corporation. New York 1974, S. 7
660 vgl.: Rappaport, A.: Shareholder Value, a. a. O. S. 7ff

Die Mitarbeiter werden durch diese Maßnahme zu Stakeholders[661], wie alle diejenigen Gruppen bezeichnet werden, "die gegenüber der Unternehmung legitime Ansprüche haben"[662] aus Rechten als, "...der von unternehmerischen Handlungen oder Unterlassungen Betroffenen."[663]

2.8.2.4 Die Fehlentwicklung des Shareholder-Value-Prinzips

Wie bereits oben ausgeführt, erfordert eine erfolgreiche Investition nach dem Shareholder-Value-Prinzip einen **langfristigen** Anlagehorizont.
Die Aktionäre ihrerseits - selbst institutionelle Anleger unter dem Zwang, ihren Kunden eine erfolgreiche Performance zu bieten - orientieren sich jedoch bei ihren Investitionsentscheidungen trotz der Warnungen von Finanzexperten häufig vorrangig und spekulativ an **kurzfristigen** Indikatoren wie der Eigenkapitalrendite, obwohl deren Aussagewert nicht nur trügerisch, sondern auch relativ leicht manipulierbar ist.
"Die vielfach verwendete Eigenkapitalrendite als Kennzahl für den wirtschaftlichen Erfolg eines Unternehmens ist nämlich mit einer Reihe von Problemen verbunden. Entsprechend kann daraus nicht unbedingt geschlossen werden, ob das Management die Interessen der Aktionäre verfolgt und den Unternehmenswert erhöht oder gar maximiert hat.' (...) Ein gewichtiger Nachteil der Eigenkapitalrendite liegt darin, dass die Kennzahl nichts über das eingegangene Risiko aussagt. Falls eine Steigerung der erwarteten Rendite durch ein höheres Risiko erkauft wird, führt dies nur zu einem echten Mehrwert, wenn die Kapitalkosten insgesamt weniger stark zunehmen. Ein Vergleich von verschiedenen Unternehmen oder eines Unternehmens im Zeitablauf anhand der Eigenkapitalrendite ist somit nur sinnvoll, wenn das Risiko identisch ist oder eine Risikokorrektur vorgenommen wird. Dieser Aspekt wird allerdings häufig vernachlässigt."[664]

---

[661] vgl.: Ulrich, P.: Integrative Wirtschaftsethik, a. a. O. S. 441ff

[662] ebd.: Ulrich, P.: Integrative Wirtschaftsethik, a. a. O. S. 442

[663] ebd.: Ulrich, P.: Integrative Wirtschaftsethik, a. a. O. S. 442

[664] Kunz, R. M.: Leicht manipulierbare Eigenkapitalrendite, in: NZZ – Neue Zürcher Zeitung, Internationale Ausgabe, 219. Jahrgang Nr. 233 vom 8.10.1998, S. 24
Die bilanztechnischen Maßnahmen bei der Bewertung sowohl der Aktiva als auch der Passiva eröffnen zudem mannigfaltige Manipulationsmöglichkeiten.
Die Bewertung von Lagerbeständen, Forderungen usw. verzerren die errechnete Eigenkapitalrendite ebenso wie die deutlich über den Buchwerten liegende Börsenkapitalisierung der Unternehmen.
Die Verwendung von Kennzahlen aus dem Rechnungswesen für die Leistungsbeurteilung einer Unternehmung führt zudem zwangsläufig zu einer kurzfristigen Denkweise. Das Management beschäftigt sich dadurch zu stark mit den ausgewiesenen Jahresabschlüssen, oder - wie in den USA - sogar mit den Quartalsergebnissen. Da der Öffentlichkeit laufend gute Ergebnisse präsentiert werden sollen, werden jene Investitionen tendenziell vernachlässigt, die sich erst in fernerer Zukunft auszahlen. Diese unerwünschte Entwicklung läuft der Steigerung des Unternehmenswerts oft zuwider. Außerdem verstärkt sich diese Tendenz, wenn die Höhe der erfolgsabhängigen Saläre anhand der ausgewiesenen buchhalte-

Zu heftiger Kritik am Sharholder-Value-Konzept führen gleichfalls Firmenübernahmen und Fusionen. Die Hoffnung der Investoren, daß die dabei entstehenden Synergieeffekte zu Kostensenkungen führen, die höhere Gewinne erwarten lassen, bringt in der Regel ein Steigen der Aktienkurse der involvierten Unternehmen mit sich. Derartige Zusammenschlüsse - in jüngster Zeit sogar solche von Großunternehmen zu Mammutunternehmen (z.B. UBS-SBV, Daimler-Chrysler) - ergeben zwar vordergründig aus betriebswirtschaftlicher Sicht zumeist einen Sinn, bringen aber für die Volkswirtschaften insoferne erhebliche Probleme mit sich, als Synergieeffekte vorwiegend durch die Freisetzung von Arbeitskräften erzielbar sind. In der letzten Zeit häufen sich aber auch mahnende Stimmen aus der Finanzwelt selbst, denn Unternehmenszusammenschlüsse sind zwar an den Börsen beliebt, führen aber meistens zu einer ungenügenden Performance für die Aktionäre. Zu hohe Übernahmepreise und unvereinbare Firmenkulturen zählen zu den wichtigsten Gründen für das schlechte Abschneiden von neu fusionierten Gesellschaften.

Die Bilanz des Käufers wird zudem durch die Übernahme in der Regel sehr stark belastet, was dazu führt, daß viele neu fusionierten Gesellschaften ihre hochgesteckten Ziele verfehlen.
Es gelingt dem neuen Management meist nicht, die Marktstellung zu festigen und Kosteneinsparungen aus Synergien durchzuführen, was sich schließlich auf den operativen Gewinn auswirkt. Dieser wiederum wirft seinen Schatten auf die Aktienkurse. Eine Großfusion bedeutet immer auch eine Neupositionierung aller am Markt beteiligten Gesellschaften. So kann es dazu kommen, daß die Konkurrenz durch das neue Umfeld seine Abwehrkräfte stärkt.[665]
"Für die akademische Forschung ist die schlechte Performance von Fusionsaktien seit längerem ein Thema. Tim Loughran und Anand M. Vijh, beide von der University of Iowa, unterscheiden in einem 1997 erschienenen Forschungspapier zwischen Übernahmen, die mit Aktien, und solchen, die mit liquiden Mitteln bezahlt werden. In ihrer empirischen Untersuchung stellten die beiden Ökonomen fest, daß die Titel von Käufern bei aktienfinanzierten Übernahmen dem Vergleichsindex in den folgenden fünf Jahren nach der Fusion um 24,2% nachhinkten. Durch liquide Mittel getätigte Übernahmen konnten hingegen eine Performance vorweisen, die den Vergleichsindex um 18,5% übertraf. Diese Ergebnisse decken sich mit der Hypothese, daß Manager die Valoren ihrer Gesellschaft nur dann als

rischen Ergebnisse berechnet wird. Insgesamt machen die dargelegten Punkte deutlich, daß hohe ausgewiesene Gewinne oder Eigenkapitalrenditen keine hinreichenden Kriterien für die Wertschöpfung einer Gesellschaft darstellen. Dabei klärt sich auch ein weitverbreitetes Mißverständnis des auf die Interessen der Aktionäre ausgerichteten Handelns auf: Ein hoher bzw. steigender Börsenkurs wird keinesfalls mit einer kurzfristigen Gewinnmaximierung erreicht, sondern durch die Schaffung von nachhaltigen Werten.
Vgl. auch: Ulrich, P.: Integrative Wirtschaftsethik, a. a. O. S. 412

665 vgl.: Cantrade Privatbank Studie: Fusionsfieber mit bitteren Nachgeschmack., in: NZZ – Neue Zürcher Zeitung, Internationale Ausgabe, 219. Jahrgang Nr. 197 vom 27.8.1998, S. 24

'Akquisitionsmunition' benutzten, wenn sie davon überzeugt sind, daß die Aktien zu hoch bewertet sind. Für die Aktionäre der an der gegenwärtigen Fusionswelle beteiligten Gesellschaften bedeutet das nichts Gutes: Großfusionen werden heutzutage fast ausschließlich mit Aktien finanziert."[666]
Bei Daimler-Chrysler wiederum verhinderte die Streichung der Aktie aus dem Dow-Jones-Index den von den Anlegern erwarteten Kursgewinn.

2.8.3 Handeln im Macrobereich der Wirtschaft

worunter zufolge der gewählten Abgrenzung die Spann'schen Stufen "Weltwirtschaft" und mit fließenden Übergang die Institutionen der Großraumwirtschaften zu rechnen sind. Jedenfalls ist darunter der global wirksame Teil des Stufenbaus der Wirtschaft zu verstehen - sein Bindeglied ist häufig ausschließlich der Markt mit seinen arteigenen Spielregeln. Da das Beherrschen der Spielzüge nach den entsprechenden Spielregeln einer intensiven Erfahrung mit umfangreichem Know-how und Organisation bedarf, war es eine fast unausweichliche Folge, daß sich das Wirtschaftsgeschehen um die Triade USA - Europa - Japan, wo die entsprechenden Voraussetzungen gegeben sind, zunehmend konzentriert und sich der Waren- und Dienstleistungsverkehr innerhalb der Triade ständig ausweitet, während der Großteil der südlichen Hemisphäre - neuerdings auch die GUS-Staaten - vom Wohlstand der Industriestaaten, vor allem aber von den internationalen Kapitalströmen mehr und mehr abgekoppelt wird.[667]

[666] Loughran, T./ Vijh, A.: Do Long-Term Shareholders Benefit from Corporate Acqusisitions?, Journal of Finance 1997, S. 1765 - 1790

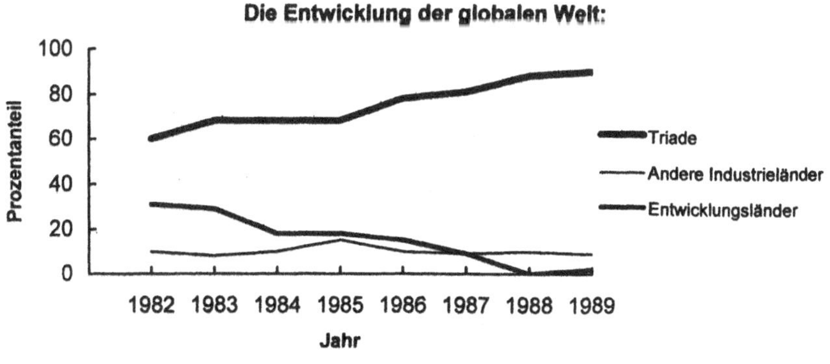

Internationale Kapitalströme nach ihrem Bestimmungsort
(Ohne die Reserven und Operationen internationaler Organisationen)
Quelle: Daten des IWF

[667] Abbildung: Gruppe von Lissabon (Hrsg.); Übers. Colon, V.: Grenzen des Wettbewerbs, a. a. O. S. 56

Es sind vorderhand nur wenige Konzerne, die als "global players" bezeichnet werden können (z.B. Coca Cola), doch vermehrt überschreiten die Unternehmen die Grenzen der Volkswirtschaften und zeigen Bestrebungen, auf der Stufe der Weltwirtschaft aktiv zu werden; mit nur geringfügig langsamerem Tempo folgt die politische Verflechtung der Nationalstaaten zu großräumigen Gebilden (z.B. EU, NAFTA, ASEAN). Die Folge dieses Konzentrationsprozesses ist, daß in wachsendem Ausmaß auf unterschiedlichen Ethiken aufgebaute Kulturen und Wirtschaftssysteme kommunizieren, die infolge der Pluralität der Werte häufig in einem angespannten Konkurrenzverhältnis münden.
Die aktuelle Wissenschaft versteht Pluralismus vornehmlich als gesellschaftliches und politisches Phänomen, wobei sich empirische Elemente, eine Mannigfaltigkeit von Religionen und Konfessionen, Werten, gesellschaftlichen Gruppen und politikbestimmenden Kräften, mit einem normativen Element verbinden: der Anerkennung der Vielfalt und der Unterschiedlichkeit.[668]

Es ist vor allem die Vielfalt moralischer Normen, die auf Grund der verschiedenen historischen Entwicklung der Völker Jürgen Habermas zur Entwicklung einer universalistischen postkonventionellen Moral, einer neuen Ethik, anregte, denn "gewiß bleiben moralische Regeln in traditionalen Gesellschaften noch so weit mit religiösen Weltbildern und kollektiven Lebensformen verschränkt, daß die Einzelnen über die Identifikation mit den Inhalten dieser eingewöhnten konkreten Sittlichkeit lernen, was es heißt, den Status des Angehörigen einer derart fundierten Gemeinschaft zu erfüllen. Aber in modernen Gesellschaften müssen sich moralische Normen von den konkreten Inhalten der nun im Plural auftretenden ethischen Lebensorientierungen lösen; sie finden ihre einzige Grundlage in einer abstrakt gewordenen sozialen Identität, die nur noch durch den Status der Zugehörigkeit zu **einer**, nicht mehr zu dieser oder jener partikularen Gemeinschaft umschrieben ist."[669]
Es gibt jedoch auch kritische Stimmen, die darauf hinweisen, daß befürchtete zentrale anarchistische Tendenzen des Pluralismus und dessen Kompromisse weder zu einer moralischen noch technisch-wirtschaftlich idealen Politik führen können.[670]
Zudem ist zu berücksichtigen, - auch wenn vielfach behauptet wird, Wirtschaftswissenschaft sei wertfrei - daß vor allem die Nationalökonomie (Volkswirtschaft) in ihrer Struktur - in der Art, wie sie Fragen stellt und beantwortet, wie auch in der Art, wie aus ihr wirtschaftspolitische Folgerungen gezogen werden - völlig von

---

668 vgl.: Höffe, O.: Pluralismus, in: (ders.): Lexikon der Ethik, a. a. O. S. 232f
669 Habermas, J.: Erläuterungen zur Diskursethik, a. a. O. S. 151; (Herv.: HPS)
670 vgl.: Höffe, O.: Pluralismus, in: (ders.): Lexikon der Ethik, a. a. O. S. 232f

Ideologie durchdrungen ist. B. Ward[671] unterscheidet drei Arten der ökonomischen Weltsicht, nämlich

- eine liberale,
- eine radikale und
- eine konservative.

Diese aus den gängigen amerikanischen Sprachgebrauch stammenden Begriffe entsprechen in etwa den bei uns geläufigen Bezeichnungen:

- linksliberal, sozialliberal bzw. sozialdemokratisch
- marxistisch - leninistisch, neomarxistisch bzw. "real existierender Sozialismus" sowie
- soziale Marktwirtschaft.

Jede dieser ökonomischen Weltsichten beansprucht für sich, mit vernünftigen ethischen Grundsätzen vereinbar zu sein und dennoch entsteht bei der Erörterung der gleichen Probleme beim Übergang von einer Weltsicht zu einer anderen der Eindruck, "als kämen wir von einer Welt in eine andere."[672]

Da in vielen Staaten der Entwicklungsländer mit oftmals noch feudalen Strukturen und häufig korrupten Regimen moralische Überlegungen zumeist ein Schattendasein führen, ist es nahezu unmöglich, moralisches Verhalten einzelner Unternehmen auf eine nicht vorhandene Rahmenordnung hin zu reflektieren und auf Verträglichkeit mit ihr zu prüfen,[673] wie es aus der Sicht der Unternehmensethik geboten wäre.
In diesen Regionen ist zumeist der dort tätige TNC sogar ein Vorreiter in Sachen Ethik, selbst wenn sich diese auf die von Ulrich als "instrumentalistische Unternehmensethik"[674] bezeichnete Ethik beschränkt.
Darüber hinaus gewinnt die aus der Sicht der Ökonomie verständliche Entscheidung hinsichtlich des Firmensitzes oder des Produktionsstandortes für global tätige Unternehmen in verstärktem Ausmaß an Bedeutung:
Ein bestimmter staatlicher Rahmen, selbst der des Firmensitzes wird für die international und multinational tätigen Unternehmen zunehmend bedeutungslos. Im Gegenteil: die verschiedensten Staaten konkurrieren um die Ansiedlungen von Unternehmen und es sind zumeist diejenigen die Sieger dieser Konkurrenz, die ihre sozialpolitischen und ökologischen Zielsetzungen und ihre eigenen fundamentalen Leitsätze und Richtlinien gegenüber den TNC's negieren bzw. hintanstellen. "Mit der fast magischen Forderung nach einer Arbeitsplatzsicherung, die freilich zu Umwegkosten führen kann, werden die Großbetriebe durch öffentlich

[671] vgl.: Ward, B.: Die Idealwelten der Ökonomen. Liberale, Radikale, Konservative, a. a. O. S. XIX
[672] ebd.: Ward, B.: Die Idealwelten der Ökonomen, a. a. O. S. XX
[673] vgl.: Homann, K.; Blome-Drees: Wirtschafts- und Unternehmensethik, a. a. O. S. 38
[674] vgl.: Ulrich, P.: Integrative Wirtschaftsethik, a. a. O. S. 418

gesicherte (verbürgte) Kredite, wenn nicht gar Verlorene Zuschüsse"[675], angelockt: ein Wettbewerb, der selbst innerhalb der hochentwickelten Wirtschaft der EU bedeutsam ist und erst recht nach der Ostöffnung an Intensität gewinnt.

Tabelle 2: Die wichtigsten Steuersätze in den EU-Ländern[676]

Die wichtigsten Steuersätze in den EU-Ländern					
Steuern →	Einkommensteuer		Mehrwertsteuer		Körperschaftssteuer
Länder →	Eingangs-Steuersatz	Höchststeuersatz	Normal-Steuersatz	Ermäßigter Satz	
Belgien	25 %	55 %	21 %	12 %	40 %
Dänemark	10 %	40 %	25 %	0 %	34 %
Deutschland	25,9 %	53 %	16 %	7 %	32 - 48 %
Finnland	6 %	38 %	22 %	17 %	28 %
Frankreich	10,5 %	54 %	20,6 %	5,5 %	37 %
Griechenland	5 %	45 %	18 %	8 %	35 - 40 %
Großbritannien	20 %	40 %	17,5 %	8 %	33 %
Irland	27 %	48 %	21 %	12,5 %	36 %
Italien	22 %	51 %	19 %	16 %	37 %
Luxemburg	10 %	50 %	15 %	6 %	32 %
Niederlande	37,3 %	60 %	17,5 %	6 %	35 - 36 %
Österreich	10 %	50 %	20 %	10 %	34 %
Portugal	15 %	40 %	17 %	5 %	36 %
Schweden	31 %	56 %	25 %	12 %	28 %
Spanien	20 %	56 %	16 %	7 %	35 %

Unverkennbar genießt das wirtschaftlich eingesetzte Großeigentum - zumeist in der Anonymität einer Rechtshülle des Unternehmensmantels[677] - darüber hinaus "faktische Begünstigungen, die nicht allein im Kostenbereich angelegt sind, sondern auch in der suprastaatlichen Nutzung von Chancen der Steuerausweichung, der formellen Sitzverlegung in den Normenbereich von Steueroasen (Briefkastenunternehmungen, Holdingkonstruktionen bis zu sog. Scheinfirmen). Ähnlich ist es mit verdeckten Gewinntransferierungen (Minderfakturierung) und mit der lässi-

[675] Burghardt, A.: Das kleine Eigentum, in: Kemmetmüller, W.; Sertl, W. (Hrsg.): Klein- und Mittelbetriebe. Chancen. Probleme. Lösungen. Erich Hruschka zum 70. Geburtstag. Wien 1981, S. 24

[676] KURIER. Unabhängige Tageszeitung für Österreich, Nr. 190 vom 11.07.1998, Wirtschaftsmagazin

[677] vgl.: Burghardt, A.: Das kleine Eigentum, a. a. O. S. 22

gen Handhabung der Normen des Arbeitsrechts etwa bei Betriebsaufgabe."[678] Selbst in einem relativ homogenen Wirtschaftsraum wie in der EU stehen die Volkswirtschaften der einzelnen Staaten generell völlig legal, allein schon bei unschwer vergleichbaren Daten wie der Lohnquote, bei der Besteuerung der Unternehmen und in der Sozialgesetzgebung untereinander in einem angespannten Konkurrenzverhältnis. Wird aber dadurch die Wirtschaft, mehr jedoch noch die verantwortlichen Wirtschaftspolitiker, tatsächlich von allen Werturteilen entbunden und somit die Wirtschaft faktisch schlußendlich doch wertfrei? Genügt es für die Politiker, sich als "Aktionäre der Bürger"[679] zu präsentieren?

2.9 Postkonventionelle Ethik

Die Globalisierung macht es einerseits erforderlich, eröffnet aber andererseits die Chance, sich in erhöhtem Maße mit den Denkweisen anderer Länder, mit anderen Gesellschaftssystemen und vor allem mit deren ethischen Fundamenten auseinanderzusetzen. Die rasante Entwicklung der Effizienz unserer Informations- und Kommunikationsmedien sowie die gesteigerte Reisetätigkeit bringen es mit sich, daß immer größer werdenden Bevölkerungsschichten die Mannigfaltigkeit der Kulturen und die Probleme ferner Länder bewußt werden. Auch wirtschaftliche Probleme in den Schwellenländern und des Elend der LDC's finden in den Print- und elektronischen Medien zwar Erwähnung, lösen aber keineswegs hinreichende und befriedigende Maßnahmen aus, obwohl durch die Globalisierung eine neue Dringlichkeit eines universalen moralischen Gebots erforderlich geworden ist.

Es wäre ein vermessenes und hochmütiges Unterfangen, hier ad hoc endgültige Antworten auf die angerissenen komplexen Fragestellungen zu geben, die die größten Philosophen im Verlauf der Geschichte ebenso wenig endgültig, unwidersprochen und zur Zufriedenheit aller geben konnten, wie es auch den bedeutendsten Ökonomen nicht gelungen ist, die wirtschaftlichen Probleme der Welt zu lösen und eine global und universell gültige Antwort zur Bewältigung derselben zu finden.

Diese Antwort ist aber durchaus in Abwandlung der Worte Jesus Christus "Gebt Gott was Gottes ist und dem Kaiser was des Kaisers ist." zu finden. Das heißt: Gebt der Moral, gleichgültig ob durch die Vernunft oder durch die Religion begründet, Raum und schafft Fruchtbarkeitsbedingungen, die den Erfordernissen der Wirtschaft gerecht werden. Wechselseitige Schuldzuweisungen von Ökonomen und Ethikern wonach einerseits ein zuviel an Ethik die Entfaltung der Wirtschaft hemmt bzw. anderseits die Wirtschaft keinerlei Gewissen hätte, werden schwerlich problemlösend wirken.

---

[678] ebd.: Burghardt, A.: Das kleine Eigentum, a. a. O. S. 23;
vgl., hiezu: Vernay, A.: Die Steuerparadiese. Wien-München-Zürich 1969

[679] Görg, B.: Zit. in: Wiener Industrie Telegramm. Der monatliche Informationsdienst der Industriellenvereinigung. Wien 2/1999

Es ist jedoch nicht bloß eine moralische Frage des Gewissens des Einzelnen, sondern es ist vielmehr eine Frage der gesamten Menschheit, welche Konsequenzen sowohl Klimaveränderungen als auch allfällige Revolutionen auf Grund des unbefriedigenden wirtschaftlichen und sozialen Befindens der Länder der dritten Welt nach sich ziehen. Es sind zumeist Theologen und Philosophen, die derartige Probleme ansprechen; die Wirtschaft interessiert diese Problematik in lediglich äußerst bescheidenen Maße. M.E. zu Unrecht, denn es handelt sich um ein enormes Potential möglicher künftiger Konsumenten für die Güter der industrialisierten Welt. Ist schon das Gewissen der Entscheidungsträger der Industrienationen nicht hinreichend sensibel, so müßte zumindest deren Eigeninteresse Motor für die Schaffung von Rahmenbedingungen sein, die es den Ländern der dritten Welt ermöglichen, Anschluß an die entwickelten Industriestaaten zu finden. Da durch das Kleinerwerden der Welt sich deren unterschiedliche Grundwerte auch räumlich permanent näherrücken, erscheint es geboten, sich vorweg einmal mit den Überlegungen von Hans Küng eingehender auseinanderzusetzen, wie die verschiedenen Weltbilder zu allgemein akzeptierten Rahmenbedingungen führen könnten.

2.9.1 Bereits existente Konzepte für eine globale Ethik

2.9.1.1 Projekt Weltethos

Die Herausforderungen der Gegenwart veranlaßten Hans Küng, Überlegungen hinsichtlich eines Grundkonsenses über gemeinsame Werte, Haltungen und Maßstäbe, die alle Menschen in ihren eigenen Traditionen wiederfinden können - gleich welcher Religion, Ideologie oder Nation - anzustellen. In der Ära der Globalisierung bleibt immer weniger Raum für unterschiedliche, widersprüchliche und gar sich bekämpfende Ethiken. "Diese Welt braucht das eine Grundethos - (...) ein Ethos für die Gesamtmenschheit (...). Diese eine Weltgesellschaft braucht gewiß keine Einheitsreligion und Einheitsideologie, wohl aber einige verbindende und verbindliche Normen, Werte, Ideale und Ziele."[680] Küng zufolge sind die Religionen der Welt gefordert, denn es war schon immer ihre Aufgabe, "Menschen überall auf dem Globus immer wieder neu für Normen, Werte, Ideale und Ziele zu motivieren. (...) Die Glaubwürdigkeit aller Religionen, auch der kleineren, wird künftig davon abhängen, daß sie mehr betonen, was sie eint, und weniger, was sie voneinander trennt."[681]

Gefordert ist heute jedenfalls ein "Gleichgewicht zwischen den rationalen und den emotionalen wie ästhetischen Tendenzen des Menschen, ja eine ganzheitliche Sicht der Welt und des Menschen in seinen verschiedenen Dimensionen. Denn zusammen mit der ökonomischen, sozialen und politischen gibt es nun einmal auch ästhetische, ethische und religiöse Dimensionen des Menschen und der

680 Küng, H.: Projekt Weltethos, a. a. O. S. 14

681 ebd.: Küng, H.: Projekt Weltethos, a. a. O. S. 14f

Menschheit."[682] Erforderlich ist ein neuer "Grundkonsens von integrierenden humanen Überzeugungen, auf denen gerade die demokratische pluralistische Gesellschaft unbedingt angewiesen ist."[683]
Soll die moderne Gesellschaft funktionieren, so darf die Frage nach "den Zielvorstellungen und nach den (...) frei gewählten Bindungen des Individuums nicht vernachlässigt werden; Bindungen, die für den Menschen nicht zu Fesseln und Ketten werden dürfen, sondern die Hilfen und Stützen sein sollen! Und grundlegend (...) ist nun einmal die Bindung an eine Lebensrichtung, an Lebenswerte, an Lebensnormen, an Lebenshaltungen, an Lebenssinn und dies - wenn nicht alles täuscht - transnational und transkulturell. Menschen verspüren normalerweise das Verlangen (...) so etwas wie eine ethische Grundorientierung zu besitzen."[684]
Die visionäre weltumspannende Ethik der Zukunft dürfte eine Ethik der Verantwortung sein,[685] was zunächst einmal bedeutet, daß sie keine bloße Erfolgsethik sein kann; sie ist vielmehr das Gegenteil eines Handelns, für das der Zweck alle Mittel heiligt. Zukunftsfähig dürfte aber ebenso wenig eine bloße Gesinnungsethik sein. Ausgerichtet auf eine mehr oder weniger isoliert gesehene Wertidee (Gerechtigkeit, Liebe, Wahrheit) geht es ihr nur um die reine Motivation des Handelnden, ohne sich um die Folge einer Entscheidung oder Handlung, um die konkrete Situation, ihre Anforderungen und Auswirkungen zu kümmern.[686]
Eine Ethik der Verantwortung ist keineswegs gesinnungslos, fragt jedoch stets nach den zu erwartenden Folgen unseres Handelns und übernimmt dafür die Verantwortung. Demgemäß sind Gesinnungsethik und Verantwortungsethik keine Gegensätze, sondern "Ergänzungen, die zusammen erst den echten Menschen ausmachen."[687]
"Ohne Gesinnungsethik verkäme die Verantwortungsethik zur gesinngslosen Erfolgsethik, der jedes Mittel um der Folgen willen recht ist. Ohne Verantwortungsethik verkäme die Gesinngsethik zur Pflege selbstgerechter Innerlichkeit."[688]
Folglich sind die Verantwortlichen der verschiedenen Weltregionen, Weltreligionen und Weltideologien aufgefordert, die Verantwortung für die Zukunft der Weltgesellschaft gemeinsam wahrzunehmen und in globalen Zusammenhängen zu denken und handeln zu lernen.[689]
Als natürliche Koalitionspartner für die Formulierung eines Weltethos bieten sich sowohl die Philosophen als auch die Religionen an.

---

682 Küng, H.: Projekt Weltethos, a. a. O. S. 42
683 ebd.: Küng, H.: Projekt Weltethos, a. a. O. S. 43f
684 ebd.: Küng, H.: Projekt Weltethos, a. a. O. S. 50f
685 vgl., ebd.: Küng, H.: Projekt Weltethos, a. a. O. S. 52
686 vgl., ebd.: Küng, H.: Projekt Weltethos, a. a. O. S. 51
687 Weber, M.: Gesammelte politische Schriften. Tübingen 1958, S. 559
688 Küng, H.: Projekt Weltethos, a. a. O. S. 52
689 vgl., ebd.: Küng, H.: Projekt Weltethos, a. a. O. S. 52f

Durch Jahrtausende hindurch waren die Religionen ohnedies jene Orientierungssysteme, welche die Grundlage für eine bestimmte Moral bildeten und ihre moralische Funktion recht und schlecht wahr genommen haben,[690] obwohl ihre Existenzberechtigung philosophisch häufig in Frage gestellt wird[691].
Sie haben gegenüber den Philosophen, die Moral nicht nur fordern, sondern deren Notwendigkeit auch begründen müssen, sogar den Vorteil, "... ihre ethischen Forderungen mit einer ganz anderen Autorität vorzubringen als eine bloß menschliche Instanz."[692]
Küng konnte anläßlich eines Religionskolloquiums der UNESCO 1989 in Paris feststellen, daß Konsens der verschiedenen Religionen durchaus dahingehend besteht, daß es notwendig ist, ein ökumenisches Grundkriterium, "das auf dem Humanum, dem wahrhaft Menschlichen, konkret auf der Menschenwürde und den ihr zugeordneten Grundwerten beruht"[693] zu formulieren und daß alle Vertreter der großen Weltreligionen die Möglichkeit bejahten, Humanität aus der je eigenen Tradition zu begründen und diese somit Basis eines gemeinsamen Ethos der Weltreligionen werden könnte.[694]
Auch die Vertreter der Messner'schen Naturrechtsphilosophie beziehen im Sinne ihres Lehrers eine nicht unähnliche Position, da Messner das Gemeinwohl auf die Weltordnung überträgt und seine Forderung nach einer Weltethik in den letzten Jahren besonders in Fernost regen Zuspruch findet.[695]

2.9.1.2 Global Governance

Auch die seinerzeit von Willy Brandt[696] initiierte Commission on Global Governance ging in ihrem 1995 veröffentlichten Bericht davon aus, daß eine funktionierende »globale Nachbarschaft« nicht nur grundlegende Regeln der Zusammenarbeit auf wirtschaftlichem, sozialem und kulturellem Gebiet erfordere, sondern daß dafür auch ein gemeinsames Ethos unerläßlich sei. Die Kommission formulierte Grundwerte, die auf einem Prinzip des nachbarschaftlichen Zusammenlebens basieren. Diese universalen Werte sind gleichermaßen grundlegend für die Menschenrechte:

---

690 vgl.: Küng, H.: Projekt Weltethos, a. a. O. S. 58

691 vgl., ebd.: Küng, H.: Projekt Weltethos, a. a. O. S. 66

692 ebd.: Küng, H.: Projekt Weltethos, a. a. O. S. 78

693 ebd.: Küng, H.: Projekt Weltethos, a. a. O. S. 119

694 vgl., ebd.: Küng, H.: Projekt Weltethos, a. a. O. S. 121f

695 vgl.: Schnarrer, J. M.: Vorwort, in: ders. (Hrsg.): Gemeinwohl und Gesellschaftsordnung, a. a. O. S. 10f

696 Die 1986 auf Initiative von Willy Brandt gegründete "Stiftung Entwicklung und Frieden (SEF)", in der Persönlichkeiten aus Politik, Gesellschaft und Wissenschaft zusammenarbeiten, um Lösungen für die drängenden Weltproblemen zu erarbeiten und in die Gestaltung von Politik einzubringen, erarbeitete in Zusammenarbeit mit dem Duisburger "Institut für Entwicklung und Frieden (INEF)" das Konzept und die wissenschaftlichen Grundlagen für eine Verdichtung der Zusammenarbeit in internationalen Organisationen.

- Achtung vor dem Leben
- Freiheit
- Gerechtigkeit
- Gegenseitige Achtung
- Hilfsbereitschaft
- Integrität im Verhalten von Menschen, besonders von Entscheidungsträgern.

Mit den Menschenrechten existiert ein internationales System von Rechtsnormen, das weitgehend in Einklang steht mit dem Menschenbild und den ethischen Vorstellungen über das Zusammenleben der Menschen und ihr Verhältnis zum Staat, wie sie im Projekt »Weltethos« und von der Commission on Global Governance formuliert wurden. Das Bemühen um die Entwicklung einer Globalethik kann ihrer Meinung nach an den geltenden Menschenrechten anknüpfen.
Keineswegs heißt Global Governance Global Government, sondern "entspricht eher der bereits von Immanuel Kant anvisierten Weltföderation von freien Republiken mit einem notwendigen Minimum an Zentralstaatlichkeit - etwa nach dem Muster der EU.
Das neue und entscheidende, aber auch besonders umstrittene Konzept der Kommission von Global Governance liegt nicht nur in ihrem Mehr an staatlich organisiertem Multilateralismus, sondern vielmehr in einen neuen Politikmodell, nämlich im Zusammenwirken von staatlichen und nichtstaatlichen Akteuren von der lokalen bis zur globalen Ebene: Ordnungspolitik bzw. Governance ist die Gesamtheit der zahlreichen Wege, auf denen Individuen sowie öffentliche und private Institutionen ihre gemeinsamen Angelegenheiten regeln. Auf globaler Ebene hat man unter Ordnungspolitik bisher vorwiegend das System der zwischenstaatlichen Beziehungen verstanden, doch heute müssen auch Nichtregierungsorganisationen, Bürgerbewegungen, multinationale Konzerne und der globale Finanzmarkt einbezogen werden. Mit diesen Gruppen und Institutionen interagieren globale Massenmedien, deren Einfluß dramatisch wächst."[697]
Ihre Befürworter betonen die wachsende Bedeutung von nichtstaatlichen Akteuren - nicht nur von global operierenden Unternehmen und Medienkonzernen, sondern auch von NGO's, die sich längst zu wichtigen Gesprächs- und Verhandlungspartnern und »Gegen-Experten« bei Weltkonferenzen entwickelt haben. Sie stellen den noch unterentwickelten und finanziell unterausgestatteten, aber zunehmend international vernetzten Organisationskern einer internationalen Zivilgesellschaft dar, die zu einer Schubkraft von Global Governance wurde. Die »Gesellschaftswelt« ist bereits mehr global orientiert als die »Staatenwelt«.
In der Regel steht das UN-System im Mittelpunkt globaler Strategiekonzepte der Global Governance-Pläne. "Nachdem aber die begrenzte Fähigkeit der UNO zur

[697] Messner, D.; Nuscheler, F.: Globale Trends, Globalisierung und Global Governance, in: Hauchler, I.; Messner, D.; Nuscheler, F. (Hrsg.): Globale Trends 1998, a. a. O. S. 32

Bewältigung globaler Probleme immer offensichtlicher wurde und die Staaten nicht bereit sind, sie durch erweiterte Mandate und mehr Geld handlungsfähiger zu machen, wurden internationale Regime zu wichtigen sektoralen Bausteinen in der Global Governance-Architektur. In solchen Regimen - wie der WTO oder dem Ozon-Regime - verpflichten sich die Staaten durch vertragliche Vereinbarungen zur Bearbeitung von gemeinsamen Problemen, von sogenannten »global commons«. Die Regime werden treffend als Kernelemente von »governance without government« bezeichnet. Ein reformiertes UN-System könnte zukünftig die Verhandlungsebene und das institutionelle Rahmenwerk für internationale Regime darstellen."[698]

Ihre Vertreter sehen die Zukunft darin, daß die Global Governance-Architektur auf »regionalen Kernen« aufbauen könnte, für die es in fast allen Weltreligionen bereits Ansätze gibt, wobei der EU eine Vorreiterrolle zugedacht ist, indem ihre Mitgliedsstaaten Teilsouveränitäten abtreten.[699] "Die EU verdeutlicht jedoch auch alle Probleme und potentielle Fallstricke von Global Governance: Bürokratisierung, Dominanz von Hegemonen, Verlust von nationalen Identitäten. Widerstände gegen die europäische Integration lassen darauf schließen, daß Global Governance ein langfristiges Projekt ist. Gerade deshalb ist es wichtig, die Weichen frühzeitig zu stellen."[700]
Zwei Voraussetzungen sind nach ihrer Meinung für das Funktionieren von Global Governance grundlegend:
"Erstens die Stärkung globaler Rechtsstaatlichkeit als Grundlage des Zivilisierungsprozesses und als Stütze der Global Governance-Architektur. Rechtsstaatlichkeit bedeutet Good Governance im Inneren und Herrschaft des Völkerrechts in den internationalen Beziehungen. Die Konstruktion des Internationalen Gerichtshofes in Den Haag hat noch einen entscheidenden Konstruktionsfehler: Die Staaten können sich seinen Entscheidungen unterwerfen oder nicht, ohne Sanktionsmechanismen befürchten zu müssen. Warum sollte die Anerkennung seiner Rechtssprechung nicht zur Voraussetzung für die Mitgliedsschaft in den Vereinten Nationen gemacht werden?
Zweitens bedarf Global Governance eines Fundaments an gemeinsamen Werten, also einer Weltethik. Gemeinsame Problemlösungen werden nur auf der Grundlage universell anerkannter Werte, Prinzipien und Ziele möglich sein. Wie der Streit um die Universalität der Menschenrechte zeigt, wird auch die Herstellung eines ethischen Minimalkonsenses, der bereits in der UN-Charta und in den Menschen-

[698] Messner, D.; Nuscheler, F.: Globale Trends, Globalisierung und Global Governance, a. a. O. S. 32
[699] vgl., ebd.: Messner, D.; Nuscheler, F.: Globale Trends, Globalisierung und Global Governance, a. a. O. S. 32f
[700] ebd.: Messner, D.; Nuscheler, F.: Globale Trends, Globalisierung und Global Governance, a. a. O. S. 33

rechtskonventionen angelegt ist, durch Interessenkonflikte erschwert. Wichtig ist für die Globalisierungsdebatte jedoch, daß Kultur mehr ist als ein sekundäres Überbauphänomen; sie stellt - zusammen mit den Verregelungen globaler Rechtsstaatlichkeit - den Kitt der Global Governance-Architektur dar."[701]

Es geht keineswegs um die Abschaffung der Nationalstaaten. Sie bleiben nach diesem Konzept vielmehr "... die Hauptakteure der internationalen Politik und behalten eine unverzichtbare Scharnierfunktion zwischen den verschiedenen Handlungsebenen. Aber sie sind nicht mehr die allmächtigen und allzuständigen Problemlösungsinstanzen. Ihre Rolle verändert sich. Die »geteilte Souveränität« nimmt ihnen nicht das Gewaltmonopol nach innen, fordert ihnen aber Souveränitätsverzichte nach außen ab, um die kollektive Bearbeitung von Weltproblemen zu ermöglichen. (...)

In vielen Politikbereichen muß der Staat in Kooperation mit gesellschaftlichen Gruppen gemeinsame Problemlösungsstrategien erarbeiten. Marktsteuerung, staatliche Politikgestaltung und Netzwerkmuster, die durch horizontale Selbstorganisation und das Zusammenwirken von staatlichen und privaten Akteuren gekennzeichnet sind, ergänzen sich. Konturen einer Netzwerkgesellschaft entstehen, in der auch nicht-staatliche Akteure (z.B. gesellschaftliche Gruppen, Wissenschaft, intermediäre Organisationen, Unternehmerverbände) an der politischen Konsens- und Entscheidungsbildung mitwirken. Die Leitbilder des etatistischen Planungs- und des neoliberalen Minimalstaates werden abgelöst durch einen moderierenden, impulsgebenden, aktiven Staat, der Initiativ-, Orientierungs- und Kontrollfunktionen übernimmt, Steuerungspotentiale von der nationalen auf die regionale und kommunale Ebene delegiert und Problemlösungskapazitäten bündelt. Diese Neuorientierung entlastet den Staat von ihn überfordernden Aufgaben und stärkt gerade dadurch seine Steuerungsfähigkeit. (...) Der Nationalstaat bleibt also zuständig für den Interessenausgleich, die Koordination der verschiedenen Akteursgruppen, für autoritative Entscheidungen und für die Umsetzung der auf internationaler Ebene getroffenen Entscheidungen. Wer sonst sollte ihnen auch demokratische Legitimation verschaffen? Der Nationalstaat - als die tragende Säule des Global Governance-Projekts - verliert jedoch ohne weitere Stützpfeiler und netzwerkartige Verstrebungen mit der Wirtschaft- und Gesellschaftswelt an Handlungsfähigkeit. Seine Eingliederung in das System »geteilter Souveränitäten« stellt deshalb keinen Verzicht auf politische Gestaltung dar, sondern ist umgekehrt eine Bedingung zur Ausweitung politischer Steuerungsfähigkeit in einer immer interdependenteren Welt."[702]

---

[701] Messner, D.; Nuscheler, F.: Globale Trends, Globalisierung und Global Governance, a. a. O. S. 33

[702] ebd.: Messner, D.; Nuscheler, F.: Globale Trends, Globalisierung und Global Governance, a. a. O. S. 33f

2.9.2 Der Stakeholder-Ansatz

Nicht nur die Religionen, auch die zeitgenössische Philosophie sieht im Diskurs die Möglichkeit einer Konsensfindung um ökonomische Sachzwänge mit ethisch vertretbaren Anforderungen vereinbar zu machen.

Der Begriff "Stakeholder" dürfte in Erweiterung des Wortes "Stockholder" (= Aktionär, auch Shareholder genannt) entstanden sein. "To have a stake in something" meint im Englischen, ein Interesse oder einen Anteil an etwas zu haben.[703]
Da unternehmerisches Handeln zumeist im Brennpunkt gesellschaftlicher Wert- und Interessenkonflikte steht, unterliegen - vor allem große - Unternehmen angesichts der vielfältigen gesellschaftlichen Wirkungszusammenhänge ihrer Aktivitäten einer wachsenden öffentlichen Exponiertheit.[704]
"Zum einen stehen sie unter mehr oder weniger grossem Erwartungsdruck, neben ihrer Grundfunktion der Erstellung entgeltlicher Marktleistungen für Abnehmer eine Vielzahl weiterer sozio-ökonomischer Funktionen für ihre Kapitalgeber (Shareholder Value und Fremdkapitalverzinsung), Mitarbeiter (Arbeitsplätze, gute Löhne und Sozialleistungen, gute immaterielle Arbeitsbedingungen) und Lieferanten (faire und stabile Lieferungsmöglichkeiten) sowie für ihre Standortgemeinden, den Staat und die Allgemeinheit (Steueraufkommen, Beiträge an die Infrastruktur, Ausbildung, Forschung, Kultur und Wohltätigkeit) zu erbringen. Zum anderen kommt es oft zu genauso heftigen Konflikten um die Verteilung negativer externer Effekte jeder Art, insbesondere um ökologische Kosten (z.B. Schadstoffemissionen, Lärmbelästigung und Landschaftsbeeinträchtigung durch Produktionsanlagen), aber auch um soziale Kosten (beispielsweise infolge von Arbeitsplatzabbau). Unter diesen Umständen erweist sich die gesellschaftsrechtliche Privatautonomie privatwirtschaftlich verfasster Unternehmen als juristische Fiktion; faktisch sind vor allem größere Unternehmen längst zu quasi-öffentlichen Institutionen geworden: Ihre Eigentumsbasis ist zwar privat, aber ihre Wirkungszusammenhänge sind weitestgehend öffentlich relevant."[705]

Aus ethischer Sicht stellt sich daher die Frage nach dem "Grundverständnis der Unternehmung als einer pluralistischen Wertschöpfungsveranstaltung,"[706] von deren Entscheidungen und Aktivitäten eine Vielzahl von Bezugsgruppen erheblich betroffen ist und deren Handeln dementsprechend der pluralistischen Legitimation vor allen Beteiligten und Betroffenen bedarf. Das bedeutet, daß die Frage nach der Qualität der unternehmerisch zu erbringenden Wertschöpfung - welche

[703] vgl.: Ulrich, P.: Integrative Wirtschaftsethik, a. a. O. S. 440
[704] vgl., ebd.: Ulrich, P.: Integrative Wirtschaftsethik, a. a. O. S. 438
[705] ebd.: Ulrich, P.: Integrative Wirtschaftsethik, a. a. O. S. 438
[706] ebd.: Ulrich, P.: Integrative Wirtschaftsethik, a. a. O. S. 438

Werte soll das Unternehmen schaffen? - nicht mehr hinreichend ist; hinzu kommt unweigerlich die Frage nach der gerechten Verteilung der Wertschöpfung bzw. des Wertverzehrs auf alle Stakeholder: Für wen sind Werte zu schaffen? Und wer soll welche (internen und externen) Kosten des Wertschöpfungsprozesses tragen?[707]
Das bedeutet, daß Unternehmen gezwungen sind, wirkliche "Politik des Unternehmens" zu betreiben, also für die Aufrechterhaltung eines Verhandlungsgleichgewichtes zwischen der Unternehmensleitung und allen in seine Leistungserstellung involvierten Gruppen zu sorgen.[708]
Stakeholder-Konzepte lassen sich demgemäß als "verallgemeinerte oder erweiterte Form der Koalitionstheorie verstehen, wobei sie nach ihren Abgrenzungskriterien für den Kreis der in die Betrachtung einbezogenen Anspruchsgruppen zu unterscheiden sind.[709] Die diesbezügliche Schlüsselfrage lautet: Wer ist als Stakeholder zu betrachten und wer nicht? Zwei grundsätzliche Anwortmöglichkeiten (...) sind zu unterscheiden:

2.9.2.1 Machtstrategisches Konzept

Als Stakeholder werden alle Gruppen bezeichnet, die ein Einflusspotential gegenüber der Unternehmung haben, sei es aufgrund ihrer Verfügungsmacht über bestimmte knappe Ressourcen oder aufgrund ihrer Sanktionsmacht (Drohpotential) für den Fall, dass sich die Unternehmung ihren Ansprüchen nicht beugt. In einer engeren Variante werden nur jene Anspruchsträger in Betracht gezogen, die gegenüber der Unternehmung über aktuell wirksame Macht verfügen, in einer umfassenden Variante dagegen alle Gruppen, die vom unternehmerischen Handeln unmittelbar oder mittelbar betroffen sind. (...)

2.9.2.2 Normativ-kritisches Konzept

Als Stakeholder werden alle Gruppen bezeichnet, die gegenüber der Unternehmung legitime Ansprüche haben, seien das spezielle Rechte aus vertraglichen Vereinbarungen (Arbeits-, Kooperations-, Werk- oder Kaufvertrag) oder allgemeine moralische Rechte der von unternehmerischen Handlungen oder Unterlassungen Betroffenen. Die moralischen Verpflichtungen der Unternehmung gehen in den Beziehungen zu Vertragspartnern insofern über die rechtlichen Verpflich-

---

707 vgl.: Ulrich, P.: Integrative Wirtschaftsethik, a. a. O. S. 439

708 vgl., ebd.: Ulrich, P.: Integrative Wirtschaftsethik, a. a. O. S. 441

709 Wolfgang Weigl sieht eine lange Liste – ohne Anspruch auf Vollständigkeit – als mögliche Stakeholder: neben den Aktionären und Managern, die ganz offensichtlich zu den Stakeholdern zählen, üben nachstehende Personengruppen Einfluß auf die Unternehmensziele aus bzw. sind davon betroffen: Kunden, Belegschaft, Lieferanten, Kreditgeber, Nachbarn, Bürgerinitiativen und Umweltaktivisten, Interessenvertretungen, der Fiskus, sowie andere lokale Behörden.
Vgl.: Weigl, W.: Zur Rolle der „Stakeholder" in Kapitalgesellschaften, in: Pribyl, H.: Shareholder-Value, a. a. O. S. 37f

tungen aus dem Vertrag hinaus, als unter Umständen - jenseits der vereinbarten Leistung und Gegenleistung - die Solidarität seitens der Unternehmung gegenüber ihren Partnern geboten ist, falls diese in eine Notlage geraten und existentiell auf das Wohlwollen der stärkeren Seite angewiesen sind. In einer engeren Variante des normativ-kritischen Konzepts gelten als Stakeholder nur die Vertragspartner und die unmittelbar vom unternehmerischen Handeln Betroffenen. In der umfassenderen Variante wird darüber hinaus prinzipiell jeder mündigen Person das Recht zuerkannt, die Unternehmung hinsichtlich der moralischen Berechtigung ihres Tuns kritisch 'anzusprechen', Einwände gegen diese zu erheben und eine öffentliche Begründung fraglicher unternehmerischer Handlungsweisen, die die Öffentlichkeit interessieren, zu verlangen. In dieser Perspektive ist eine abschliessende Aufzählung der Stakeholder nicht mehr möglich, vielmehr sind 'Stakeholder' dann nichts anderes als jene Teile der deliberativen Öffentlichkeit einer freiheitlich-demokratischen Gesellschaft, die aktuell argumentative 'Ansprüche' an eine Unternehmung richten und mit der Unternehmensleitung in einen Bürgerdialog treten möchten.
Hier handelt es sich um eine regulative Idee, in deren Lichte kritisch zu prüfen ist, wer berechtigte Ansprüche gegenüber der Unternehmung erheben können soll (also nicht nur: wer wirkungsmächtige Ansprüche erheben kann). Kriterium ist, in einem Wort, allein die ethisch begründbare Legitimität von Ansprüchen. Die Anerkennung der vorbehaltlosen republikanisch-öffentlichen Legitimationspflicht der Unternehmung mündet folgerichtig in die umfassende Perspektive des Stakeholder-Konzepts als jenes Konzept, das die Unternehmung, verstanden als quasiöffentliche Wertschöpfungsveranstaltung, vor den Horizont des prinzipiell unabgrenzbaren öffentlichen Legitimationsdiskurses in einer modernen Wirtschaftsbürgergesellschaft (civil society) stellt und diesen als den systematischen Ort der unternehmenspolitischen Moral erkennt: Im öffentlichen Deliberationsprozess unter mündigen Wirtschaftsbürgern hat sich die Geschäftsintegrität einer Unternehmensleitung zu bewähren, und nur in ihm läßt sie sich begründen."[710]

2.9.3 Die Diskursethik

führt den Gedankengang Küngs hinsichtlich einer, aus den unterschiedlichen Religionen abgeleiteten Ethik der Verantwortung, die die gesamte Menschheit verpflichtet, auf philosophischer Ebene weiter. Sie integriert aber auch gleichzeitig die im Stakeholder-Ansatz Ulrichs enthaltenen wirtschaftsethischen Fragestellungen.
Die Diskursethik ist ein von K.-O. Apel und J. Habermas entwickelter Ansatz zur Begründung derjenigen ethischen Ansprüche, die eine gewaltfreie, rationale und allgemein zustimmungsfähige Lösung von Konflikten ermöglichen. Alle öffentlichen Verfahren, mit denen Entscheidungen über strittige soziale und politische

---

[710] Ulrich, P.: Integrative Wirtschaftsethik, a. a. O. S. 441ff

Fragen getroffen werden, sollen diesem Prinzip folgen. Sie versteht dieses Prinzip als kultur- und zeitunabhängig, für alle vernünftigen Wesen in gleicher Weise geltend. Aufgrund dieses universalistischen Anspruchs, aber auch aufgrund der kritischen Distanz zu den individuellen Glücks- und Nutzenerwartungen der Individuen ist sie der Ethik Kants verwandt. Da sich die Diskursethik weder allein auf die Gesinnung der Menschen verlassen will noch bestimmte materiale Normen empfiehlt, deutet sie ihr Prinzip "formalprozedural". Die Inhalte der zu befolgenden Normen und Ansprüche und das, was konkret zur Lösung eines Konflikts getan werden soll, wird im praktischen Diskurs der Betroffenen verhandelt. Die Diskursethik billigt den Menschen die Fähigkeit zu, die Gründe der Gültigkeit ethischer Prinzipien zu erkennen und rationale Lösungen einzusehen und zu akzeptieren.

Nach Apels Überzeugung kommt es darauf an, "das Vorurteil der apodeiktischen Begründungsidee und das der Gleichsetzung der Handlungsrationalität mit der Mittel-Zweck-Rationalität einzelner Akteure in ihrer gemeinsamen Wurzel zu überwinden. Das kann nur durch die reflexive, transzendentalpragmatische Besinnung auf die - konsensual-kommunikative und insofern auch schon ethisch-normative-Rationalität geschehen, die wir im Moment der ernsthaften Frage »Warum vernünftig sein?"« bzw. »Warum moralisch sein?« auf der Ebene des argumentativen Diskurses schon notwendigerweise voraussetzen. Dieser reflexive Rückgang auf das, was ohne performativen Selbstwiderspruch nicht bestritten werden kann, ist die philosophische Letztbegründung, die zugleich den Grund liefert für die Unmöglichkeit und Unnötigkeit einer Begründung der Vernünftigkeit bzw. der Moralität durch Herleitung aus etwas anderem.

Damit zugleich sollte die transzendentalpragmatische Letztbegründung auch die Grundlagen einer philosophischen Rationalitätstheorie - einer Theorie der abstraktiven Selbstdifferenzierung der Vernunft im Sinne einer Theorie der Rationalitätstypen - liefern. Diese kritische Selbstdifferenzierung der Vernunft sollte ihrerseits eine vernunftkritische Korrektur der Verabsolutierung abstraktiver Rationalitätstypen - so der logisch-mathematischen, der technisch-szientifischen, der strategischen und der system-funktionalen Rationalität - möglich machen: eine differenzielle Selbstkritik der Vernunft, die ihrerseits wiederum die totale, sich selbst aufhebende Vernunftkritik im Umkreis des sogenannten »Postmodernismus« gewissermaßen ersetzen kann."[711]

Eine postkonventionelle Moral muß seit Kants Begründung des Universalisierungsprinzips der Moralität den Anspruch erheben, von einem abstrakt-formalen Maßstab der Normenlegitimation her auch noch die gesellschaftlichen Anwendungsbedingungen der Moral kritisch zu beurteilen und unter Umständen ihre Veränderung zur Aufgabe zu machen. Konkret stellt sich dieses Problem heute erstmals im planetaren Maßstab als das einer universalistischen Makroethik der

[711] Apel, K.-O.: Diskurs und Verantwortung, a. a. O. S. 8

Menschheit. In ihr sind einerseits die normativen Bedingungen des gleichberechtigten Zusammenlebens verschiedener soziokultureller und individueller Lebensformen - also eines universalistisch eingeschränkten Pluralismus der Glücksverwirklichung - zu begründen. Darüber hinaus sind die ebenfalls universal gültigen prozeduralen Normen einer kommunikativen Organisation der kollektiven Verantwortung für die Folgen der kollektiven Aktivitäten - Wissenschaft und Technik - der modernen Industriegesellschaft zu begründen.[712]
Hatten zu Kants Zeiten seine Vorstellungen von Moral zumindest in weiten Teilen Europas die Chance, als "eine einheitliche Ethik christlich-humanistischer Provenienz"[713] anerkannt zu werden, so hatte das formale Universalisierungsprinzip des »kategorischen Imperativs« keineswegs planetarische Gültigkeit. Und dennoch eröffnet gerade dieses die Möglichkeit "einer für alle Menschen und d.h. auch für die verschiedenen soziokulturellen Lebensformen *unbedingt verbindlichen* Ethik (...) - und zwar deshalb, weil hier erstmals - im Unterschied zur Aristotelischen und christlichen Ethik - die Möglichkeit einer pluralistischen Auflösung des früher maßgebenden Problems der Selbstverwirklichung im Sinne eines *guten Lebens* freigegeben ist."[714]
Insofern hat nach Meinung Apels mit Kant die heute aktuelle Phase des Übergangs der Menschheit - d.h. der verschiedenen traditionellen Ethos- und Lebensformen - zu einer postkonventionellen Moral erst begonnen: zu einer postkonventionellen Moral in dem Sinne, daß das Zusammenleben und die verantwortliche Kooperation verschiedener Lebens- und insofern auch Ethos-Formen durch ein von allen anerkanntes Moralprinzip ermöglicht wird.[715]
Dieses global anerkannte Moralprinzip kann nach Meinung der Begründer der Diskursethik lediglich über einen globalen Diskurs gefunden werden, wobei die Diskursethik von vornherein keine Spezialethik für argumentative Diskurse ist, sondern eine Ethik der solidarischen Verantwortung derer, die argumentieren können, für alle diskursfähigen Probleme der Lebenswelt. "Diese lebensweltliche Verpflichtung einer diskursiven Verantwortungsethik hat (...) jeder, der ernsthaft - d.h. im Sinne der intersubjektiv gültigen Beantwortung einer ernsthaften Frage - denkt, notwendigerweise anerkannt; und er kann sich dieser lebensweltlichen Verpflichtung (deren universale Sinngeltung jedoch auf der Ebene der konventionellen Moral der Lebenswelt stets unklar und problematisch bleibt) durch postkonventionelle, transzendentalpragmatische Reflexion auf den normativen Gehalt der Argumentations-Präsuppositionen vergewissern, das heißt: er kann - im Sinne der transzendental-pragmatischen Letztbegründung - die Verpflichtung als ein nicht ohne performativen Selbstwiderspruch bestreitbares Prinzip explizieren."[716]

[712] vgl.: Apel, K.-O.: Diskurs und Verantwortung, a. a. O. S. 12
[713] ebd.: Apel, K.O.: Diskurs und Verantwortung, a. a. O. S. 284
[714] ebd.: Apel, K.-O.: Diskurs und Verantwortung, a. a. O. S. 284
[715] vgl., ebd.: Apel, K.-O.: Diskurs und Verantwortung, a. a. O. S. 284f
[716] ebd.: Apel, K.-O.: Diskurs und Verantwortung, a. a. O. S. 116f

Es ist also erforderlich, einen breit angelegten globalen Diskurs zu initiieren, der es erlaubt, sämtliche lokalen Mesoethiken hinsichtlich ihrer Universalierbarkeit ebenso zu hinterfragen, wie es gilt, die absolute Berechtigung der ökonomischen Sachzwanglogik unter globalen Bedingungen zu überdenken. Durch die reflexive, transzendentalpragmatische Besinnung auf die - konsensual-kommunikative und insofern auch schon ethisch-normative - Rationalität, die wir im Moment der ernsthaften Frage »Warum vernünftig sein?« bzw. »Warum moralisch sein?« auf der Ebene des argumentativen Diskurses bereits notwendigerweise voraussetzen, lassen sich nach Apel's Überzeugung die wechselseitigen Vorurteile überwinden.
Die Sollgeltung von Geboten und Handlungsnormen im Sinne der traditionellen Ethik - so auch Kant's Kategorischer Imperativ - übernimmt dabei nach Habermas die Rolle eines Rechtfertigungsprinzips, welches verallgemeinerungsfähige Handlungsnormen als gültig auszeichnet: was im moralischen Sinn gerechtfertigt ist, müssen alle vernünftigen Wesen wollen können.
"In der Diskursethik tritt an die Stelle des Kategorischen Imperativs das Verfahren der moralischen Argumentation. Sie stellt den Grundsatz ›D‹ auf:

- daß nur diejenigen Normen Geltung beanspruchen dürfen, die die Zustimmung aller Betroffenen als Teilnehmer eines praktischen Diskurses finden könnten.

Zugleich wird der Kategorische Imperativ zu einem Universalisierungsgrundsatz ›U‹ herabgestuft, der in praktischen Diskursen die Rolle einer Argumentationsregel übernimmt:

- bei gültigen Normen müssen Ergebnisse und Nebenfolgen, die sich voraussichtlich aus einer allgemeinen Befolgung für die Befriedigung der Interessen eines jeden ergeben, von allen zwanglos akzeptiert werden können."[717]

Apel verteidigt das Prinzip (U) gegenüber Kritikern wie folgt:
"Die im Prinzip [U] implizierte *regulative Idee* einer universalistischen Konsenstheorie der Wahrheit bzw. der idealen Gültigkeit der für alle betroffenen konsensfähigen Normen mit ihrer kontrafaktischen Antizipation der möglichen advokatorischen Auflösung sowohl des Problems der Ermittlung der Bedürfnisse aller nicht anwesenden Betroffenen wie auch des Problems der Abschätzung von Folgen und Nebenwirkungen durch Experten: - diese regulative Idee gewinnt ihre Funktion gerade in der durch sie ermöglichten kritischen Erkenntnis der Mängel und Schwierigkeiten der faktischen Konsense und Pseudo-Konsense auf allen Approximationsstufen der Realisierung praktischer Diskurse. Diejenigen, die auf die zahllosen Schwierigkeiten der Realisierung von [U] hinweisen, sind sich selten des Umstandes bewußt, daß sie ja selber bereits von dem Prinzip als einer regulativen Idee der Realitätseinschätzung Gebrauch machen."[718]
Habermas erklärt die Grundsätze ›D‹ und ›U‹ vereinfacht:

---

[717] Habermas, J.: Erläuterungen zur Diskursethik, a. a. O. S. 12
[718] Apel, K.-O.: Diskurs und Verantwortung, a. a. O. S. 130;
Prinzip U = Ebene des Universalisierungsprinzips der Normenbegründung

"(U) Jede gültige Norm muß der Bedingung genügen, daß die Folgen und Nebenwirkungen, die sich aus ihrer *allgemeinen* Befolgung für die Befriedigung der Interessen *jedes* Einzelnen voraussichtlich ergeben, von *allen* Betroffenen zwanglos akzeptiert werden können.
Wenn es möglich ist, U aus dem normativen Gehalt der allgemeinen pragmatischen Voraussetzungen von Argumentation überhaupt abzuleiten, läßt sich die Diskursethik auf die sparsame Formel bringen:
(D) Jede gültige Norm müßte die Zustimmung aller Betroffenen, wenn diese nur an einem praktischen Diskurs teilnehmen würden, finden können."[719]
Der transzendentalpragmatische Anspruch auf Letztbegründung besagt somit, daß jeder ernsthaften Auseinandersetzung die Anerkennung des normativ-ethischen Grundprinzips der Diskursethik zugrundeliegt.
Da auf die pragmatische Fähigkeit, konsensfähige Lösungen zu finden, aus vernünftigen Gründen nicht verzichtet werden kann, handelt es sich um eine "letzte", nicht weiter begründbare Geltungsgrundlage. Sie soll auch für den ethischen Skeptiker verbindlich sein, der keine bestimmten normativ-ethische Ansprüche als allgemein verbindlich anerkennt. Die Diskursethik ist sowohl anti-skeptisch als auch anti-relativistisch. Ihre Ansprüche können bei der Aushandlung konsensfähiger Lösungen nicht zur Disposition gestellt werden und daher nicht Teil von Nutzenabwägungen sein.[720]

2.9.3.1 Das diskursethische Prozedere

Ort des idealen Diskurses, aus dem die Wahrheit entspringen **könnte**[721], ist eine im Prinzip unbegrenzte ideale Kommunikationsgemeinschaft, "in der eine Sinnverständigung und eine Konsensbildung über Wahrheitsansprüche im Prinzip möglich sein muß. Ohne diese (...) Unterstellung würde offenbar jede ernst gemeinte Diskussion ihren Sinn verlieren. Mit der a priori notwendigen Unterstellung einer idealen Kommunikationsgemeinschaft, - die auch im Prinzip realisierbar, ja in einem gewissen Maße schon realisiert sein muß, wenn Argumentation möglich sein soll -, mit dieser Voraussetzung muß aber auch die intersubjektive Gültigkeit einer normativen Ethik der idealen Kommunikationsgemeinschaft immer schon unterstellt werden. Dies besagt unter anderem: niemand kann auch nur mit sich selbst sich aufrichtig im Denken verständigen, der nicht schon im Prinzip alle Normen einer aufrichtigen Kommunikation unter Bedingungen wechselseitiger Anerkennung der Kommunikationspartner anerkannt hat."[722]
Zu den operativen Bedingungen der Möglichkeit gültiger Argumentation bedarf es zudem auch der entsprechenden logisch-linguistischen Kompetenz, die jeder

---

719 Habermas, J.: Erläuterungen zur Diskursethik, a. a. O. S. 32
720 vgl.: Vossenkuhl, W.: Diskursethik, in: Höffe, O. (Hrsg.): Lexikon der Ethik, a. a. O. S. 47
721 vgl.: Hrubi, F. R.: Philosophische Grundlagen der Sozial- und Wirtschaftswissenschaften. Vorlesung an der Wirtschaftsuniversität Wien, Wintersemester 1998/99 am 25.01.99
722 Apel, K.-O.: Diskurs und Verantwortung, a. a. O. S. 36

einzelne Diskursteilnehmer von sich aus mitbringen muß.[723] Apel sieht durch diese beiden Prämissen auch den derzeit - speziell in den Sozial- und Wirtschaftswissenschaften - häufig gestellten Anspruch auf Wertfreiheit widerlegt, "denn die Objektivität wertfreier Wissenschaft setzt selbst noch die intersubjektive Geltung ethischer Normen voraus."[724]

Somit zeigt sich aber auch, daß die Diskursethik Raum für alle tradierten Werte konventioneller Ethiken - und das global - läßt.

Bedingung für die ethisch agierende ideale Kommunikationsgemeinschaft ist, daß der Bereich möglicher Inhalte der Argumentation - das »Diskurs-Universum« - durch das Prinzip der Argumentation, das ja immer schon anerkannt ist, nicht eingeschränkt werden kann; dies ist im Prinzip ebensowenig möglich wie eine willkürliche Begrenzung der Gemeinschaft kompetenter Kommunikationspartner. Daraus folgt aber, daß im Prinzip alle Ansprüche der Kommunikationspartner untereinander anerkannt werden müssen, die sich durch Argumente als mit den Ansprüchen aller übrigen Mitglieder der Kommunikationsgemeinschaft kompatibel erweisen lassen. Als argumentativ vertretbare *Ansprüche* in diesem Sinn können aber alle individuellen *Interessen* oder *Bedürfnisse* zur Geltung gebracht werden, die mit denen aller anderen vereinbar sind. Es ergibt sich demnach als Implikation einer Ethik der idealen Kommunikationsgemeinschaft die Forderung einer inhaltlichen Vermittlung aller menschlichen Interessen als möglicher Ansprüche in einer herzustellenden Institution universaler, repressionsfreier Beratung. Diese Institution, die eigentlich im A priori der Kommunikation schon impliziert ist, wäre zugleich als Meta-Institution aller kontingenten, geschichtlich entstandenen Sozialinstitutionen anzusehen, d. h. als Legitimationsinstanz für alle faktischen Institutionen.[725]

Apel betont, daß die "Ethik des praktischen Diskurses weit über die formale Ethik des »kategorischen Imperativs« im Sinne Kants hinausgeht. Sie wendet sich nicht nur an das solitäre Subjekt mit der Forderung, die Maxime seiner Gesinnung a priori im Sinne einer möglichen Vermittlung aller Ansprüche im Sinne einer allgemeinen Gesetzgebung zu bestimmen, sondern sie fordert darüber hinaus, daß die Situation repressionsfreier Beratung - d.h. also politischer und nicht nur innerer Freiheit - hergestellt wird: die Situation, in der über alle inhaltlichen Ansprüche aller Mitglieder der Kommunikationsgemeinschaft ein Konsens herbeigeführt werden kann."[726]

Schranken dürfen der idealen Kommunikationsgemeinschaft nur insoferne auferlegt werden, als sie den von Habermas so genannten "vier Geltungsansprüchen der

---

[723] vgl.: Apel, K.-O.: Diskurs und Verantwortung, a. a. O. S. 36
[724] ebd.: Apel, K.-O.: Diskurs und Verantwortung, a. a. O. S. 36
[725] vgl., ebd.: Apel, K.-O.: Diskurs und Verantwortung, a. a. O. S. 37
[726] ebd.: Apel, K.-O.: Diskurs und Verantwortung, a. a. O. S. 37

menschlichen Rede"[727] genügen müssen, die von den Kommunikationspartner gefordert sind:
- Sinn (bzw. Verständlichkeit)
- Wahrhaftigkeit (unterschiedlich zu Lüge)
- Wahrheit und
- Richtigkeit (im ethischen Sinn).

Während die beiden ersten Geltungsansprüche stets in langfristigen Zusammenhängen Gültigkeit haben, sind die beiden folgenden (Wahrheit und Richtigkeit) Gegenstand des Diskurses und bedürfen somit der Überprüfung, ob ihr Geltungsanspruch auch unter den derzeit geänderten, nunmehr global zu denkenden, Bedingungen in der vorgegebenen Form noch Gültigkeit beanspruchen können.[728]
Im Sinne obiger Argumentation zeigt Apel auf:
"Als *ernsthaft Argumentierender*, der aufrichtig die intersubjektiv gültige Wahrheit sucht - z.B. die Wahrheit über die Gültigkeit des Prinzips der Ethik - ist man notwendigerweise auch schon fürs Moralischsein entschieden: Man hat mit den Regeln der Argumentation zugleich auch die ethischen Normen einer idealen Argumentationsgemeinschaft, und damit zugleich das formalprozedurale Prinzip der Diskursethik, als letztverbindliches Prinzip für die Lösung aller Normenkonflikte in der Lebenswelt, anerkannt. Doch damit ist nicht gezeigt, daß ein Mensch sich nicht *gegen* das Moralischsein und insofern freilich *auch gegen das Vernünftigsein im Sinne des Willens zur Wahrheit*, entscheiden kann. Geschähe dies prinzipiell, so käme es freilich der Selbstzerstörung gleich"[729], weil die gesellschaftliche Interaktion und Kommunikation nun einmal die Respektierung moralischer Normen voraussetzt, wenn sie nicht zusammenbrechen soll.[730]
Vor der Umsetzung der Einsichten der moralischen Urteilskompetenz in Handlungsentschlüsse als abschließendes Ergebnis des Diskurses bedarf es allerdings noch einer willentlichen Bekräftigung der Einsicht im Sinne einer Entscheidung fürs Moralischsein.[731]

2.9.3.2 Das heuristische Problemlösungsmodell

Bei der praktischen Anwendung der Prinzipien der Diskursethik muß eingeschränkt werden, daß prinzipiell eine niemals völlig zu überwindende Differenz zwischen realen und idealen Anwendungsbedingungen einer verantwortlichen, d.h. Folgen und Nebenfolgen einkalkulierenden Anwendung bestehen bleibt und

---

[727] vgl.: Habermas, J.: Was heißt Universalpragmatik? In: Apel, K.-O. (Hrsg.): Sprachpragmatik und Philosophie. Frankfurt am Main 1976, S. 174ff

[728] vgl.: Hrubi, F. R.: Philosophische Grundlagen der Sozial- und Wirtschaftswissenschaften. Vorlesung an der Wirtschaftsuniversität Wien, Wintersemester 1998/99 am 11.01.99

[729] Apel, K.-O.: Diskurs und Verantwortung, a. a. O. S. 356

[730] vgl.: Habermas, J.: Moralbewußtsein und Kommunikatives Handeln. Frankfurt am Main 1983, S. 108ff

[731] vgl.: Apel, K.-O.: Diskurs und Verantwortung, a. a. O. S. 356

daß eine Regelung **aller** Interessenkonflikte auch durch »praktische Diskurse« prinzipiell nicht möglich ist.[732] In den meisten Fällen - so auch im Falle der gegenständlichen Arbeit - sollte bereits ein Schritt vorwärts, der zu einer Verbesserung der Dritten-Welt-Situation beitragen könnte, als Erfolg einzustufen sein.
Dieser Schritt vorwärts ist allerdings nicht das Endergebnis des Diskurses, der selbst lediglich die Prämissen für eine - im Idealfall einer, den ethischen Anforderung entsprechenden - Entscheidung liefern kann. Auf Grund der Komplexität der Problemstruktur handelt es sich um typisch "schlecht strukturierte" Probleme, die sich folglich als "offene Entscheidungsmodelle"[733] darstellen und für deren moralische Betrachtung es sogar noch der Entwicklung einer Macroethik bedarf, worunter jene Ethik zu verstehen ist, welche außer Streit stellen kann, was die, aus den unterschiedlichsten Ethiken heraus argumentierenden Teilnehmer eines idealen Diskurses als universalisierbar erkennen. Nicht nur die Lösung der Probleme selbst, sondern bereits deren ethische Prämisse, die Macroethik, wird lediglich heuristisch zu finden sein.
Darüber hinaus muß berücksichtigt werden, daß die hiefür als geeignet erscheinende Diskursethik ein hoch idealisiertes Modell darstellt, das nicht ohne weiteres auf konkrete Situationen übertragbar ist:[734]
"Gerade in Betrieben dürfen wir nämlich kaum mit einer auch nur annähernden Gleichverteilung rhetorisch-argumentativer Kompetenzen rechnen."[735]
Das Prinzip der Diskursethik ist kein Generationsprinzip inhaltlicher Normen, sondern ein Verfahrensprinzip für die - realen oder, notfalls, vom einzelnen im Gedankenexperiment zu internalisierenden - praktischen Diskurse, in denen inhaltliche Normen situationsbezogen zu begründen sind, sei es als institutionell in Kraft zu setzende Rechtsnormen, sei es als allgemeingültige und insofern normativ verbindliche Handlungs-Maximen im Sinne der Moralität des Handelns; sie läßt also Raum für alle tradierten Ethiken, die in der Schule, in der Religion usw im Verlauf unseres Sozialisationsprozesses internalisiert wurden.
Das Grundprinzip der Diskursethik delegiert also gewissermaßen lediglich die Begründung situationsbezogener inhaltlicher Normen an die von ihm geforderten praktischen Diskurse. Auf diese Weise soll eine möglichst weitgehende Verständigung über die konkreten Interessen - und insofern auch Wertungen - der betroffenen Personen und, andererseits, über die, stets revidierbaren, Einschätzungen der Handlungssituationen - und in diesem Zusammenhang der voraussichtlichen Folgen und Nebenwirkungen der Befolgung von Handlungsnormen - ermöglicht werden.[736]

---

[732] vgl.: Apel, K.-O.: Diskurs und Verantwortung, a. a. O. S. 9f
[733] vgl.: Abschnitt 2.8.
[734] vgl., ebd.: Apel, K.-O.: Diskurs und Verantwortung, a. a. O. S. 270f
[735] Hrubi, F. R.: Philosophische Fragen im Umkreis der Wirtschaftswissenschaften, in: Hrubi, F. R.; Karmasin, M. (Hrsg.): Wirtschaftsethik, a. a. O. S. 20
[736] vgl.: Apel, K.-O.: Diskurs und Verantwortung, a. a. O. S. 120

"Insofern ist die Diskursethik keine einstufige Ethik der direkten Normenbegründung (wie noch die Ethik Kants, der aus dem kategorischen Imperativ »vollkommene«, d.h. ausnahmslos gültige, und »unvollkommene« Pflichten herleiten wollte), sondern eine zweistufige Ethik der formal-prozeduralen Letztbegründung der konsensual-kommunikativen Begründung der inhaltlichen Normen. Nur auf der Stufe der reflexiven Letztbegründung des Diskursprinzips unterstellt sie die intersubjektive Konsensfähigkeit der Begründung als a priori gewiß; auf der zweiten Stufe dagegen räumt sie (...) dem Fallibilismus der geschichtlich wandelbaren Situationseinschätzungen - auch der Einschätzungen der menschlichen Bedürfnisse - und dem Pluralismus der Wertungen im Sinne der verschiedenen menschlichen Lebensformen den denkbar weitesten Spielraum ein; genauer gesagt: den Spielraum, der mit dem prozeduralen Diskursprinzip als vermittelnder und einschränkender Bedingung vereinbar ist.
Auf diese Weise bestätigt die Diskursethik das Universalisierungs-Prinzip der Ethik Kants, aber sie entlastet - im Falle der Durchführbarkeit realer praktischer Diskurse - den einzelnen von der Antizipation der möglichen Interessen der Betroffenen und der situationsbedingten Wirkungen der allgemeinen Befolgung von Normen, das heißt: von ihn sehr oft weit überfordernden Erwägungen, die darüber entscheiden sollten, ob man eine Maxime als universalgültiges Gesetz wollen kann oder nicht. Durch diese Entlastung der Phantasie des einzelnen zugunsten der geforderten diskursiven Konsensbildung wird zugleich verhindert, daß der einzelne bei der Anwendung des Universalisierungsprinzips (...) die allgemeine Wünschbarkeit einer Norm im Sinne der bestehenden Konventionen als selbstverständlich voraussetzt. Damit wird offenbar ein wesentlicher Teil der von Hegel so genannten »substantiellen Sittlichkeit« (die nach Hegels Meinung vor der Anwendung des kategorischen Imperativs immer schon vorausgesetzt werden muß) ihrerseits der postkonventionellen Überprüfung und Rekonstruktion nach Maßgabe des konsensual konkretisierten Universalisierungsprinzips zugänglich."[737]

Das Universalisierungsprinzip erweist sich somit a priori als ein auf konsensual-kommunikative Implementierung angelegtes Prinzip der verallgemeinerten Gegenseitigkeit, und es ist insofern nicht inhaltsleer oder beliebig anwendbar, sondern verweist auf das mögliche Ergebnis einer universalen Verständigung.[738]

Wie bereits ausgeführt, versteht sich die Diskursethik als Zwei-Stufen Ethik:
Nur das formal-prozedurale Prinzip der argumentativen Konsensbildung in theoretischen und praktischen Diskursen kann philosophisch letztbegründet werden. Alles weitere - und d.h. alle inhaltlich bezogenen Thesen zur Normenbegründung bzw. Normenlegitimation ebenso wie alle theoretischen Annahmen, die dabei vorausgesetzt werden - all dies sollte im Prinzip an eine zweite Diskursstufe delegiert werden: Im Falle der Ethik an eine Stufe praktischer Diskurse, auf der in

---

[737] Apel, K.-O.: Diskurs und Verantwortung, a. a. O. S. 120f, vgl.: auch S. 271f

[738] vgl., ebd.: Apel, K.-O.: Diskurs und Verantwortung, a. a. O. S. 121

situationsbezogener Diskussion zumindest advokatorisch (z.B. auch für die Kinder) die Interessen aller Betroffenen und das Wissen aller Experten - darunter natürlich auch das der Philosophen oder in der Dritte-Welt-Diskussion das der NGO's - in den Diskurs eingebracht werden können.

"Für diese Grundforderung der Diskursethik gibt es (...) zwei Hauptmotive:

Das erste Motiv liegt in der transzendental-reflexiven Vergewisserung des formalen Grundprinzips der Ethik, des von Kant so genannten »Faktums der Vernunft«: Die Gleichberechtigung und die solidarische Mitverantwortung aller Vernunftwesen - konkreter: aller potentiellen Diskurspartner - für alle Problemlösungen - ist von uns in jedem ernsthaften Argument immer schon anerkannt: Sie kann ohne performativen Selbstwiderspruch nicht bestritten, ja nicht einmal in Frage gestellt werden. Dieses transzendetalpragmatisch dechifffrierte »Faktum der Vernunft« sollte aber nicht nur - wie bei Kant - als Universalisierungsprinzip der Maximenwahl für den einzelnen maßgebend sein - schon gar nicht für den einzelnen als Quasi-Vormund aller anderen; vielmehr sollte die Universalisierung der Gegenseitigkeit tunlichst im Wege der diskursiven Konsensbildung kommunikativ realisiert werden - wobei freilich der Konsens der am Diskurs Beteiligten niemals mit dem Konsens aller Betroffenen gleichgesetzt werden kann bzw. darf. (...)

Das zweite Motiv für die Zwei-Stufen-Konzeption der Diskursethik liegt darin, daß eine Diskursethik als Verantwortungsethik (...) die deontische Sollensgewißheit, die mit moralischen Normen verknüpft ist, nicht mehr in derselben Weise wie noch Kant von dem theoretischen Wissen der Menschen abkoppeln kann - insbesondere nicht von dem Wissen um Folgen und Nebenfolgen der Handlungen und der regelmäßigen Befolgung von Handlungsnormen."[739]

Die Diskursethik schafft somit die ideale Voraussetzung jenseits der moralischen Verantwortung des Einzelnen "gegenüber seinem Nächsten, auch sogar noch jenseits der Verantwortung des Politikers - im üblichen Sinne der »Staatsräson« - (...) die Verantwortung der Menschheit für die Folgen (und Nebenfolgen) ihrer kollektiven Handlungen im planetaren Maßstab zu"[740] organisieren und allenfalls an einer konsensual neu gefundenen Makroethik zu orientieren.

Auf diese Weise sollte es gelingen, heuristisch Lösungen[741] zu erarbeiten, die auch die Prinzipien des Utilitarismus in das Problemlösungsverfahren miteinbeziehen; "dies jedoch ohne den Primat des deontischen Prinzips der Gerechtigkeit und Solidarität preiszugeben."[742]

Um diesem Motiv zu genügen, muß der Diskursethik daran gelegen sein, daß auf der Ebene der praktischen Diskurse nicht nur die Interessen aller Betroffenen ermittelt werden, sondern von diesen oder ihren Vertretern auch tunlichst auf ein ständig zu verbesserndes Wissen um die erwartbaren Folgen und Nebenfolgen der

[739] Apel, K.-O.: Diskurs und Verantwortung, a. a. O. S. 271ff
[740] ebd.: Apel, K.-O.: Diskurs und Verantwortung, a. a. O. S. 42
[741] vgl., ebd.: Apel, K.-O.: Diskurs und Verantwortung, a. a. O. S. 275
[742] ebd.: Apel, K.-O.: Diskurs und Verantwortung, a. a. O. S. 273

zu begründenden Normen bezogen werden können. Daraus folgt aber, daß das philosophisch durchaus a priori begründbare formale Prinzip der Diskursethik von sich aus fordern muß, daß die inhaltliche und situationsbezogene Normenbegründung, die ohnehin an vorgegebene Ethosformen und Institutionen anknüpfen muß, möglichst weitgehend als fallibel und revidierbar betrachtet wird. Denn nur so kann gewährleistet werden, daß der mögliche Wissensfortschritt der wissenschaftlichen Experten bei der Situationseinschätzung berücksichtigt wird und die Interessen aller Betroffenen nach Maßgabe der Situationseinschätzung - z.B. der Einschätzung der verfügbaren Ressourcen - als Ansprüche geltend gemacht werden.
Soll das (niemals endgültige) Ergebnis des Diskurses auch praktikable Folgen nach sich ziehen, so ist schließlich eine konstitutive Entscheidung[743] unverzichtbar, die makroethisch Eingang in die globale wirtschaftliche Rahmenordnung finden muß.
Die oben behandelte Konzeption "offener Entscheidungsmodelle" kommt den tatsächlichen Bedingungen des menschlichen Problemlösungsverhaltens in vieler Hinsicht sehr nahe:
"Der Entscheidungsträger besitzt kein vollständiges und logisch geschlossenes System von Zielen, Wünschen oder Motiven, das ihm eine exakte Messung seines Nutzens oder Nutzenzuwachs zur Bewertung von Alternativen erlaubt. Das Entscheidungssubjekt ist vielmehr ein informationsverarbeitendes System, dessen Verarbeitungskapazität und Verarbeitungsgeschwindigkeit begrenzt sind. Der Mensch empfängt aus seiner Umwelt Informationen. Er versucht, diese unter Berücksichtigung seiner bisherigen Erfahrung in einem Denkprozeß problementsprechend zu ordnen, und gelangt dadurch zu mehr oder weniger guten Lösungen seines Problems. Er macht sich im Rahmen seiner Erkenntnismöglichkeiten zunächst über seine Umwelt gewisse Vorstellungen, d.h. er bildet ein (kognitives) Modell der Entscheidungssituation als Basis für die Entwicklung seiner weiteren Verhaltensweisen. Die einzelnen Elemente einer Entscheidungssituation (Problemcharakter, Bewertungskriterien, Alternativen, Problemlösungsverfahren) sind nicht von Anfang an bekannt. Sie werden durch psychische Prozesse des Wahrnehmens, Erkennens und Assoziierens gewonnen bzw. durch ein gelerntes Repertoire geistiger (kognitiver) Informationsverarbeitungsprogramme hervorgerufen."[744]
Die psychischen Vorgänge können als Prozesse des schöpferischen Denkens und der Informationsverarbeitung aufgefaßt werden.
Kennzeichnend für die Lösung komplizierter Probleme ist die Tatsache, daß die Entscheidungsfindung nicht in einem umfassenden Wahlakt geschieht. Es reihen sich statt dessen viele zum Teil wiederkehrende Ja-Nein-Entscheidungen aneinan-

[743] vgl.: Heinen, E.: Industriebetriebslehre als Entscheidungslehre. Erster Teil. In: (ders.) (Hrsg.): Industriebetriebslehre. Entscheidungen im Industriebetrieb, a. a. O. S. 38

[744] ebd.: Heinen, E.: Industriebetriebslehre als Entscheidungslehre. Erster Teil. In: (ders.) (Hrsg.): Industriebetriebslehre. Entscheidungen im Industriebetrieb, a. a. O. S. 61

der. Eine Abfolge von Suchsequenzen charakterisiert das menschliche Problemlösungsverhalten.
Offene Entscheidungsmodelle versuchen, diese menschlichen Denkprozesse zumindest annähernd abzubilden. Die Abbildung verfolgt nicht nur rein deskriptive Zwecke; über die Erklärung des menschlichen Problemlösungsverhaltens sollen Ansätze gefunden werden, dieses für die Bewältigung schlecht strukturierter Probleme nutzbar zu machen. Ein Grundschema des offenen Entscheidungsmodells läßt sich beispielsweise wie folgt darstellen:

Abbildung 4: Grundschema eines offenen Entscheidungsmodells

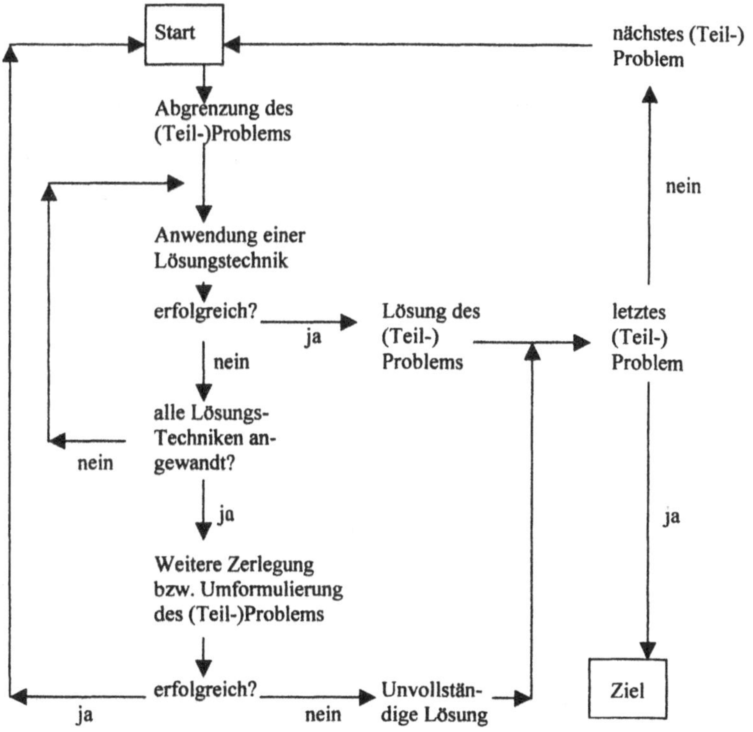

Zur näheren Charakterisierung der Merkmale des offenen Entscheidungsmodells ist es notwendig, den Unterschied zwischen zwei grundsätzlichen Lösungsverfahren im menschlichen Denkprozeß zu klären, den algorithmischen und heuristischen. Ein Algorithmus ist ein Verfahren, das die exakte Lösung eines Problems in einer endlichen, überschaubaren Anzahl von Schritten garantiert, wenn für dieses Problem eine Lösung existiert.

Im Gegensatz hierzu ist eine Problemlösungsheuristik lediglich ein meist auf Erfahrungen basierender Versuch zur Lösungsfindung, der jedoch grundsätzlich keine exakte Lösung des Problems gewährleistet.[745]
Diese nach Heinen ausgeführte Problemlösungsheuristik für Entscheidungen in Industriebetrieben könnte für unsere ethischen Überlegungen gleichfalls effizient und sinnvoll sein. Heuristiken sind zur methodischen Gewinnung neuer Erkenntnisse geeignet, ohne selbst als Begründung zu dienen.
"Als ein heuristisches Verfahren kann die Methode der Zerlegung des Gesamtproblems in Teilprobleme angesehen werden. Der Suchprozeß beginnt mit der Feststellung einer komplexen Problemsituation. Kann bereits zu Beginn eine Lösungstechnik angewandt werden, die zu einer befriedigenden Globallösung führt, so ist der Prozeß beendet. In der Regel muß jedoch eine Zerlegung des unüberschaubaren Gesamtproblems in übersichtlichere Teilprobleme erfolgen, für die geeignete Lösungsverfahren (Heuristiken oder Algorithmen) zur Verfügung stehen. Über die Lösung von Teilproblemen wird schrittweise das Gesamtproblem einer Lösung zugeführt. Es kann der Fall sein, daß der Gesamtprozeß mehrmals durchlaufen werden muß. Dabei kann auch über eine Veränderung des Anspruchsniveaus hinsichtlich der Qualität der Problemlösung eine Anpassung des Entscheidungsträgers an Problemlösungen erfolgen, die er ursprünglich nicht für ausreichend hielt.
Eine Systematik der bei der Handhabung von (Teil-) Problemen anzuwendenden Heuristiken gibt es nicht. Weitere Beispiele derartiger Lösungstechniken sind die Mittel-Zweck-Analyse, die Methode des analogen Schließens sowie die Methoden des Vorwärts- und Rückwärtsschreitens.
Bei der Mittel-Zweck-Analyse vergleicht das Entscheidungssubjekt seine ihm zur Verfügung stehenden Mittel mit dem zu erreichenden Endzweck. Als erstes muß ein Unterschied zwischen beiden festgestellt werden, sodann ist dieser Unterschied durch geeignete Operationen zu reduzieren. Dieser Vorgang ist solange zu wiederholen, bis eine befriedigende Lösung erreicht ist."[746]
Der Endzweck einer allgemein akzeptierten Ethik ist unbestreitbar eine solche Ethik, die die Akzeptanz der Philosophen ebenso wie jene der Theologen der un-

---

[745] vgl.: Heinen, E.: Industriebetriebslehre als Entscheidungslehre. Erster Teil. In: (ders.) (Hrsg.): Industriebetriebslehre. Entscheidungen im Industriebetrieb, a. a. O. S. 61f

[746] Heinen, E.: Industriebetriebslehre als Entscheidungslehre. Erster Teil. In: (ders.) (Hrsg.): Industriebetriebslehre. Entscheidungen im Industriebetrieb, a. a. O. S. 63
"Beim analogen Schließen wird nach einer dem Problem ähnlichen Situation gesucht, die in der Vergangenheit bereits erfolgreich bewältigt werden konnte. Die dort angewandten Maßnahmen sind auf ihre Anwendung für das vorliegende Problem zu überprüfen und gegebenenfalls zu modifizieren. Bei der Methode des Vorwärtsschreitens wird versucht, vom gegenwärtigen Zustand ausgehend schrittweise eine Annäherung an den gewünschten Endzustand zu erreichen. Mit der Methode des Rückwärtsschreitens sollen ausgehend vom gewünschten Endzustand die Zusammenhänge aufgedeckt werden, die diesen mit der Ausgangsposition verbinden können."

terschiedlichsten Kulturkreise findet. Auf dem Weg zu diesem Endzweck, der absoluten Norm, einer künftigen Makro-Ethik, ist m.E. die Einbeziehung des utilitaristischen Ansatzes für die Problemlösung jedoch unverzichtbar.

2.9.3.3 Apels Replik gegenüber Kritikern

"Kritiker der Diskursethik pflegen darauf hinzuweisen, daß es in der Praxis ohnehin kaum jemals zu einem Konsens über verallgemeinerungsfähige Interessen kommt, weshalb ohnehin nur ein Kompromiß im Sinne der »phronesis« anzustreben sei. Eine solche Argumentation übersieht m.E. zwei komplementäre Einsichten einer an Idealtypen der Handlungsrationalität orientierten Analyse:
Die Notwendigkeit, sich mit einem Kompromiß zu begnügen, widerspricht nicht der Funktion und praktischen Verbindlichkeit von »regulativen Prinzipien« der approximativen Orientierung von Handlungen an idealen Zielen.
Aus der idealtypischen Verschiedenheit der konsensual-kommunikativen und der strategischen Handlungsrationalität folgt, daß es zwei ganz verschiedene Typen von Kompromissen bei der approximativen Realisierung der jeweiligen regulativen Ideen geben kann: solche, in denen eine optimale situationsbezogene Berücksichtigung der berechtigten Geltungsansprüche der Betroffenen angestrebt wird (z.B. als Kompromiß des Gerechtigkeitsprinzips mit dem des »aggregativen Nutzens« für eine Volkswirtschaft) und andererseits rein strategische Kompromisse, die sich etwa als reflexives Gleichgewicht zwischen Angeboten und Drohungen ergeben.
Es wäre schon viel gewonnen, wenn nur noch Kompromisse im Sinne von (1) notwendig wären. Auf der Ebene einer »Verantwortungsethik« im Sinne von Max Weber geht es freilich um Kompromisse zwischen Strategien im Sinne von (1) und Strategien im Sinne von (2), und darüber hinaus geht es m.E. um eine moralische Langzeitstrategie im Sinne der Veränderung der (...) Verhältnisse zugunsten der möglichen Präferierung von Strategien im Sinne von (1)."[747]

[747] Apel. K.-O.: Diskurs und Verantwortung, a. a. O. S. 358f

3 Zu den Bedingungen der Möglichkeit, Verantwortung in wirtschaftliches Handeln zu integrieren

„Die stärkeren Nationen müssen den schwachen Gelegenheiten zur Eingliederung in das internationale Leben anbieten, und die schwachen müssen in der Lage sein, diese Angebote aufzugreifen. Sie müssen dazu die notwendigen Anstrengungen und Opfer aufbringen, indem sie die politische und wirtschaftliche Stabilität, die Sicherheit für die Zukunft, die Förderung der Fähigkeiten der eigenen Arbeiter, die Ausbildung leistungsfähiger Unternehmer, die sich ihrer Verantwortung bewußt sind, gewährleisten."[748]

Es bedarf keineswegs einer besonders intensiven Beschäftigung mit der unbefriedigenden Situation der Dritten-Welt-Länder, um ein schlechtes Gewissen zu bekommen - soweit scheinen die internalisierten Werte unseres Sozialisationsprozesses intakt zu sein.
Mangelhafte Versorgung mit Nahrungsmitteln, mangelnde Alphabetisierung, zu geringe medizinische Betreuung, ein strukturelles Defizit bei der Infrastruktur und oftmals bei der politischen Führung, vor allem aber die strukturelle Unfähigkeit, die Situation ohne Hilfe von Außen zu ändern, sind die am häufigsten genannten Probleme der dritten Welt.
Sie finden zwar von Zeit zu Zeit in den Medien ihren Niederschlag, lösen aber keineswegs hinreichende Maßnahmen der entwickelten Industriestaaten aus.

Vielfach wird bei Fragen der Entwicklungspolitik in letzter Zeit argumentiert, der Begriff "Dritte Welt" sei ohnedies spätestens im letzten Jahrzehnt obsolet geworden.[749] Wurde ursprünglich nämlich unter der 1. Welt die entwickelten Industriestaaten (in anderer Diktion - die "kapitalistischen Länder" -) und unter der 2. Welt die kommunistischen Staaten unter dem dominierenden Einfluß der UdSSR verstanden, wurden unter "Dritter Welt" alle jene Länder subsummiert, die noch auf der Suche nach der jeweils einzuschlagenden Richtung waren.

Diese oberflächliche Einteilung ist nicht zuletzt auf Grund des Abhandenkommen der UdSSR und ihrer Satelliten heute kaum noch aussagekräftig. Sie wurde überdies mit der wirtschaftlichen Erstarkung der Tigerstaaten (Hongkong, Taiwan, Südkorea, Singapur) bereits seit längerem ausgehöhlt und verlor erst recht durch die positive wirtschaftliche Entwicklung der "Schwellenländer" - d. s. vorwiegend

[748] Johannes Paul II: Enzyklika „Centesimus Annus", a. a. O. IV/35
[749] vgl.: Berger, H.: Interview vom 15.06.1998, a. a. O.

viele Staaten Lateinamerikas und die ASEAN-Staaten - an Aussagekraft; die an und für sich reichen OPEC-Staaten haben mit ihren vielfach noch mittelalterlichen politischen Strukturen kaum jemals richtig in dieses Schema gepaßt.

Neuerdings spricht man - sind Entwicklungsländer gemeint - gerne von den »Ländern des Südens« (obwohl im Süden u.a. auch die keineswegs als Entwicklungsländer zu bezeichnenden Staaten Australien und Neuseeland, liegen) bzw. von LDC's und LLDC's.

Obzwar der Sieg des Kapitalismus über den Kommunismus offensichtlich die Überlegenheit des marktwirtschaftlichen Systems hinsichtlich seiner wirtschaftlichen Effizienz bestätigte - Vorreiter waren die Tigerstaaten in unmittelbarer Konkurrenz zu ihren benachbarten Antipoden -, ist es fraglich, ob damit in der Folge etwas gewonnen wurde, das den Menschen global bessere Chancen für "ein gutes Leben" eröffnet. Immerhin hatte Mao Tse Tung es in China – wenn auch um den verheerenden Preis von Millionen Toten - geschafft, dem Volk zumindest die Hungersnöte der Vergangenheit zu ersparen und in den postkommunistischen Ländern Europas scheint die Versorgungslage - soferne man den Medienberichten trauen kann - nach der Wende kaum besser geworden zu sein; die kommunistische Planwirtschaft weckt vielmehr häufig nostalgische Erinnerungen in der Bevölkerung der Nachfolgestaaten.

Eines kann jedoch ohne Zweifel außer Diskussion gestellt werden: daß es eine Unzahl unterentwickelter Staaten gibt, die als LDC's oder LLDC's in den Statistiken der Entwicklungspolitik aufscheinen, für deren Bevölkerung m. E. jeglicher ideologischer Richtungsstreit das Geringste aller ihrer Probleme ist.

Auch die bereits vor fast 30 Jahren vom Club of Rome aufgezeigten Defizite im Umgang mit unserer Umwelt und den nicht-regenerierbaren Ressourcen haben keineswegs das erforderliche Echo im Bewußtsein der Weltgemeinschaft gefunden. An entsprechenden Maßnahmen mangelt es noch immer, obwohl alle diese Probleme in der Ära der Globalisierung durch die Verstärkung der Interdependenzen globale Wirkungen nach sich ziehen und nach planetarisch akkordiertem Handeln verlangen, sind doch Boden und Wasser neben der Luft Grundelemente des Naturhaushalts. Ihre langfristige Verfügbarkeit und ihre Qualität bedingen künftiges Leben genauso wie die Menge an Energie und sonstige Wirtschaftsprodukte.
Die Böden der Erde sind in allen Teilen der Welt zunehmend durch menschliche Einwirkung geschädigt. Die Ursachen sind hauptsächlich Wasser- und Winderosion, die wiederum in erster Linie durch Entwaldung, Überweidung und landwirt-

schaftliche Übernutzung bedingt werden. Alle Vorgänge des Lebens sind zudem an Wasser gebunden.[750]

Wissenschafter des SEF[751] warnen: wenn Boden, Wasser und Energie weiter mit so hoher Rate verbraucht werden wie bisher, werden die Lebensgrundlagen für die künftige Entwicklung fehlen. Der hohe Lebensstandard im Norden und der Entwicklungsprozeß im Süden werden dann nicht nur aus wirtschaftlichen und technologischen Gründen, sondern zwangsweise durch die Endlichkeit der Ressourcen, durch Versorgungskatastrophen und gewaltsame Verteilungskonflikte gestoppt werden. Angesichts einer stark wachsenden Weltbevölkerung bei knapper werdenden landwirtschaftlichen Flächen ist die langfristige Sicherung der Ernährung eine der wichtigsten Zukunftsaufgaben.
Die Weltproduktion von Nahrungsmitteln ist in den letzten Jahrzehnten zwar kontinuierlich gewachsen, so daß auch bei wachsender Weltbevölkerung die durchschnittliche Verfügbarkeit von Nahrungsenergie angestiegen ist. Weltweit wird also genügend Nahrung produziert, damit sich alle Menschen ausreichend und gesund ernähren könnten. Tatsächlich gibt es aber immer noch mehr als 800 Millionen Menschen, die keinen ausreichenden Zugang zu Nahrungsmitteln haben.[752] Sie können kein gesundes und aktives Leben führen, weil sie chronisch unterversorgt sind. Seit der UN-Konferenz über Umwelt und Entwicklung (UNCED) 1992 steht das Leitbild der »nachhaltigen Entwicklung« im Mittelpunkt der internationalen Debatte über die notwendige Umgestaltung der Gesellschaften in Nord und Süd. Nachhaltigkeit ist ein **wertegebundenes, ganzheitliches Konzept**, das

---

[750] vgl.: Hauchler, I.: Trends und Interdependenzen globaler Entwicklung, in: Hauchler, I.; Messner, D.; Nuscheler, F. (Hrsg.): Globale Trends 1998, a. a. O. S. 21:
Seit der Jahrhundertwende [1900] hat der weltweite Verbrauch an Süßwasser um das Zehnfache zugenommen. Weitere jährliche Steigerungsraten um ca. 3 % werden erwartet. Wenn sich auch in den meisten Industrieländern der Verbrauch - allerdings auf einem vergleichsweise hohen Niveau - stabilisiert hat, so nimmt der Bedarf in den Entwicklungsländern noch erheblich zu. Während 1990 über 100 Millionen Menschen von chronischer Wasserknappheit betroffen waren, rechnet man damit, daß diese Zahl bis zum Jahr 2025 (2050) auf 1 Milliarde (2,5 Milliarden) Menschen ansteigen wird. Besonders betroffen wird Afrika sein. Schon heute zeichnen sich schwere Konflikte um Wasser ab, die zu gewaltsamen Auseinandersetzungen zwischen Staaten, aber auch innerhalb von Staaten führen können.
Obwohl es gelungen ist, in den Industrieländern das Wachstum von Produktion und Energieverbrauch etwas zu entkoppeln, zeigen Szenarien, daß der ungeheure »Nachholbedarf« in den Entwicklungsländern aufgrund des hohen Bevölkerungswachstums und der angestrebten Industrialisierung den weltweiten Energiebedarf in den nächsten zwei bis drei Generationen auf das Drei- oder Vierfache steigern wird.

[751] Stiftung Entwicklung und Frieden: "In jedem Falle werden die Kosten für die Bereitstellung von Boden, Wasser und Energie progressiv ansteigen."

[752] vgl.: Hauchler, I.: Trends und Interdependenzen globaler Entwicklung, a. a. O. S. 19

menschliches Wohlergehen, soziale Gerechtigkeit und ökologisches Gleichgewicht als gleichwertige, unauflösbar miteinander verknüpfte Bestandteile eines weltweit gültigen Entwicklungsmodells anstrebt.
Während die ökologischen Aspekte des Leitbilds inzwischen Gegenstand intensiver wissenschaftlicher und politischer Auseinandersetzungen sind, gibt es noch wenig Anhaltspunkte für eine inhaltliche Ausfüllung der sozialen Dimension von Nachhaltigkeit, stellen sozialpolitische Vordenker fest: Grundsätzlich geht es um zwei sich ergänzende Formen von Verteilungsgerechtigkeit. In individueller Hinsicht gilt das aus der Diskussion über Grundbedürfnisse vertraute Ziel, daß alle Menschen frei von Not leben und ihre Fähigkeiten produktiv entfalten können. Mit Blick auf die innergesellschaftlichen und internationalen Strukturen soll der soziale Ausgleich durch Abbau extremer Unterschiede bei Einkommen, Vermögen und Macht hergestellt werden.
Eine grundlegende Zielorientierung für die Wirtschafts- und Sozialpolitik bietet die "Allgemeine Erklärung der Menschenrechte" der Vereinten Nationen (1948) sowie die völkerrechtlich bindenden Menschenrechtsabkommen, zum Beispiel der Zivilpakt (1966), der Sozialpakt (1966) und die Kinderkonvention (1990). Darin werden nicht nur Schutz- und Anspruchsrechte (zum Beispiel für Ernährung, Gesundheit, Bildung, Arbeit und Wohnen) gegenüber dem Staat formuliert. Die Vertragsstaaten verpflichten sich in vielen Bereichen auch zur internationalen Zusammenarbeit. Das bedeutet, daß die reichen Länder die ärmeren mit Geld, Wissen und institutionellen Kapazitäten unterstützen sollen, um zum globalen Ausgleich beizutragen.
Auf den zurückliegenden Weltkonferenzen, neben dem Erdgipfel z.B. der Weltsozialgipfel in Kopenhagen (1995) und die Weltfrauenkonferenz in Beijing (1995), haben sich die Regierungen von Nord und Süd zwar zusätzlich auf umfassende Aktionsprogramme zur Minderung von Armut und Benachteiligung durch Sozialprogramme, einkommensschaffende Maßnahmen und bessere Erwerbschancen für Frauen verständigt; ihr Wert bleibt aber fragwürdig, solange es sich um unverbindliche Absichtserklärungen handelt, für deren Umsetzung keine zusätzlichen Finanzmittel zur Verfügung gestellt werden.

Diese Einschränkung gilt auch für die 20:20-Initiative, die auf dem Weltsozialgipfel als freiwillige Vereinbarung zwischen Geber- und Nehmerstaaten verabschiedet wurde (UN 1995). Um spürbare Verbesserungen der Lebensbedingungen der armen Bevölkerungsgruppen zu erreichen, sollen infolge dieser Vereinbarung die Staaten des Südens 20 % ihrer öffentlichen Haushalte und die Geberländer 20 % ihrer Entwicklungshilfe auf die sozialen Grunddienste konzentrieren. Dazu zählen die Bereiche Basisgesundheitsdienste, Grundbildung, Beseitigung der Mangelernährung, Familienplanung, gesundes Trinkwasser und kostengünstige Sanitäranlagen.

Entwicklungspolitiker betonen stets: die Verwirklichung der sozialen Dimension von Nachhaltigkeit darf nicht auf eine staatliche Versorgungspolitik von oben verkürzt werden, mit deren Hilfe die Ungleichheit in der Einkommensverteilung gemildert werden soll. Staatliche Verantwortung liegt vielmehr darin, die finanziellen und politischen Rahmenbedingungen dafür zu schaffen, daß die grundlegenden sozialen und wirtschaftlichen Menschenrechte verwirklicht werden können. Dies setzt zum einen voraus, daß Sozialpolitik in die Strukturpolitik integriert wird, um den Zugang der Armen zu Produktivvermögen, insbesondere bei Land und Krediten, zu sichern. Zum anderen sollte gewährleistet werden, daß Planung und Umsetzung der Maßnahmen nach dem Grundsatz der Subsidiarität durch gesellschaftliche Selbstorganisation dezentral stattfinden können.
Die soziale Dimension von nachhaltiger Entwicklung berührt nicht nur menschenrechtliche und verteilungspolitische Ziele. Förderung von sozialer Gerechtigkeit ist eine zukunftsweisende Investition in die Menschen und das Sozialkapital, die die Grundlagen für künftige Einkommenssteigerungen schafft.
In vielen Ländern des Südens spielt auch das Naturvermögen eine herausragende Rolle für Wachstum und künftigen Wohlstand. Im Rahmen einer nachhaltigen Entwicklungsstrategie sollte die Veräußerung des natürlichen Reichtums nur unter einer doppelten Bedingung zugelassen werden: Erstens muß die Funktionsfähigkeit der Ökosysteme erhalten werden. Zweitens dürfen die Erlöse nicht in den Konsum fließen, sondern müssen in andere Vermögenspositionen reinvestiert werden - z.B. für Ernährungssicherung, Gesundheit und Bildung.
Die Umsetzung des Leitbilds von nachhaltiger Entwicklung erfordert enorme Anpassungsschritte in Nord und Süd. Umwelt- und Entwicklungspolitik müssen als Querschnittsansatz in alle Handlungsfelder, vor allem in die Wirtschafts- und Strukturpolitik, integriert werden. Die Länder des Südens müssen eine sozial integrative und demokratisch legitimierte Wachstumsstrategie verwirklichen, die auf die Bedürfnisse der Menschen ausgerichtet ist und die Umweltsünden des Nordens vermeidet. Die Industrieländern müssen ihren übermäßigen Naturverbrauch auf ein Niveau zurückführen, das für alle Menschen in der Welt verallgemeinerbar ist, ohne die natürlichen Lebensgrundlagen zu gefährden. Als machtpolitisch und wirtschaftlich dominierende Akteure im globalen System tragen sie ferner die Hauptverantwortung dafür, daß der Ressourcentransfer an die armen Staaten ausgeweitet und die weltwirtschaftlichen Strukturen umwelt- und entwicklungsverträglich umgestaltet werden.[753]

[753] vgl.: Fues, T.: Armut und Wohlstand, in: Hauchler, I.; Messner, D.; Nuscheler, F. (Hrsg.): Globale Trends 1998, a. a. O. S. 53ff

3.1 Das ökonomische Problem der Dritten Welt

Wenn auch durchaus beträchtliche Fortschritte bei der Bewältigung des Problems der Armut in der Dritten Welt ermutigend für die damit befaßten Entwicklungsökonomen erscheinen, gelöst ist diese Frage nach lange nicht. Die Armut in der Dritten Welt besteht immer noch und auch in den postkommunistischen Staaten, der ehemaligen Zweiten Welt, tritt seit der Wende das Problem zunehmender Armut auf.

Häufig wird das Bruttoinlandsprodukt (BIP) für internationale Wirtschaftsvergleiche herangezogen, indem der Wert der wirtschaftlichen Gesamtleistung zum aktuellen Wechselkurs in US$ umgerechnet wird. Da die Verwendung von Wechselkursen zu erheblichen Verzerrungen führen kann, erscheint es sinnvoller, die Wohlstandsdifferenz anhand der relativen Kaufkraft lokaler Währungen, die für den Kauf eines identischen Warenkorbes anfallen, zu vergleichen.

Für die Weltbank ist arm, wer weniger als einen US$, gemessen in Kaufkraftpäritäten, pro Tag zur Verfügung hat. Nach dieser Definition waren 1993 1,3 Milliarden Menschen arm.[754]

Um Armut und Nicht-Armut im stärkeren Maße an den tatsächlichen Lebensbedingungen zu messen, hat das Entwicklungsprogramm der Vereinten Nationen (UNDP) den sogenannten Entbehrungsindex entwickelt.[755]

Dieser berücksichtigt die Unterernährung bei Kindern, den Anteil der medizinisch nicht betreuten Geburten und die weibliche Analphabetenrate. Nach dem UNDP-Entbehrungsindex für das Jahr 1993 gelten 1,6 Milliarden Menschen als arm. Das

---

[754] vgl.: Fues, T.: Armut und Wohlstand, a. a. O. S. 42f

[755] UNDP: United Nations Development Programme.

UNDP 1996: Bericht über die menschliche Entwicklung. Bonn 1996, S. 135f

Der UNDP-Index für menschliche Entwicklung (HDI) faßt durchschnittliche Kaufkraft, Lebenserwartung und Bildung zu einer einheitlichen nationalen Gesamtgröße zusammen. Seine Leitidee zielt nicht auf eine sozialstaatliche Rundumversorgung, sondern auf die Schaffung von Rahmenbedingungen, die allen Mitgliedern der Gesellschaft eine eigenverantwortliche Existenzsicherung ermöglichen. Die Lebenserwartung wird als Maß für den Gesundheitszustand der Bevölkerung verwendet. Für den Bildungsstand werden die Alphabetisierungsrate für Erwachsene und die Einschulungsrate herangezogen. Für jeden der drei Bestandteile wird die relative Entfernung von einem festgelegten Mindestwert gemessen und durch die Differenz zwischen Maximal- und Minimalwert dieser Größe für sämtliche Länder normiert. Dies ergibt Werte zwischen Null und Eins, aus denen ein einfacher Durchschnitt gebildet wird. Je mehr sich ein Land dem Idealwert von Eins annähert, desto höher ist dort die menschliche Entwicklung. Beim UNDP ist man sich dessen bewußt, daß auch der HDI nur ein grober, summarischer Index sein kann, um die Qualität menschlichen Lebens zu messen, bei der es sosehr auch um politische und andere Rechte, Lebensphilosophien und immaterielle Werte geht. Zumindest aber sollen mit dem HDI "die sozialen Aspekte menschlichen Lebens" ins Zentrum gerückt werden, wie nun im Kontext der Globalisierung.

sind 300 Millionen mehr als bei der Definition von Einkommensarmut, wie sie die Weltbank verwendet.
In einigen Ländern fällt das nach dem Entbehrungsindex ermittelte Elend deutlich höher aus, als die offiziellen Armutszahlen nahelegen.[756]
Da das BIP pro Kopf wenig über die **realen** Lebensbedingungen der Menschen aussagt, erscheint der UNDP-Index für menschliche Entwicklung aussagekräftiger zu sein.

Abbildung 5: Index für menschliche Entwicklung

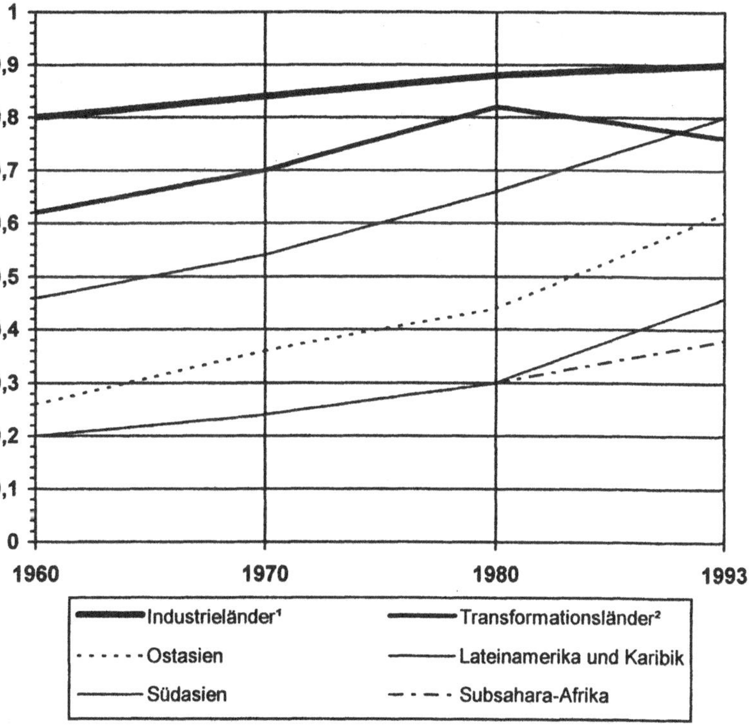

¹OECD-Staaten einschließlich Mexiko und Türkei
²Mittel-/Osteuropa und ehemalige Sowjetunion
Quelle: UNDP 1996, S. 21

Obwohl das verfügbare Zahlenmaterial zeitlich stets erheblich nachhinkt und die wirtschaftlichen Turbulenzen Südostasiens von 1998 (die in der Zwischenzeit

[756] vgl.: Fues, T.: Armut und Wohlstand, a. a. O. S. 44

größtenteils bewältigt zu sein scheinen) darin noch nicht ihren Niederschlag finden, zeigt dieser Index, daß sich die Situation in den letzten drei Jahrzehnten in allen Regionen deutlich verbessert hat.
In den vergangenen 35 Jahren sind die Werte im Süden sogar deutlich rascher gestiegen als in den Industrieländern. Lateinamerika hat die Transformationsländer überflügelt und nähert sich dem Niveau der Industrieländer an.
Die stärkste Verbesserung bei der menschlichen Entwicklung verzeichnet Ostasien. Von 1960 bis 1993 verbesserte sich der Wert dort um das Zweieinhalbfache.
Der UNDP-Index zeigt, daß die durchschnittliche Wirtschaftsleistung eines Landes pro Kopf keine eindeutigen Rückschlüsse auf die Lebensbedingungen zuläßt. Zum Beispiel belegen die Ölländer Katar und Kuwait die Plätze 3 und 5 der Weltrangliste für das Pro-Kopf-BIP nach Kaufkraftparitäten. Beim Index für menschliche Entwicklung fallen sie auf die Plätze 50 und 51 der internationalen Rangfolge zurück.
Griechenland wird beim BIP deutlich von Oman überholt.
Für die sozialen Standards gilt die umgekehrte Reihenfolge. Beim UNDP-Index liegt Oman 61 Plätze hinter Griechenland - ein Resultat der wesentlich besseren griechischen Werte für Lebenserwartung und Bildungsstand.[757]
Doch weder die Wirtschaftsleistung noch der UNDP-Index sagen etwas darüber aus, wie gerecht der Wohlstand innergesellschaftlich verteilt ist. Es kann jedoch generell davon ausgegangen werden, daß in einigen Regionen des Südens, vor allem in Lateinamerika und in Teilen Afrikas das soziale Gefälle deutlich stärker als im Norden ist, während die Einkommensverteilung in Mittel- und Osteuropa noch **relativ** egalitär ist. Die Länder des Südens verzeichnen unterschiedliche Fortschritte der sozialen Ungleichheit; während sich z.B. in Indien die Kluft verkleinerte, hat die Polarisierung in Brasilien zugenommen.[758]
Doch gleichgültig, nach welchem Zahlenmaterial man Armut definiert, sind 1,3 oder 1,6 Millionen Menschen - also ca. ein Viertel der Weltbevölkerung - eine Größenordnung, die die Weltgemeinschaft moralisch fordert, aktiv gegenzusteuern - selbst bei statistisch nachgewiesener Verbesserung der Situation. Die Einkommenslücke zwischen armen und reichen Ländern ist jedenfalls exorbitant und wird immer größer. So lag sie zwischen jenem Fünftel der Weltbevölkerung, das in den reichsten Ländern lebt, und demjenigen Fünftel in den ärmsten Ländern 1997 bei 74:1, während sie 1990 noch 60:1 und 1930 30:1 betragen hatte.[759]

---

[757] vgl.: Fues, T.: Armut und Wohlstand, a. a. O. S. 45f
[758] vgl., ebd.: Fues, T.: Armut und Wohlstand, a. a. O. S. 46f
[759] vgl.: UNDP-Bericht 1999, zit. in: Der Standard. Österreichs unabhängige Tageszeitung für Wirtschaft, Politik und Kultur. Nr. 3211 vom 12.07.1999, S. 2

Leider scheint allerdings die Geschichte Max Weber zu bestätigen, der bereits zu Beginn des 20. Jh. erkannte, daß alle »Brüderlichkeitspostulate« an der »lieblosen Realität« scheitern.[760]
Gerade der derzeitige Prozeß der Globalisierung stellt in gewissem Sinn Rawls »ursprüngliche Position«, also quasi einen fiktiven »vor-gesellschaftlichen« Naturzustand als neue Ausgangssituation dar, die nach einem Gerechtigkeitsprinzip verlangt, nach dem die Gesellschaft in Hinkunft vernünftigerweise eingerichtet werden soll.[761]

3.1.1 Die kulturelle Dimension der Wirtschaft im Umgang mit der „Dritten Welt"

Die Wirtschaft ist neben anderen ein Kultursachbereich der Gesellschaft und zwar jener, „welcher der Kulturfunktion der Unterhaltsfürsorge und damit der kulturellen Aufgabe dient, die Subsistenz einer Gesellschaft, ihre Versorgung mit den Gütern des Lebens zu sichern".[762] Demnach ist Weltwirtschaft mehr als bloße Ökonomie. Ob wir pfleglich oder ausbeuterisch mit den Menschen und der Natur umgehen, hat nicht nur wirtschaftliche, sondern auch kulturbildende Rückwirkungen.
Da wir in der Gegenwart mit einer international verflochtenen Wirtschaft leben, kann Wirtschaftsethos nicht bedeuten, daß der Westen allein bestimmt, was Weltwirtschaftsethos ist, und der Rest der Welt sich nach dem Motto „The West and the Rest" dreinschicken oder draußenbleiben muß.[763] Umsomehr gilt es, den Status quo zu überdenken, als die geisteswissenschaftlich fundierte historische Schule der Sozial- und Wirtschaftswissenschaft durch die Dominanz jener der anglo-amerikanischen Prägung fast vollständig verdrängt wird.[764] Was generell gilt, erlangt gerade im Umgang mit den Entwicklungsländern eine besondere Bedeutung: Es ist unerläßlich, eine Theorie der Ethischen Ökonomie als Synthesis von ethischer, kulturwissenschaftlicher und ökonomischer Theorie zu entwickeln. „Der Gegenstand dieser Theorie ist sowohl die Moralität als auch die Kultur der Wirtschaft, sowohl die in einer Volkswirtschaft und in der Weltwirtschaft wirksame Wirtschaftsethik im normativen, moralischen als auch das in einer Volkswirtschaft und in der Weltwirtschaft wirksame Wirtschaftsethos im positiven Sinne einer gegebenen Wirtschaftskultur und Lebensordnung."[765] Es tritt gegenwärtig

---

[760] vgl.: Weber, M.: Wirtschaft und Gesellschaft. 5. Auflage, Tübingen 1976, S. 456
[761] vgl.: Rawls J.: Eine Theorie der Gerechtigkeit. Übersetzt von Vetter H. Frankfurt am Main 1975, S. 97ff
[762] Koslowski, P., in ders. (Hrsg.): Weltwirtschaftsethos. Globalisierung und Wirtschaftsethos. Wien 1997, S. 17
[763] vgl., ebd.: Koslowski, P., in ders. (Hrsg.): Weltwirtschaftsethos, a. a. O. S. 19f
[764] vgl., ebd.: Koslowski, P., in ders. (Hrsg.): Weltwirtschaftsethos, a. a. O. S. 19
[765] ebd.: Koslowski, P., in ders. (Hrsg.): Weltwirtschaftsethos, a. a. O. S. 21

ein bisher weitgehend vernachlässigtes Phänomen mit Vehemenz hervor: Der entscheidende Gegensatz in der Gesellschaft ist nicht mehr derjenige zwischen Kapital und Arbeit, sondern derjenige zwischen jenen, die wirtschaftlich relevantes Wissen besitzen, also Humankapital gebildet haben, und jenen, die über dieses nicht verfügen, also ungelernte oder wenig humankapital-intensive Arbeit anzubieten haben.[766] Die „neue technische Intelligenz"[767] ist international vermarktbar, standortungebunden und sie kann als Dienstleistung für viele wirtschaftliche Prozesse eingesetzt werden, ohne daß sie aufgebraucht wird.[768] Die Globalisierung eröffnet nunmehr die einzigartige Chance, die internationale und nationale Arbeitsteilung weiter voranzutreiben, die Produktivität der Volkswirtschaften zu steigern und, was eine unabweisbare Aufgabe der Gegenwart ist, die Reichtumsunterschiede zwischen den Kontinenten der Welt langfristig auszugleichen und den sozialen Ausgleich der Sozialen Marktwirtschaft im Weltmaßstab zu verwirklichen, um sozusagen die globale Soziale Marktwirtschaft einzuführen.[769] Es kann aber keineswegs geleugnet werden, daß der Weltmarkt unter den Bedingungen der Globalisierung unlauteren wirtschaftlichen Praktiken[770] neue Chancen eröffnet. Folglich ist erforderlich: „Je mehr die Marktkräfte an Bedeutung gewinnen, um so mehr bedürfen sie daher auch der Reflexion auf die Regeln, die das Handeln im Markt über die Regel ‚Maximiere Deinen Gewinn', der wir alle ohnehin immer folgen, hinaus, bestimmen müssen. (...) Die Globalisierung des Marktes erfordert die Globalisierung des Ethos, das in diesem globalen Markt Geltung haben soll. Die Globalisierung des Marktes erfordert so etwas wie ein Weltwirtschafts-Ethos."[771]

Koslowski geht dabei über Küngs „Weltethos"[772] hinaus. Die Frage ist nicht bloß auf ein globales religiöses Ethos beschränkt sondern vielmehr: „Gibt es ein Weltethos des wirtschaftlichen Handelns im globalisierten Markt? Das Ethos der Wirtschaft kann heute kein Ethos des nationalen Marktes mehr sein. Es ist bereits zum Weltwirtschafts-Ethos eines globalen Marktes geworden."[773]

Es geht dabei um die Analyse und das Verstehen der Wirtschaftskultur und des Wirtschaftsethos der Weltwirtschaft. Es gilt nicht nur die normative Ethik und Moral des Wirtschaftens zu verstehen und zu erklären sondern ebenso die „außermoralische Kultur des Wirtschaftens, die Sitten und Konventionen, den Stil

[766] vgl., ebd.: Koslowski, P., in ders. (Hrsg.): Weltwirtschaftsethos, a. a. O. S. 49
[767] ebd.: Koslowski, P., in ders. (Hrsg.): Weltwirtschaftsethos, a. a. O. S. 49
[768] vgl., ebd.: Koslowski, P., in ders. (Hrsg.): Weltwirtschaftsethos, a. a. O. S. 50
[769] vgl.: Koslowski, P., in ders. (Hrsg.): Weltwirtschaftsethos, a. a. O. S. 52f
[770] vgl.: Abschnitt 1
[771] Koslowski, P., in ders. (Hrsg.): Weltwirtschaftsethos, a. a. O. S. 69
[772] vgl.: Abschnitt 2.9.1.1
[773] Koslowski, P., in ders. (Hrsg.): Weltwirtschaftsethos, a. a. O. S. 69

und die Ästhetik der Weltwirtschaft"[774]. Die Wirtschaft setzt nämlich „ein von den Handelnden zumindest in Ansätzen anerkanntes Wirtschaftsethos voraus."[775]
Es liegt in der Natur der Sache, daß sich die Globalisierung der Weltwirtschaft nicht nur auf die Triade beschränken kann, sondern daß auch alle anderen Staaten der entsprechenden Aufmerksamkeit bedürfen.
Es genügt dabei nicht, sich lediglich auf die formalen Bedingungen eines ethischen und interkulturellen Dialogs zu beschränken. „Im Fall des Problems ‚Weltwirtschaftsethos' kann das nicht mehr genügen, weil wir es bei einem integrierten Weltmarkt bereits mit einem Diskurs zu tun haben. Wir haben es gar nicht mehr mit dem Aufeinanderstoßen in sich geschlossener Kulturen zu tun, die dann erst einmal einen Dialog beginnen, sondern wir befinden uns schon in einem Diskurs, in einem Weltmarkt. Wir müssen daher die Frage stellen, welches konkrete, materiale Ethos der Weltmarkt von allen Teilnehmern erfordert."[776]
Koslowski sieht vier Bestandteile, die das künftige Weltwirtschaftsethos prägen müssen:

1. die Ethik des Vertrages,
2. die Ethik des Respekts für die Sachregeln des Wirtschaftens,
3. die Bereitschaft und Gewohnheit, Preisgerechtigkeit walten zu lassen,
4. der Wille, Professionalität als Wert anzuerkennen und als Verpflichtung im eigenen Wirtschaftshandeln zur Geltung zu bringen.[777]

Dabei ist insbesondere Punkt 4 näher zu erläutern: Es geht bei ihm um die Anerkennung des Ethos des eigenen Berufs, des Berufsethos, und die Anerkennung des Wertes der Professionalität. „Die Einwilligung in die Verpflichtung, im eigenen Handeln den Regeln der Professionalität zu folgen, ist eine zentrale ethische Forderung, die nur durch das frei bejahte Berufsethos, nicht aber durch das Recht oder die Politik gesichert werden können. In allen Situationen, in denen das Individuum sich nicht beobachtet fühlt oder glaubt, keine Sanktionen gewärtigen zu müssen, würde es sich, wenn es den Antrieb, professionell, also dem ‚state of the art' gemäß zu handeln, nicht aus sich selbst hat, persönliche Vorteile durch Regelverletzung oder durch Absenkung der professionellen Standards verschaffen."[778] D. h.: die Individualethik ist unverzichtbare Grundlage jeglichen Handelns.

[774] ebd.: Koslowski, P., in ders. (Hrsg.): Weltwirtschaftsethos, a. a. O. S. 70
[775] ebd.: Koslowski, P., in ders. (Hrsg.): Weltwirtschaftsethos, a. a. O. S. 70
[776] Koslowski, P., in ders. (Hrsg.): Weltwirtschaftsethos, a. a. O. S. 74
[777] vgl., ebd.: Koslowski, P., in ders. (Hrsg.): Weltwirtschaftsethos, a. a. O. S. 74
[778] ebd.: Koslowski, P., in ders. (Hrsg.): Weltwirtschaftsethos, a. a. O. S. 76

3.1.1.1 Wege zur Gerechtigkeit und Solidarität in der Marktwirtschaft

ist der Untertitel des von Amartya Sen verfaßten und mit dem Nobelpreis 1998 ausgezeichneten Werkes „Ökonomie für den Menschen" (deutsche Ausgabe)[779]. Sen gilt als Gewissen der Ökonomie, weil er als anerkannter Verfechter einer freien Marktwirtschaft deren Moral einfordert. Inwieweit diesem Markstein in den Wirtschaftswissenschaften mit der Abkehr vom Trend der naturwissenschaftlichen Ansätze[780] Nachhaltigkeit beschieden ist, bleibt abzuwarten. Jedenfalls sieht Sen Entwicklung als ganzheitlichen Prozeß, das heißt, „unter Einschluß wirtschaftlicher, sozialer und politischer Überlegungen,"[781] womit er dort global ansetzt, wo die kontinentaleuropäische Nationalökonomie stand bevor sie instrumentalisiert wurde: **beim Menschen**. Bloß: Heute sind die verschiedenen Regionen der Erde einander stärker verbunden als in früheren Zeiten. „Dies gilt nicht allein für Handel, Gewerbe und Kommunikation, sondern auch für den Austausch von Ideen und Idealen".[782] Die grundlegende Voraussetzung für Entwicklung – und das gilt nicht nur für die sog. „Dritte Welt" sondern auch für die Beseitigung der Armut in den Industriestaaten - ist die Erweiterung von Freiheit, wobei Freiheit sowohl als Zweck an sich wie auch als oberstes Mittel für die Entwicklung zu betrachten ist.[783] Entwicklung ist nach Sen die Aufhebung der verschiedenen Arten von Unfreiheit, „die den Menschen nur wenig Spielraum und wenig Gelegenheit lassen, wohldurchdachten Gründen gemäß zu handeln."[784] Der Kampf ums Überleben, mangelnde Ausbildung etc. verschließen bereits a priori diese Möglichkeit. Sen hebt hervor, daß Unterentwicklung grob gesprochen als eine Form von Unfreiheit, Entwicklung demgegenüber als ein Prozeß des Abbaus von Unfreiheiten und als Erweiterung von substantiellen Freiheiten unterschiedlichster Art, die Menschen vernünftigerweise anstreben, zu sehen ist.[785] Es ist bei der Beurteilung jedoch zu berücksichtigen, wie die Verwirklichungschancen des einzelnen aussehen?[786] Bestehen überhaupt Handlungsalternativen? Ein geringer Verbrauch an Lebensmitteln für sich alleine gesehen ist nicht hinreichend aussagekräftig, denn es besteht zweifellos ein gravierender Unterschied zwischen Fasten und Hungern.[787]

---

[779] Sen, A.: Ökonomie für den Menschen – Wege zur Gerechtigkeit und Solidarität in der Marktwirtschaft. Übers. v. Goldmann C., München – Wien 1999. Titel der Originalausgabe: Developement as Freedom. New York 1999

[780] vgl.: Abschnitt 2.1

[781] Sen, A.: Ökonomie für den Menschen, a. a. O. S. 19f

[782] Sen, A.: Ökonomie für den Menschen, a. a. O. S. 9

[783] vgl., ebd.: Sen, A.: Ökonomie für den Menschen, a. a. O. S. 10

[784] ebd.: Sen, A.: Ökonomie für den Menschen, a. a. O. S. 10

[785] vgl.: Sen, A.: Ökonomie für den Menschen, a. a. O. S. 109

[786] vgl., ebd.: Sen, A.: Ökonomie für den Menschen, a. a. O. S. 96

[787] vgl., ebd.: Sen, A.: Ökonomie für den Menschen, a. a. O. S. 93f

Den gesellschaftlichen Organen, darunter viele Institutionen (Staat, Markt, das Rechtssystem, politische Parteien, Medien, öffentliche Interessengruppen und Diskussionsforen) obliegt es, um instrumentelle Grundrechte wie die ökonomischen Chancen, die politische Freiheit, soziale Einrichtungen, Gewährleistung von Transparenz und soziale Sicherheit bemüht zu sein. Die Individuen selbst gelten dabei nicht als passive Empfänger ausgeteilter Wohltaten, sondern als aktive, Veränderungen bewirkende, Subjekte.

Einer gedeihlichen Entwicklung stehen als Hauptursachen von Unfreiheit entgegen: Armut wie auch Despotismus, fehlende wirtschaftliche Chancen wie auch systematischer sozialer Notstand, die Vernachlässigung öffentlicher Einrichtungen wie auch die Intoleranz oder die erstickende Kontrolle seitens autoritärer Staaten.[788] Sie alle führen zu einem Mangel substantieller Freiheiten - wahrscheinlich für die Mehrheit der Menschheit. Dabei ist gerade ungehinderte und nachhaltige Handlungsfähigkeit der Hauptmotor der Entwicklung. „Was Menschen positiv erreichen können, hängt von den ökonomischen Möglichkeiten, den politischen Freiheiten, den sozialen Kräften und jenen Bedingungen ab, ohne die das alles nicht möglich wäre: gute Gesundheit, Schulbildung, Förderung und Pflege von Initiativen.“[789]

Die institutionellen Rahmenbedingungen für diese Möglichkeit werden ebenfalls dadurch beeinflußt, inwieweit die Menschen ihre Freiheit ausüben können um an jenen sozialen und öffentlichen Entscheidungen mitwirken zu können, die den Fortschritt dieser Möglichkeiten fördern. Es gehört zu den wesenshaften Bestandteilen von Entwicklung, daß Freiheit als deren oberstes Ziel gilt: der freie Zugang zum Markt, die Freiheit am Arbeitsmarkt teilzunehmen bzw. der freie Markt per se. Sen: „Freiheit ist die Triebkraft für rapiden Strukturwandel!“[790] Hungersnöte, mangelnde Gesundheitsfürsorge bzw. sanitäre Einrichtungen, ja selbst der Mangel an sauberen Wasser u.v.m. sind allesamt Formen der Unfreiheit, die die ganze Kraft der Menschen für das tägliche Überleben binden und folglich jene Triebkraft unterdrücken.

Sen moniert, daß die Wirtschaftstheorie dazu tendiert, den Wert der Freiheiten zu vernachlässigen und sich zu sehr auf den Nutzen zu konzentrieren. Möglicherweise erzielt man derart **maximale**, keineswegs aber **optimale** Ergebnisse. Um jedoch letztere zu erzielen ist es unerläßlich, auch das Verfahren zur Erreichung des Endergebnisses zu berücksichtigen.[791] Eine entscheidende Bedeutung kommt dabei den konstitutiven und instrumentellen Funktionen des Staates – somit der politischen Partizipation – zu. Sen wirft der Entwicklungsökonomie eine verengte Sichtweise vor: Dieser „verengte Blick auf Entwicklung (bezogen auf das Wach-

[788] vgl., ebd.: Sen, A.: Ökonomie für den Menschen, a. a. O. S. 13
[789] ebd.: Sen, A.: Ökonomie für den Menschen, a. a. O. S. 15
[790] vgl., ebd.: Sen, A.: Ökonomie für den Menschen, a. a. O. S. 352
[791] vgl., ebd.: Sen, A.: Ökonomie für den Menschen, a. a. O. S. 40f

sen des Bruttosozialprodukts oder die Industrialisierung) sieht sich häufig mit der Frage konfrontiert, ob die Freiheit der politischen Partizipation und der Kritik der Entwicklung zuträglich ist oder nicht. [Doch] ist diese Frage falsch gestellt, da sie die entscheidende Einsicht vermissen läßt, daß politische Partizipation und Kritik selbst konstitutive Bestandteile der Entwicklung sind. Sogar einer sehr wohlhabenden Person, die daran gehindert wird, sich frei zu äußern oder an öffentlichen Debatten und Entscheidungen teilzunehmen, wird etwas genommen, das zu schätzen sie Grund hat. Ein an der Erweiterung menschlicher Freiheit gemessener Entwicklungsprozeß wird diesen Mangel beseitigen müssen. (...) Wie wichtig das Fehlen grundlegender politischer Freiheiten oder bürgerlicher Rechte für ein richtiges Verständnis der Entwicklung ist, muß nicht erst durch ihren mittelbaren Beitrag zu anderen Merkmalen der Entwicklung, wie dem Wachsen des Bruttosozialprodukts oder der Förderung der Industrialisierung, bewiesen werden. Diese Freiheiten sind ein untrennbarer Bestandteil eines sich reich entfaltenden Entwicklungsprozesses.
Dieser fundamentale Aspekt ist von dem ‚instrumentellen' Argument zu unterscheiden, daß diese Freiheiten und Rechte überdies tatkräftig zum wirtschaftlichen Fortschritt beitragen können. Selbstverständlich ist die instrumentelle Verbindung wichtig (...), doch die Bedeutung der instrumentellen Funktion politischer Freiheit als Mittel für die Entwicklung mindert in keiner Weise die evaluative Bedeutung der Freiheit als Zweck der Entwicklung. (...) Die Wirksamkeit der Freiheit als Instrument liegt in der Tatsache begründet, daß verschiedene Formen der Freiheit untereinander verknüpft sind, so daß die eine Freiheit andere Arten von Freiheit beträchtlich fördern kann."[792]

3.1.2 Kollision der Werte

Wir betrachten zumeist mit größter Selbstgerechtigkeit unsere Kultur, unsere Ökonomie, unsere Politik usw. als die jeweils einzig Richtige und übersehen dabei geflissentlich, daß andere Völker – wie z. B. anhand der unterschiedlichen Werte der chinesischen bzw. islamischen Ethik nachvollziehbar[793] – dies hinsichtlich ihrer eigenen Werte vermutlich auch tun. Menschen sind dabei immer versucht, "die Menschen einzuteilen in »wir« und »die«, in die In-group und die anderen, in unsere Zivilisation hier und die Barbaren dort."[794]
In der Ära der Globalisierung sind die wichtigsten Unterscheidungen zwischen Völkern m. E. – wobei Huntington beizupflichten ist – nicht mehr ideologischer, politischer oder ökonomischer Art. Sie sind kultureller Art.[795] „Die philosophi-

[792] Sen, A.: Ökonomie für den Menschen, a. a. O. S. 50ff
[793] vgl.: Abschnitt 3.5.1.f
[794] Huntington, S. P.: Kampf der Kulturen. 2. Auflage 1998, S. 36; Orginaltitel: The Clash of Civilizations. New York 1996
[795] vgl., ebd.: Huntington, S. P.: Kampf der Kulturen, a. a. O. S. 21

schen Voraussetzungen, Grundwerte, sozialen Beziehungen, Sitten und allgemeinen Weltanschauungen differieren von Kulturkreis zu Kulturkreis erheblich. Die Revitalisierung der Religion in weiten Teilen der Welt verstärkt diese kulturellen Unterschiede. Kulturen können sich verändern, und die Art ihrer Auswirkung auf Politik und Wirtschaft kann von Epoche zu Epoche variieren. Gleichwohl wurzeln die wesentlichen Unterschiede in der politischen und wirtschaftlichen Entwicklung der Kulturkreise eindeutig in ihren unterschiedlichen kulturellen Grundlagen.“[796]
Samuel P. Huntington, Professor für Politikwissenschaft an der Harvard-Universität, begreift die Welt als aus sieben oder acht Kulturkreisen bestehend, und vertritt folgende Thesen:

- „Der Druck in Richtung Integration in der Welt ist real. Genau dieser Druck ist es, welcher den Gegendruck der kulturellen Selbstbehauptung und des kulturellen Bewusstseins weckt.
- Die Welt ist in mancher Hinsicht zweigeteilt, doch ist die zentrale Unterscheidung heute die zwischen dem Westen als der bisher dominierenden Kultur und allen anderen Kulturen, die allerdings wenig bis gar nichts gemeinsam haben. Die Welt zerfällt mit einem Wort in eine westliche und viele nichtwestliche.
- Nationalstaaten sind und bleiben die wichtigsten Akteure des Weltgeschehens, aber ihre Interessen, Zusammenschlüsse und Konflikte werden zunehmend von kulturellen Faktoren geprägt.
- Die Welt ist in der Tat anarchisch und voll von Stammes- und Nationalitätenkonflikten, aber die Konflikte, die die größte Gefahr für die Stabilität darstellen, sind jene zwischen Staaten oder Gruppen aus unterschiedlichen Kulturen.“[797]

Der Terminus „der Westen“ wird heute allgemein benutzt, um das zu bezeichnen, was man einmal das christliche Abendland zu nennen pflegte; man versteht darunter gegenwärtig die „Welt“ der europäisch–amerikanischen Grundwerte, obwohl diese keineswegs flächendeckend universalisierbar internalisiert sind. Zu diesen Grundwerten zählen vorrangig jene die auch das ethische Fundament der EU darstellen:

- Demokratie
- Rechtsstaatlichkeit und
- die Menschenrechte.

„Doch jede Kultur sieht sich selbst als Mittelpunkt der Welt und schreibt ihre Geschichte als zentrales Drama der Menschheit“[798] Es dürfte Huntington bei-

[796] ebd.: Huntington, S. P.: Kampf der Kulturen, a. a. O. S. 25
[797] Huntington, S. P.: Kampf der Kulturen, a. a. O. S. 45
[798] ebd.: Huntington, S. P.: Kampf der Kulturen, a. a. O. S. 74

zupflichten sein, daß die „Davos-Kultur", (in Ableitung vom WWF Davos) der der Glaube an Individualismus, Marktwirtschaft und politischer Demokratie, wie er unter Menschen der westlichen Kultur verbreitet ist, zu Grunde liegt, zwar ungeheuer wichtig ist, „... aber wieviele Menschen sind weltweit wirklich Teil dieser Kultur? Außerhalb des Westens wird sie wahrscheinlich von kaum fünfzig Millionen Menschen oder einem Prozent der Weltbevölkerung anerkannt, vielleicht sogar nur von einem Zehntelprozent der Weltbevölkerung. Sie ist weit davon entfernt, eine universale Kultur zu sein, und die Führer, die die Davos-Kultur vertreten, haben nicht unbedingt einen festen Zugriff auf die Macht in ihrer jeweiligen Gesellschaft."[799] Diese gemeinsame intellektuelle Kultur existiert „nur auf der Ebene der Eliten: Ihre Wurzeln reichen in vielen Gesellschaften nicht tief ... [und] es ist fraglich, ob sie selbst auf der diplomatischen Ebene das umfasst, was gemeinsame moralische Kultur genannt worden ist, ein System gemeinsamer Werte im Unterschied zu einer gemeinsamen intellektuellen Kultur."[800]

Für viele Staaten des „Westens" selbst sind die, für sie nunmehr in der Jetztzeit allgemeingültigen und anerkannten, Grundwerte erst in der jüngeren Geschichte Bestandteil ihrer Kultur geworden und bedurften eines langwierigen Generationsprozesses. Sowohl Österreich als auch viele andere europäischen Staaten sind mit ihrer Geschichte markante Beispiele hiefür.

„Wir gehen normalerweise davon aus, daß alle aufgeklärten und verantwortungsbewußten Menschen der neueren Zeit Anhänger der Demokratie sind. Ist die Demokratie erstmal errungen, muß sie jeder für das Richtige halten, jedenfalls jeder besonnene und vernünftige Mensch. Aber so verhält es sich nicht."[801]

Skirbekk, Gilse verweisen als Beispiel auf die Argumente des prominentesten Philosophen Skandinaviens, Søren Kierkegaard, der ein militanter Gegner der Demokratie war. „Er bewunderte den aufgeklärten Absolutismus, wie er in Dänemark bis zu der Verfassung von 1849, mit der die Demokratie eingeführt wurde, herrschte.

Dazu muß gesagt werden, daß der dänische Absolutismus in der ersten Hälfte des 19. Jahrhunderts eine aufgeklärte und milde Herrschaft war. Und für Kierkegaard war es unverständlich, warum alle mitregieren sollten. Die, die regierten, machten ihre Sache im großen und ganzen gut. Und es ist kaum anzunehmen, daß alle Lust haben, sich an Regierung und Verwaltung zu beteiligen. Vor allem aber ist für jeden Menschen das Wichtigste, sein inneres Leben zu pflegen. Die politische Arbeit kann eine Ablenkung vom Wesentlichen sein. Und endlich fürchtet

[799] ebd.: Huntington, S. P.: Kampf der Kulturen, a. a. O. S. 78

[800] ebd.: Huntington, S. P.: Kampf der Kulturen, a. a. O. S. 78

[801] Skirbekk, G.; Gilse, N.: Geschichte der Philosophie. Zweiter Band. Frankfurt am Main 1993, S. 661;
Titel der Originalausgabe: Filosofihistorie. Innforing i europeisk filosofihistorie med særleg vekt pa vitskapshistorie og politisk filosofi. Bergen 1987

Kierkegaard, daß die Demokratie in der Praxis zur Demagogie werde; das heißt, daß eine Gesellschaft entsteht, in der Meinungszwang und Anpassungsdruck die persönliche Integrität des einzelnen bedrohen. Das würde zu verstärkter Entfremdung oder existentieller Verlorenheit führen. Nicht nur der geschäftige, rastlose Spießbürger, sondern genauso der geschäftige und noch gedankenlosere politische Schwätzer würde sich in der Gesellschaft breit machen und die existentiellen Lebenshaltungen verdrängen.
Kierkegaards Kritik an dem Aufkommen der Demokratie gehört damit zu seiner allgemeinen Kritik der Entfremdung und der existentiellen Verlorenheit. Der Mensch verliert sich im Unwesentlichen und Seichten, nicht nur auf dem Markt und im wirtschaftlichen Leben, sondern auch noch in der Politik und im gesellschaftlichen Leben.“[802]
Gegensätzlich zu dieser reaktionär - individualistischen[803] Sichtweise ist jene, die Lee Kuan Yew, den Gründervater Singapurs zu einem demokratiekritischen Schluß kommen ließ. Er legte unter dem Motto, daß er Disziplin für ein staatliches Gebilde als wichtiger erachte als demokratische Zustände[804] den Grundstein dafür, daß sich sein Land binnen einer Generation zu einem der reichsten und wirtschaftlich prosperierendsten Staaten der Welt entwickelte.
Es ist folgerichtig nicht davon auszugehen sondern lediglich zu hoffen, daß unsere Werte, die zwar für uns zur Selbstverständlichkeit wurden, ihre normative Kraft mit der gleichen Selbstverständlichkeit auch in anderen Kulturen, Gesellschaften erlangen können. Was sollen aber z.B. die Menschen in Rußland nach Jahrhunderten absolutistischer Herrschaft und weiteren 70 Jahren Kommunismus mit Demokratie und Marktwirtschaft westlicher Prägung von einem Tag auf den anderen anfangen, wenn sich ihre Lebensumstände nicht nur nicht verbessern sondern sogar teilweise verschlechtern?
Auf diese Frage ist m.E. die Antwort des Prager Weihbischofs, Václav Màly zutreffend:
„Unsere Gesellschaft war krank, deshalb hätte die Wirtschaftsreform von Anfang an mit einem Wertewandel einhergehen müssen. Marktwirtschaft hat auch eine ethische Komponente. (…) Es war ein Irrtum zu glauben, das Verhalten der Menschen würde sich mit dem neuen System automatisch verändern. Tschechien muß die Demokratie noch lernen.“[805]

---

[802] ebd.: Skirbekk, G.; Gilse, N.: Geschichte der Philosophie, a. a. O. S. 661f
[803] vgl., ebd.: Skirbekk, G.; Gilse, N.: Geschichte der Philosophie, a. a. O. S. 662
[804] vgl.: NZZ – Neue Zürcher Zeitung, Internationale Ausgabe, 219 Jahrgang Nr. 217 vom 19./20.09.1998, S. 7
[805] Màly, V.: Im Gespräch. Interview in: Die Presse. Unabhängige Tageszeitung für Österreich, Nr. 15.520 vom 13.11.1999, S. 15

In den LIC's stellt sich die Frage nach der zukünftigen Entwicklung noch wesentlich dramatischer. Sie werden kaum ihre Probleme ohne Hilfe der Industriestaaten lösen können, sollen sie sich dereinst ohne Abhängigkeit von caritativer Entwicklungshilfe weiterentwickeln können. Das größte Problem dabei scheint darin zu bestehen, ihnen einen gerechten Zugang zum internationalen Markt zu eröffnen. Wie man aus jüngsten Erfahrungen ableiten kann, gilt es dabei, das Augenmerk nicht nur auf die Ausbeutung der natürlichen Ressourcen sondern vielmehr verstärkt auf die Erschließung menschlicher Ressourcen zu richten.[806]

3.2 Entwicklungshilfe und Entwicklungszusammenarbeit

Der Globalisierungsprozeß zwingt uns förmlich dazu, Entwicklungszusammenarbeit neu zu überdenken.
Es gilt, sich von ideologisch präformierten Extrempositionen der Sichtweise des Verkehrs der Industriestaaten mit den Entwicklungsländern zu verabschieden und im Sinne der Kohlberg'schen Stufe 6-Moral den Prinzipien des Regelutilitarismus und eines entsprechenden Sozialvertrages auf makroökonomischer Ebene Geltung zu verschaffen.[807]
Das bringt aber mit sich, daß vom reinen Schenkungselement der Entwicklungshilfe **auf Sicht** ebenso Abstand zu nehmen ist wie es erforderlich sein wird, Shareholder's value so zu denken, wie er unter ethischen Aspekten zu denken ist: nämlich langfristig.
Es erscheint vorweg aus formellen Gründen erforderlich zu sein zwischen Entwicklungshilfe und Entwicklungszusammenarbeit - von manchen Autoren synonym verwendete Begriffe - zu differenzieren, obwohl vor allem die NGO's zumeist von Entwicklungszusammenarbeit sprechen.
M.E. sind unter Entwicklungshilfe jene Leistungen an die "Dritte Welt" zu verstehen, die ein überwiegendes Schenkungselement beinhalten, während Entwicklungszusammenarbeit ein gewisses Maß an Reziprozität zum Ausdruck bringt.

Was das Schenkungselement betrifft, wird jedenfalls zu überdenken sein, ob nicht der Ausbau bilateraler Entwicklungszusammenarbeit eine Effizienzsteigerung gegenüber der derzeitigen Praxis brächte und bezüglich des Shareholder's value könnte die Einbindung der KMU's[808] in die Entwicklungspolitik ein höheres Potential von Individualethik einbringen.
Unter

[806] vgl.: Paul VI: Enzyklika „Populorum progressio". Rom 1967, S. 33 – 43
auch: Johannes Paul II: Enzyklika „Centesimus Annus", a. a. O. IV/33

[807] vgl.: Abschnitt 3.6.2

[808] Klein- und Mittelunternehmen

3.2.1 Entwicklungshilfe

sind generell die besonderen Beziehungen zu Entwicklungsländern, bei denen den Empfängern einseitige Vergünstigungen gewährt werden, zu verstehen.
Darunter fallen in der Regel all diejenigen Transaktionen, die direkt quantitativ erfaßt werden (können). Sie beinhaltet außerdem all diejenigen öffentlichen und privaten Leistungen an Entwicklungsländer (Geld-, Sach- oder Dienstleistungen), die ein Zuschußelement von mindestens 25% enthalten und die wirtschaftliche Entwicklung der Empfängerländer zum Ziel haben - bei der Berechnung des Zuschußelements wird dabei ein herrschender Marktzinssatz von 10% unterstellt.
Nur dieser Teil der insgesamt geleisteten Hilfe wird in den offiziellen Statistiken als Entwicklungshilfe, als "Official Development Assistance" (ODA), erfaßt und aufgeführt.[809]
Jedenfalls fallen darunter alle diejenigen Leistungen eines Landes an ein anderes, "die ein **Schenkungselement** enthalten. Dies können nun Leistungen eines Industrielandes an ein Entwicklungsland sein (was die Regel ist), aber auch Leistungen eines Entwicklungslandes an ein anderes (man denke nur an die, in der Vergangenheit nicht unerheblichen, Entwicklungshilfeleistungen von den OPEC-Staaten an andere Entwicklungsländer). Von 'Entwicklungszusammenarbeit' ist also,
[- generalisierend -] nur dann die Rede, wenn als Adressat ein sogenanntes Entwicklungsland fungiert."[810]
Als Entwicklungsländer wiederum werden zumeist all diejenigen Länder bezeichnet, die nicht Mitglied der OECD sind.
In den veröffentlichten Statistiken - das Zahlenmaterial ist oft unvollständig und selten auf dem aktuellen Stand - der Vereinten Nationen, der OECD und zahlreicher nationaler Behörden werden auch Länder wie z.B. Israel und Hong-Kong als Entwicklungsländer bezeichnet, obwohl deren Pro-Kopf-Einkommen beim Vergleich mit allen anderen Staaten der Erde in der obersten Einkommenskategorie zu finden ist. "Schenkungselement" bedeutet, daß Leistungen gewährt werden, die gegenüber dem Marktniveau vergünstigt sind. Es fallen darunter also z.B. alle unentgeltlichen Leistungen, aber auch Kredite mit einem günstigeren Zins, mit längeren Laufzeiten und/oder mit mehr tilgungsfreien Jahren, als auf den Kapitalmärkten üblich ist. Konsequenterweise müßten in die Erfassung der Entwicklungszusammenarbeit auch all diejenigen Vergünstigungen eingehen, die über einseitige Handelserleichterungen, (Rohstoff-)Preis- und Erlösstabilisierungen etc. gewährt werden.

---

[809] vgl.: Dewald, M.: Komparative Vorteile in der bilateralen Entwicklungshilfe. Ihre Relevanz und Identifikation. Basler Dissertation, Chur-Zürich 1997, S. 7

[810] vgl.: Dewald, M.: Komparative Vorteile in der bilateralen Entwicklungshilfe, a. a. O. S. 6 (Hervorh. HPS) Dieser Autor z.B. verwendet die beiden Begriffe synonym.

Das Ausmaß der so entstehenden realen Kosten für die Geber ist allerdings nur sehr schwer abschätzbar und mit hohen Unsicherheiten behaftet. Wohl aus diesem Grund gehen solche Vergünstigungen nicht in die allgemein erhältlichen Statistiken über die Entwicklungszusammenarbeit ein. Unter "Entwicklungshilfe" fallen also nur diejenigen vergünstigten Leistungen, die ohne größeren Aufwand quantifizierbar sind. Dabei sollte nicht vergessen werden, daß die in den offiziellen Hilfsstatistiken nicht erscheinenden Leistungen Wohlfahrtsauswirkungen haben können, die sogar über den quantitativ erfaßten Anteil geleisteter Hilfe hinausgehen.[811]
Bei Betrachtung einschlägiger Statistiken läßt sich erkennen, daß der Anteil der Entwicklungshilfe am BSP der asiatischen Staaten insgesamt - nicht zuletzt auf Grund der wirtschaftlichen Erfolge der ostasiatischen "Tigerstaaten" - rückläufig ist, während er bei den afrikanischen Staaten südlich der Sahara (zuletzt ca. 15% des BIP) und bei den Inselstaaten Ozeaniens (zuletzt ca 25% des BIP) ständig anstieg.
Dieses an sich bereits eindrucksvolle Bild der Bedeutung von Entwicklungshilfe wird noch dadurch verstärkt, daß die Hilfsabhängigkeit der ärmeren lateinamerikanischen ebenso wie jener der LIC's Nordafrikas langfristig betrachtet eine steigende Tendenz aufweist.[812]
Alamierend ist dabei zudem, daß die Hilfsleistungen insgesamt trotz des ohnedies niedrigen Niveaus selbst in absoluten Zahlen sinken, wobei dies vorwiegend auf die starke Reduktion der von den OPEC-Staaten vergebenen Hilfsgelder zurückzuführen ist.[813] Diese Tendenz konnte nur teilweise durch ein gesteigertes Engagement der NGO's gemildert werden. Wie marginal die, der Entwicklungshilfe tatsächlich zur Verfügung stehenden Mittel sind, kann daran ermessen werden, daß nicht einmal die von fast allen westlichen Industriestaaten unterzeichnete UNO-Resolution 2626 vom 24.10.1970 erfüllt wird; darin verpflichteten sich die Geberländer, zumindest 0,7% ihres BSP an Entwicklungshilfe zur Verfügung zu stellen.[814] Österreichs EZA-Aufwand lag 1998 bei 0,22% des BIP (bzw. 5,6 Mrd. ATS).[815]
Der größte Anteil der von der DAC[816], der insgesamt ca 90% der Mittel der gesamten Entwicklungshilfe ausmacht, entfällt mit knapp 2/3 des Gesamtaufkommens auf bilaterale Hilfen.

---

811 vgl., ebd.: Dewald, M.: Komparative Vorteile in der bilateralen Entwicklungshilfe, a. a. O. S. 6f
812 vgl.: Dewald, M.: Komparative Vorteile in der bilateralen Entwicklungshilfe, a. a. O. S. 8ff
813 vgl.: Dewald, M.: Komparative Vorteile in der bilateralen Entwicklungshilfe, a. a. O. S. 11
814 vgl.: Angerer, R.: Vorwort, in: AGEZ (Hrsg.): Soll und Haben. Konturen der österreichischen Entwicklungspolitik 1. Wien 1992, S. 5
815 Schuhmann, C.: Kürzungen bei Entwicklungshilfen, in: Die Presse. Unabhängige Tageszeitung für Österreich, Nr. 15.753 vom 23.08.2000, S. 4
816 DAC - Development Assistance Committee der OECD

Als Fazit ergibt sich: Will man an der beschriebenen Situation äußerster Mittelknappheit etwas ändern, so scheint der Versuch einer Effizienzverbesserung in der bilateralen öffentlichen Entwicklungshilfe der vielversprechendste Weg zu sein. Es drängt sich somit die Frage auf, ob bei der bilateralen Hilfsvergabe der OECD-Länder komparative Vorteile bei der sektoriellen Aufteilung der Entwicklungshilfe der einzelnen Geber in ausreichendem Maße berücksichtigt werden. Damit setzt die Analyse, betrachtet man den gesamten Entscheidungsprozeß der Entwicklungshilfevergabe, erst an einer sehr nachgeordneten Stufe an.
Auf einer ersten Stufe des Vergabeprozesses ist zunächst einmal abzuklären, ob Entwicklungshilfe überhaupt geleistet werden soll. Die Beantwortung dieser Frage hängt zum einen mit den verfolgten Zielen, zum anderen mit der Realisierbarkeit dieser Ziele mit Unterstützung durch die Entwicklungshilfe zusammen. Müßte man die Realisierbarkeit der angestrebten Ziele mit Unterstützung von Entwicklungshilfe verneinen, so wären alle weiteren Überlegungen in bezug auf eine effizientere Entwicklungshilfevergabe hinfällig.

Abbildung 6: Entscheidungsablauf bei der Entwicklungshilfevergabe[817]

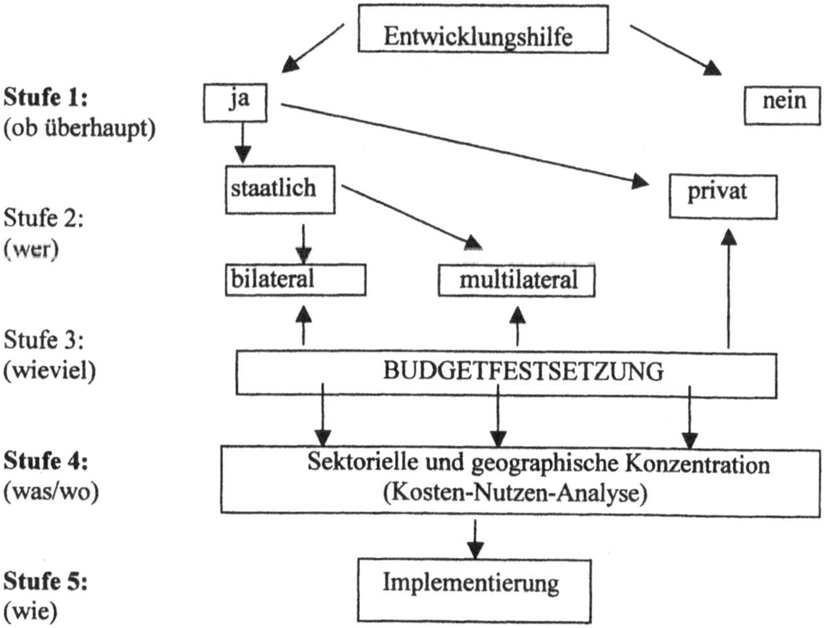

[817]vgl.: Dewald, M.: Komparative Vorteile in der bilateralen Entwicklungshilfe, a. a. O. S. 14f

Kommt man hingegen zu dem Ergebnis, daß Entwicklungshilfe zur Realisierung der angestrebten Ziele (nicht unwesentlich) beitragen kann, so muß man sich darüber klar werden, wer die gewünschte Entwicklungszusammenarbeit leisten sollte (Stufe 2). Dabei kommen als Geber grundsätzlich private Träger oder der Staat[818] in Frage. Bei der von staatlicher Seite aus gegebenen Entwicklungshilfe kann man schließlich noch zwischen der bilateralen und der über multilaterale Institutionen vergebenen Entwicklungshilfe unterscheiden.
Obenstehende Graphik zeigt die wichtigsten Entscheidungsschritte bei der Entwicklungshilfevergabe auf. Die dargestellte hierarchische Struktur stellt allerdings eine starke Vereinfachung dar. Die einzelnen Entscheidungsschritte sind nämlich nicht unabhängig voneinander. So kann es z.B. für die Wahl des Gebers eine große Rolle spielen, welche Art von Projekt und/oder Programm verwirklicht werden soll. Auch ist die Entscheidung, ob Entwicklungshilfe überhaupt geleistet werden soll, nicht unabhängig davon, ob dies letztlich privat oder staatlich geschieht.

Jeder einzelne Geber legt sein Entwicklungshilfebudget fest (Stufe 3). Es ist nun zu prüfen, ob mit den für die Entwicklungshilfe zur Verfügung stehenden Ressourcen die angestrebten Ziele in ausreichendem Maße erreicht werden können oder ob von einer mehr oder weniger starken Ressourcenknappheit auszugehen ist.
Ist dies der Fall, muß sich jeder einzelne Geber genau überlegen, welche Art von Hilfe er anbieten und in welchem Nehmerland er sich engagieren sollte (Stufe 4). Ausschlaggebend sollten bei dieser Überlegung Kosten-Nutzen-Abwägungen sein. Ein Engagement ist dort zu empfehlen, wo mit den eingesetzten Mitteln der höchste (Grenz-)Nutzen erreicht werden kann.

Schließlich sollte man sich noch darüber im klaren sein, wie die konkrete Implementierung eines Projektes und/oder Programms auszusehen hat, damit der langfristige Erfolg am ehesten gewährleistet werden kann.

Eine weitere intensivere Beschäftigung mit diesem Problemkreis "macht nun aber nur dann Sinn, wenn auf den vorgelagerten Entscheidungsstufen (Stufe 1 bis 3) keine grundlegenden Einwände ausgemacht werden konnten, respektive die Relevanz des Themas festgestellt werden konnte. Konkret heisst dies insbesondere, dass erstens angenommen wird, dass Entwicklungshilfe den angestrebten Zielen dienen kann, zweitens dass es Sinn macht, Entwicklungshilfegelder über bilaterale öffentliche Kanäle fliessen zu lassen, und drittens dass eine solche Mittelknapp-

---

[818] es gibt durchaus auch Autoren, die staatliche Entwicklungshilfe rundweg ablehnen, vgl.: Bauer Lord, P. T.: Dissent on Development: Studies and Debates in Development Economics. Cambridge (Mass.) 1971, S. 126f

heit besteht, dass es geboten erscheint, sich über Effizienzverbesserungen Gedanken zu machen."[819]

Nimmt man an, daß Entwicklungshilfe primär gegeben wird, um die materielle Situation ärmerer Bevölkerungsschichten in den sogenannten Entwicklungsländern zu verbessern, macht die Vergabe von Entwicklungshilfe nur dann Sinn, wenn auch davon ausgegangen werden kann, daß die geleisteten Entwicklungshilfegelder mit hoher Wahrscheinlichkeit tatsächlich wohlfahrtssteigernd in den Empfängerländern wirken.
Hiezu ist nicht unbedingt ein altruistisches Motiv notwendig. So kann die Ursache der Hilfe an marginalisierte Gruppen z.B. die Furcht vor ansteigenden Süd-Nord-Migrationen und ihren negativen Begleiterscheinungen sein.
Obwohl es zahlreiche Kritiker gibt, die Entwicklungshilfe mit den unterschiedlichsten Argumenten ablehnen, kann davon ausgegangen werden, daß ihr Ziel, nämlich eine langfristige Wohlstandsverbesserung in den LIC's zu erreichen, sowohl hinsichtlich ihres Motivs als auch hinsichtlich der Konsequenzen moralisch durchaus geboten erscheint.[820]

Prinzipiell eignen sich hiefür alle Variationen von Wachstumsmodellen. Egal, ob man hier eher keynesianisch geprägte Makro-Modelle zu Rate zieht oder ob man neoklassische Ansätze bevorzugt, ob man Ansätze wählt, bei denen die Sachkapitalakkumulation im Vordergrund steht oder eher die Humankapitalakkumulation, ob Ansätze mit einem stabilen und eindeutigen Gleichgewicht gewählt werden oder solche mit multiplen Gleichgewichten - bei der überwiegenden Mehrzahl der Modelle hat jedenfalls in der Regel zusätzlich zur Verfügung gestelltes (verbilligtes) Kapital positive Wachstums- und Wohlfahrtseffekte.[821]

Nachstehende Graphik gibt einen Überblick über mögliche Entwicklungshilfegeber. Diese können private Geber (Einzelpersonen, die sich persönlich engagieren, Nichtregierungsorganisationen (NGO's) oder sonstige, wie z.B. Stiftungen privater Firmen), aber auch öffentliche Geber (bilaterale und multilaterale) sein.[822]

---

[819] Dewald, M.: Komparative Vorteile in der bilateralen Entwicklungshilfe, a. a. O. S. 15

[820] vgl.: Dewald, M.: Komparative Vorteile in der bilateralen Entwicklungshilfe, a. a. O. S. 16
Ohne sich an dieser Stelle näher mit den verschiedenen Positionen gegenüber der Entwicklungshilfe auseinanderzusetzen, kann man festhalten, daß zwar viele Argumente für einen positiven Effekt der Entwicklungshilfe im Nehmerland sprechen, es andererseits aber auch nicht wenig kritische Stimmen gibt, die eben gerade dies bezweifeln.

[821] vgl.: Dewald, M.: Komparative Vorteile in der bilateralen Entwicklungshilfe, a. a. O. S. 15

[822] vgl.: Dewald, M.: Komparative Vorteile in der bilateralen Entwicklungshilfe, a. a. O. S. 22f

Abbildung 7: Geber von Entwicklungshilfe

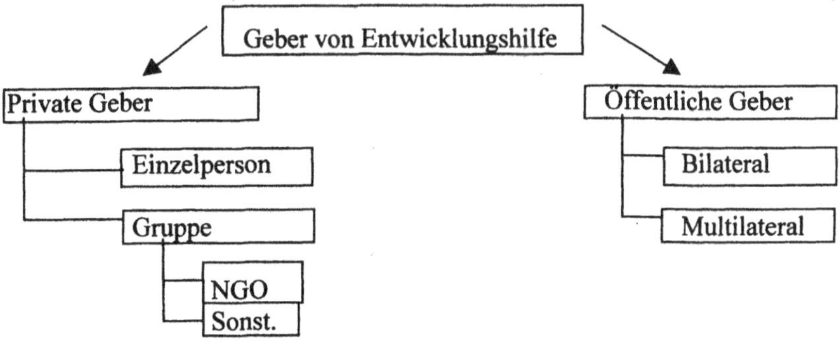

Stellt man die Frage, wer die zur Verfügung stehenden Entwicklungshilfegelder ökonomisch am sinnvollsten verwalten kann oder wer vernünftigerweise die Ausführung von Entwicklungshilfeprojekten übernehmen sollte, bieten sich unterschiedliche Antworten an:
So spricht vieles für multilaterale Organisationen, da sie als unpolitisch gelten (bei bilateralen öffentlichen Gebern werden im Gegensatz dazu nicht nur entwicklungspolitische Ziele, sondern auch sicherheits- und außenhandelspolitische Interessen als Beweggrund für die Vergabe von Entwicklungshilfe vermutet), die Material- und Personaleinkaufspolitik relativ transparent ist, das Vorhandensein umfangreicherer Ressourcen zu günstigeren Ausleihbedingungen auf den internationalen Kapitalmärkten führt, größere Projekte in Angriff genommen werden können und, im Gegensatz zu anderen Gebern, im allgemeinen eine große Analysekapazität vorhanden ist.

Andererseits haben bilaterale öffentliche Geber oft einen engeren und über lange Jahre hin gefestigten Kontakt zu einzelnen Nehmern, sie verfügen in vielen Ländern über besondere Landeskenntnisse, viele Entwicklungsländer lehnten und lehnen sich beim Institutionenaufbau an Vorbilder in Industriestaaten an, Entscheidungen können im allgemeinen flexibler getroffen werden als in den großen Bürokratien der multilateralen Geber, und die Kontrolle der Steuerzahler über die ausgegebenen Hilfsgelder erfolgt bei bilateralen öffentlichen Gebern leichter als bei den multilateralen. So weit die unterschiedlichen Vorteile bilateraler gegenüber multilateralen Gebern.

Privaten Hilfsorganisationen wiederum werden gegenüber den öffentlichen Gebern vor allem Vorteile in der Ausführung von Projekten nachgesagt, bei denen der Erfolg in erster Linie von der Akzeptanz der armen Bevölkerung abhängt.
Die Liste wechselseitiger Vorteile ließe sich beliebig erweitern. Festgestellt werden kann, daß die vorgebrachten Argumente meist nicht auf einer ökonomisch

stringenten Argumentation, sondern vielmehr auf Plausibilitätsüberlegungen beruhen, die von (Einzel-) Erfahrungen getragen werden.

Fazit: Jeder der angesprochenen möglichen Geber von Entwicklungshilfe scheint über besondere Stärken zu verfügen, was die Vergabe von Entwicklungshilfe und/oder die Ausführung von Projekten anbelangt.

3.2.2 Entwicklungszusammenarbeit

Zufolge der oben getroffenen Differenzierung ist darunter jene Form der Entwicklungshilfe zu verstehen, die den Charakter reiner Schenkung überschreitet und auch dem Sinn des Wortes "Zusammenarbeit" entspricht. Hier liegt die Stärke jener NGO's oder derjenigen caritativen- oder UN-Organisationen, die im Empfängerland selbst Aktivitäten setzen, wie dies bereits im vorigen Abschnitt angerissen wurde. Hier ist zumeist - von akuten Notfällen abgesehen - "Hilfe zur Selbsthilfe" das Motiv der Aktivitäten. Doch gerade in der Fokussierung auf das handlungsbestimmende Motiv liegt m.E. die Ursache für die in zu geringerem Maße zur Verfügung stehenden Mittel. Der durchschlagende Erfolg des Marshallplans im Nachkriegseuropa war keineswegs allein auf altruistische Motive zurückzuführen, sondern entsprach ganz und gar dem anglo-amerikanischen, Adam Smith-bestimmten Denken über die positiven - von der "unsichtbaren Hand" geleiteten - Konsequenzen des eigennützigen Handelns der Metzger und der Bäcker ....

3.2.3 Die Problematik der Entwicklungsökonomie

A. O. Hirschman, einer der Pioniere der Entwicklungsökonomie (*1915), hat auf Grund seiner sowohl theoretischen als auch praktischen Tätigkeit - vorwiegen in Lateinamerika - den Schluß gezogen, daß die "Entwicklung nicht nur **einen** Weg gehen kann und daß sich alle Länder, die sich industrialisieren **wollen**, dafür ihre eigene Politik, ihre eigene Stufenfolge und Ideologie zurechtzimmern müssen."[823] Keinesfalls genügen monokausale Modelle zur Erklärung dieses Weges, weil die traditionelle Ökonomische Theorie über zu wenig Struktur verfügt.[824] Objektiv betrachtet kann man kaum behaupten, daß kumulativer Wandel in unterentwickelten Ländern schwieriger auszulösen ist als in fortgeschrittenen. Subjektiv jedoch sieht die Situation anders aus, denn die Beobachter in den weniger entwickelten Ländern erwarten häufig, daß kumulativer Wandel immer mit jenen Prozessen

[823] vgl.: Hirschman, A. O.: Entwicklung, Markt und Moral. Abweichende Betrachtungen. München - Wien 1989, S. 50 (Hervorh. HPS)

[824] vgl.: Sen, A.: Rational Fools: A Critique of Behavioral Foundations of Economic Theory, in: Philosophy and Public Affairs 6. Princeton, NJ 1977, S. 335

einhergeht, die zuvor in den entwickelten Ländern eine umwälzende Funktion hatten.
Die traditionellen ökonomischen Theorien, die sich zwischen ökonomischer Orthodoxie und neomarxistischen - jedenfalls aber "fremden" - Modellen bewegen, bedürfen im Hinblick auf eine effiziente Wirkung einer Positionierung in Form einer "Zwitterposition", die einerseits die These einer "Universalökonomik" ablehnt und andererseits einer "These vom beiderseitigen Nutzen" zustimmt.[825] Die Beziehungen zwischen entwickelten und unterentwickelten Ländern können durchaus beiden Seiten nutzen und erstere zur Entwicklung der letzteren beitragen lassen, wobei diese nicht zwangsläufig in der Industrialisierung gesehen werden muß;[826] es kann sich ebensogut um die Entwicklung des Handwerks oder des Dienstleistungssektors, z.B. Tourismus, handeln.
Vorweg ist es äußerst fraglich, ob die "These von der Unterbeschäftigung als dem typischen Merkmal von Unterentwicklung"[827] zu verallgemeinern ist.
Da die unterentwickelten Länder nicht nur über verborgene Reserven an Arbeitskraft, sondern auch über andere (als möglicherweise Rohstoffe) Ressourcen, wie erspartes Geldkapital und unternehmerische Initiative verfügen, gilt es, diese zu aktivieren. Erforderlich sind, wie Hirschman es bezeichnet, "Beschleunigungsverfahren" und "Druckmechanismen" - mit anderen Worten: eine Strategie bewußt "unausgeglichenen Wachstums".[828] Die Notwendigkeit eines neuen Ansatzes in der Entwicklungspolitik ist zudem damit begründbar, daß die Erfahrungen zeigen, daß sich häufig moderne, kapitalintensive Industrien als sehr viel weniger geeignet erwiesen, um die in der Landwirtschaft »unbegrenzt vorhandene Arbeitskraft« zu absorbieren, als dies auf Grund der früheren Beispiele der Industrialisierung erwartet und erhofft wurde.[829]
Die von Hirschman vorgeschlagene Strategie begründet er mit der Freude am Fortschritt der anderen - dem "Tunneleffekt".

3.2.3.1 Der Tunneleffekt

Wenn in der Anfangsphase rapider wirtschaftlicher Entwicklung die Einkommens-verteilung unter den verschiedenen Klassen und Regionen immer ungleichmäßiger wird, kann es sein, daß die Gesellschaft dieses Gefälle leicht erträglich findet. Doch diese Toleranz ist einem Kredit vergleichbar, der zu einem bestimmten Termin fällig und nur in der Erwartung gewährt wird, daß sich jenes Gefälle auch wieder verringert. Tut es dies nicht, wird das unweigerlich Schwierigkeiten und vielleicht sogar eine Katastrophe zur Folge haben.

---

[825] vgl.: Hirschman, A. O.: Entwicklung, Markt und Moral, a. a. O. S. 31f
[826] vgl., ebd.: Hirschman, A. O.: Entwicklung, Markt und Moral, a. a. O. S. 42ff
[827] vgl., ebd.: Hirschman, A. O.: Entwicklung, Markt und Moral, a. a. O. S. 47
[828] vgl., ebd.: Hirschman, A. O.: Entwicklung, Markt und Moral, a. a. O. S. 47
[829] vgl.: Hirschman, A. O.: Entwicklung, Markt und Moral, a. a. O. S. 50

Hirschman erklärt diese These anhand folgender Analogie: "Nehmen wir einmal an, ich fahre durch einen Tunnel mit zwei Spuren in gleicher Richtung und gerate in einen langen Stau. So weit mein Auge reicht (...), steht der Verkehr auf beiden Spuren still. Ich befinde mich auf der linken Spur (...). Nach einiger Zeit beginnen die Autos auf der rechten Spur wieder zu rollen. Meine Stimmung steigt natürlich beträchtlich, denn ich weiß, daß der Stau sich aufzulösen beginnt und auch die Schlange auf meiner Seite jetzt jeden Moment in Bewegung kommen wird. Und obwohl ich immer noch regungslos dasitze, fühle ich mich aufgrund der Erwartung, daß es gleich weitergehen wird, viel besser (...). Wenn dann aber nur die rechte Spur vorankäme, würden meine linksspurigen Leidensgenossen und ich argwöhnen, daß da etwas nicht mit rechten Dingen zugehe, und manche von uns würden schließlich nahe daran sein, eine solch offensichtliche Ungerechtigkeit durch entschlossenes Handeln, (...) aus der Welt zu schaffen.
Eine solche Situation läßt sich leicht in die Sprache der Wohlfahrtsökonomie übersetzen. Das Wohlergehen eines Individuums hängt vom gegenwärtigen und von dem erwarteten Grad seiner Zufriedenheit ab (gemessen an der Höhe seines Einkommens). Nehmen wir also einmal an, daß jemand nur sehr unzureichend über sein künftiges Einkommen informiert ist, dann aber einige Verwandte, Nachbarn oder Bekannte auf der wirtschaftlichen und gesellschaftlichen Leiter aufsteigen sieht. Damit hat er nun einen Orientierungspunkt: In der Erwartung, bald werde auch seine Stunde kommen, wird er sich eine Zeit lang über die Fortschritte der anderen freuen. Es mag nützlich sein, diese anfängliche Freude als den »Tunneleffekt« zu bezeichnen."[830]

Der Tunneleffekt kommt deshalb zum Tragen, weil die Fortschritte anderer von der Gunst der äußeren Bedingungen künden; die Aufnahme dieser Kunde bewirkt Freude, und diese Freude überwindet den Neid oder setzt ihn vorübergehend außer Kraft bis man unzufriedener wird, wenn sich bloß die anderen verbessern, weil man sich ja selbst relativ verschlechtert hat. In der Ökonomie hat man dies als »Hypothese des relativen Einkommens« bezeichnet; ihr zufolge verhält sich das Wohlergehen eines Individuums umgekehrt proportional zum Einkommen oder zum Konsum derer, die ihm als seinesgleichen gelten.

In der Soziologie spricht man von »relativer Deprivation«; zwar wird mit diesem Terminus manchmal jedes Zurückbleiben des Erreichten hinter den Erwartungen bezeichnet, doch in erster Linie zielt er auf die Gefühle von Personen, die hinter

830 Hirschman, A. O.: Entwicklung, Markt und Moral, a. a. O. S. 72f

ihresgleichen zurückbleiben oder feststellen, daß »andere« sie in bezug auf Einkommen, Einfluß und Status eingeholt haben.[831]
Solange die Wirkung des Tunneleffekts anhält, fühlen sich alle begünstigt, ob sie nun reicher geworden sind oder (noch) nicht. Es ist deshalb denkbar, daß gewisse Ungleichmäßigkeiten bei der Verteilung der durch Wachstum erzeugten zusätzlichen Einkommen von allen Mitgliedern der Gesellschaft einer Gleichverteilung vorgezogen werden. Wenn dem so ist, dann wäre das wachsende Einkommensgefälle nicht nur politisch tragbar, sondern unter dem Gesichtspunkt der gesellschaftlichen Wohlfahrt geradezu erstrebenswert.
Wie Hirschman wiederholt betont, "resultiert beim Tunneleffekt die Freude an den Fortschritten anderer nicht aus persönlichem Wohlwollen oder einer altruistischen Haltung, sondern aus der Kalkulation von Erwartungen: Ich erwarte, daß auch ich bald an der Reihe bin. Die Enttäuschung dieser Erwartung wird irgendwann dazu führen, daß ich (...) zu einem Gegner der etablierten Ordnung werde. Dieser Umschwung ist ausschließlich eine Frage der Zeit und wird nicht durch irgendein besonderes äußeres Ereignis ausgelöst. (...) So hilfreich und nützlich der Tunneleffekt insofern ist, als er die im Laufe einer Entwicklung unweigerlich auftretenden Verteilungsgefälle erträglich macht, so trügerisch kann er auch sein: Schließlich werden die Herrschenden nicht immer rechtzeitig der Tatsache gewahr, daß seine Vertröstungswirkung nachläßt."[832]
Damit der Tunneleffekt seine Wirkung entfalten kann oder überhaupt erst eintritt, muß sich die nicht-aufsteigende Gruppe in die aufsteigende hineinversetzen können. Anders ausgedrückt: Die beiden Gruppen dürfen nicht durch (vermeintlich) unüberwindliche Barrieren voneinander getrennt sein. Für die Intensität des Tunneleffekts ist es deshalb von großer Bedeutung, wie durchlässig oder starr die Klassengrenzen sind.

---

[831] dieses Phänomen hat bereits 1962 H. Leibenstein behandelt: Er unterscheidet drei Möglichkeiten, wie Individuen ihr Einkommen mit dem von anderen vergleichen:
»Reine Pareto-Vergleiche«, bei denen jeder einzelne sein eigenes Einkommen, aber nicht das der anderen in Betracht zieht;
der »Stück-vom-Kuchen-Vergleich«, bei dem jeder einzelne die Einkommensverteilung von einem relativen Standpunkt aus betrachtet, aber die absolute Höhe seines Einkommens außer acht läßt; und
der »Pareto-Kompromiß-Vergleich«, bei dem die Individuen sowohl die absolute Höhe ihres Einkommens als auch ihre relative Stellung auf der Einkommensskala betrachten.
Der »reine Pareto-Vergleich«, bei dem der individuelle Nutzen so lange nicht durch den Aufstieg des Nachbarn beeinträchtigt wird, wie das eigene Einkommen gleich bleibt, ist in diesem Schema ein Grenzfall. Er bietet keine Möglichkeit einer positiven Interaktion zwischen dem eigenen und dem Nutzen des Nachbarn.
Vgl.: Leibenstein, H.: Notes on Welfare Economies and the Theory of Democracy, in: Economic Journal 72, London Juni 1962, S. 300ff

[832] Hirschman, A. O.: Entwicklung, Markt und Moral, a. a. O. S. 79

Wiederum im 0-Ton von Hirschman: "Für unsere Zwecke ist eine Differenzierung nach der Klassenschichtung jedoch nur begrenzt nützlich. Wie ungleichmäßig wirtschaftliches Wachstum auch immer voranschreitet - jeder größere Fortschritt bringt meist Vorteile für die Angehörigen verschiedener Klassen (sic!) mit sich, z.B. neue oder bessere Arbeitsplätze. Daraus könnte man folgern, daß der Tunneleffekt jeweils dann entsteht, wenn sich innerhalb jeder sozialen Klasse die nicht-aufsteigenden mit den aufsteigenden Gruppen identifizieren. Das muß jedoch nicht so sein, wenn sich die einzelnen Klassen aus verschiedenen ethnischen oder religiösen Gruppen zusammensetzen, die in unterschiedlicher Weise am Wachstum partizipieren. Deshalb ist der Unterschied zwischen relativ homogenen und stark segmentierten Gesellschaften für unsere Fragestellung von großer Bedeutung. Wenn sich der wirtschaftliche Fortschritt in einer segmentierten Gesellschaft auf eine bestimmte Volks- oder Sprachgruppe, auf Anhänger einer bestimmten Religion oder Einwohner einer bestimmten Region beschränkt, dann werden all diejenigen, die diesen Gruppen nicht angehören und somit auch nicht aufsteigen, wahrscheinlich keinen Tunneleffekt verspüren, sondern im Gegenteil davon überzeugt sein, daß die aufsteigende Gruppe sie unfair behandelt und ausbeutet. Die nicht-aufsteigende Gruppe geht demnach von einer Erwartung aus, die der dem Tunneleffekt zugrunde liegenden genau entgegensetzt ist: Sie nimmt den Aufstieg der anderen Gruppe gerade als Vorzeichen dafür, in Zukunft selbst schlechter dazustehen. Stark segmentierte Gesellschaften werden (und sollten) mithin solche Entwicklungsstrategien, die anderswo aufgrund des Tunneleffekts vielleicht politisch durchführbar sind, tunlichst meiden.

Konkreter: Für stark segmentierte Gesellschaften ist der kapitalistische Weg der Entwicklung besonders ungeeignet; verfolgen sie ihn dennoch, wird er weit mehr Zwangsmaßnahmen erfordern als in den relativ homogenen Ländern, wo die kapitalistische Strategie ihre größten Erfolge hatte. Auf der anderen Seite hat man mit der Ablehnung des kapitalistischen Weges jedoch noch keine bewährte Alternative zur Hand, denn die von den sozialistischen Systemen her bekannte zentrale Entwicklungslenkung wird in segmentierten Gesellschaften wahrscheinlich überhaupt nicht funktionieren.

Auch in solchen segmentierten Gesellschaften, in denen vor allem Ausländer die sich eröffnenden wirtschaftlichen Möglichkeiten nutzen, wird der Tunneleffekt nicht greifen. Je stärker nämlich ausländisches Kapital und Fachpersonal am Entwicklungsprozeß beteiligt sind, desto geringer wird die Erwartung auf seiten der Einheimischen und selbst ihrer Eliten sein, schließlich an ihm teilzuhaben. Deshalb wird die Bereitschaft, das Wohlstandsgefälle zu akzeptieren, niedrig bleiben, und die Notwendigkeit von Zwangsmaßnahmen zur Gewährleistung sozialer und politischer Stabilität wird sich dementsprechend bald aufdrängen.

In leidlich homogenen Gesellschaften, deren Ressourcen sich größtenteils in einheimischem Besitz befinden, wird diese Toleranzgrenze hingegen wahrscheinlich recht groß sein, weil keine sprachlichen, ethnischen oder Barrieren anderer Art die nicht-aufsteigende Gruppe davon abhalten, sich mit denen zu identifizieren, die »es schaffen«. (...) »Traditionale« Gesellschaften können, sofern sie nicht stark segmentiert sind, im allgemeinen die Vorteile des Tunneleffekts besser nutzen als ihre modernen Pendants. Denn die Mitglieder traditionaler Gesellschaften sind in charakteristischer Weise durch ein dichtes Netz wechselseitiger Verpflichtungen miteinander verbunden. (...) Der Aufstieg einzelner Mitglieder einer solchen Gesellschaft hat deshalb zur Folge, daß ihre Verpflichtungen größer werden und viele der Zurückgebliebenen infolge immer schon vorhandener, wenn auch inhaltlich unpräziser Ansprüche an die ersteren erwarten, daß man ihnen zu gegebener Zeit beisteht. (...) Als nächstes kann man zwischen verschiedenen »Theorien des Erfolgs« unterscheiden, die in bestimmten Gesellschaften und Kulturen vorherrschen. Wenn man den Aufstieg in erster Linie dem Zufall zuschreibt, wird das den Tunneleffekt auslösen; denn demnach könnte beim nächsten Mal das Glück vielleicht bei mir einschlagen. So hat die sonst oft für entwicklungsschädlich gehaltene Überzeugung, der Zufall regiere die Welt, doch etwas für sich. Wird der Erfolg der anderen jedoch von Anfang an mit Vetternwirtschaft, Protektion oder ähnlichen unfairen Praktiken in Verbindung gebracht, so stellt sich bei denen, die nicht an der Beute partizipieren, wohl kaum ein Gefühl der Vorfreude ein."[833]

Die politische Führung des jeweiligen Landes steht vor der nicht leichten Aufgabe, die Wirkungsintensität und -dauer richtig einzuschätzen und rechtzeitig zu nutzen.
Wenn man Wachstum und gerechte Einkommensverteilung für die beiden wirtschaftlichen Hauptaufgaben hält, die auf ein Land zukommen, dann können diese nur dann **nacheinander** gelöst werden, wenn das Land sich auf den Tunneleffekt verlassen kann. Wenn der Tunneleffekt jedoch aufgrund der jeweiligen sozialen, politischen oder psychologischen Strukturen nur schwach ist oder überhaupt nicht zum Tragen kommt, müssen beide Aufgaben **gleichzeitig** gelöst werden. Dieses schwierige Unterfangen verlangt wahrscheinlich ganz andere Institutionen als solche, die sich für die sequentielle Lösung eignen. Das Ganze wird noch komplizierter, wenn man von einem bestimmten Land gar nicht im voraus sagen kann, ob der Tunneleffekt bei ihm überhaupt auftritt oder nicht: Es ist durchaus denkbar, daß sich dies erst im Laufe des Entwicklungsprozesses selbst erweist.
Die politische Führung ist somit gefordert, den Tunneleffekt effizient zu nutzen bevor neue Ungleichheiten auftreten oder die bestehenden alten verstärkt werden. Solange der Effekt stark wirkt, wird sich das Entwicklungsland relativ leicht regieren lassen und vielleicht sogar eine unerwartete Eignung für demokratische Formen zeigen, die aber wahrscheinlich nur kurzlebig ist; denn nach einer gewis-

[833] Hirschman, A. O.: Entwicklung, Markt und Moral, a. a. O. S. 80ff

sen Zeit wird der Tunneleffekt nachlassen, und die Bevölkerung wird nicht länger über die soziale Ungerechtigkeit hinwegsehen, sondern Widerstand leisten.[834]

3.2.3.2 Kopplungen in der wirtschaftlichen Entwicklung als Beschleunigungsverfahren bzw. Druckmechanismus

Da das Problem der Industrialisierung eines Entwicklungslandes in Gestalt eines alles auf einmal bewirkenden Schubes auf breiter Front nicht nur äußerst kapitalintensiv ist, sondern darüber hinaus auch viele heimische Ressourcen ungenützt bleiben, gilt es auch, die Dynamik der »Rückwärts- und Vorwärtskopplungen«[835] zu nutzen:
Es ist abzusehen, daß ein Land, das bestimmte Güter importiert, gerade dadurch bei der Eigenerzeugung dieser Güter aufholen wird. Denn je höher die Gewinne werden, die beim Import bestimmter Konsumgüter zu machen sind, desto größer auch die Wahrscheinlichkeit, daß die entsprechenden Industriesektoren von einer neu entstehenden heimischen Industrie an sich gerissen werden.
Grundsätzlich muß bei Investitionsentscheidungen in unterentwickelten Ländern auch berücksichtigt werden, daß sie nicht nur nach ihren unmittelbaren Auswirkungen auf den Output, sondern auch nach den wahrscheinlichen Impulsen, die von diesen Entscheidungen für weitere Investitionen ausgehen, d. h. nach ihren Kopplungseffekten beurteilt werden. "Diese Strategie ist (...) für eine Investitionsplanung von großer Bedeutung, als sie dazu anregt, das Kriterium statischer Effizienz durch eine Berücksichtigung der Kopplungsdynamik zu ergänzen."[836]
Nach der Überzeugung Hirschman's dürften es zwei Sequenzen sein, die für die Auslösung eines zusätzlichen Investitionsdrucks aussichtsreich sind: Ein bereits existierender Industriesektor, der nicht nur hinsichtlich seiner technischen Anlagen, sondern auch eines Großteils seiner materiellen Inputs auf Importe angewiesen ist, wird mit der Zeit Druck zugunsten einer inländischen Produktion dieser Inputs ausüben und schließlich Absatzmärkte für inländische Kapital- und Investitionsgüterindustrien schaffen. Da hier der Investitionsanreiz vom Fertigprodukt auf die Anlagegüter, Rohstoffe und Zwischenprodukte zurückwirkt, nannte er diese Dynamik »Rückwärtskopplung«.
Einen anderen Investitionsanreiz, der in die entgegengesetzte Richtung zielt, nennt er »Vorwärtskopplung«: die Existenz eines bestimmten Produktionszweiges A, der ein Fertigprodukt oder einen Input für den Zweig B herstellt, wirkt sich stimulierend auf die Einrichtung eines zusätzlichen Produktionszweiges C aus, der dann ebenfalls A als Input nutzen kann.

[834] vgl.: Hirschman, A. O.: Entwicklung, Markt und Moral, a. a. O. S. 87f
[835] vgl., ebd.: Hirschman, A. O.: Entwicklung, Markt und Moral, a. a. O. S. 113f
[836] ebd.: Hirschman, A. O.: Entwicklung, Markt und Moral, a. a. O. S. 150

Die Anreize für zusätzliche Investitionen sind bei Rückwärts- und Vorwärtskopplungen recht verschieden. Der Druck in Richtung auf rückwärtsgekoppelte Investitionen ergibt sich bereits infolge ganz normalen unternehmerischen Verhaltens, sobald sich einmal ein Absatzmarkt für die entsprechenden Vorprodukte abzeichnet. Es ist aber auch möglich, daß die Leiter der etablierten Industrien es aus Preis- und Qualitätserwägungen vorziehen, ihre Inputs weiterhin zu importieren und sich solchen Investitionen zu widersetzen. Gleichwohl fördert die staatliche Politik häufig rückwärtsgekoppelte Investitionen (die ja die Aussicht auf Deviseneinsparungen und auf die Entstehung einer besser »integrierten« Industriestruktur bieten), indem sie Schutzzölle und, gerade unter Bedingungen der Devisenknappheit, eine Vorzugsbehandlung bei der Vergabe von Devisen und Krediten in Aussicht stellt. Der Druck auf vorwärtsgekoppelte Investitionen entsteht dagegen hauptsächlich aus den Bemühungen schon etablierter Hersteller, den Markt für ihre Produkte zu vergrößern und zu diversifizieren. Anders als bei den Rückwärtskopplungen wird sich hier die staatliche Entwicklungspolitik wahrscheinlich nicht großartig engagieren; uneingeschränkte Unterstützung werden Vorwärtskopplungen jedoch zumindest von all denjenigen Produzenten bekommen, die Vorprodukte für die »zu koppelnden« Industrien herstellen.[837]
"Die Dynamik der Rückwärtskopplung ist besonders wichtig in den Ländern, deren Industrialisierungsprozeß im 20. Jahrhundert häufig in der Weise begann, daß sie an diversen importierten Halbfabrikaten bloß noch geringfügige letzte Fertigungsschritte vornahmen. Von dieser Konstellation aus arbeiteten sie sich dann »rückwärts« voran. Die älteren Industrieländer waren dagegen »ausgewogener« vorgegangen und hatten alle Fertigungsstufen nacheinander erklommen. Für die Nachzügler des 20. Jahrhunderts kam also alles darauf an, sich die Dynamik der Rückwärtskopplung zunutze zu machen, um eine einigermaßen fundierte industrielle Struktur aufbauen zu können. Eine Industrialisierung über eine solche Stufenfolge immer weiter vorgelagerter Fertigungsstufen wurde später häufig als »Importsubstitutions-Industrialisierung« (ISI) bezeichnet. (...) Doch die stufenweise Entfaltung der ISI führte auch zu einem ganz anderen Merkmal: Ein Großteil des neu entstehenden Industriesektors wird nämlich wahrscheinlich fest in den Händen einiger großer, vertikal integrierter Familienunternehmen oder »Gruppen« bleiben. Denn solange die Industrien in erster Linie aufgebaut werden, um in einem letzten Fertigungsabschnitt die importierten Vorprodukte zu Endprodukten zu verarbeiten, werden die in diesem Abschnitt arbeitenden Firmen darauf bedacht sein, sich auch die Kontrolle über entstehende vorgelagerte Industrien zu sichern, deren Produkte dann in die Endfertigung eingehen - und sei es auch nur aus Gründen der Qualitätskontrolle. Die Mittel dazu stehen ihnen (natürlich mit Unterstützung durch die Banken) eben deshalb zur Verfügung, weil zwischen dem

[837] vgl.: Hirschman, A. O.: Entwicklung, Markt und Moral, a. a. O. S. 151f

Aufbau der verschiedenen Produktionsstufen einige Zeit vergehen wird, welche die Ansammlung von Investitionskapital erlaubt."[838]

Mit dem Begriff der Kopplungen wurde versucht, den Blick auf wirksame Druckmechanismen zu lenken, die Investitionen und Wachstum anregen könnten. Rückwärts- und Vorwärtskopplungen sind ganz direkte Mechanismen dieser Art. Man entdeckte immer neue »Kopplungseffekte« und erkannte deren Nutzen für die Analyse verschiedenster Entwicklungsprozesse.

Doch die Mechanik dieser neuen Kopplungen erwies sich als indirekter als die der Rückwärts- und Vorwärtskopplungen. Die »Konsumkopplung« zum Beispiel wird als Anreiz für die inländische Produktion von Konsumgütern definiert, die dann aufgenommen wird, wenn neu erwirtschaftetes Einkommen für den Erwerb dieser Güter zur Verfügung steht. In einer offenen Wirtschaft werden diese Güter zunächst importiert, doch schließlich kann auch ihre Erzeugung im Inland attraktiv werden.

Eigentlich ist die Konsumkopplung sogar der erste Schritt im Prozeß der importsubstituierenden Industrialisierung. Mit der Dynamik der Rückwärts- und Vorwärtskopplungen ist zwar die Ausdehnung industrieller Sektoren zu erklären, nicht jedoch der Aufbau der allerersten Industrieanlagen. In den Ländern der Peripherie entstehen diese bezeichnenderweise dann, wenn das Importvolumen bestimmter Konsumgüter aufgrund zunehmender Einkünfte aus Export, Landwirtschaft und Bergbau derart steigt, daß deren inländische Produktion wirtschaftlich attraktiv wird; und womöglich werden einige dieser Güter schließlich sogar selbst exportiert.[839]

Ein fast paradoxer Kopplungseffekt ist insoferne feststellbar, als Länder dazu neigen, »einen komparativen Vorteil bei jenen Gütern zu entwickeln, die sie importieren«. Doch dieser Prozeß verläuft keineswegs glatt und Schritt für Schritt. Obwohl er grundsätzlich mit dem Wachstum des Exports von Rohstoffen eines Landes einhergeht, beschleunigt er sich vor allem in Phasen, in denen es etwa aufgrund einer weltweiten Depression oder einer internationalen Krise zu Stockungen des Exports kommt. In solchen Zeiten konnte Hirschman beobachten, daß in der Vergangenheit Anreize für eine inländische Produktion solcher Güter am stärksten waren, die auf dem Importmarkt nicht mehr verfügbar, jedoch auf dem Inlandsmarkt aber nach wie vor gefragt waren. Diese Anreize wurden zumindest in den nicht-kolonialen Ländern der Peripherie gewöhnlich durch die Erhebung von Schutzzöllen noch zusätzlich verstärkt.[840]

Man hat oftmals den in einigen Entwicklungsländern zu verzeichnenden zunehmenden Import von Konsumgütern für den Produktionsrückgang des einheimischen Handwerks und Kunsthandwerks verantwortlich gemacht; offenbar muß

[838] Hirschman, A. O.: Entwicklung, Markt und Moral, a. a. O. S. 154f

[839] vgl., ebd.: Hirschman, A. O.: Entwicklung, Markt und Moral, a. a. O. S. 158

[840] vgl.: Hirschman, A. O.: Entwicklung, Markt und Moral, a. a. O. S. 159

man diesem Import jedoch auch zugute halten, daß er die Voraussetzungen für eine inländische Industrieproduktion erst geschaffen hat, nämlich gerade auf Grund der Konsumkopplungen.

Die Stärke der Wirksamkeit von Konsumkopplungen für die Ankurbelung einer industriellen Entwicklung hängt nicht nur von dem durch die Rohstoffexporte erwirtschafteten Gesamteinkommen, sondern auch von dessen Verteilung ab. Je gleichmäßiger diese Verteilung vorgenommen wird, desto eher wird die Nachfrage nach einer Vielzahl typischer moderner Industrieprodukte zunehmen und desto wahrscheinlicher wird der inländische Markt eine Größe erreichen, welche die Aufnahme einer Produktion im Inland trägt. So hat man die - verglichen mit der späten Industrialisierung des amerikanischen Südens und Lateinamerikas - relativ frühe Entwicklung von Industrien im Norden der USA erklärt. Das Argument, daß eine egalitäre Einkommensverteilung wachstumsfördernd sei, widerspricht natürlich der traditionellen These, die den Bedarf an Kapital und Ersparnissen hervorhebt, der am ehesten von den Reichen gedeckt werden kann.[841]

"Steigt das Einkommen aufgrund eines Rohstoffexportbooms an, so wird insbesondere in Ländern mit niedrigen Einkommen ein großer Teil dieser Zuwächse nicht für Industrieerzeugnisse, sondern für Nahrungsmittel ausgegeben. Deshalb muß das Konzept der Konsumkopplung auch die (durch Exportsteigerung angeregte) zusätzliche Produktion von Nahrungsmitteln einbeziehen. In Chile etwa führte der verstärkte Nitratexport in der Zeit vor dem Ersten Weltkrieg zu einem forcierten Weizenanbau; und in Ecuador machte der Kakaoexportboom zu Beginn des [20.] Jahrhunderts eine Erhöhung der Reisproduktion erforderlich, um den Nahrungsmittelbedarf im Inland befriedigen zu können. Nachdem der Reisanbau erst einmal eingeführt worden war, stellte sich bald heraus, daß Boden und Klima des Landes so gut hierfür geeignet waren, daß der Reis in den dreißiger Jahren, als die Kakaoplantagen durch Schädlinge ruiniert wurden, die Rolle des Hauptdevisenbringers übernehmen konnte. (...)
Die Einsicht in die Bedeutung von Konsumkopplungen hat wichtige Konsequenzen für die Entwicklungspolitik. Denn solange man nur die Rückwärts- und Vorwärtskopplungen berücksichtigt, wird eine kopplungsorientierte Entwicklungsstrategie eine eher übermäßig industriefreundliche Tendenz aufweisen. Der traditionelle Nahrungsmittelanbau nutzt industrielle Inputs (Maschinen und Düngemittel) nur in geringeren Maße und gibt deshalb wenig Anstöße für Rückwärtskopplungen. Berücksichtigt man aber die Entwicklung der Agrartechnologie und besonders den Einfluß der Konsumkopplungen gebührend, dann kann eine Steigerung des landwirtschaftlichen Einkommens das Gesamtwachstum zumindest e-

[841] vgl., ebd.: Hirschman, A. O.: Entwicklung, Markt und Moral, a. a. O. S. 159

benso stimulieren wie ein industrieller Wachstumsschub. Mit genau dieser Begründung haben neueste Beurteilungen von Entwicklungsstrategien denn auch eine Umgewichtung der Investitionsprioritäten zugunsten des Ausbaus der Landwirtschaft befürwortet."[842]

Soferne der Staat in diesen dynamischen Marktmechanismus durch fiskalische Maßnahmen eingreift - z.B. durch Importzölle oder Abschöpfung der Exporteinnahmen mittels Steuern - spricht Hirschman von »fiskalischer Kopplung«.

Die Entscheidung des Staates zugunsten fiskalischer Kopplungen hängt weitgehend von der jeweiligen Art der Exportgüter ab. Exportsteuern, d.h. direkte fiskalische Kopplungen, kommen dort vor, wo Rohstoffe in Enklaven, d.h. in geographisch isolierten Plantagen, Minen und Ölfeldern gewonnen werden, die ursprünglich häufig in ausländischem Besitz waren: Die Konzentration der Produktion in einem abgeschiedenen Gebiet, der Besitz durch eine oder mehrere ausländische Firmen sowie die Problemlosigkeit der steuerlichen Kontrolle über das Produktions- und Exportvolumen laden natürlich ganz besonders zur direkten Besteuerung an der Quelle ein. Wird die Exportware hingegen in einem großräumigen und zentral gelegenen Gebiet von zahlreichen inländischen und politisch einflußreichen Herstellern produziert - wie es bei Kaffee, Kakao und manchen tropischen Früchten der Fall ist -, so ist eine direkte Besteuerung verwaltungstechnisch schwierig und politisch unklug; unter solchen Umständen bezieht der Staat seine Einnahmen dann meist aus der Erhebung von Zöllen auf jene Importe, die im Gegenzug zu den Rohstoffexporten ins Land fließen.[843]

"Die Vorstellung, daß der Staat eine schon existierende Quelle wirtschaftlichen Wachstums nutzen sollte, um auch in anderen Bereichen Wachstum zu fördern, machte sich insbesondere in jenen Ländern geltend, wo das Exportgut eindeutig ein erschöpfbares Naturprodukt (wie Guano oder Erdöl) ist. Man ging davon aus, daß der Staat eine besondere Verantwortung dafür trage, Teile des aus dem vorübergehenden »Goldregen« erworbenen Reichtums in die Entwicklung anderer »Wachstumspole« zu investieren, die die ursprünglichen Quellen der Exporterlöse ersetzen könnten, sobald diese versiegt seien. Genau das kommt in der Parole »Sät das Erdöl aus« zum Ausdruck, die in Venezuela zur Rechtfertigung verschiedener staatlich finanzierter regionaler und industrieller Entwicklungspläne geprägt wurde. (...) Doch der Staat geht nicht immer diesen »kreativen« Weg: In den meisten Fällen beschränkte er sich einfach darauf, durch Investitionen in die Bereiche des Transportwesens (Hafenanlagen, Schienen- und Straßennetze), Kommunikationswesens, Gesundheits- und Bildungswesens die Infrastruktur für weitere wirtschaftliche Aktivitäten zu verbessern."[844]

---

[842] Hirschman, A. O.: Entwicklung, Markt und Moral, a. a. O. S. 160

[843] vgl., ebd.: Hirschman, A. O.: Entwicklung, Markt und Moral, a. a. O. S. 161

[844] Hirschman, A. O.: Entwicklung, Markt und Moral, a. a. O. S. 161f

Das Kopplungskonzept lädt dazu ein, die unterschiedlichen technischen Merkmale und das spezifische Umfeld wirtschaftlicher Aktivitäten genauestens zu beobachten, um auf diese Weise herauszufinden, wie eines zum anderen führt (oder nicht führt). Dabei enthält diese Blickrichtung keinerlei Vorannahmen über Art oder Richtung der kausalen Beziehungen im komplexen Netz von Technologie, Ideologie, Institutionen und wirtschaftlicher Entwicklung.[845]

3.2.3.3 Der Marshallplan

Als denkbares Modell für einen fairen Umgang der Industriestaaten mit den Entwicklungsländern ist m.E. auch eine Rückbesinnung auf die grandiose Wirkung des Marshallplans anzusehen, waren doch gerade die heute prosperierenden europäischen Industriestaaten großteils dessen Nutznießer. Es erübrigt sich dabei, die Motive Marshalls zu hinterfragen, sondern es ist hinreichend, lediglich dessen erfolgreiche Konsequenzen im Auge zu behalten:

Der damalige US-Außenminister, George Marshall, initiierte 1947 den Entwurf eines Programms für den Wiederaufbau des kriegszerstörten Westeuropa, das unter dem Motto "Hilfe zur Selbsthilfe" stand. Mit insgesamt mehr als 12 Milliarden Dollar, die 18 in Frage kommenden westeuropäischen Ländern als Geschenk und nicht rückzahlbare Unterstützung zur Verfügung gestellt wurden, sollte der Wiederaufbau der westeuropäischen Wirtschaft finanziert werden. Die Idee des Marshallplans beruhte auf drei relativ einfachen Prinzipien:
Als erstes wurden den 18 OECD Staaten Lebensmittel, Rohstoffe und Investitionsgüter geliefert. Der Gegenwert für diese Lieferungen in den einzelnen Landeswährungen wurde auf Sonderkonten gesammelt und den einzelnen Regierungen für Investitionen zur Verfügung gestellt.
Der dritte Pfeiler dieses Hilfsprogramms waren die drawing rights, die Ziehungsrechte, die dazu dienen sollten, die Zahlungsbilanzen der einzelnen OECD-Länder untereinander auszugleichen.[846]
Die Teilnahme Österreichs am Marshallplan sicherte die materielle Basis für den Aufbau funktionierender, marktwirtschaftlich organisierter Strukturen und in der Folge für die wirtschaftliche Entwicklung der fünfziger und sechziger Jahre.[847] Der Marshallplan war somit ein Fundament des wirtschaftlichen Aufbaus der 2. Republik und für die Schaffung des heutigen Wohlstands.

---

[845] vgl., ebd.: Hirschman, A. O.: Entwicklung, Markt und Moral, a. a. O. S. 167

[846] vgl.: Vodopivec, A.: Der Marshallplan und der Sonderfall Österreich, in: Schriften des Karl von Vogelsang Instituts: Christliche Demokratie. Der Marshallplan für Österreich, 8. Jg. Nr. 4 Dezember 1990, Wien 1990, S. 319ff

[847] vgl.: Stepan, R.: Vorwort, in: Schriften des Karl von Vogelsang Instituts: Christliche Demokratie, a. a. O. S. 271

Im Rahmen des Marshallplans hat Österreich ursprünglich fast 1 Milliarde US-Dollar und umfangreiche Güter- und Maschinenzuteilungen erhalten, ganz zu schweigen von den Nahrungsmitteln. Die auferlegten Bedingungen waren: "die Landwirtschaft zu vergrößern, die industrielle Entwicklung voranzutreiben, Österreichs traditionelle Rolle im Donauraum weiter zu entwickeln, die Exporte zu steigern und keinen Dollar in die Sowjetzone zu geben, was dann etwas durchbrochen wurde."[848]
"Die Bundesregierung (...) wußte genau, daß (...) man die Härte aufbringen muß, den Konsum, das 'Verfressen' abzuwehren, um etwas Dauerhaftes daraus zu machen. Der Ablauf war daher so, daß man aus Amerika oder aus den europäischen Ländern durch Importeure eingekauft hat, die in einem öffentlichen Zuschlagsverfahren ihre Angebote gelegt haben. Die Güter wurden verkauft und durch Schillinggegenwerte einem Konto, dem sogenannten ERP-Fonds (European Recovery Programm Fonds) zugeführt. Diese Schillinggegenwerte waren Gegenstand von Investitionskrediten, die im wesentlichen in den Bereichen Land- und Forstwirtschaft, Industrie, Gewerbe und Fremdenverkehr gewährt wurden. Gewisse Teile der Schillinggegenwerte wurden auch für Experten verwendet, die man zu verschiedenen Zwecken nach Österreich gebracht hat oder für Schulungsteams, die man zur Erweiterung ihres Wissensstandes - vom Arbeiter bis zum Ingenieur - nach Amerika geschickt hat. (...) Auch die Frage der Produktivitätsförderung (...) wurde in Form einer Zusatzorganisation (ÖPZ) als 'Österreichisches Produktivitätszentrum' eingerichtet. (...) Es hat vier verschiedene Dollar-Wechselkurse gegeben, von 10 Schilling für besonders wichtige Güter, bis 26 Schilling für den Reiseverkehr. Die OECD hat (...) für denjenigen Teil der Hilfe, der (...) Verrechnung zwischen den Teilnehmerländern war, eine Organisation geschaffen, die Europäische Zahlungsunion. Sie war so organisiert, daß in Rechnungseinheiten, die dollar-paritätisch waren, zwischen den Ländern abgerechnet wurde. Es hat auch eine automatische Kreditgewährung nach bestimmten Quoten gegeben, eine Goldabdeckungspflicht für das, was als Restrate nach einer gewissen Zeit von Schulden überbleibt."[849] Die amerikanische Hilfe hat die Restpositionen im Rahmen der Jahresprogramme abgedeckt.[850]
"Mit dem Verrechnungssystem, mit dem Aufbau der Kreditvergabe ist in Kombination mit amerikanischer Hilfe Schritt für Schritt eine Liberalisierung im Zahlungsverkehr eingeführt worden. Es wurden immer mehr Gruppen von Dingen,

---

[848] Ottilinger, M.: (Vortrag zitiert im Originalton) Der Marshallplan für Österreich, in: Schriften des Karl von Vogelsang Instituts: Christliche Demokratie, a. a. O. S. 281

[849] Bayer, R.: (Vortrag zitiert im Originalton) Die Verteilung der Österreich gewährten Marshallplan-Mittel, in: Schriften des Karl von Vogelsang Instituts: Christliche Demokratie, a. a. O. S. 287f

[850] vgl., ebd.: Bayer, R.: Die Verteilung der Österreich gewährten Marshallplan-Mittel, a. a. O. S. 288

Dienstleistungen und Gütern einer fixen Zahlungsmöglichkeit unterworfen, parallel mit einem Abbau der Importverbote. Es war also einerseits eine Vorbereitung auf die spätere Konvertibilität (...) und zum anderen (...) eine Vorbereitung zur totalen Liberalisierung in Richtung funktionierende Marktwirtschaft."[851]
Bei Zahlungsbilanzschwierigkeiten wurde jeweils für eine beschränkte Zeit eine Entliberalisierung zugelassen.[852]
"Mit dem ERP-Fonds-Gesetz ist ein Fond mit eigener Rechtspersönlichkeit errichtet worden, der vom Bundeshaushalt völlig getrennt zu führen ist"[853] und 1987 ein Vermögen von über 20 Milliarden Schilling verwaltete.

Dieses wurde zum überwiegenden Teil für zinsverbilligte Kredite für industrielle und etwa im Fremdenverkehr für devisenbringende Dienstleistungen verwendet.[854] 150 – 200 Millionen aus dem ERP-Fonds fließen gegenwärtig jährlich in wirtschaftliche Projekte im Rahmen der EZA.[855]
Im übrigen soll nicht unerwähnt bleiben, daß gegenwärtig die Philosophie des Marshallplans zur Krisenbewältigung auch auf den Balkan übertragen werden soll: "Wir müssen heute für Südosteuropa tun, was nach 1945 für den Westen und nach 1989 für den Osten unseres Kontinents getan wurde", brachte Deutschlands Außenminister Joschka Fischer die Idee eines Stabilitätspakts auf einen Nenner.[856]

3.2.3.4 Die Tobin-Steuer[857]

Entwicklungsökonomen sehen häufig die von James Tobin vorgeschlagene Devisentransaktionssteuer als geeignet an, finanzielle Mittel zum Wohle der Entwicklungsländer aufzubringen und gleichzeitig - wie Tobin meint verblüffend einfach - etwas Sand ins Getriebe des liberalisierten globalen Kapitaltransfers zu bringen. Viele Kritiker sehen in der Geschwindigkeit, mit der Kapital in dem "vollkommenen" (vollkommene Information!) Kapitalmarkt transferiert und vor allem vermehrt werden kann, ein zentrales Problem des globalen Marktes. Richtig ist unbestreitbar, daß sich die Preise auf den Güter- und Arbeitsmärkten in Reaktion auf Angebots- und Nachfrageüberhänge wesentlich langsamer als die Preise für Fi-

[851] Bayer, R.: Die Verteilung der Österreich gewährten Marshallplan-Mittel, a. a. O. S. 288
[852] vgl.: Hausberger, S.: Marshallplan und Österreich, in: Schriften des Karl von Vogelsang Instituts: Christliche Demokratie, a. a. O. S. 316
[853] Zwerenz, G.: Die wirtschaftliche Bedeutung der ERP-Mittel heute, in: Schriften des Karl von Vogelsang Instituts: Christliche Demokratie, a. a. O. S. 300
[854] vgl., ebd.: Vodopivec, A.: Der Marshallplan und der Sonderfall Österreich, a. a. O. S. 324
[855] Schuhmann, C.: Kürzungen bei Entwicklungshilfe, a. a. O. S. 4
[856] Fischer, J.: zit. in: KURIER. Unabhängige Tageszeitung für Österreich, Nr. 154 vom 6.6.1999, S. 5
[857] vgl.: Schubert, A.: Finanzen und Staatsverschuldung, in: Hauchler, I.; Messner, D.; Nuscheler, F. (Hrsg.): Stiftung Entwicklung und Frieden. Globale Trends 1998, a. a. O. S. 208;
auch: Boxberger, G.; Klimenta, H.: Die 10 Globalisierungslügen, a. a. O. S. 173ff

nanzaktiva einschließlich der Wechselkurse der Währungen verändern. Arbitrageuren gelingt es dabei, vorwiegend mit Derivaten auf Devisen, Aktien und Rohstoffe unter Ausnutzung der unterschiedlichen Notierungen an den verschiedenen Börsen der Welt, vermeintliche Spekulationsgewinne zu erzielen.
"Nach Tobin soll jeder Kauf oder Verkauf einer Währung mit einer geringen Steuer belegt werden (...) Der Währungsspekulation würde diese Steuer (...) den Nährboden entziehen. Denn wer mit Devisen spekuliert, nutzt meist nur minimale Wechselkursschwankungen aus,"[858] die sich dann nicht mehr rechnen würden. "Durch eine Tobin-Steuer hätten Währungsturbulenzen in Europa, Mexiko und Südostasien vermieden werden könne, oder sie wären wesentlich langsamer abgelaufen, was die Möglichkeit zum Gegensteuern eröffnet hätte. Die Tobin-Steuer würde eine stabilisierende Wirkung auf die Wechselkurse ausüben [und] würde es den Ländern ermöglichen, unabhängig voneinander verschiedene Zinsniveaus zu realisieren. (...) Tobin geht davon aus, daß eine solche Steuer nur dann erfolgreich sein kann, wenn sie in allen wichtigen Finanzzentren der Erde gleichzeitig eingeführt wird."[859]
"Ein erfreulicher Nebeneffekt sind die Einnahmen aus dieser Steuer, weshalb sie auch immer wieder auf der Tagesordnung der Weltpolitik steht. So etwa im Vorfeld des Weltsozialgipfels in Kopenhagen, als die Entwicklungsabteilung der UN (UNDP) den Vorschlag machte, mit einem Steuersatz von 0,05% weltweit 100 Mrd. Dollar für Soziales einzunehmen. Bei einem Steuersatz von 1 % rechnet man mit Einnahmen in der Größenordnung von 720 Mrd. Dollar."[860]
Trotz des zu befürwortenden sozialen Aspekts wäre m. E. eine Umsetzung dieser Idee dennoch von äußerst zweifelshafter Effizienz, denn eine solche Steuer ist dazu geeignet, genau das Gegenteil des angestrebten Zieles "Währungsstabilität" zu bewirken. Die ungeheuren Summen, die - zweifellos auch aus Spekulationsgründen - auf den internationalen Devisenmärkten bewegt werden um Arbitragegewinne zu lukrieren, treffen auf immense Summen, die von den Notenbanken der einzelnen Staaten gerade zu dem Zweck eingesetzt werden, möglichst stabile Wechselkurse zu erhalten. Mit der Tobin-Steuer würden aber auch diese Stabilisierungsmaßnahmen, also das Gegensteuern der Notenbanken, empfindlich verteuert.[861]

---

[858] Boxberger, G.; Klimenta, H.: Die 10 Globalisierungslügen, a. a. O. S. 175
[859] ebd.: Boxberger, G.; Klimenta, H.: Die 10 Globalisierungslügen, a. a. O. S. 176
[860] ebd.: Boxberger, G.; Klimenta, H.: Die 10 Globalisierungslügen, a. a. O. S. 179
[861] Eine radikale Lösung erwartet der Föhrenberg-Kreis: da von den täglichen Devisentransaktionen nur 2 bis 7% Leistungsbilanzbezug haben (der Rest ist Finanzwirtschaft), sei eine Vernichtung von Geldvermögen notwendig, um das Gleichgewicht wieder herzustellen. „Der Finanz-Kollaps wird unzweifelhaft kommen", sagen die Föhrenberg-Kreis-Mitglieder Helmut Karner und Günther Robol.
Der Föhrenberg-Kreis wurde 1992 gegründet. Mitglieder dieser Runde kritischer Denker sind Unternehmer, Manager, Politiker verschiedener Parteien, Freiberufler und Universitäts-

Konvertierbare Währungen sind in der Regel durch Spekulation lediglich dann aus den Angeln zu heben, wenn Interventionen der Notenbanken - häufig im Zusammenwirken mehrerer Staaten - aus welchen Gründen auch immer, unterbleiben.

3.2.3.5 Globale Entwicklung aus der Sicht der UNDP

Für 174 Staaten hat das UNDP 1999 den auf den oben[862] erwähnten Kriterien basierenden Index für menschliche Entwicklung (HDI) erstellt. An erster Stelle liegt dabei Kanada, gefolgt von Norwegen und den USA. Österreich folgt auf Platz 16, Äthiopien, Niger und Sierra Leone bilden die Schlußlichter:

Tabelle 3: Index für menschliche Entwicklung

INDEX FÜR MENSCHLICHE ENTWICKLUNG		
1 Kanada	9 Island	19 Italien
2 Norwegen	10 Großbritannien	86 Türkei
3 Vereinigte Staaten	11 Frankreich	98 China
4 Japan	12 Schweiz	101 Südafrika
5 Belgien	13 Finnland	132 Indien
6 Schweden	14 Deutschland	172 Äthiopien
7 Australien	15 Dänemark	173 Niger
8 Niederlande	16 Österreich	174 Sierra Leone

Grundsätzlich sieht der Bericht große Chancen in der Globalisierung - "aber nur bei stärkerer Steuerung". "Globale Märkte, globale Technologie, globale Ideen und globale Solidarität können das Leben der Menschen überall auf der Welt bereichern und ihre Wahlmöglichkeiten erweitern", heißt es. Mit dem Aviso: "Die wachsende Verflechtung des Lebens vieler Menschen erfordert Werte, die von allen geteilt werden, und die gemeinsame Verpflichtung auf das Ziel, menschliche Entwicklung für alle zu erreichen."

Gerade hier aber sind vorerst vor allem Defizite zu verzeichnen, wurde doch bislang mehr im Interesse globaler, offener Märkte getan als im Interesse der Menschen und ihrer Rechte. Ob im Bereich Bildung oder Gesundheit, Armutsbekämpfung oder Umwelterhaltung, Einkommensverteilung oder Sicherheit - zwei in diversen Variationen wiederkehrende Sätze enthalten die Grundthesen des Berichts: "Die Kräfte des Marktes allein werden das Ungleichgewicht nicht wieder zurecht-

lehrer – unter anderem Wirtschaftsminister Martin Bartenstein, Helmut Peter, Helmut Krünes, die Unternehmerin Heidegunde Senger-Weiss, Industrie-Präsident Peter Mitterbauer und Univ. Prof. Ursula Schneider.

vgl.: KURIER. Unabhängige Tageszeitung für Österreich, Nr. 46 vom 13.2.2000, S. 15

[862] vgl. Abschnitt 3.1

rücken" und "es besteht die Gefahr, daß die Interessen armer Menschen und Länder übergangen werden".
Die immer größere Polarisierung zwischen denen, die dazugehören, und denen, die zurückgelassen werden, ließe sich bei entsprechendem politischen Engagement der Weltgemeinschaft durchaus rückgängig machen, argumentiert das UNDP und schlägt eine Reihe von Maßnahmen vor:
- Einrichtung hochrangiger Gremien in einzelnen Ländern zur Koordinierung der Politik im Bereich Globalisierung
- schnellere Entschuldung und Umschichtung der Hilfe zugunsten ärmerer Länder und zugunsten von Prioritäten menschlicher Entwicklung
- unabhängige Rechtshilfe und ein Ombudmann-Mechanismus zur Unterstützung schwächerer Länder in der Welthandelsorganisation
- internationales Programm zur Entwicklung von Technologien, die den Bedürfnissen armer Menschen dienen
- eine Sonderkommission zur Überprüfung der Weltordnungspolitik, in der Vertreter von Nationen, dem Privatsektor und der Zivilgesellschaft mitarbeiten sollen.

Menschliche Entwicklung bedeutet, wie der Bericht hervorhebt, neben verbesserten Lebenschancen und Wahlmöglichkeiten bei der Gestaltung des eigenen Lebens - auch "einen Prozeß, der dieses Ziel in fairer, partizipatorischer und nachhaltiger Weise anstrebt".[863]

3.3 Das (MAI-Programm) Multilateral Agreement on Investment

Eine gewaltige Liste interner Faktoren, die in der "Dritten Welt" selbst lokalisiert werden wirken nach Meinung zahlreicher Beobachter als Entwicklungshindernisse: "Despotismus, Bürokratismus, Feudalismus, Korruption und Prestigedenken, Tribalismus, Ethnozentrismus, Rassismus und Nationalismus, Ignoranz und Arroganz, religiöses Phlegma und religiöser Fanatismus in der 'Dritten Welt' (...), Faktoren, die allesamt ihren Beitrag zur anhaltenden Unterentwicklung leisten ..."[864] und in unterschiedlicher Heftigkeit und Ausprägung fast überall anzutreffen sind.
Neomarxisten wiederum sehen das Verhältnis der Industriestaaten zur Dritten Welt grundsätzlich schlichtweg als strukturelle Ausbeutung des schwächeren Partner.

---

863 vgl.: UNDP-Bericht 1999, zit. in: Der Standard. Österreichs unabhängige Tageszeitung für Wirtschaft, Politik und Kultur, Nr. 3211 vom 12.07.1999, S. 2: Sämtliche Zitate sind dem UNDP-Bericht entnommen.

864 Menzel, U.: Das Ende der Dritten Welt und das Scheitern der Großen Theorie. Frankfurt am Main 1992, S. 54

Demgemäß ist auch nicht verwunderlich, daß das auf Initiative des OECD-Ministerrats im Mai 1995 entworfene und mehrere Jahre lang verhandelte MAI-Programm auf geteilte Aufnahme in der Öffentlichkeit stieß.
Aufgabe des MAI sollte sein, Kapital für Direktinvestitionen in den Entwicklungsländern zu akquirieren und somit deren wirtschaftliche Entwicklung voranzutreiben - unter vollständiger Liberalisierung der Regeln für derartige Investitionen in den Unterzeichnerländern.
Laut OECD ist das MAI der 1. Versuch, in einem internationalen Abkommen multilaterale Verpflichtungen bezüglich der drei Eckpunkte ausländischer Investitionen, nämlich

- Schutz von Investitionen
- Investitionsliberalisierung
- verpflichtende Streitbeilegungsmechanismen

zu kombinieren. Das erklärte Ziel der OECD ist es, gleiche Wettbewerbsbedingungen für ausländische Investoren zu schaffen und Störungen der Investitionsflüsse zu beseitigen.
Die offensichtlichen Interessen am MAI sind die folgenden:

a) Minimierung von Risiken grenzüberschreitender Investitionen
b) ungehinderter Transfer von Kapital und Produktionsmitteln
c) Öffnung der Märkte.

Der Generaldirektor der WTO[865], Renato Ruggiero, sah MAI als "Verfassung für eine einzige globale Ökonomie"[866]
Ausdrückliche Vorbildfunktion für das MAI hatten die NAFTA-Bestimmungen, sowie die liberalsten existierenden bilateralen Investitionsabkommen. Das MAI wurde auch als NAFTA-Plus bezeichnet, weil Bestimmungen, die in den NAFTA-Schlußverhandlungen herausgenommen wurden, im MAI wieder aufscheinen.[867]
Drei Jahre lang verhandelten die 29 Mitglieder der Industrienationen der OECD sowie acht weitere Länder (Brasilien, Argentinien, Chile, Hongkong, Slowenien und die Baltischen Staaten) über die Gleichstellung in- und ausländischer Investoren. Kern dieses Abkommens sollte die Verpflichtung sein, Investoren aus anderen Vertragsländern nicht schlechter zu behandeln als inländische oder als Investoren aus Drittstaaten. Ein weiterer Punkt ist die verbindliche Beilegung von Streitfällen zwischen Investoren und Gaststaaten.
Als härteste Widersacher des MAI profilierten sich die NGO's (NRO's), die in den Medien heftigste Kritik hinsichtlich der moralischen Verträglichkeit des Vertragswerks vorbrachten.

---

865 WTO – World Trade Organisation - Welthandelsorganisation (WHO)
866 AGEZ-Information 14/98, Wien 1998
867 vgl.: Mark-Ungericht, B.: Das Multilateral Agreement on Investment. Referat vom 16.02.1998 im Dr. Karl-Renner-Institut (Manuskript), Wien 1998, S. 2

Es sind jedoch im Laufe der Verhandlungen nicht bloß seitens der NGO's erhebliche Bedenken gegen des MAI entstanden, sondern auch namens der österreichischen Regierung wurde u. a. Kritik geübt:
In einem Ministerrats-Vortrag betonten die damaligen Politiker, Bundeskanzler Klima und Wirtschaftsminister Farnleitner, zwar das österreichische Interesse am Abschluß der im April 1998 ausgesetzten MAI-Verhandlungen. Gleichzeitig forderten sie als offizielle heimische Verhandlungsposition jedoch die Festschreibung des Schutzes nationalstaatlicher Souveränität.
"Die 'besonderen Bedürfnisse von Nicht-OECD-Mitgliedstaaten einschließlich Entwicklungsländern' müßten angemessen berücksichtigt werden. Ein 'Verbot zur Absenkung nationaler Umwelt- und Sozialstandards', um ausländische Investoren anzulocken, sollte 'rechtlich verbindlich' gestaltet werden. Österreich setze sich weiters dafür ein, daß auch NGO's ein Klagsrecht im Streitfall von Investoren mit Gaststaaten eingeräumt wird. Darüber hinaus sollten die im MAI verwendeten Begriffe Investor und Investitionen nochmals 'diskutiert' werden.
Die Sozialpartner hatten gefordert, den MAI-Investitionsschutz nur Kapitalströmen zu gewähren, die mit der Aufnahme einer Produktion und der Schaffung von Arbeitsplätzen verbunden sind."[868]
Die im Frühjahr 1998 für ein halbes Jahr unterbrochenen Verhandlungen[869] schienen im Oktober auf Grund des Ausscherens Frankreichs[870] endgültig gescheitert. Sie wurden dennoch im darauffolgenden Dezember nach einer informellen Zu-

[868] Bachner, M.: Herbststimmung für "MAI" in: KURIER. Unabhängige Tageszeitung für Österreich, Nr. 280 vom 10.10.1998, S. 17
Als warnendes Beispiel für eine Entwicklung des MAI hin zu einer "Kolonie der Konzerne" dient Kritikern der Fall "Ethyl":
Einen bitteren Vorgeschmack auf die Bedingungen des MAI liefert der in Kanada entschiedene Fall "Ethyl". Unter Nichtregierungsorganisationen gilt Ethyl wegen der Beschneidung politischer Handlungsfähigkeit unter NAFTA-Bedingungen als Präzedenzfall auch für das MAI-Abkommen. Das US-Unternehmen Ethyl hatte Kanada auf Gewinnentgang geklagt, weil Kanada ein vorübergehendes Vertriebs-Verbot für einen angeblich giftigen Treibstoffzusatz von Ethyl verhängt hatte. Das Unternehmen hat auf dem Klagsweg Recht bekommen. Kanada muß 160 Mio. S Schadenersatz leisten. Im Ministerrats-Papier von Klima und Farnleitner heißt es dazu: "Österreich tritt für die Klarstellung ein, daß normale ordnungspolitische Maßnahmen, selbst wenn sie einen Eingriff in Vermögenswerte eines Investors darstellen, keine entschädigungspflichtige Enteignung im Sinne des MAI bilden."
Ebd.: Bachner, M.: Herbststimmung für "MAI" in: KURIER. Unabhängige Tageszeitung für Österreich, Nr. 280 vom 10.10.1998, S. 17

[869] Der OECD-Ministerrat hatte die Pause beschlossen, um den 29 OECD-Ländern Zeit für Beratungen untereinander und mit Organisationen in ihren Staaten zu lassen.

[870] Dieser Rückzug wurde von Beobachtern als innenpolitisches Manöver gesehen, das "es der buntgewürfelten französischen Linksregierung erlaubt, erstmals wieder nach außen hin totale Geschlossenheit zu demonstrieren" in: NZZ – Neue Zürcher Zeitung, Internationale Ausgabe, 219. Jahrgang Nr. 243 vom 20.10.1998, S. 9

sammenkunft der Organisation der Syndikate, der Organisation der Industrien sowie dreier Repräsentanten von nicht-offiziellen Organisationen - des World Wildlife Found (WWF), des Oxford Commitee for Famine Relief (OXFAM) und der Friends of the Earth - mit den 29 Mitgliedern der OECD Staaten sowie acht weiteren Ländern (Brasilien, Argentinien, Chile, Hongkong, Slowenien und die Baltischen Staaten) auch formell wieder weitergeführt.
Allerdings mit dem eher mageren Ergebnis, daß man bloß zur Erkenntnis gelange, daß internationale Abkommen über den Investitionsschutz wichtig wären. Der Generalsekretär der OECD, Donald Johnston, bemerkte in seinem Abschlußcommuniqué: "Es herrscht eine generelle Einsicht über die Wichtigkeit von Abkommen. Ich glaube jedoch nicht, daß Sie hier etwas sehen werden, was MAI-ähnlich sein wird."[871]
Jedenfalls betonte Österreichs OECD-Botschafter Karl Schramek anläßlich der OECD-Ministerkonferenz im MAI 1999: "Die einseitige politische Zielsetzung des MAI ist vom Tisch. Vernünftigerweise brauchen wir aber künftig Investitionsschutz als Ergänzung zum globalen Freihandel".[872]

3.3.1 Argumente der MAI-Kritiker

Für Teile der europäischen Öffentlichkeit ist das Vorhaben, private Auslandsinvestitionen weltweit den nationalen Investoren gleich zu setzen und die Investitionstätigkeit internationaler Konzerne zu vereinfachen, ja ihnen sogar eine Klagsmöglichkeit gegen Staaten bei potentiellem Gewinnentgang einzuräumen, zum roten Tuch geworden.[873] Den Bedarf für einen multilateralen Rechtsrahmen, der rund 1800 bilaterale Investitionsabkommen ersetzen soll, leugnen nicht einmal die MAI-Gegner, aber über den Inhalt gehen die Meinungen sehr weit auseinander.[874]
Die Kritik stützt sich im wesentlichen auf moralische Bedenken und setzt bereits beim Entstehungshintergrund ein. Im Vorfeld der Verhandlungen gab es Diskussionen darüber, wo verhandelt werden solle, in der OECD oder in der WTO.[875]
Die Industrieländer bevorzugten die OECD, da sie eine "Verwässerung ihrer neoliberalen Konzeption des MAI durch den Widerstand der Entwicklungsländer in der WTO befürchteten. (...) 477 der 500 größten multinationalen Unternehmen haben ihren Sitz in OECD-Ländern. Dieser Umstand wird von OECD-Seite als

---

871 Johnston, D.: zit. in: Die Presse. Unabhängige Tageszeitung für Österreich, Nr. 15.238 vom 5.12.98, S. 17

872 Schramek, K.: zit. in: KURIER. Unabhängige Tageszeitung für Österreich, Nr. 144 vom 27.05.1999, S. 12

873 vgl.: Smonig, R.: Die Globalisierung im Wartezimmer, in: Die Presse. Unabhängige Tageszeitung für Österreich, Nr. 15.050 vom 23.04.1998, S. 3

874 vgl.: ebd.: Smonig, R.: Die Globalisierung im Wartezimmer, in: Die Presse. Unabhängige Tageszeitung für Österreich, Nr. 15.050 vom 23.04.1998, S. 3

875 vgl.: Mark-Ungericht, B.: Das Multilateral Agreement on Investment, a. a. O. S. 2

Legitimation für die Durchführung der Verhandlungen auf OECD-Ebene betrachtet. Der in der OECD verhandelte Vertrag sollte nach Abschluß der Verhandlungen - ohne Konsultation der Entwicklungsländer - "der WTO zur Übernahme auf einer 'take it or leave it' - Basis vorgelegt werden."[876] Nicht OECD-Länder sollen - können - müssen dem Vertrag beitreten ohne je in die Verhandlungen eingebunden gewesen zu sein.[877]
Da die TNC's als die Hauptinteressenten des MAI angesehen werden, befürchten vor allem die NGO's , die sich als advokatorische Vertreter der Entwicklungsländer betrachten, daß das neoliberale Gedankengut, welches als wirtschaftspolitisches Credo der WTO angesehen wird, zunehmendes Gewicht erhält. Es wird dem IWF nach Meinung der Kritiker ein Instrument in die Hände gegeben, mit dem die Entwicklungsländer erpreßbar sind: "Wenn ihr Bürgschaften wollt - hier sind die Bedingungen ..."[878]
Darüber hinaus bleiben ökologische, soziale etc. Interessen in dem Vertrag ausgeblendet. (Demgegenüber lehnen die Interessenvertreter der Unternehmerseite solche Verknüpfungen ab, weil es sich um ein reines Investitionsabkommen handle).
Im Detail richtet sich die Kritik gegen folgende Eckpunkte des MAI:

a) Der Begriff der Investition ist extrem breit definiert. Nicht nur ausländische Direktinvestitionen, sondern auch Wertpapiere, Grundstücke, Bank-, Versicherungs,- Finanz- und andere Dienstleistungen, intellektuelle Besitzrechte, kurz: eine Investition ist jedwedes Vermögen, das von einem Investor direkt oder indirekt kontrolliert wird. Die unmittelbare Konsequenz daraus: jeder ökonomisch relevante Sektor wäre vom MAI betroffen. Ebenso breit ist der Investitionsschutz definiert. Eine Investition ist nicht erst dann geschützt, wenn sie einmal getätigt wurde, sondern schon vorher. Das heißt: ein Unternehmen könnte schon vor seiner Investition einen Staat auf z.B. Rücknahme von Gesetzen verklagen. Kritiker fürchten, daß damit Druck auf Regierungen (auch Länder und Gemeinden) ausgeübt wird, in besonders wichtigen Bereichen (z.B. Schlüsselsektoren der Industrie, Bergbau, Medien ...) zu liberalisieren, andernfalls wären sie ständig damit beschäftigt, die Bedrohung von Klagen durch ausländische Investoren abzuwehren (Gewinnentgang, Imageverlust). Von US-Außenhandelsvertretern wurde die Möglichkeit, daß Firmen Regierungen verklagen können, begrüßt, da dies einen "disziplinierenden Charakter" auf Regierungen und parlamentarische Debatten habe. Folgeprozesse in allen Bereichen (Freisetzung genmanipulierten Saatgutes, Nahrungsmittel etc.) sind absehbar.

---

[876] ebd.: Mark-Ungericht, B.: Das Multilateral Agreement on Investment, a. a. O. S. 2
[877] vgl., ebd.: Mark-Ungericht, B.: Das Multilateral Agreement on Investment, a. a. O. S. 2
[878] Tontz, J. L.: zit in: Die Presse. Unabhängige Tageszeitung für Österreich, Nr. 14.992 vom 13.2.1998, S. 13

b) Rollback und Stillstand-Klauseln: bedeuten, daß die Staaten Investitionsbemühungen weiter zu liberalisieren haben, bzw. alle Gesetze, die dem neoliberalen MAI nicht entsprechen, aufzulösen sind. Länderspezifische Ausnahmen sollen nur temporär gelten und später liberalisiert werden.

Darüber hinaus wird durch MAI die Funktion des Staates als Ordnungs- und Gestaltungsinstanz unterminiert, da weitreichende politische Entscheidungen durch nicht zur Verantwortung zu ziehende Körperschaften gefällt werden (G7, WTO, GATT, Schiedsgerichte etc.).[879]

Bemängelt wird ebenso, "daß internationale Vereinbarungen, die seit 1992 auf UNO-Konferenzen zu Fragen der Umwelt, der Menschenrechte, der Sozialpolitik usw. beschlossen wurden, unterlaufen werden. Eine Priorität, die auf nationaler Ebene den Regierungen wesentliche Einschränkungen bezüglich ihrer Pflicht, für das Gemeinwohl zu sorgen, auferlegt."[880]

Das MAI hätte folglich nach Meinung der NGO's schwerste negative Folgen für die Entwicklungsländer: Der Wettlauf dieser Staaten, den Investoren noch günstigere Bedingungen anzubieten, würde verstärkt. Die schon vorhandenen Sonderwirtschaftszonen, die weitgehend von steuer- und arbeitsrechtlichen Gesetzen der Länder des Südens ausgenommen sind, würden auf immer größere Teile der Wirtschaft dieser Länder übergreifen. Präferenzabkommen zugunsten einiger Entwicklungsländer, wie das Lomé-Abkommen zwischen der EU und den AKP-Staaten, könnten nicht aufrechterhalten werden. Eine nationale Begünstigung von Kleinunternehmen würde nicht möglich sein.[881]

3.4 Die NGO's (NON-Governmental Organisations)

zu deutsch auch NRO (Nicht-RegierungsOrganisationen) stehen heute als "global players" in höherem Maß als Nationalstaaten den TNC's als Widersacher gegenüber.

Diese ebenfalls - wie die TNC's - weltweit agierenden Organisationen beanstanden vehement, daß die Multis ihre Geschäftspolitik zunehmend nach Gesichtspunkten der Gewinnmaximierung ausrichteten, menschenverachtend die wirtschaftlich Schwächeren ohne Bedachtnahme auf die Umwelt ausbeuteten und diese zerstörten.[882]

Im Rahmen der NGO's haben sich vorwiegend Personenkreise zusammengefunden, deren wirtschaftskritische Argumente sich sowohl auf die altbekannte kapita-

879 vgl.: Mark-Ungericht, B.: Das Multilateral Agreement on Investment, a. a. O. S. 3ff

880 AGEZ ArbeitsGemeinschaft EntwicklungsZusammenarbeit, (Hrsg.): Die Position der AGEZ zum multilateralen Investitionsabkommen (MAI). Wien 1998, S. 1

881 vgl.: ebd.: AGEZ ArbeitsGemeinschaft EntwicklungsZusammenarbeit, (Hrsg.): Die Position der AGEZ zum multilateralen Investitionsabkommen (MAI), a. a. O. S. 2

882 vgl.: auch Abschnitt 1.4.2

lismuskritische Ideologie linker Prägung stützen[883], als auch kirchennahe Kreise, was nur vordergründig als Widerspruch erscheint: denn "die große Bandbreite, die heute in der Kirche existiert, reicht von sehr traditionellen Gruppen bis zu Basisgemeinschaften, die eher links ausgerichtet sind."[884]Sie sehen ihre Aufgaben darin, politische Wertorientierungen durchzusetzen.[885] Allgemein bekannt sind beispielsweise

- Global 2000
- SOS-Mitmensch
- Green Peace
- WWF
- Amnesty International
- Menschen für Menschen (Karlheinz Böhm)
- World Vision

Obwohl es nicht einmal eine verbindliche Definition dafür gibt, was als NGO zu betrachten ist, verfügen sie über eine Unzahl von nicht in einem internationalen Dachverband institutionalisierte Institutionen und einen extrem informellen und dennoch äußerst effizienten Informationsfluß. Auf Grund eher in bescheidenem Maße zu Verfügung stehender finanzieller Mittel gibt es auch keine global übergreifende Organisationsstruktur; trotz dieser schwierigen Bedingungen finden sich häufig verschiedene NGO's zu anlaßbezogenen Aktionen zusammen[886] und verfügen die einzelnen Organisationen über ein relativ dichtes Kommunikationsgefüge untereinander in der ganzen Welt.[887]

An, in unregelmäßigen Abständen stattfindenden, Weltkonferenzen kann jede Organisation (aber auch jeder Interessierte) teilnehmen, soferne sie sich dies finanziell leisten kann.

Obzwar unterschiedliche Ziele verfolgend haben sie gemeinsame, mit den Imperativen der Ethik begründete, Bindeglieder: die Not der Entwicklungsländer, die

---

883 vgl.: Klaus, G.; Buhr, M. (Hrsg.): Marxistisch-leninistisches Wörterbuch der Philosophie. Bd. 2, a. a. O. S. 605ff

884 Schönborn, Ch.: Interview in: Neue KronenZeitung, Nr. 13.668 vom 31.5.1998, Krone bunt, S.4f

Unter Berufung auf das "Mariazeller Manifest" (1952) verweist u.a. Karl Blecha namens der SPÖ bereits 1980 auf die Ähnlichkeit der ethischen Grundwerte von Christentum und Sozialdemokratie.

Vgl.: Blecha, K.: Demokratischer Sozialismus und christliche Grundwerte, in: Fischer, H. (Hrsg.): Rote Markierungen '80. Wien 1980, S. 35ff;

vgl. auch: Das neue Programm der SPÖ. Sozialistische Politik 8. Eine Schriftenreihe des Dr.-Karl-Renner-Institutes. Wien Oktober 1979 (8. Auflage)

885 vgl.: Sewera, F.: Die Auswirkungen der Globalisierung, a. a. O. S. 80

886 vgl.: Berger, H.: Interview vom 15.6.1998

887 vgl., ebd.: Berger, H.: Interview vom 15.6.1998

Sorge um die Zerstörung der Umwelt und eine kritische bis feindliche Haltung gegenüber dem bestehenden Weltwirtschaftssystem bzw. der neoliberalen Wirtschaftsordnung generell.

Trotz ihrer, oftmals als "linke Ideologie" eingestufte Ethik kooperieren sie bei verschiedenen Aktivitäten auch häufig mit den christlichen Kirchengemeinschaften und deren Institutionen. Die Kirche im Sinne des Vatikans und andere anerkannte Kirchengemeinschaften können nach dem Selbstverständnis der NGO's nicht zu diesen gezählt werden, es gibt aber sehr wohl "kirchliche Organisationen, die NGO's sind."[888] Hievon sind als weltweit besonders gut organisierte und in vielen Entwicklungsländern effizient arbeitende Netzwerke katholischer Entwicklungsorganisationen hervorzuheben:

- Die CI - Caritas Internationalis und deren Arbeitsgruppen, sowie
- die CIDSE - Caritas Internationalis zur Entschuldung, Strukturanpassung und Reform der Weltbank

Sie sind die Dachorganisationen einer ganzen Reihe von Institutionen, Netzwerken und Initiativen, die sowohl in den wohlhabenden Staaten als auch in den Entwicklungsländern wirken. Neben den generellen Entwicklungshilfeaktivitäten haben sie eine Entschuldungskampagne für die 3. und 4. Welt gestartet.[889]

Sehr hilfreich für die Tätigkeit der NGO's ist deren Zusammenarbeit mit der katholischen Kirche auf Grund der staatsrechtlichen Stellung des Vatikans. "Bei den UNO-Konferenzen gibt es beispielsweise einen Vertreter des Vatikans als einen Vertreter eines Staates."[890]

Beim Sozial- und Wirtschaftsbeirat der Vereinten Nationen ist eine Reihe von NGO's anerkannt und diese werden somit auch zu UNO-Konferenzen eingeladen.[891] Im Jänner 2000 waren NGO's, bevorzugt solche mit einer starken globalen Dimension, erstmals verstärkt Teilnehmer des WWF in Davos, weil „das Phänomen der regierungsunabhängigen Organisationen (...) in den letzten Jahren zu der Prominenz aufgestiegen [ist], die es heute hat."[892] Doch viele ihrer Vertreter sehen diesen Durchbruch äußerst kritisch und fühlen sich mißbraucht: die NGO's „sind noch immer nicht ausreichend organisiert. Sie vertreten kein gemeinsames Mo-

---

888 vgl., ebd.: Berger, H.: Interview vom 15.6.1998

889 vgl. Koordinationsstelle der österreichischen Bischofskonferenz für internationale Entwicklung und Mission - KOO (Hrsg.): Menschliche Entwicklung braucht Entschuldung. Wien 1998, S. 37ff

890 Berger, H.: Interview vom 15.6.1998

891 vgl., ebd.: Berger, H.: Interview vom 15.6.1998

892 Schwab, P.: Interview in: Die Weltwoche. Unabhängige Zeitung für Politik, Wirtschaft, Gesellschaft und Kultur, Zürich, 68. Jg. Nr. 4 vom 27.1.2000, S. 32

dell. Sie sind demokratisch schwach legitimiert. Sie werden immer wieder von Staaten und Konzernen manipuliert."[893] Sie haben deshalb starke Bedenken, daß ihre Werte und Handlungsfähigkeit allzubald abgeschliffen würden, „... nähmen sie in Davos, in der Weltbank, in der OECD und anderswo Einsitz."[894]

Auch die österreichische Regierung fördert die Einbindung der NGO's in den internationalen Informationsfluß und Einflußbereich, indem sie zu UNO-Konferenzen Vertreter der NGO's in die Delegation einbindet.[895]

Mit der NGO-Liaison Unit der Weltbank und dem UNDP (United Nations Development Program) haben sie einen Fuß in der Tür der Schaltstellen der Weltpolitik.[896]

3.4.1 AGEZ - ArbeitsGemeinschaft EntwicklungsZusammenarbeit

Die sich speziell mit entwicklungspolitischen Fragen befassenden NGO's haben in Österreich 1988 mit der AGEZ eine Plattform gegründet, die seit 1991 als Verein organisiert ist. Sie versteht sich als Anwalt und Sprecher der Entwicklungsländer und hat nach eigener Definition[897] folgende Zielsetzungen:

- das Bewußtsein zu stärken, daß die Fragen der Nord-Süd-Beziehungen von grundlegender Bedeutung für unsere gemeinsame Zukunft sind,
- darauf hinzuweisen, daß Entwicklungspolitik eine alle Politikbereiche umfassende und zukunftsorientierte Aufgabe ist und nicht auf die Entwicklungszusammenarbeit eingeschränkt werden darf,
- eine Entwicklungszusammenarbeit zu fördern, die durch ökonomische Selbstbestimmung, politische Partizipation und kulturelle Entfaltung zu mehr Gerechtigkeit zwischen Süden und Norden beiträgt, den Benachteiligten im Süden zur Seite steht und die Diskriminierung der Frauen abbaut,
- daß in Österreich mehr Mittel für eine so verstandene Entwicklungszusammenarbeit bereitgestellt werden,
- die Kooperation von öffentlichen und privaten Einrichtungen der Entwicklungs-zusammenarbeit zu verbessern,

[893] Fahrni, O.: Seitensprung am Zauberberg, a. a. O. S. 1;
vgl. auch: Abschnitt 1.4.2
[894] ebd.: Fahrni, O.: Seitensprung am Zauberberg, a. a. O. S. 1
[895] vgl. : Berger, H.: Interview vom 15.6.1998
[896] vgl. Koordinationsstelle der österreichischen Bischofskonferenz für internationale Entwicklung und Mission - KOO (Hrsg.): Menschliche Entwicklung braucht Entschuldung, a. a. O. S. 44
[897] vgl.: AGEZ - Dialog - Entwicklung - Zusammenarbeit - Politik. Broschüre, Wien Jänner 1998, S. 2

- und mit allen gesellschaftlichen Kräften in Österreich, die an weltweiter Gerechtigkeit, Entfaltung des Friedens und Sicherung der Lebensgrundlagen interessiert sind, in einen konstruktiven Dialog zu treten.

Zur Bewältigung der sich gestellten Aufgaben hat die AGEZ 3 Arbeitskreise eingerichtet:

- "Der Arbeitskreis 1 'Entwicklungszusammenarbeit mit dem Süden' befaßt sich mit den Fragen der Nord-Süd-Kooperation durch Programme und Projekte.
- Der Arbeitskreis 2 'Entwicklungspolitische Bildungs- und Öffentlichkeitsarbeit' will die Kooperation im Bereich der Bildungs- und Öffentlichkeitsarbeit zwischen den AGEZ-Mitgliedern vertiefen.
- Der Arbeitskreis 3 'Internationale Entwicklungspolitik' stellt sich zur Aufgabe, die entwicklungspolitische Arbeit vor dem Hintergrund der ökonomischen Globalisierung zu analysieren sowie die Rolle Österreichs in den internationalen Gremien zu beobachten und zu beeinflussen.

EU-Plattform: Nach dem Beitritt Österreichs zur EU im Jahre 1995 lud die AGEZ zur Gründung einer EU-Plattform ein, um eine Basis für eine demokratisch legitimierte Vertretung der österreichischen NRO beim Liaison Committee (LC) in Brüssel, das die Anliegen der Entwicklungspolitik aus der Sicht der europäischen NRO bei der EU-Kommission vertritt, zu schaffen. (...) Der EU-Plattform gehören gegenwärtig 34 Mitglieder an, 18 sind auch Mitglieder der AGEZ." [898]

Die Mitglieder sind eigenständige Organisationen mit zwar unterschiedlichen, jedoch auf Entwicklungshilfe ausgerichteten, Zielsetzungen und Aktivitäten; sie besorgen auch die Finanzierung der AGEZ.

Mit Stand Jänner 1998 gehörten ihr folgende Mitglieder[899] mit unterschiedlichen Aufgabenschwerpunkte an:

ordentliche Mitglieder:

- Afro-Asiatisches Institut in Wien - AAI
  Plattform der Begegnung afrikanischer und asiatischer Kulturen mit der österreichischen Gesellschaft

- Berufspädagogische Institut Mödling - BPI
  Projektschwerpunkte: Bildung für Frauen und Flüchtlinge, Berufsbildung im Süden und Kurse in Österreich

- CARE Österreich
  Projektschwerpunkte: Humanitäre Hilfe, Kleingewerbe, Agro- und Forstwirtschaft und Umwelt, Gesundheit

[898] ebd.: AGEZ - Dialog - Entwicklung - Zusammenarbeit - Politik, a. a. O. S. 3
[899] vgl.: AGEZ - Dialog - Entwicklung - Zusammenarbeit - Politik, a. a. O. S. 3ff

- Christoffel Blindenmission - CBM
  Augenmedizinische Projekte und Projekte zur Rehabilitation "Behinderter" in der "Dritten Welt", Bildungsarbeit in Österreich

- Dreikönigsaktion. Hilfswerk der Katholischen Jungschar - DKA
  Projekt-, Bildungs- und Informationsarbeit

- Entwicklungshilfe-Klub
  Mikroprojekte und Projektpartnerschaften. Verwirklichung durch Spenden und in Zusammenarbeit mit österreichischen Aktionsgruppen in Verbindung mit Informationsarbeit

- Entwicklungswerkstatt Austria - EWA
  Projektschwerpunkte: Ressourcenbewirtschaftung (Wasser, Boden und Vegetation), Handwerker- und Kleingewerbeförderung im ländlichen Raum (Sahel)

- Evangelische Arbeitsgemeinschaft für Entwicklungszusammenarbeit - EAEZ
  Projektschwerpunkte: Gesundheit, Bildung, Frauenförderung, Stipendien, Katastrophenhilfe, entwicklungspolitische Bildungs- und Informationsarbeit, kirchliche Partnerschaftsarbeit

- EZA Entwicklungszusammenarbeit mit der Dritten Welt GmbH
  Importorganisation für fairen Handel, Förderung von benachteiligten ProduzentInnen durch Vermarktung ihrer Produkte (Kaffee, Tee, Kunsthandwerk, u. a.) und Informationsarbeit

- Frauensolidarität
  Entwicklungspolitische Initiative für Frauen in der Dritten Welt. Dokumentation / Bibliothek, Öffentlichkeitsarbeit;

- Hilfswerk Austria
  Organisation für EZA-Projekte und Osthilfe. Schwerpunkte: Gesundheit, Wiederaufbau, Landwirtschaft, Kleingewerbeförderung und Humanitäre Hilfe

- Institut für Internationale Zusammenarbeit - IIZ
  Entwicklungsprogramme im ländlichen Raum: Landwirtschaft, Umwelt, Gewerbe, Gesundheit, Menschenrechte und Stärkung der zivilen Gesellschaft

- Katholische Frauenbewegung Österreichs - KFBÖ
  Projekte im Süden (Schwerpunkt: Frauen Asiens), Aktion Familienfasttag (Spendensammlung), entwicklungspolitische Bildungsarbeit

- Katholische Männerbewegung Österreichs - KMBÖ
  Koordination und Durchführung der diözesanen Aktionen "Bruder in Not", "Bruder und Schwester in Not" sowie Durchführung der "Augustsammlung" gemeinsam mit der Caritas

- Kofinanzierungsstelle für Entwicklungszusammenarbeit - KFS
  Projektarbeit: Vorbereitung und Begleitung von Projekten katholischer Organisationen (KOO-Mitglieder), die durch öffentliche Entwicklungshilfe und die EU kofinanziert werden

- Koordinierungsstelle der österreichischen Bischofskonferenz für internationale Entwicklung und Mission - KOO
  Information, Koordination, Kooperation und Anwaltschaft katholischer Organisationen, die sich mit internationaler Entwicklung und Mission befassen, zentrale Projektregistrierung

- Österreichischer Entwicklungsdienst - ÖED
  Personaleinsatz, Programm- und Projektfinanzierungen, Bildungsarbeit in Österreich; Programmschwerpunkte: Gesundheit, Produktion, Land- und Forstwirtschaft, Bildung und Ausbildung

- Österreichisches Nord-Süd-Institut für Entwicklungszusammenarbeit
  Programm- und Projektarbeit im Bereich der Förderung demokratischer Strukturen und Stärkung der zivilen Gesellschaft unter besonderer Berücksichtigung des Gender-Aspekts

- Südwind, Verein für entwicklungspolitische Bildungs- und Öffentlichkeitsarbeit (vormals Österreichischer Informationsdienst für Entwicklungspolitik - ÖIE)
  Entwicklungspolitische Bildungs- und Öffentlichkeitsarbeit (Produktion und Vertrieb von Materialien, Beratung, Durchführung von Kampagnen, JournalistInnen-Handbuch),

außerordentliche Mitglieder:
- AGEZ-Steiermark
- AGEZ-Tirol
- AGEZ-Vorarlberg
- Arbeitsgemeinschaft Weltläden

- Gesellschaft für bedrohte Völker Österreich - GfbV
  Menschenrechtsorganisation für ethnische und religiöse Gruppen und Minderheiten;

- Informationsgruppe Lateinamerika - IGLA
  Entwicklungspolitische Information zu Lateinamerika,

- Österreichische Forschungsstiftung für Entwicklungshilfe - ÖFSE
  Forschung, Dokumentation und Information zu Fragen der Entwicklungsländer, der Entwicklungszusammenarbeit und Entwicklungspolitik (Bibliothek)

- TransFair Österreich
  Sozialgütesiegel für fairen Handel. Förderung von benachteiligten ProduzentInnen durch Vermarktung ihrer Produkte und Informationsarbeit

- Wiener Institut für Entwicklungsfragen und Zusammenarbeit - VIDC
  Entwicklungspolitische Informationsarbeit, Kulturprojekte, Projektberatung, Grundsatzfragen der Entwicklungszusammenarbeit, Regenwaldprojekte

- Women in Development Europe - WIDE Österreich
  Netzwerk zur Förderung von Gender-Bewußtsein und Stärkung der Position der Frauen in der Entwicklungspolitik

3.4.2 Die NGO's und die EU

Die nationalen Plattformen der NGO's der 15 EU-Staaten sind über das NGDO-EU Liaison Committee (of Development) bei der EU in gewissem Maße bereits institutionalisiert. Dieses setzt dort Akzente in den Bereichen internationaler Solidarität, Hilfe bei Notfällen sowie bei Fragen der Erziehung und generell bei solchen der Entwicklungspolitik.
Das NGDO-EU Liaison Committee bemüht sich um gerechte Beziehungen aller Völker, wobei die EU eine umfassende Rolle bei der gerechten Verteilung der Ressourcen der Erde unter der Weltbevölkerung spielt und großzügig ihren Wohlstand und Erfahrung den Suchenden zur Verfügung stellen soll, um deren eigene volle Entwicklung zu unterstützen.[900]
Ihre Ziele sind:[901]

- Ein weltoffenes Europa zu fördern, in dem die EU eine Vorreiterrolle bei der Schaffung einer Welt, die auf gerechten Beziehungen zwischen allen Völkern fußt, spielt.
- Sowohl die Qualität als auch die Quantität der Entwicklungszusammenarbeit und des humanitären Beistands der EU zu steigern.

---

[900] vgl.: NGO-Handbuch 98. Brüssel 1998, S. 5
[901] vgl., ebd.: NGO-Handbuch, a. a. O. S. 5f

- Aktiv dazu beizutragen, daß sich Europa mehr der gegenseitigen Abhängigkeit mit dem Süden, dem Aufeinanderprallen europäischen Lebensstils mit der Armut im Süden bewußt wird und die Notwendigkeit erkennt, die europäische Gesellschaft derart zu verändern, daß sie ihre globale Verantwortung besser wahrnehmen kann.

Ihre "Arbeitsmethode"[902] sieht das NGDO-EU Committee - stellvertretend für die mit der Entwicklungspolitik befaßten NGO's - darin

- ein Bindeglied für einen Verfahrensdialog zwischen der europäischen Zivilbevölkerung und der EU zu schaffen, wobei sie sowohl die europäischen NGO's in den Institutionen der EU als auch bei entsprechenden internationalen Konferenzen und Foren vertritt;
- den Informationsfluß zu fördern und den Dialog innerhalb der europäischen NGO's bei Fragen der EU-Entwicklungspolitik und bei Hilfsmaßnahmen zu unterstützen;
- die Zusammenarbeit zwischen den europäischen NGDO's zu begünstigen und gemeinsame Positionen bei Veröffentlichungen zu formulieren, die sowohl intern innerhalb der NGO-Welt zwecks Förderung höherer Standards und professionellerer Tätigkeit als auch extern im Umgang mit den offiziellen Stellen der EU-Entwicklungspolitik wirken;
- den europäischen NGO's zu helfen, das öffentliche Bewußtsein bezüglich der EU-Beziehungen mit dem Süden zu sensibilisieren und eine Atmosphäre, die ihren Zielen und Visionen dienlich ist, in der öffentlichen Meinung zu bewirken.

3.5 Visionäre Konzeption eines ethisch tauglichen und dennoch wirtschaftsfreundlichen globalen Systems

Gehen wir davon aus, daß Globalisierung zu einem Schlagwort des auslaufenden 20. Jahrhunderts geworden ist, an welchem sich die Geister scheiden, weil sie eine Unzahl ungelöster Probleme manifest werden läßt.

Im weitesten Sinn kann darunter verstanden werden, daß durch den Ausbau des Verkehrs-, Telekommunikations- und Informationswesens Fragen von dereinst nationaler oder allenfalls regionaler Bedeutung zu Fragen von weltweiter Relevanz wurden; beim weltweiten technologischen Fortschritt - soferne man diesen so sieht - ist zwangsläufig die Wirtschaft die treibende Kraft. Demgemäß steht auch sie im Brennpunkt der Kritik jener, die diesen Fortschritt mit Skepsis betrachten.

---

[902] vgl., ebd.: NGO-Handbuch 98, a. a. O. S. 6

Auf der einen Seite stehen die Befürworter einer Liberalisierung des Welthandels und einer engeren Integration der Marktwirtschaft in größeren Wirtschaftsräumen, vor allem - angeführt von den G 7-Ländern - die meisten OECD-Staaten und die WTO.

Ihnen gegenüber stehen als Kritiker zahlreiche Ethiker und zivile Bewegungen. Diese übergreifend als NGO's bezeichneten Organisationen sind zwar zumeist ebenfalls weltweit tätig, verfügen aber weder über eine besonders straff organisierte und institutionalisierte gemeinsame Dachorganisation, noch über die, den OECD-Staaten und den TNC's zur Verfügung stehenden finanz- und wirtschaftspolitischen Machtmittel; sehr wohl erzielen sie jedoch für ihre als "moralisch" gewerteten Aktivitäten und kritischen Aussagen einen äußerst effizienten Widerhall in den Medien. Das sie Einende ist die Sorge darüber, daß ein grenzenloser Liberalismus der Wirtschaft, ganz besonders jedoch den international tätigen Konzernen, die Chance auf eine allzu rücksichtlose Ausbeutung und Zerstörung der Umwelt,[903] vorwiegend (jedoch nicht alleine dort) in den Entwicklungsländern mitsamt deren Bewohnern, eröffnet. Sie sorgen fortgesetzt unter Berufung auf moralische Aspekte für kritische Wertungen dessen, was man verkürzt "die Wirtschaft" nennt und mit den privaten Unternehmen gleichsetzt. Diese wirken in Märkten, denen gegenüber der Argwohn um so mehr wächst, je mehr sie sich globalisieren.[904] Aus der Sicht ihrer Kritiker gerät mit den neoliberalen Ökonomisten die Marktwirtschaft schlechthin ins Visier.
Vordergründig wird es viele geben die dieser Kritik beipflichten; sie werden jedoch nicht darum herumkommen, sich - wie der bekannte Wirtschaftsjournalist Georg Wailand nicht ganz zu Unrecht zu bedenken gibt - ebenso die Frage stellen müssen, wo denn die besseren Alternativen zum Neoliberalismus zu finden seien: in der Verstaatlichung, in der Planwirtschaft, in amtlich geregelten Preisen oder in garantierten Mindesteinkommen?[905]

Da alle in diesem Zusammenhang auftretenden Fragen seit jeher zu den Grundfragen der Philosophie zu zählen sind, darüber hinaus aber auch deshalb, weil die Globalisierungskritiker ihre Argumente als Ausfluß der Moral sehen, erscheint es - auch wenn vordergründig der Anschein entsteht, als wäre eine Konzeption einer neuen Schiene im Weltwirtschaftssystem ausschließlich eine Frage der Volkswirt-

[903] vgl.: hiezu die Ausführungen in Abschnitt 3.7.3 betreffend die Dominikanische Republik
[904] vgl.: Zeller, W.: Sittlich untaugliche Marktwirtschaft, in: NZZ – Neue Zürcher Zeitung, Internationale Ausgabe, 219. Jahrgang Nr. 60 vom 14/15.03.1998, S. 37
[905] vgl.: Wailand, G.: Plädoyer für den Neoliberalismus, in: Wirtschaftsmagazin - Neue Kronen-Zeitung, Nr. 13.625 vom 18.4.1998 (o. S. Ang.)

schaft bzw. der Politikwissenschaft - unumgänglich zu sein, eine Lösung nicht unter Außerachtlassung ethischer Aspekte zu suchen.

Die unterschiedliche Art der Weltsicht, die in den andersgearteten Denkweisen von Philosophen, Theologen und Naturwissenschaftern einerseits und Wirtschaftswissenschaftern sowie Managern andererseits ihre Ursache hat, sollte m.E. nicht nur kritisch, sondern auch positiv und zwar konvergierend gedacht werden können.
Selbst im Nahbereich der Wirtschaft stehende Publizisten[906] warnen vor "liberalistischen Freibeutertum" und stellen fest: "ohne Selbstbeschränkung kann kein Gemeinwesen leben"[907]. Umsomehr gilt dies für die planetarische Verantwortung: "Die Rahmenbedingungen der Weltwirtschaft benachteiligen die Schwachen und bevorzugen die Starken. Sie werden von den Starken gemacht. Sie müssen von den Starken gerechter gemacht werden."[908]
Immer wieder wird versichert, daß z. B. die Europäische Union nicht nur ökonomischen Interessen ihre Existenz verdanken dürfe. Mindestens gleichwertig seien gemeinsame und verbindende Werte. Werte als Ergebnis individueller und kollektiver Wertungen sind zeitgebunden, sind veränderlich. Wie aber kann man dann Werte für eine politische und gar übernationale Gemeinschaft wenn nicht überhaupt für die gesamte Welt verbindlich machen, wenn damit nicht nur eine das Gemüt befriedigende Rede gemeint sein soll?
Jedenfalls sind es die Werte, die eine Gemeinschaft zusammenhalten, und sie sind es auch, denen eine Gemeinschaft sich verpflichtet fühlt, wenn man dem Gemeinwohl dienen will.
Deshalb scheint es angemessen von gemeinsamen verbindlichen Grundsätzen in der EU zu sprechen; Grundsätze, deren letzter Grund in der Verpflichtung zu Anerkennung der Würde der Person zu sehen ist.
Wenn man schon von einer Wertegemeinschaft spricht, dann muß dies im Hinblick auf allgemeine Grundsätze und Grundrechte des Menschen gemeint sein, die allerdings in Europa einen spezifischen Ausdruck gefunden haben.
Sie sind der vielleicht großartige Versuch, den Grundsätzen und Grundrechten eine geeignete Form zu geben: Aber Grundsätze fordern immer aufs neue in der konkreten Politik nach den jeweils besten Lösungen zu suchen und sich nicht mit den einmal gefundenen zufriedenzugeben, sich nicht auf den Werten der Tradition auszuruhen, sondern jene in ständiger Auseinandersetzung lebendig zu halten.[909]

[906] vgl.: Feichtlbauer, H.: Wirtschaft braucht Tugend, in: MUT - Die Zeitung der Wirtschaftskammer Steiermark, Folge 29 vom 30.07.99, S. 2
[907] ebd.: Feichtlbauer, H.: Wirtschaft braucht Tugend, a. a. O. S. 2
[908] ebd.: Feichtlbauer, H.: Wirtschaft braucht Tugend, a. a. O. S. 2
[909] vgl.: Heitger, M.: Die Europäische Union zwischen Werten und Grundsätzen, in: KURIER. Unabhängige Tageszeitung für Österreich, Nr. 199 vom 20.7.1998, S. 2

Besonders deutlich kam 1998, dem "Jahr der Menschenrechte" zum Ausdruck, wie unterschiedlich die Anschauung über Werte sein kann. So verweist speziell China stets bei Einforderung der Einhaltung der Menschenrechte seitens der westlichen Staaten darauf, daß es sich bei diesen um "abendländische" Werte handle und es im Reich der Mitte gerade die Tradition ist, der zufolge andere, oft Jahrtausende alte, Werte Gültigkeit hätten.
Und tatsächlich: nicht nur die chinesische Tradition, sondern auch jene der arabischen Welt die beide zusammen immerhin ca. 1/3 der Weltbevölkerung darstellen und deshalb stellvertretend für eine Unzahl anderer Ethiken stehen, ist in ihren Grundwerten weit vom abendländischen Denken entfernt, auch wenn die Johannes-Messner-Gesellschaft für sich in Anspruch nehmen kann, die Ethik der christlichen Soziallehre weltweit erfolgreich zu verbreiten[910] und Küng sich das hohe Ideal, eine "Weltethik" aus den jeweils eigenen Religionen[911] zu entwickeln gestellt hat, ist das Ideal eines Ethos, nach dessen Werten global alle vernünftigen Wesen wollen können müssen, in weiter Ferne.

3.5.1 Exkurs: Die Chinesische Ethik[912]

Abgesehen von der kommunistischen Ideologie, die im China des 20. Jh. in der speziellen Form des Maoismus bestimmend wurde, existierten hier sogar noch vor dem Einfluß des Buddhismus vor allem drei, durchaus gegensätzliche und auch in sich nicht homogene, teils kultisch-religiös, teils philosophisch, teils lebenspraktisch bestimmte Schulen:
- der Konfuzianismus
- der Daoismus (Taoismus) und
- der Legismus (Legalismus)

1. Konfuzianisches Denken erstrebt eine Veränderung der Welt zum Guten durch sittliche Prinzipien und einen edlen Herrscher. Es wendet sich nicht wie der Daoismus gegen kulturelle Errungenschaften und fordert weder dessen Nicht-Handeln noch ein wirklichkeitsfremdes einfaches Leben, sondern - vor allem für den Herrscher - den edlen, "vollkommenen Menschen", der den sozialen Schichten adäquat, d.h. menschlich und gerecht, handelt. Güte, Menschlichkeit, Pflichterfüllung, Loyalität etc. sollen auf dem Weg der sittlichen Ordnung als der einzigen Möglichkeit der Selbstentfaltung geübt werden. Konfuzius wünscht eine Gesellschaft, die von tugendhaften Menschen regiert wird. Er glaubt aber nicht an die vollkom-

910 vgl.: Schnarrer, J. M.: Naturrecht und Gemeinwohl bei Johannes Messner: zwei Schlüsselbegriffe als Grundlage für ein Weltethos, in: ders. (Hrsg.): Gemeinwohl und Gesellschaftsordnung, a. a. O. S. 8f

911 vgl.: Abschnitt 2.9.1.1

912 vgl.: Höffe, O.; Vossenkuhl, W.: Chinesische Ethik, in: Höffe, O. (Hrsg.): Lexikon der Ethik, a. a. O. S. 33ff

mene Beseitigung des Bösen, sondern an dessen Kontrollierbarkeit, an die Macht sittlicher Überzeugung und Überredung, aber nicht durch Gesetz und Strafe, sondern durch Sitte und vorgelebtes Beispiel. Der Konfuzianismus sieht eine starke standesethische Festigung der Familienstruktur als absolute Notwendigkeit.

2. Im daoistischen Denken heißt "dao" nicht nur der Weg, der ein Eintreten in eine umfassende Ordnung ermöglicht, sondern auch das eine unveränderliche, "metaphysische" Prinzip der Erschaffung und ständigen Formung der Welt und des Kosmos. Für den Daoismus gilt der Grundsatz, daß es in der Natur nichts gibt, was nicht schon vollkommen wäre, wenngleich es sich auch in Wandlung befindet. Auf dieser Basis gerät der Mensch aber häufig mit seinen Zielen und selbstsüchtigem Handeln in Gegensatz zu dieser Ordnung. Für westliches Denken sieht die sich daraus ergebende Konsequenz - als die höchste sittliche Maxime - wie ein Verzicht auf die der natürlichen Ordnung zuwiderlaufende Individualität, eigenes Wünschen und Handeln aus. Das einschlägige "wu wei" ("Nicht-Handeln") wird aber durch ein Beispiel erläutert: Ein Metzger zerteilt ein Tier derart genau an den richtigen Stellen, daß es wie von selbst zerfällt. Es ist also nicht Passivität gemeint, sondern der Einsatz einer Persönlichkeit, die ohne unnötige Kraftanstrengung und durch ein Eintreten in die bestehende Ordnung ans Ziel kommt: Wo man die richtigen Voraussetzungen oder Kontexte schafft, tritt der Handelnde zugunsten der Handlung in den Hintergrund. Wer das entsprechende Ideal erreicht hat. kann die sittlichen Tugenden erfüllen: frei von Ruhm, Selbstsucht und Gewalt "richtig" zu handeln. Hinsichtlich der staatlichen Herrschaft gibt es im Daoismus zwei Momente: einerseits den anarchistischen Gedanken einer Ablehnung jeglicher Herrschaft und andererseits das Laissez-faire-Prinzip der Herrschaft, das die Gesellschaft gerne in einem unzivilisierten Urzustand sähe, mit einem "Heiligen" als Herrscher, der (ähnlich dem konfuzianischen Denken) durch Weisheit und Vollkommenheit die Gesellschaft ordnet, aber selbst möglichst wenig eingreift. Der Daoismus verbindet damit eine Sozialethik, die Luxus auf seiten der Mächtigen bei gleichzeitiger Armut des Volkes verurteilt und darüber hinaus viele zivilisatorische und kulturelle Errungenschaften als Entfremdungsphänomene kritisiert.

3. Das Denken der "fajia", des Legismus, ist eine unmittelbar aus der Regierungspraxis entspringende politische Lehre. Ihr Zentralbegriff ist "fa", positives Recht, das als Strafrecht verstanden wird. Sie sucht mittels drakonischer Strafen selbst für kleine Vergehen jederart Regelverstoß zu verhindern und durch vielfältige Standards eine Gesellschaft zu konditionieren, die, kontrolliert vom Herrscher als einem uneingeschränkten Machtzentrum, fast automatisch funktionieren soll (legistisches Handeln ist im Sinne des daoistischen "wu wei" gedacht). Der Legismus knüpft an konfuziani-

sches und daoistisches Denken an, indem er "fa" als Gegenkonzept zu "li" (Ritus, Sitte) bildet und "dao" (Weg) vorrangig als Weise des Herrschens interpretiert.

Alles traditionelle Denken (mit Ausnahme des Legismus) und alle Formen der Religionsausübung wurde während der chinesischen Kulturrevolution (1966 - 1976) unterdrückt, ist jedoch keineswegs bedeutungslos geworden. Grundelemente konfuzianischen Denkens behaupten sich nicht nur in China und Taiwan, sondern auch in Japan, Korea und südostasiatischen Staaten.

3.5.2 Exkurs: Die islamische Ethik[913],

die heute nicht mehr bloß für den arabischen Raum Gültigkeit hat, sondern, nach ihrer bereits traditionellen Verankerung im südostasiatischen Raum, zunehmend auch Anhänger in den USA und in Europa findet, ist der Inbegriff der Glaubens- und Rechtsvorschriften, die sich für den gläubigen Moslem als Mitglied der islamischen Gemeinschaft ergeben.
Obwohl die Nichomachische Ethik Aristoteles' und neuplatonisches Gedankengut - Grundlagen der "abendländischen Philosophie" - ebenso wie Werte des Christentums im Verlaufe zahlreicher historischer Wandlungen Eingang in die islamische Ethik fanden, ist für uns diese Ethik weitgehend wesensfremd. Das mag mit der zumeist nicht erfolgten Trennung von Kirche und Staat sowie mit dem Begehren nach einer völkerrechtlich vertretbaren Auffassung des "heiligen Krieges" in Zusammenhang stehen. Zudem sehen sich viele islamische Führer durchaus als religiöse Eiferer und moquieren sich häufig über abendländische Werte: „Dank euren demokratischen Gesetzen werden wir euch unterwandern, dank unseren religiösen Gesetzen werden wir euch beherrschen."[914] zitierte auf der Europa-Synode katholischer Bischöfe in Rom Erzbischof Giuseppe Bernardini von der türkischen Diazöse Izmir einen dieser Führer. Osttimor und Lombok in Indonesien, Kaduna in Nigeria – christliche Enklaven in mehrheitlich muslimischen Staaten – sowie das Geschehen in Algerien sind warnende Beispiele der jüngsten Vergangenheit für einen möglichen „Kampf der Kulturen", mit Waffengewalt.
Ein besonderes Problem für die islamische Ethik stellen heute die Menschenrechte dar, die nicht – wie für uns – einen Imperativ als Ausfluß menschlicher Konventionen darstellen – sondern direkt von Gott ausgehen.[915] Islamische Staaten haben die internationalen Verträge der Vereinten Nationen folglich nur vereinzelt ratifi-

---

[913] vgl.: Schöpf, A.: Islamische Ethik, in: Höffe, O. (Hrsg.): Lexikon der Ethik, a. a. O. S. 144ff

[914] Bernardini, G.: zit. bei Feichtelbauer, H.: Erobert nunmehr der Islam Europa? In: Die Presse. Unabhängige Tageszeitung für Österreich, Nr. 15.512 vom 4.11.1999, S. 8

[915] vgl.: Bader, E.: Globalisierung – das Ende des Wachstums? Philosophisches Seminar aus Wissenschaftstheorie an der UNI-Wien im Wintersemester 1999/2000 am 24.1.2000

ziert. Traditionalistische Moslems sehen die Menschenrechte im Koran schon verbürgt und erwarten von einer Koran-Nachfolge, daß sie die Kehrseite, eine individualistische und desintegrierte Gesellschaft, verhindert, was zweifellos im Widerspruch zu dem, vom Westen vertretenen, Ideal einer demokratischen Gesellschaft freier Wesen steht.

Man braucht allerdings gar nicht den Vergleich mit anderen Ländern heranzuziehen, um auf Gegenpositionen zu den moralischen Ansichten der Anhänger und der Mitarbeiter der NGO's zu stoßen. Da sie parteipolitisch nicht zuzuordnen sind, werden sie in jüngster Zeit in der Boulevardpresse häufig mit dem Sammelbegriff "Gutmenschen" bezeichnet, sobald sie sich in moralischen Fragen zu Wort melden und dabei oftmals Moral mit Ideologie gleichsetzen. Sie tun dies häufig sehr plakativ und belegen nur allzu schnell all jene, die es wagen, ihre zu Dogmen erhobenen Slogans auf Sinn und Bedeutung zu hinterfragen mit dem Bannstrahl des Reaktionärs bzw. bezeichnen ihn als faschistoid und unmenschlich.[916] Der emeritierte Universitätsprofessor Marian Heitger behandelte diese Frage anhand der Integration in den Schulen:
"In den Schulen, besonders in solchen, die sich für fortschrittlich halten, macht ein Wort die Runde: 'Integration ist unteilbar.' 'Gutmenschen' unter den Lehrern können nicht oft und emphatisch genug dieses Wort wiederholen und sich an ihm bestätigen."[917]
Das Vertreten von Dogmen und damit verbundene Schuldzuweisung fallen dabei umso leichter "... als niemand genau sagen kann, was mit Integration gemeint ist, wenn sie mehr sein will, als ein organisatorisches Programm. Integrieren vom lateinischen integrare heißt Wiederherstellen - enthält also die Forderung, sich, oder einen andern in ein großes Ganzes einzugliedern. Dieses, so werden sich auch 'Gutmenschen' erinnern, hatten wir schon als politisches Programm. Jeder mußte sich in das Volksganze eingliedern, am besten gleich mit Uniform und Gesinnung.
Aber, so wird man einwenden, das sei nicht gemeint. Wer Integration fordert, wird sich eher am anderen Programm orientieren: Niemand soll ausgegrenzt werden. (...) Weder aufgrund von Rassen-, Nations- oder Ständezugehörigkeit sollen Menschen ausgesondert werden, (...). wer das fordert, kann sich mit Fug und Recht auf die Menschenrechte berufen, auf die grundsätzliche Gleichheit der Menschen, das Recht der Freiheit in Gedanken und Wort, das Recht auf Bildung für alle.

---

[916] vgl.: Heitger, M: Integration ist unteilbar - ist Integration unteilbar? In: KURIER. Unabhängige Tageszeitung für Österreich, Nr. 309 vom 9.11.1998, S. 2

[917] Heitger, M: Integration ist unteilbar - ist Integration unteilbar?, a. a. O. S. 2

Diese Menschenrechte sind in der Tat unteilbar. Sie sind Ausdruck der Achtung vor der Würde des Menschen. Niemand darf ausgeschlossen werden, weder Kranke und Behinderte, noch Arme und Schwache.
Sollte das mit dem Slogan 'Integration ist unteilbar' gemeint sein, ist das eine irreführende Formulierung. Freiheitsrechte schließen auch das Recht ein, sich abgrenzen zu dürfen, seine Individualität zu wahren, sich einer verordneten Integration zu widersetzen.
Das Wort von der Unteilbarkeit der Integration enthält im heutigen Schulgebrauch einen vorschreibenden Befehl,"[918] worin Heitger eine ideologisch gefärbte Anordnung sieht, die den universalen Anspruch der allgemein gültigen Menschenrechte auf eine institutionelle Regelung reduziert.[919]
"Das ist bedenklich; denn das mit Integration gemeinte Recht auf Bildung für alle wird durch jene selbst beschnitten. **Es wird nicht die Frage nach den besten Möglichkeiten** der Bildung gestellt, **sondern eine Antwort vorgegeben. Man vertraut nicht auf die Urteilsfähigkeit der Menschen, sondern einer zum Schlagwort verkommenen Idee**, reduziert auf eine institutionelle Lösung. **Sie wird zur ideologischen Bastion, die jede Debatte verbietet.**
Die Frage, wie allen Kindern die jeweils besten Bedingungen für deren Bildung zu schaffen sind, ist von ideologisch-dogmatischen Vereinnahmungen freizuhalten angesichts des Menschenrechts auf Individualität, (...). Dazu ist die Urteilsfähigkeit der Lehrer gefordert und nicht eine die Denkfaulheit fördernde Bevormundung, (...). Pädagogik kann nur dann ihrem Bildungsauftrag für mehr Mündigkeit der Bürger gerecht werden, wenn sie Tendenzen zur Bevormundung der Menschen durch die Mächtigen entgegentritt, und sich nicht modischen Zufälligkeiten unterwirft."[920]
Ganz ähnlich verhält es sich auch mit der Frage nach der "richtigen" Wirtschaftspolitik. So wie die diesbezügliche Diskussion von den Globalisierungsgegnern[921] geführt wird, ist sie eher kontraproduktiv.
Der deutsche FDP-Politiker Guido Westerwelle relativierte den Aussagewert der Kritiker an der Wirtschaft:
"Die eine Hälfte ist beim Staat beschäftigt, die andere Hälfte wird vom Staat bezahlt"[922], was - unausgesprochen - impliziert: Sie haben keine Ahnung von wirtschaftlichen Sachfragen.
Doch was ist tatsächlich zu tun, um über das Shareholder-Value-Prinzip hinausgehende dem kontinentaleuropäischen Wirtschaftsdenken innewohnende Werte, in den alltäglichen Wirtschaftsablauf einzubringen und dennoch von bloßen

[918] ebd.: Heitger, M: Integration ist unteilbar - ist Integration unteilbar?, a. a. O. S. 2
[919] vgl., ebd.: Heitger, M: Integration ist unteilbar - ist Integration unteilbar?, a. a. O. S. 2
[920] Heitger, M: Integration ist unteilbar - ist Integration unteilbar?, a. a. O. 2, (Hervorh. HPS)
[921] vgl.: Abschnitt 1.3
[922] Westerwelle, G.: Rede vor dem deutschen Bundestag, in: n-TV-Nachrichten vom 29.6.1999

Schuldzuweisungen abzukommen? Eine Frage, die sich nicht nur für die entwickelten Industriestaaten selbst stellt, sondern in der Ära der Globalisierung auch deren Umgang mit den Entwicklungsländern bestimmt.
Der alleinige **Ruf** nach einer allgemeingültigen Ethik kann wegen der Komplexität der Thematik unter den derzeitigen Bedingungen ohne strukturelle Änderungen zu keinem befriedigenden Ergebnis führen. Die Vielzahl moralischer Ansprüche mündet unweigerlich in einem offenen, schlecht strukturierten Entscheidungsfeld.[923]
Angesichts der vielen ökologischen und ökonomischen Probleme, die im Zuge des Globalisierungsprozesses aufgezeigt werden, stellt sich die Frage: Ist etwa so etwas wie eine Systemänderung im planetaren Maßstab erforderlich?
Und in diesem Zusammenhang läßt sich die ethisch-politische Frage stellen: Was sollen wir tun?
Diese philosophische Fragestellung ist angesichts der gegenwärtigen Krise des planetaren Systems der Menschheit die Frage nach der Möglichkeit einer ethisch-politischen Grundorientierung. Dabei ist es durchaus nicht selbstverständlich, daß eine solche normative Grundorientierung im philosophischen Sinn überhaupt möglich ist. Denn schon dies ist heute umstritten, ob es überhaupt möglich ist, angesichts der Konflikte unserer Zeit und der zugehörigen kontroversen Ideologien so etwas wie eine Ethik solidarischer Verantwortung rational zu begründen.[924]
Apel gibt uns mit der von ihm entwickelten Diskursethik für die Erarbeitung einer moralisch vertretbaren Lösung nicht nur die philosophische Antwort, sondern liefert auch - man könnte versucht sein zu sagen - das Drehbuch hiezu.
Zudem besteht heute ohnedies vielfach Konsens darüber, daß eine zeitgemäße Wirtschaftsethik bloß diskursethisch begründbar zu sein scheint.[925]

Hinsichtlich der Definition der Zielfunktion eines Diskurses, nämlich "gutes Leben für alle Menschen dieser Welt" sollte - trotz der unterschiedlichsten Auffassungen über den Weg zur Zielerreichung - relativ einfach Konsens erzielbar sein: Selbst wenn die Ansichten darüber auseinandergehen, was unter dem formalen Begriff des "guten Lebens" zu verstehen ist, weil nicht alle Menschen den gleichen Anspruch hinsichtlich des Entwurfs ihres höchstpersönlichen Guten Lebens (der Selbstverwirklichung) haben,[926] sollte außer Streit stehen, daß es geboten erscheint, dem individuellen Lebensentwurf zumindest die Chance einer Verwirklichung einzuräumen.

---

[923] vgl.: Abschnitt 2.7
[924] vgl.: Apel, K.-O.: Diskurs und Verantwortung, a. a. O. S. 15f
[925] vgl.: Hrubi, F. R.: Philosophische Fragen im Umkreis der Wirtschaftswissenschaften, a. a. O. S. 20
[926] vgl.: Ulrich, P.: Integrative Wirtschaftsethik, a. a. O. S. 33

Ungleich strittiger ist allerdings der in der Folge einzuschlagende Weg, über den dieses anzustrebende Ziel zu erreichen ist; zusehr divergieren die unterschiedlichen Kulturen sowie die Ansichten über die richtige Gesellschafts- und Wirtschaftspolitik etc. Folglich wird bereits die Bereitschaft zum Beschreiten des Weges selbst zu einem Ziel von globaler Dimension und kann als erster Schritt eines heuristischen Problemlösungsansatzes angesehen werden,[927] der seinerseits ein konstruktives "Vorwärtsschreiten" ermöglichen sollte.

Wie bei heuristischen Verfahren üblich, ist keineswegs unmittelbar eine befriedigende Globallösung erwartbar. In der Regel bedarf es der Zerlegung des komplexen Gesamtproblems in übersichtlichere Teilprobleme über deren Lösung "schrittweise das Gesamtproblem einer Lösung zugeführt"[928] werden kann. Bei der Komplexität des gegenständlichen Themas wird es notwendig sein, daß der Gesamtprozeß mehrmals durchlaufen wird, wobei währenddessen auch über eine allfällige Veränderung des Anspruchsniveaus hinsichtlich der Qualität der Problemlösung selbst eine Anpassung der Entscheidungsträger an Problemlösungen erfolgt, die sie ursprünglich nicht für ausreichend halten.[929] "Eine Systematik der bei der Handhabung von (Teil-)Problemen anzuwendenden Heuristiken gibt es nicht."[930]
Zweifellos ist dabei zu beachten, daß der Problemlösungsprozeß einer konkreten schlecht strukturierten Entscheidungssituation besonders von den "Kenntnissen und Erfahrungen der Entscheidungsträger abhängt", wobei das Problemlösungsverhalten treffend mit dem Begriff "muddling through" (Durchwursteln) bezeichnet werden könnte.[931]

927 vgl.: Abschnitt 2.9.3.2

928 Heinen, E.: Industriebetriebslehre als Entscheidungslehre. Erster Teil. In: (ders.) (Hrsg.): Industriebetriebslehre. Entscheidungen im Industriebetrieb, a. a. O. S. 63,
vgl. auch Abschnitt 2.9.3.2

929 vgl., ebd. Heinen, E.: Industriebetriebslehre als Entscheidungslehre. Erster Teil. In: (ders.) (Hrsg.): Industriebetriebslehre. Entscheidungen im Industriebetrieb, a. a. O. S. 63;
vgl. auch: Apel, K.-O.: Diskurs und Verantwortung, a. a. O. S. 120: "Das Grundprinzip der Diskursethik delegiert (...) gewissermaßen die Begründung situationsbezogener inhaltlicher Normen an die von ihm geforderten praktischen Diskurse. Auf diese Weise soll eine möglichst weitgehende Verständigung über die konkreten Interessen - und insofern auch Wertungen - der betroffenen Personen und, andererseits, über die, stets revidierbaren, Einschätzungen der Handlungssituationen - und in diesem Zusammenhang der voraussichtlichen Folgen und Nebenwirkungen der Befolgung von Handlungsnormen - ermöglicht werden."

930 ebd.: Heinen, E.: Industriebetriebslehre als Entscheidungslehre. Erster Teil. In: (ders.) (Hrsg.): Industriebetriebslehre. Entscheidungen im Industriebetrieb, a. a. O. S. 63

931 vgl., ebd.: Heinen, E.: Industriebetriebslehre als Entscheidungslehre. Erster Teil. In: (ders.) (Hrsg.): Industriebetriebslehre. Entscheidungen im Industriebetrieb, a. a. O. S. 63

Unterschiedlich zu den möglicherweise unzumutbaren Ansprüchen in einem Stakeholder-Dialog an einzelne Unternehmensleitungen bietet der von Ulrich als "umfassendere Variante des normativ-kritischen Stakeholderkonzepts"[932] bezeichnete Diskurs die Basis für jenen idealen Diskurs, in welchem es darum geht eine Adaptierung der Rahmenordnung und der Spielregeln[933] mit allgemeingültigen - auch moralisch unbedenklichen - Regeln für alle Interaktionspartner der Welt zu verwirklichen.
Es ist im Rahmen eines derartigen Diskurses nämlich möglich, eine "wohlverstandene Fassung des Universalisierungsgrundsatzes und damit des Standpunkts der Moral, die in die Kant'sche deontologische Begründung (vom moralischen Eigenwert eines verallgemeinerungsfähigen Willens her) auch die teleologische oder konsequentialistische Perspektive (verallgemeinerungsfähige Folgen) zu integrieren vermag,"[934] zu gewinnen.
Da bei unserer Problemstellung zudem davon auszugehen ist, daß die angestrebte Zielfunktion ein Ideal ist und in unserer komplex organisierten, kulturell pluralistischen Gesellschaft von einer Vielzahl von Quellen oder Anlässen nahezu unüberbrückbarer weltanschaulicher und politischer Uneinigkeit auszugehen ist, ist kaum zu erwarten, daß diese durch umfassende argumentativ erzielte Einigkeit überwunden wird. Unter diesen Umständen kommt es vor allem darauf an, sich auch über faire, verbindliche Regeln des Umgangs mit politischen Dissens zu verständigen und eine "zivilisierte" - politische Streitkultur aufrechtzuerhalten. Es genügt zu diesem Zweck, anfänglich einen "politischen Basiskonsens über die formalen Grundsätze und Prozeduren der Konfliktregelung zu erzielen; deliberative Demokratie setzt darüber hinaus keine Verständigung über inhaltliche Wertorientierungen des guten Lebens voraus. Auch materielle Interessenskonflikte bedürfen nicht notwendigerweise der konsensuellen Aufhebung in geteilten Überzeugungen, sondern können in Form von Kompromissen gelöst werden. Im Unterschied zu einem bloß strategischen Kompromiss (als Ergebnis von Bargaining unter gegebenen Machtverhältnissen) beruht ein deliberativ erzielter Kompromiss jedoch auf dem Basiskonsens über Fairness-Bedingungen: er soll unter Berücksichtigung der moralischen Rechte und der konkreten Selbstbehauptungsprobleme aller Beteiligten oder Betroffenen allseitig in gleichem Mass zumutbar, also legitim und deshalb für alle Parteien akzeptabel sein."[935]

---

[932] vgl.: Abschnitt 2.9.2
[933] vgl.: Abschnitt 2.4 und 2.5
[934] Ulrich, P.: Integrative Wirtschaftsethik, a. a. O. S. 78
[935] Ulrich, P.: Integrative Wirtschaftsethik, a. a. O. S. 315;
vgl. hiezu auch Habermas, J.: Faktizität und Geltung. Beiträge zur Diskursethik des Rechts und des demokratischen Rechtsstaates. Frankfurt am Main 1992, S. 344: Nach Habermas dienen so erzielte Kompromisse dazu, «die strategisch behaupteten Teilinteressen gemeinwohlverträglich zu berücksichtigen».

3.6 Der ideale Diskurs

Soll es gelingen, die Grenzen der internalisierten individuellen handlungsbestimmenden Maximen der weltweit vorzufindenden unterschiedlichen Ethiken durch den Wechsel von jeweils individuellen Gesinnungsethiken zu einer Ethik globaler Verantwortung zu überwinden, ist es erforderlich, die universalisierbaren Werte einer global gültigen Moral diskursiv zu erarbeiten.
Bereits in unserer "abendländischen" praktischen Philosophie "speist sich die Diskussion (...) aus drei Quellen - der Aristotelischen Ethik, dem Utilitarismus und der Kantischen Moraltheorie".[936] Umsomehr ist unter den Prämissen eines globalen Denkens schwerlich einzusehen, warum Theorien die nötigende Kraft haben sollten, Menschen zu motivieren, wenn das, was moralisch geboten ist, gegen ihre Interessen verstößt. Dispositionen zu verantwortlichem Handeln hängen von Sozialisationsvorgängen und mehr oder weniger gelungenen Identitätsformationen ab.[937]
"Der intersubjektivitätstheoretische Ansatz der Diskursethik bricht mit den Prämissen der Bewußtseinsphilosophie; er rechnet allenfalls mit der höherstufigen Intersubjektivität von Öffentlichkeiten, in denen sich Kommunikationen zu gesamtgesellschaftlichen Selbstverständigungsprozessen verdichten. (...) Hegel unterscheidet zu Recht zwischen einem Handeln unter moralischen Gesetzen und einer Praxis, die auf die Verwirklichung moralischer Gesetze abzielt."[938]
Diese "Praxis" scheint durch die Institutionalisierung der diskursiv gewonnenen Werte in einer global gültigen ökonomischen Rahmenordnung[939] verwirklichbar zu sein.
Die Institutionalisierung ist nicht zuletzt deshalb unabdingbar, weil das positive Recht zur Moral hinzutreten muß, um in gesellschaftlich sensiblen Handlungsbereichen den Bedarf an funktional notwendigen Regelungen zu decken.[940]
"Vom Diskurs selbst können die Bedingungen nicht erfüllt werden, die notwendig sind, damit alle jeweils Betroffenen für eine regelrechte Teilnahme an praktischen Diskursen instandgesetzt werden. Oft fehlen Institutionen, die für bestimmte Themen an bestimmten Orten eine diskursive Willensbildung sozial erwartbar machen; oft fehlen die Sozialisationsprozesse, in denen die erforderlichen Dispositionen und Fähigkeiten zur Teilnahme an moralischen Argumentationen erworben werden."[941]

---

[936] Habermas, J.: Erläuterungen zur Diskursethik, a. a. O. S. 94
[937] vgl., ebd.: Habermas, J.: Erläuterungen zur Diskursethik, a. a. O. S. 100
[938] ebd.: Habermas, J.: Erläuterungen zur Diskursethik, a. a. O. S. 26f
[939] vgl.: Abschnitt 2.4
[940] vgl.: Habermas, J.: Erläuterungen zur Diskursethik, a. a. O. S. 62
[941] ebd.: Habermas, J.: Erläuterungen zur Diskursethik, a. a. O. S. 27

"Noch häufiger sind die materiellen Lebensverhältnisse und die gesellschaftlichen Strukturen so beschaffen, daß die moralischen Fragen vor aller Augen liegen und durch die nackten Fakten der Verelendung, Beleidigung und Entwürdigung eine hinreichende Antwort längst gefunden haben. Überall wo die bestehenden Verhältnisse für Forderungen einer universalistischen Moral der pure Hohn sind, verwandeln sich moralische Fragen in Fragen der politischen Ethik. Wie läßt sich reflexives moralisches Handeln, also eine Praxis, die auf die Realisierung notwendiger Bedingungen für ein menschenwürdiges Dasein und die Einrichtung von Diskursen abzielt, moralisch rechtfertigen? Darauf gibt es nur tentative und bestenfalls prozedurale Antworten."[942]
Die Diskursethik ist jedenfalls "eine Ethik der solidarischen Verantwortung derer, die argumentieren können, für alle diskursfähigen Probleme der Lebenswelt. Diese lebensweltliche Verpflichtung einer diskursiven Verantwortungsethik hat (...) jeder, der ernsthaft - d.h. im Sinne der intersubjektiv gültigen Beantwortung einer ernsthaften Frage - denkt, notwendigerweise anerkannt; und er kann sich dieser lebensweltlichen Verpflichtung (deren universale Sinngeltung jedoch auf der Ebene der konventionellen Moral der Lebenswelt stets unklar und problematisch bleibt) durch postkonventionelle, transzendentalpragmatische Reflexion auf den normativen Gehalt der Argumentations-Präsuppositionen vergewissern, das heißt: er kann - im Sinne der transzendental-pragmatischen Letztbegründung - die Verpflichtung als ein nicht ohne performativen Selbstwiderspruch bestreitbares Prinzip explizieren."[943]

Der moralisch-praktische Diskurs selbst bedeutet, die ideale Erweiterung unserer Kommunikationsgemeinschaft aus der Innenperspektive.[944] Vor dem Forum der Partizipanden des Diskurses können nur diejenigen Normvorschläge begründete Zustimmung finden, die ein gemeinsames Interesse aller Betroffenen ausdrücken. Insofern bringen diskursiv begründete Normen beides gleichzeitig zur Geltung: die Einsicht in das, was jeweils im gleichmäßigen Interesse aller liegt, wie auch einen allgemeinen Willen, der den Willen aller ohne Repression in sich aufgenommen hat. In diesem Sinne bleibt der durch moralische Gründe bestimmte Wille der argumentierenden Vernunft nicht äußerlich; der autonome Wille wird der Vernunft vollständig internalisiert.[945]
"Nur unter den Kommunikationsvoraussetzungen eines universell erweiterten Diskurses, an dem alle möglicherweise Betroffenen teilnehmen und in dem sie in hypothetischer Einstellung zu den jeweils problematisch gewordenen Geltungsan-

[942] Habermas, J.: Theorie und Praxis. Frankfurt am Main 1971, S. 37f
[943] Apel, K.-O.: Diskurs und Verantwortung, a. a. O. S. 116
[944] vgl.: Apel, K.-O.: Das Apriori der Kommunikationsgemeinschaft und die Grundlagen der Ethik, in: ders.: Transformation der Philosophie. Frankfurt am Main 1976, Bd. 2, S. 358ff
[945] vgl.: Habermas, J.: Erläuterungen zur Diskursethik, a. a. O. S. 113

sprüchen von Normen und Handlungsweisen mit Argumenten Stellung nehmen könnten, konstituiert sich die höherstufige Intersubjektivität einer Verschränkung der Perspektive eines jeden mit den Perspektiven aller."[946]
Aus dem Diskurs darf grundsätzlich niemand ausgeschlossen werden " - nicht die unterprivilegierten Klassen, nicht die ausgebeuteten Nationen, nicht die domestizierten Frauen, nicht die marginalisierten Minderheiten."[947]
Es wird sich daher im Verlaufe eines Diskurses recht bald feststellen lassen, "daß Moralität nicht nahtlos aus Zweckrationalität hervorgeht. Denn eine Maxime, die zunächst einem Einzelnen »gut und richtig dünkt«, erhält ihre moralische Qualität erst dadurch, daß ihr jedermann als einer für alle gültigen Maxime zustimmen könnte."[948]
Aufgrund ihrer pragmatischen Eigenschaften ermöglichen Diskurse eine einsichtsvolle Willensbildung von der Art, daß die Interessen eines jeden Einzelnen zum Zuge kommen können, ohne das soziale Band zu zerreißen, das einen jeden mit allen vorgängig verknüpft. Als Teilnehmer an praktischen Diskursen wird nämlich jeder auf sich gestellt und bleibt doch in einen objektiv allgemeinen Zusammenhang eingebunden.[949]

3.6.1 Die Partizipanden des Diskurses

Als mögliche Teilnehmer des Diskurses haben zufolge der obigen Ausführung alle - also die gesamte Weltgemeinschaft - zu gelten, es liegt jedoch in der Natur der Sache, daß die Interessen der Betroffenen von advokatorischen Vertretern wahrgenommen werden.
Dabei ist es unumgänglich, sich der eingangs festgestellten Beschränkung der Teilnehmer auf solche Gesprächspartner, die willens und prinzipiell in der Lage sind, vernünftig miteinander zu reden und bereit sind, die anderen Gesprächspartner ebenfalls als mündige Personen anzuerkennen,[950] zu entsinnen. Wie schwierig - insbesondere bei Fragen einer ethischen Verantwortung - die Auswahl der advokatorischen Vertreter ist, da ja die ideale Kommunikationsgemeinschaft selbst zu allererst einmal zu realisieren ist, kann anhand der empirischen Untersuchungen von L. Kohlberg[951] ermessen werden.
Die Funktion der idealen ethischen Maßstäbe und ihrer Konfrontation mit der Realität liegt nämlich gerade darin, die realen Schwierigkeiten und Grenzen einer **ethisch-politischen Praxis** überhaupt erst in den Blick zu bringen und eine Grundlage langfristiger Realisierungsstrategien zu gewinnen. Dies läßt sich laut

946 ebd.: Habermas, J.: Erläuterungen zur Diskursethik, a. a. O. S. 113
947 ebd.: Habermas, J.: Erläuterungen zur Diskursethik, a. a. O. S. 116
948 ebd.: Habermas, J.: Erläuterungen zur Diskursethik, a. a. O. S. 42
949 vgl.: Apel, K.-O.: Diskurs und Verantwortung, a. a. O. S. 72
950 vgl.: Abschnitt 0. - Problemstellung
951 vgl.: Abschnitt 3.6.2

Apel an zwei ethisch-politischen Postulaten zeigen, die sich gerade aus dem Widerspruch zwischen dem Ideal der Kommunikations-Ethik und der politisch-gesellschaftlichen Realität ableiten lassen:

1. "Zunächst wäre hier die Grundtatsache ins Auge zu fassen, daß jeder, der argumentiert, einerseits mit Notwendigkeit eine ideale Sprechsituation und eine ideale Kommunikationsgemeinschaft voraussetzt, andererseits - vom Common sense her - ganz genau weiß, daß er selbst und seine Partner weder von der Kompetenz her noch von der Gesinnung her dem notwendigen Anspruch genügen. Aus der Einsicht in den fundamentalen Widerspruch zwischen der Beschaffenheit der realen Kommunikationsgemeinschaft und der notwendigerweise contrafaktisch antizipierten idealen Kommunikationsgemeinschaft ergibt sich zunächst einmal das Postulat, daß der Widerspruch geschichtlich aufzuheben ist; m.a.W.: gerade aus dem Grundwiderspruch ergibt sich das Ziel einer langfristigen Strategie ethisch-politischer Emanzipation. (Ich definiere »Emanzipation« als Realisierung der idealen Kommunikationsgemeinschaft repressionsfreier Beratung in der realen Kommunikationsgemeinschaft.)
2. Aus der Einsicht, daß die ideale Kommunikationsgemeinschaft in der realen Kommunikationsgemeinschaft, also in der geschichtlich gewordenen Gesellschaft, verwirklicht werden muß, ergibt sich aber sogleich auch das ethische Postulat, daß die Existenzerhaltung der realen Kommunikationsgemeinschaft sichergestellt werden muß. Damit ist nur eine notwendige und zugleich einschränkende Vorbedingung der emanzipatorischen Strategie der Realisierung der idealen Kommunikationsgemeinschaft bezeichnet. Daraus folgt, daß in den konkreten geschichtlichen Situationen stets eine Vermittlung zu bewerkstelligen ist zwischen der Forderung der Verwirklichung der idealen Kommunikationsgemeinschaft und der Forderung der Existenzerhaltung der realen Kommunikationsgemeinschaft. Wissenschaftstheoretisch läuft dies (...) auf eine Vermittlung der Prinzipien kritisch-emanzipatorischer Sozialwissenschaft mit quasi-biologischen, systemtheoretischen Imperativen hinaus. Unter den Bedingungen der gegenwärtigen ökologischen Krise der wissenschaftlich-technischen Zivilisation z.B. muß die Realisierung einer sozial gerechten Gesellschaftsordnung, die den Bedingungen der idealen Kommunikationsgemeinschaft entspricht, im internationalen Maßstab vermittelt werden mit der systemtheoretischen Vorbedingung, daß die Rettung der menschlichen Ökosphäre zu bewerkstelligen ist. Denn zum ersten Mal in der menschlichen Geschichte ist die

> Existenzerhaltung ein Problem, das die menschliche Gattung insgesamt angeht und von ihr insgesamt gelöst werden muß."[952]

Nun kann aber die politische Lösung dieser Aufgabe Nr. 1 unserer Zeit noch nicht Gegenstand einer idealen Beratung und Konsensbildung sein, da die Forderung der solidarischen Verantwortung der Menschen erfüllt werden muß, obwohl die Bedingungen der Möglichkeit ihrer Erfüllung noch gar nicht hergestellt sind.
Die komplexe Problematik, überhaupt einen Diskurs in Gang zu bringen, kann daran ermessen werden, - und das könnte auch die Ursache für das häufige Auf-der-Stelle-Treten in Fragen der Entwicklungspolitik sein - wie schwer es ist, die hohen Anforderungen des praktischen Diskurses[953], viel mehr jedoch noch jene hinsichtlich der moralischen Qualifikation der Diskursteilnehmer[954] zu erfüllen. Es ist dabei zu bedenken, daß - Kohlberg zufolge - in einer Post-Aufklärungsgesellschaft wie der US-amerikanischen davon ausgegangen werden muß, daß lediglich ca. 5 Prozent der Erwachsenen über die entsprechende idealtypische Entwicklung des moralischen Bewußtseins verfügen.

Aber nicht ausschließlich die moralische Qualifikation sondern ebenso die ausreichende Sachkenntnis[955] über komplexe wirtschaftliche Zusammenhänge stellt ein Problem dar, das bei der Auswahl der Diskursteilnehmer Berücksichtigung finden muß. So sah sich, Wolfgang Schmitz, einer der engagiertesten Autoren in Fragen der katholischen Soziallehre veranlaßt, Sachkenntnis als weiteres Prinzip derselben einzufordern: „Als Folge des Auftretens betont Engagierter („Betroffener"), aber unzulänglich Informierter, die sich auf die katholische Soziallehre berufen, wurde zur Ergänzung der (...) Prinzipien dieser humanitären Konzeption – der Personalität, der Solidarität, der Subsidiarität, des Gemeinwohls und der Partizipation – vorgeschlagen, mit zunehmender Komplexität der Probleme ein zusätzliches Prinzip, **das Prinzip der ausreichenden Sachkenntnis zu postulieren.**"[956]

3.6.2 Die Stufen der moralischen Urteilskompetenz

Empirische Studien L. Kohlbergs bestätigten seine These, daß sich moralisches Urteilen als Hierarchie von Formen der moralischen Integration im Sinne einer wachsenden Gerechtigkeit begreifen läßt; dieses auf sechs verschiedenen Stufen

---

[952] Apel, K.-O.: Diskurs und Verantwortung, a. a. O. S. 38f
[953] vgl.: Abschnitt 2.9.3
[954] vgl.: Abschnitt 3.6.2
[955] vgl.: Schmitz, W.: Das noch verborgene sechste Prinzip der katholischen Soziallehre: Zum Guten Willen das Gute Wissen, in: Die Furche, Nr. 19 vom 9.5.1991, S. 3
[956] Schmitz, W.: Ordnungsethik unter der Tyrannei des Status Quo, in: Socher, K.; (Hrsg.): Wolfgang Schmitz – wirtschaftspolitische Weichenstellungen 1963 – 1973. Wien 1996, S. 114, (Hervorh. HPS)

einer jeweils neuen logischen Struktur entsprechend der fortschreitenden Entwicklung logischer Denkoperationen.
Die Struktur kann als Gerechtigkeitsstruktur aufgefaßt werden, die auf jeder folgenden Stufe umfassender und zugleich differenzierter und äquilibrierter als auf der vorausgegangenen Stufe ist.[957] Während es sich bei den Stufen 1 und 2 um die Entwicklung der Urteilskompetenz von Kindern handelt, geht es bei der Stufe 3 darum, daß Jugendliche sich bereits in zwei verschiedene Rollen, die aufeinander bezogen sind, hineinversetzen können, dies allerdings bloß begrenzt im Sinne stereotyper Rollen einer konkreten Bezugsgruppe (Familie, Freunde, ...).
Ein Ansatz zur Universalisierung des "role taking" bzw. der "Goldenen Regel" ist auf der konventionellen Stufe 3 noch nicht möglich, aber auch noch nicht eine Präzisierung der Rollenpflichten und Rechte im Sinne eines sozialen Funktionssystems: einer Gesellschaftsordnung, welche die Rollen durch zugehörige Regeln oder Normen des richtigen Verhaltens festlegt.
Dies letztere wird erst möglich und maßgebend auf der konventionellen Stufe 4, der Stufe von "Law and Order", die typischerweise auf eine staatliche Gesellschafts- und Rechtsordnung bezogen ist.[958]
Die Gegenseitigkeitsbeziehung der Rechte und Pflichten ist hier gewissermaßen durch das soziale System vermittelt und begrenzt. Dementsprechend besteht die positive Reziprozität der Gerechtigkeit dabei nicht mehr im interpersonalen Austausch von Gütern und Leistungen, sondern im Austausch von Leistungen und Belohnungen zwischen den Einzelpersonen und dem System. Die negative Reziprozität der Gerechtigkeit besteht dementsprechend nicht mehr in Rache und Vergeltung zwischen Personen (oder Familien), wie auf der vorangehenden Stufe 3, sondern darin, daß man - nach Maßgabe der Gleichheit vor dem Gesetz - der Gesellschaft seine Schuld bezahlt. Die "Schlüssel-Definition" der Stufe 4 beruht nach Kohlberg auf einer **"law-(or rule-)and-order-maintaining perspective"**.[959]
Demgegenüber liegt die Schlüssel-Definition der **postkonventionellen** Stufe 5 darin, daß hier erstmals die Perspektive des Gesetzgebers eingenommen wird. In ihrem Sinne rekurriert man auf das natürliche Recht der Individuen, die Gesellschaftsordnung, in der sie leben wollen, durch Verträge nach dem Gesichtspunkt der Nützlichkeit zu begründen und sie nötigenfalls zu verändern. Daher die von Kohlberg bevorzugte Kennzeichnung der Stufe 5 als solche der "legalistischen Vertragsorientierung" oder - zuletzt - "Stage of Prior Rights and Social Contract or Utility".[960]
Dabei muß nach Kohlberg der Nützlichkeits-Standpunkt, der gewissermaßen das rationale Legitimationsprinzip für das Recht und auch für die zugrundeliegenden

[957] vgl.: Kohlberg, L.: The Philosophy of Moral Development. San Francisco 1981, S. 147
[958] vgl., ebd.: Kohlberg, L.: The Philosophy of Moral Development, a. a. O. S. 150f
[959] vgl.: Apel, K.-O.: Diskurs und Verantwortung, a. a. O. S. 319
[960] vgl.: Apel, K.-O.: Diskurs und Verantwortung, a. a. O. S. 320

Verträge darstellt, im Sinne des **Regel-Utilitarismus**[961] und nicht etwa im Sinne des klassischen Utilitarismus oder Konsequentialismus der Handlungen verstanden werden. Und der Standpunkt des Regel-Utilitarismus muß dadurch qualifiziert sein, daß die gültigen Regeln bzw. Gesetze selbst nicht, wie auf Stufe 4, als sakrosankt vorausgesetzt, sondern im Vergleich zu anderen Regeln als nützlicher für die einzelnen begründet werden.[962]

Der gruppen- oder staatsbezogene Standpunkt der Binnenmoral wird durch den Gedanken der Freiheitsrechte aller Menschen und durch die Forderung der Begründung des Rechts durch freie Verträge überschritten. "Auf Stufe 4 (»law and order«) ist die Gerechtigkeit für den einzelnen eine Sache der Verteidigung der eigenen Gesellschaftsordnung (»law, nation, and God«) gegen ihre Feinde: Kriminelle, Dissidenten und äußere Feinde. Auf Stufe 5 dagegen »verlagert sich die Aufmerksamkeit von der Verteidigung von Gesetz und Ordnung auf das Problem der Gesetzgebung, die notwendig ist, um die Wohlfahrt der Individuen zu maximieren«. Darin ist »eine völlig verschiedene Einstellung der Gesetzesachtung involviert. Die Funktion der Gesetze wird dann darin gesehen, zwischen den Eigentumsrechten und (sonstigen) Interessen verschiedener und konfligierender Gruppen als Schiedsrichter zu vermitteln«."[963]

Auf dieser Stufe befindet sich, nach jüngeren Schätzungen Kohlbergs, in den modernen Industriestaaten der westlichen Zivilisation der weitaus überwiegende Teil der Erwachsenen.

Diese postkonventionelle Moralphilosophie und die konstitutionelle Demokratie sind nach Kohlberg's Überzeugung "in der westlichen Welt zusammen entstanden..., so zuerst in Athen, dann in der Zeit der europäischen Reformation"[964].

Doch selbst diese Stufe 5 kann im philosophischen Sinn nicht als letzte Stufe der Moral gelten. Es bleibt nämlich eine Differenz bestehen, die zu einem Konflikt zwischen der Legalität im Sinne des geltenden Rechts und dem "moral point of view", für den nur das Recht des subjektiven Gewissens und kein intersubjektiv gültiges Prinzip der Begründung gilt.

Erst die Stufe 6, die ein "höheres moralisches Gesetz" zur Geltung bringt, nämlich die Prinzipien des **Regelutilitarismus und des Sozialvertrages**, ist universalisierbar. "Es handelt sich um das Kantsche Prinzip, daß Personen als Selbstzweckwesen einen unbedingten moralischen Wert besitzen, und das dem genau entsprechende Prinzip der formalen Gleichberechtigung aller Ansprüche von Personen in allen Situationen. Im Unterschied zu allen mehr oder weniger nützlichen Handlungsweisen und im Unterschied zu Rollenerwartungen, die aus impliziten Gesellschaftsverträgen ableitbar sind, sind die angeführten beiden logisch äquiva-

---

[961] vgl.: Abschnitt 2.2.6
[962] vgl.: Kohlberg, L.: The Philosophy of Moral Development, a. a. O. S. 153
[963] Apel, K.-O.: Diskurs und Verantwortung, a. a. O. S. 320f
[964] Kohlberg, L.: The Philosophy of Moral Development, a. a. O. S. 153

lenten Moralprinzipien jederzeit für jedes »Vernunftwesen« als »idealen moralischen Akteur« verbindlich und insofern schlechthin universalisierbar. Sie stehen höher als jedes positive Rechtsgesetz, »weil die Geltungsansprüche der Rechtsgesetze und Verträge aus ihnen deduziert werden können«".[965]
Universal gültige Pflichten müssen in diesem Sinne stets mit entsprechenden Rechtsansprüchen korreliert sein, sonst kann sich im Falle einer Fehlinterpretation des Universalisierungsprinzips ein Rückfall auf tiefere Stufen des moralischen Bewußtseins ergeben.[966]
Obwohl Kohlberg selbst eingesteht, daß bereits die Stufe 6 - Moral überhaupt noch nicht durch empirische Testergebnisse gestützt werden könne und nur als Postulat zu verstehen sei[967], fordert J. Habermas darüber hinaus sogar eine Stufe 7 des moralischen Bewußtseins.
Auf dieser Stufe ist als Ideal vorausgesetzt, daß die Universalisierbarkeit einer Handlungsmaxime als Norm nicht nur durch das Gedankenexperiment eines einzelnen unter Bedingungen der Gewissensautonomie, sondern durch konkrete Verständigung zwischen den Betroffenen unter Bedingungen der "moralischen und politischen Freiheit" aller Mitglieder einer "fiktiven Weltgesellschaft" festgestellt wird.[968]
Kohlberg entwickelte daraufhin seinerseits eine Stufe 7 des moralischen Bewußtseins (ohne in der moralischen Entwicklung nur eine Konsequenz der grundlegenden religiösen Entwicklung zu sehen) in der Form, daß er in der Ausprägung der Stufen des moralischen Bewußtseins eine - notwendige, aber nicht hinreichende - Vorbedingung für die Ausprägung damit vereinbarer religiös-metaphysischer Weltanschauungen sieht.
Er kommt auf Grund seiner Erkenntnisse zu dem Schluß, daß die Entwicklung der religiös-metaphysischen Weltanschauung ihrer formalen Struktur nach die Entwicklung des moralischen Denkens ebenso als notwendige Bedingung voraussetzt wie dieses seinerseits schon die Entwicklung des logischen Denkens, daß aber umgekehrt die Entwicklung des moralischen Denkens, einschließlich seiner letz-

---

965 Apel, K.-O.: Diskurs und Verantwortung, a. a. O. S. 327

966 vgl.: Apel, K.-O.: Diskurs und Verantwortung, a. a. O. S. 328
wie schwierig es ist, eine ausbalanzierte Stellung beziehen zu können, kann anhand der problematischen Situation in Österreich nach der Installierung der ÖVP/FPÖ-Koalition im Februar 2000 ermessen werden. Sich selbst als „aufrechte Demokraten" zu bezeichnen (z.B. die Wiener Stadträtin Brigitte Ederer) und daraus abzuleiten, daß diejenigen, die die politische Änderung bewirkten, Faschisten seien, ist schlichtweg eine äußerst dubiose, selbstgerechte Fehlinterpretation höherer Moralstufen und fällt m. E. sogar in Ermangelung – selbst des Versuchs – eines praktischen Diskurses unter die Stufe 4-Moral zurück.

967 vgl.: Kohlberg, L.: Moral Stages. A Current Formulation and a Response to Critics. Basel 1983, S. 9

968 vgl.: Habermas, J.: Zur Rekonstruktion des historischen Materialismus. Frankfurt am Main 1976, S. 83

ten Stufe, ebensowenig eine zureichende Bedingung des religiös-metaphysischen Denkens darstellt, wie zuvor schon die Entwicklung des logischen Denkens eine solche des moralischen Denkens.
Der normativ-deontologische Universalismus einer post-Kantschen Ethik ist nämlich in der Moderne - anders als bei den Griechen oder im Stände-System des Mittelalters - "die Voraussetzung und einschränkende Bedingung dafür, daß verschiedene Individuen und soziale Lebensformen das Problem des guten Lebens, des Glücks bzw. des Seelenheils in pluralistischer Freiheit und - möglicherweise - im Sinne eines authentischen Lebensstils lösen können."[969]
Aus diesen Erkenntnissen folgert wiederum K.-O. Apel, daß "- im Gegensatz zum wissenschaftstheoretischen Selbstverständnis der wertneutralen nomologischen Verhaltenswissenschaften - mit Recht vorausgesetzt ist, daß eine rational verstehende Erklärung der Entwicklung des moralischen Bewußtseins sich von vornherein als empirische und normative Nachkonstruktion jener Lernprozesse verstehen muß, die - wenn alles gut geht - zur Kompetenz des »reversible role taking« in einer idealen Kommunikationsgemeinschaft hinführen."[970]

3.6.3 Der "Ort" des Diskurses

Vermutlich ist bereits die Installierung der idealen Kommunikationsgemeinschaft selbst ein äußerst kompliziertes Unterfangen, jedoch, als ein begrüßenswerter Schritt in Richtung einer heuristischen Problemlösung im Sinne der gewählten Zielfunktion zu sehen. Die Plattform der MAI-Verhandlungen ist zweifellos nicht die soeben beschriebene und angestrebte "ideale Kommunikationsgemeinschaft"; sie hat jedoch gegenüber künftig allenfalls noch zu schaffenden anderen einen unschätzbaren Vorsprung: Sie ist bereits existent[971], und stellt sich in Form einer geschichtlich gewachsenen, realen Kommunikationsgemeinschaft, dar.[972]
Die OECD-Länder als Repräsentanten der Industriestaaten sind zwar in den MAI-Verhandlungen übermächtig vertreten, doch dürfte die von den NGO's gewünschte Verlagerung auf die Ebene der WTO - speziell nach "the battle of Seattle" im Dezember 1999 - Verhandlungsfortschritten kaum dienlich sein (Freihandelsdok-

---

[969] Apel, K.-O.: Diskurs und Verantwortung, a. a. O. S. 346
[970] ebd.: Apel, K.-O.: Diskurs und Verantwortung, a. a. O. S. 355
[971] vgl.: Apel, K.-O.: Diskurs und Verantwortung, a. a. O. S. 361:
Für das Problem der situationsbezogenen Anwendung der postkonventionellen Moralität ergibt sich nämlich aus den bisherigen Überlegungen die Einsicht, daß es die normalen (die stufenspezifischen) gesellschaftlichen Bedingungen einer Anwendung der postkonventionellen Stufe-6-Moralität noch gar nicht gibt. Derartige normale, stufenspezifische Anwendungsbedingungen der Moral werden aber im Begriff der idealtypischen Stufen des moralischen Bewußtseins eigentlich immer schon mit vorausgesetzt - gerade dann, wenn in der kognitiv-psychologischen Theorie von diesen Voraussetzungen abstrahiert wird.
[972] vgl.: Apel, K.-O.: Erste Philosophie heute? In: Apel, K.-O.; Hösle, V.; Simon-Schäfer, R.: Globalisierung. Herausforderung für die Philosophie. Bamberg 1998, S. 61

trin!). Die Statements beim WWF-Davos bekundeten jedenfalls ein Beharren auf den jeweils eigenen Standpunkten;[973] eine Verwässerung der Gespräche mündete zudem auf Grund der atomistischen Anzahl der Verhandler letztendlich in deren Selbstblockade, da erwartbar wird, daß ab einem gewissen Verhandlungsstand über Dinge diskutiert wird, die nicht mehr von globaler Relevanz, sondern allenfalls durchaus schätzenswerte Interessen von zumeist egoistischer, lokaler Bedeutung sind.
Die von der SEF ins Auge gefaßte Verlagerung der Verhandlungen der Global Governance-Architektur auf die Ebene der UN ist mit diesem Vorbehalt ebenso behaftet; dieser trifft aber auch genauso auf das "Projekt Weltethos" zu - beide Konzepte sind - obzwar ethisch stimmig - utopische Visionen. Demgegenüber könnte die Nutzung der bestehenden MAI-Plattform sehr wohl die gegenwärtige Situation - nicht zuletzt auf Grund der Berücksichtigung des nicht zu unterschätzenden Eigeninteresses der Industriestaaten - kurzfristig verbessern und stellt folglich einen Schritt im Sinne einer heuristischen Problemlösung dar. Gleichzeitig könnte sich die "reale" in Richtung einer "idealen" Kommunikationsgemeinschaft weiterentwickeln.
Es liegt in der Natur der Sache, daß nicht nur eine Differenz zwischen realer und idealer Kommunikationsgemeinschaft bestehen bleibt, sondern ebenso eine solche zwischen realer und idealer Lösung. Es scheint allerdings bei aufrechter Kommunikation die Erwartung erwartbar zu sein, daß diese Differenz im Zuge des „muddling through" permanent kleiner wird.

Doch weder das Nichtvorhandensein der Einrichtungen für einen Diskurs, noch der Mangel an entsprechend qualifizierten Diskursteilnehmern mit der hinreichenden moralischen Urteilskompetenz entbindet die Weltgemeinschaft von ihrer Verantwortung. Wie könnte dennoch eine angemessene Antwort auf die Frage nach der verantwortungsethischen Anwendungskompetenz für das Prinzip der Stufe-6-Moralität aussehen?
Obwohl der weitaus überwiegende Teil der Bevölkerung in den Postaufklärungsgesellschaften die postkonventionellen Stufen der moralischen Urteilskompetenz im Sinne Kohlbergs nicht erreicht, wäre völlig verfehlt - wie Apel ausführt -, anzunehmen, daß "deshalb die universalistische Moral der postkonventionellen Stufe auf die substantielle Sittlichkeit - und insofern auf die Institutionen - der modernen demokratischen Rechtsstaaten ohne Einfluß geblieben wäre. Die Erklärungen über Grundwerte, Menschenwürde und Menschenrechte in allen Verfassungen (sic!) moderner Staaten bezeugen natürlich das Gegenteil.[974] Darüber hinaus aber wird man (...) sogar folgendes behaupten können: Die in modernen Rechts-

---

[973] vgl.: Abschnitt 1.4.2
[974] das ist leider ein Wunschdenken und beschränkt sich auf die Demokratie westlicher Prägung!

systemen und in den Spielregeln der demokratischen Regierungsform implizierten Moralprinzipien - wie etwa die Voraussetzung eines Grundkonsenses und eines approximativ immer wieder zu erneuernden Konsenses der Betroffenen als Legitimationsbasis für die Gesetzgebung - diese Institutionsprinzipien repräsentieren sogar durchweg ein höheres, postkonventionelles Niveau des moralischen Bewußtseins als das von der Mehrzahl der Bürger erreichte."[975]

Es bedarf somit einer »regulativen Idee« für eine langfristige moralische Strategie zur Realisierung solcher Verhältnisse, "die eine Ablösung der rein strategischen Konfliktregelung durch konsensualkommunikative Konfliktregelung erlauben. Kurz: Es geht um eine Politik der langfristigen Realisierung der politischen Anwendungsbedingungen der Stufe-6-Moralität; und dazu - so scheint es - bedarf der »moralische Politiker« einer Stufe-7-Kompetenz der verantwortungsethischen Vermittlung von ethischer Rationalität."[976]

Der einzelne kann zwar gar nicht die Verantwortung übernehmen für die unabsehbaren Wirkungen der kollektiven Handlungen der Menschen im Zeitalter der Wissenschaft und Technik. Aber er kann sehr wohl an der Organisation der kollektiven Verantwortung mitarbeiten. Dies geschieht auch längst schon in den institutionalisierten Diskursen der Gesetzgebung und in den informellen Diskursen der »räsonierenden Öffentlichkeit«.

Somit geht es in den praktischen Diskursen, in denen die kollektive Verantwortung für kollektive Handlungen organisiert und realisiert werden muß, um die Fähigkeit der einzelnen zur kommunikativen Vermittlung zwischen Diskurspartnern verschiedener Kompetenzstufen und auch verschiedener Willensbereitschaft zur konsensualkommunikativen Konfliktlösung.[977]

Was spricht daher dagegen, das MAI-Programm nach dem Ziehen der von seinen Gegnern kritisierten schärfsten Zähne zu verabschieden und darüber hinaus die Verhandlungen derart weiterzuführen, daß sich daraus ein MAI II entwickeln kann, das auf die vollkommen andersgeartete Problemlage der LDC's und LLDC's[978] zugeschnitten ist? Bei den, in die derzeitigen MAI-Verhandlungen eingebundenen Entwicklungsländern handelt es sich ohnedies um **relativ** entwickelte Staaten - also bereits um Schwellenländer.

Aus den bereits oben ausgeführten Gründen ist eine Verlagerung der Verhandlungen, weg von der OECD, aus pragmatischen Überlegungen m. E. nicht sinnvoll, wobei zudem davon auszugehen ist, daß die Mehrzahl der OECD-Staaten als "Geberländer" anzusehen ist, von deren Wirtschaftskraft die dritte Welt profitieren will und aus vielerlei Gründen auch ihren Nutzen ziehen soll.

---

[975] Apel, K.-O.: Diskurs und Verantwortung, a. a. O. S. 363f

[976] ebd.: Apel, K.-O.: Diskurs und Verantwortung, a. a. O. S. 366

[977] vgl., ebd.: Apel, K.-O.: Diskurs und Verantwortung, a. a. O. S. 367

[978] LLDC's = Least developed countries

Wenn wir uns von den hehren Höhen der Ethik auf den Boden der tagespolitischen Realität begeben, wird dabei unmittelbar einsichtig, daß auf Grund des Bestehens der Marktwirtschaft unterschiedlicher Ausprägung in den Mitgliedsländern der OECD diese offensichtlich nicht zu Disposition steht, also ihre Sachzwanglogik ein sehr intensives Beharrungsvermögen entwickeln wird. Allenfalls wird es gelingen, den Neoliberalismus bei einzelnen unerwünschten Auswüchsen über eine globale Änderung der Rahmenordnung etwas einzuengen, eine grundlegende Neuorientierung ist aber auf Grund seiner Effizienz kaum zu erwarten. Im Gegenteil: schon allein wegen der Wirtschaftsmacht der Vereinigten Staaten und der Freihandelsdoktrin der WTO ist eher eine Ausweitung der neoliberalen Ideologie für die nähere Zukunft absehbar.
Folglich wird den Gegnern der Globalisierung und des Shareholder-Value-Prinzips derzeit kaum hinreichend Gehör geschenkt werden um eine fundamentale Änderung des Status-quo zu bewirken; Weltrevolution ist zudem gegenwärtig auch keine angesagt!

Die obigen Ausführungen können jedoch nicht darüber hinwegtäuschen, daß zwar nicht alle Institutionen, die sich mit globalen Problemlösungen befassen, in den Diskurs eingebunden sein können, sehr wohl aber deren advokatorische Vertreter. Die Institutionen selbst nehmen quasi Hilfsstellungen für ihre Vertreter ein.

3.7 Die Vision einer neuen Schiene im Weltwirtschaftssystem

Eine MAI II - Plattform könnte – wie sie auch immer heißen mag - den Kreis der Verhandler um die NGO's und die Neomarxisten erweitern, wobei - da zu Beginn noch nicht vorhanden - die Bedingungen des idealen Diskurses und der Personenkreis mit der erforderlichen moralischen Urteilskompetenz erst im Laufe des Diskurses selbst zu finden sein werden. Es ist ein langwieriger Weg zu erwarten bis die Partizipanden des Diskurses in die Lage versetzt werden, eine ideale globale Wirtschaftsordnung, die sowohl den Prinzipien des Regelutilitarismus als auch jenen des Sozialvertrages entspricht, zu formulieren. Dabei stellt sich die Frage, ob diese moralische Anforderung der Kohlberg'schen Stufe 6 nicht schon bei uns mit der Etablierung der Öko-Sozialen-Marktwirtschaft - zumindest programmatisch - weitgehend erfüllt ist und ob folglich diese Wirtschaftsordnung nicht bereits die Stellung eines Subziels des heuristischen Problemlösungsprozesses beanspruchen könnte. Jedenfalls bekunden in den letzten Jahren zahlreiche Repräsentanten der europäischen Sozialdemokratie Sympathien für dieses Wirtschaftssystem, das bis vor kurzem noch ausschließlich ideologisches Rüstzeug der christlich-sozialen Parteien war, womit zumindest ein breiter parteipolitischer Konsens hergestellt ist - naturgemäß eine Basis für entsprechende rechtliche Weiterungen.

So sehr dieses Wirtschaftsmodell die Chance beinhaltet, in den entwickelten Industriestaaten eine Hemmung derjenigen Auswüchse der fortschreitenden Liberalisierung, die von Kritikern als negativ angesehen werden, herbeizuführen und somit Zeit für einen diskursiven Nachdenkprozeß in Hinblick auf eine ethisch allenfalls gebotene Selbstbeschränkung zu gewinnen, so sehr bleibt es vorderhand für die Entwicklungsländer ein utopisches Ziel in weiter Ferne.
Ihre Wirtschaft bedarf primär der Möglichkeit einer geschützten Entwicklung im Sinne der von Hirschmann[979] gemachten Erfahrungen; diese sind allerdings keineswegs sehr unterschiedlich zu jenen, die die junge Republik Österreich nach dem 2. Weltkrieg machen mußte. Auch hier galt es, einen geschützten Bereich aufzubauen und die Kopplungseffekte zu nutzen.
Obwohl trotz des ungeheuren Erfolges des Marshall-Plans, der den Wiederaufbau nach dem Krieg in Westeuropa dank einer effizienten Kombination von Auslandshilfe, wirtschaftlicher Planung und Kooperation der Hilfeempfänger relativ schnell ermöglichte, war leider ähnlichen Versuchen der Entwicklungsökonomie in der Dritten Welt ein Ergebnis gleicher Dimension versagt geblieben. Ideologische Differenzen bei den Entwicklungsökonomen selbst, vielfach korrupte und autoritäre Regime in den LDC's, vor allem aber die Tatsache, daß es ein Patentrezept nicht geben kann, da es auch das "typische Entwicklungsland" nicht gibt, lassen den Erfolg von bloßen Finanzspritzen fraglich erscheinen. Ebenso wie sich herausstellte, daß sich die Probleme der Länder mit großer Einwohnerzahl wesentlich von den immer zahlreicheren Kleinstaaten der Dritten Welt unterschieden, wurde auch deutlich, daß die erdölexportierenden Entwicklungsländer ganz andere Probleme hatten als die erdölimportierenden.[980]
Daraus folgert Hirschman zu Recht, daß sich alle Länder ihre eigene Politik und Ideologie zurechtzimmern müssen.[981]

Aus den Erfahrungen der Vergangenheit läßt sich schließen, daß dem kapitalistischen Wirtschaftssystem gegenüber dem marxistischen - zumindest für einen längeren Zeitraum der näheren Zukunft - global der Vorzug einzuräumen ist; das heißt aber nicht, daß das auch lokal überall so sein muß.

Die Entwicklungsländer sind dabei allerdings durchaus auf die Hilfe von außen angewiesen und keineswegs autonom in ihren Entscheidungen, da diese vom Status-quo der Weltwirtschaft - derzeit sogar mit allen Vor- und Nachteilen des Globalisierungsprozesses - mit deren Datumscharakter begrenzt sind. Ein MAI II

---

979 vgl.: Abschnitt 3.2

980 vgl.: Hirschman, A. O.: Entwicklung, Markt und Moral. Abweichende Betrachtungen, a. a. O. S. 58f

981 vgl., ebd.: Hirschman, A. O.: Entwicklung, Markt und Moral. Abweichende Betrachtungen, a. a. O. S. 50

könnte jedoch als Ergebnis des praktischen Diskurses ein Wirtschaftsmodell gebären, das diesen Datumscharakter durchbricht und den Entwicklungsländern jeweils einen Partner bescheren, dem auf Grund seiner besseren wirtschaftlichen Position der Umgang mit den vorgegebenen Daten wesentlich leichter gelingt als den Ländern der Dritten Welt selbst; schon allein deshalb, weil sie bereits seit geraumer Zeit mit deren Handhabung vertraut sind.
Hinsichtlich der finanziellen Probleme der Entwicklungshilfe, die seit Anfang der 90er Jahre durch die Ansuchen um Unterstützung seitens der ehemaligen Ostblockstaaten noch zusätzlich verschärft wurden, scheint angesichts der angespannten Budgetlage der öffentlichen Haushalte in den OECD-Ländern (auf die der bei weiten größte Teil der weltweit geleisteten Entwicklungshilfe entfällt)[982] auch in Hinkunft keine wesentliche Verbesserung bei der Dotierung der Mittel für die Entwicklungshilfe abzusehen sein.
Was spricht also dagegen, die Dritte Welt auf Basis bilateraler Beziehungen zu entwickeln? Eine Studie der Universität Basel hat ganz klar erhebliche Vorteile in der bilateralen Entwicklungshilfe ausgelotet.[983]
Spanien betreibt beispielsweise eine solche schon seit Jahrzehnten mit Marokko - wenn auch nicht uneigennützig, sondern zur Absicherung seiner dortigen Besitzansprüche - mit zufriedenstellendem Erfolg für beide Seiten.

Zum Verständnis der nachstehenden Finanz- und Wirtschaftspolitischen Maßnahmen ist vorweg allerdings ein Umdenken erforderlich.

Da kaum zu erwarten ist, daß die bisherigen Geberländer von einem Tag auf den anderen zu enthusiastischen Entwicklungshelfern mutieren, sind für sie weder caritative noch altruistische Motive handlungsbestimmend. Es ist vielmehr davon auszugehen, daß ihr künftiges Engagement von ihren Eigeninteressen geleitet sein wird.
Die Neigung zur Entwicklungszusammenarbeit auf Gegenseitigkeit, insbesondere die Bereitschaft, einen Beitrag zur Konsolidierung der Zahlungsbilanzen der Staaten der Dritten Welt zu leisten, wird in den Industrieländern zweifellos erheblich gesteigert, wenn daraus für sie selbst Vorteile resultieren. Auf Macro-Ebene umsetzbare Maßnahmen aus Eigennutz überwinden zudem die beschränkten Möglichkeiten der NGO's. Deren Mittelaufbringung verbleibt stets in einer bescheidenen Größenordnung, weil sie ausschließlich auf caritativen Motiven aufbaut.
Da unternehmerisches Denken und Handeln sowie die Bereitschaft, sich zu engagieren demgegenüber auf konsequenzialistischen Motiven beruht, sind diese für die erwünschte „Hilfe zur Selbsthilfe" nutzbar zu machen; soll dies in geordneten

982 vgl.: Dewald, M.: Komparative Vorteile in der bilateralen Entwicklungshilfe, a. a. O. S. 2
983 vgl., ebd.: Dewald, M.: Komparative Vorteile in der bilateralen Entwicklungshilfe, a. a. O. S. 2

Bahnen stattfinden, muß in einem praktischen Diskurs eine Rahmenordnung geschaffen werden, in der die erforderlichen moralischen Werte implementiert sind. Es werden – soll relativ rasch ein neues Weltwirtschaftskonzept verwirklicht werden – mit absoluter Sicherheit anfänglich ethische Defizite verbleiben. Da jedoch das gesamte Konzept ohnedies bloß nach und nach, also als Prozeß umsetzbar ist, besteht in dessen Verlauf auch die Möglichkeit der Adaptierung der moralischen Defizite.

3.7.1 Die Partnersuche nach dem Prinzip der Subsidiarität

Obwohl nicht mehr ganz zeitgemäß, ist es m. E. für die weiteren Überlegungen sinnvoll, die einzelnen Staaten der Welt, wie bereits dereinst, in vier Gruppen zu gliedern. Diese könnten sich wie folgt darstellen:

1. Gruppe (G1): Industriestaaten: das ist primär der Großteil der OECD-Staaten – „der Westen". Es ist aber durchaus denkbar, daß Länder wie Singapur oder Taiwan, also solche Staaten, die längst nicht mehr als Entwicklungsländer anzusehen sind, sowie der eine oder andere OPEC-Staat, sich dank ihrer Wirtschaftskraft dieser Gruppen zuordnen könnten.
2. Gruppe (G2): Geber und Empfänger Länder: das wären vermutlich vornehmlich die wirtschaftlich schwächer entwickelten OECD- und OPEC Staaten sowie die Transformationsländer; aber auch der eine oder andere Staat aus der Reihe der Schwellenländer, also die wirtschaftlich besser gestellten Entwicklungsländer, könnten sich berufen fühlen, sich hier einzugliedern.
3. Gruppe (G3): bedingte Empfängerländer: die LDC's.
4. Gruppe (G4): absolute Empfängerländer, also die Armenhäuser der Welt, die LLDC's.

Die Zuordnung zu der jeweiligen Gruppe obliegt den einzelnen Ländern im Rahmen der UNO nach **eigener Einschätzung** unter Berücksichtigung der wirtschaftlichen Leistungskraft, der politischen Verhältnisse, der Hilfsbedürftigkeit usw.

Das Prinzip der Selbsteinschätzung und der Freiwilligkeit der Teilnahme ist m. E. schon alleine deshalb unerläßlich, um nicht dem Vorwurf ausgesetzt zu sein, Länder auf Grund ihrer Wirtschaftsdaten zu diskriminieren. Es muß auch vorgesehen sein, daß der eine oder andere Staat grundsätzlich - aus welchen Gründen auch immer – verzichtet an dem vorgesehenen System teilzunehmen.
Der Versuch, die Einteilung von „oben herab" nach vermeintlich objektiven Kriterien vorzunehmen, stieße m. E. von Haus aus auf den berechtigten Widerstand der Betroffenen.
In der Folge ergeben sich im Verlauf eines praktischen Diskurses eine Reihe von Partnerschaften mit jeweils vier Partnern.
Sie setzen sich aus je einem Land pro Gruppe zusammen, also einem Partner aus der Gruppe der Geberländer – vermutlich ein OECD Staat – wahrscheinlich einem

Partner aus einen Transformationsland und dazu je einem LDC und LLDC, wahrscheinlich aus den Reihen der AKP-Staaten.[984]
Wenngleich auch objektive Kriterien, wie die Größenverhältnisse bei den zusammengefundenen Partnern Berücksichtigung finden sollten, werden vermutlich historische Traditionen und Sympathien ebenso wie Ressentiments eine entscheidende Rolle bei der Partnerwahl spielen. Die Nachwirkungen der Kolonialzeit, wie gemeinsame Sprache, Religion und traditionelle Wirtschaftsbeziehungen können sich dabei für die ehemaligen Kolonialmächte sowohl als positive aber ebenso auch als negative Einflußfaktoren auf die Entscheidung pro oder contra einer Cooperation herausstellen. Für Österreich z.B. werden sich für Gespräche als Cooperationspartner aus den Reihen der G3/G4-Ländern vordergründig jene Staaten anbieten, mit denen sich im Rahmen der EZA bereits seit einigen Jahren stärkere bilaterale Beziehungen entwickelt haben. Seit 1992 konzentriert sich die bilaterale Programm- und Projekthilfe Österreichs auf acht Schwerpunktländer (Nikaragua, Äthiopien, Burkina Faso, Kap Verde, Mosambik, Ruanda, Uganda und Bhutan) und elf Kooperationsländer (Costa Rica, El Salvador, Guatemala, Burundi, Kenia, Namibia, Senegal, Simbabwe, Tansania, Nepal und Pakistan).[985]
Keinesfalls soll die Partnerschaft des gegenständlichen Konzepts Wirtschaftsgemeinschaften – z. B. NAFTA, EU und ASEAN – zusammenfinden lassen, sondern stets ausschließlich Nationalstaaten auf bilateraler oder besser gesagt quattrolateraler Basis; das Grundprinzip dieser Konzeption heißt nämlich „Subsidiarität“.
Als „Ort der Begegnung“, der den Partnern die Möglichkeit des Zusammenfindens eröffnet, bietet sich primär die UNO an. Es ist aber auch durchaus denkbar, daß die bestehende MAI-Plattform Einladungen an die derzeit nicht involvierten Länder ausspricht, sich an einem entsprechend erweiterten Diskurs zu beteiligen um sich dabei der, von ihnen für ihre Interessen, als opportun ins Auge gefaßten Gruppe anzuschließen. Entscheidend ist eine entsprechende Initialzündung; im Laufe des Diskurses ist damit zu rechnen, daß sich die Zivilgesellschaften, ebenso wie bereits existente supranationale Organisationen, in den Prozeß einbinden (siehe Abb. 8).

3.7.2 Entschuldung – financial resources für die Dritte Welt

Ein gravierendes Problem der LIC's liegt in deren **relativ** hoher **Auslandsverschuldung**. Der Ruf nach Entschuldung wird zwar immer wieder vehement – zumeist – von den NGO's vorgebracht und führt auch – häufig als Feigenblatt für

984 AKP: Afrika-Karibik-Pacific-Staaten
985 vgl.: Schuhmann, C.: Kürzungen bei Entwicklungshilfe, a. a. O. S. 4

Abbildung 8: Graphische Darstellung des Weltwirtschaftssystems in Verbindung mit den Subsystemen „Partnergemeinschaften“

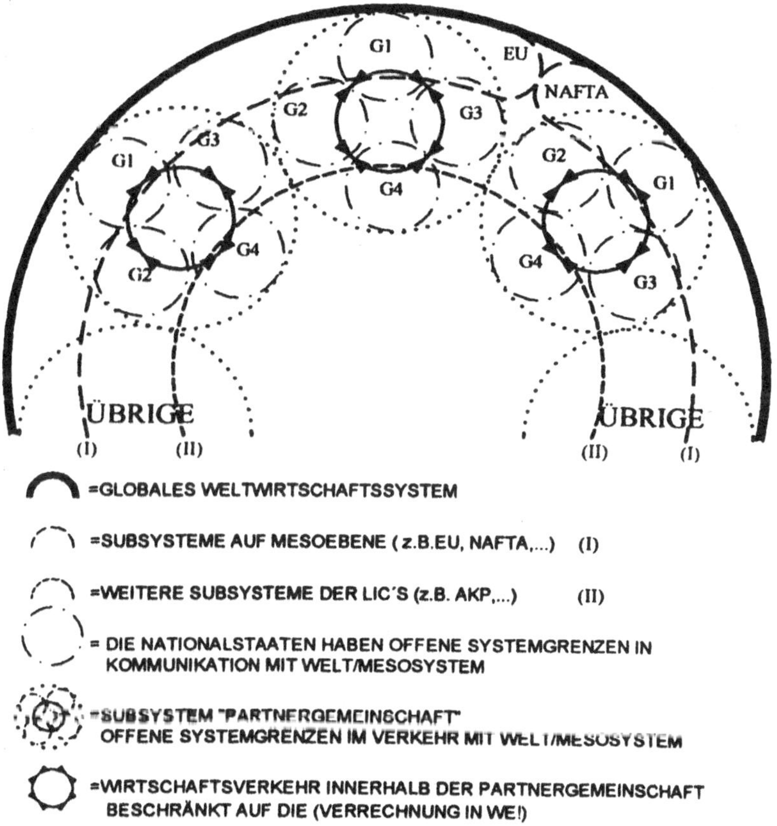

das schlechte Gewissen der reichen Länder dienend – zu zögerlichen Schuldennachlässen[986]; eine grundsätzliche, nachhaltige Problemlösung wird dadurch aber

[986] so berichtete z. B. B. Clinton am WWF 2000 über eine derartige Initiative für die Entwicklungsländer. Hingegen sind diese Schuldennachlässe an Rußland eher großzügig – 480 Mrd. ATS im Februar 2000
Bereits zuvor im Herbst 1999 einigten sich – was der britische Schatzkanzler Gordon Brown als „historisches Ereignis“ bezeichnete – die Leitungsorgane der Weltbank und des IWF über einen Schuldenerlaß für die rund 30 ärmsten Länder der Welt in Höhe von rund 900 Mrd. ATS, die der IWF durch den Verkauf von Goldreserven finanzieren will.
Vgl.: Bericht in: KURIER. Unabhängige Tageszeitung für Österreich, Nr. 268 vom 28.09.1999, S. 19

keinesfalls erreicht: die Schulden werden kaum geringer, wie Entwicklungsökonomen kritisch feststellen. Hinsichtlich der Entwicklungspolitik scheint allerdings 1999 eine Neupositionierung erfolgt zu sein: Der Interimsausschuß des IWF verpflichtete diesen erstmals, „für die soziale Abfederung seiner Strukturprogramme für Entwicklungs- und Schwellenländer zu sorgen. (...) Künftig sollen allen Kreditprogrammen ein ‚Strategiepapier zur Verringerung der Armut' zu Grunde gelegt werden, das vom Kredit nehmenden Land erarbeitet und von den Vorständen von IWF und Weltbank gebilligt werden muss."[987]

Die Grundvoraussetzung für eine Verbesserung der Lebensumstände liegt aber unbestreitbar in einer gedeihlichen Wirtschaftsentwicklung, die wiederum ihrerseits auf entsprechende Rahmenbedingungen angewiesen ist. Der Grundgedanke des MAI, Unternehmen zu einem vermehrten Engagement in Ländern der Dritten Welt dadurch zu bewegen, daß das Risiko[988] möglicher Verluste der getätigten Investitionen auf Grund innenpolitischer Instabilität reduziert wird, ist unschwer nachvollziehbar.
Es ist jedoch keineswegs zwingend, daß dies lediglich durch Einräumung eines Klagerechts möglich ist – wie bei MAI vorgesehen; diese Frage sollte grundsätzlich auch anders zu beantworten sein: nach dem Prinzip der „Partizipation".

Neben einer fundamental desaströsen Verschuldung liegt unwidersprochen eine der wesentlichen Ursachen für die schlechte Finanzlage der Entwicklungsländer in den hohen Zinsen, die sie auf den Kapitalmärkten für Kredite zu bezahlen haben, soferne sie solche überhaupt bekommen. Zinsgünstige Kredite internationaler Organisationen wiederum, die vereinzelt für gezielte Projekte in den Entwicklungsländern zur Verfügung gestellt werden, sind zumeist mit Auflagen verbunden; Auflagen der WTO zum Beispiel, wie Liberalisierung des Außenhandels, Einführung der Marktwirtschaft etc., die die Empfängerländer aus den verschiedensten Gründen nicht erfüllen können oder – häufig aus innenpolitischen Gründen – nicht erfüllen wollen.
Die Schulden der Entwicklungsländer sind zweifellos – an deren Sozialprodukt gemessen – zu hoch und engen deshalb den Handlungsspielraum der nationalen Budgetpolitik ein.
Häufig sind hohe Inflationsraten sowohl Ursache als auch Folge davon.
Es ist dabei jedoch zu beachten, daß in den LCD's nicht alle Wirtschaftsleistungen, wie die Selbstversorgung von Großfamilien, Nachbarschaftshilfe und nicht

---

987 Brown, G.: zit. in: KURIER. Unabhängige Tageszeitung für Österreich, Nr. 268 vom 28.09.1999, S. 19

988 zur Problematik der Risken im Auslandsgeschäft, vgl.: z.B.: Kotler, P.; Bliemel, F.: Marketing-Management. Analyse, Planung, Umsetzung und Steuerung. 8. Auflage. Stuttgart 1995, S. 621f

erfaßte Eigenleistungen ihrer Bewohner etc., Eingang in die Berechnung des BIP finden. Es bestehen somit – wie Hirschmann[989] zutreffend ausgeführt hat – erhebliche stille Reserven.

Darüber hinaus – und deswegen oben die Hervorhebung des Wörtchens „relativ" – ist zwar die Verschuldung der einzelnen LDC's, bezogen auf das jeweilige BIP im internationalen Vergleich hoch, würde aber wahrscheinlich bei ihren erwählten Partnern aus den Industriestaaten in absoluten Zahlen ausgedrückt – zumindest für die kleineren LLDC's –

z. B. dem Finanzierungsbedarf einer neuen Autobahn entsprechen.[990]

Ich möchte folglich zu der folgenden Überlegung anregen:

Eine fundamentale Aufgabe zur Verbesserung des Status quo besteht darin, die Zahlungsbilanzen der ärmeren Partnerländern soweit zu konsolidieren, daß sie ihren wirtschaftspolitischen Handlungsspielraum zurückgewinnen. Die Schlüsselrolle dabei fällt dem jeweiligen G1-Partner zu: Er verfügt zweifellos einerseits über das notwendige Potential von „human resources" für eine adäquate wissenschaftliche Politikberatung und andererseits auch über die dringend benötigten finanziellen Ressourcen zur Budgetkonsolidierung.

Viel bedeutsamer als direkte Mittelzuschüsse ist für das Entwicklungsland die Nutzung jener Möglichkeiten, die sich dank der Bonität des G1-Partners auf den Finanzmärkten ergeben:

---

[989] vgl. Abschnitt: 3.2.3.2

[990] wie **relativ** diese Verschuldung, in absoluten Zahlen betrachtet, ist, kann anhand weniger Vergleiche abgelesen werden: Die österreichische Finanzverschuldung beläuft sich auf ca. 1600 Mrd. ATS.

Der Umsatz von Daimler Chrysler z.B. betrug 1999 2.063 Mrd. ATS, das ist nahezu das BIP Österreichs – einer der reicheren Industriestaaten. Der Gewinn betrug 85,67 Mrd. ATS. Demgegenüber relativiert sich sogar das österreichische Budgetdefizit in der Höhe von 63 Mrd. ATS. Zudem zählt Daimler-Chrysler zwar zu den bedeutenden Konzernen der Welt, ist aber von der absoluten Spitze weit entfernt. Darüber hinaus ist er kaum als TNC anzusehen, da sich seine Global Player - Aktivitäten außerhalb von Nordamerika und Europa – zumindest vor der Cooperation mit Mitsubishi im März 2000 - auf den Vertrieb beschränken. Auch ein Blick auf das übrige Börsengeschehen relativiert die Schuldenhöhe der Dritten Welt: Ein Tagesumsatz an der NASDAQ (= der „Neue Markt" der USA) oder an der NYSE (jene Börse, an welcher die Aktien traditioneller Firmen notieren), wäre sogar für die Budgetkonsolidierung der meisten Industriestaaten, geschweige denn für LDC's segensreich.

So bewegen sich die Tagesumsätze von Microsoft und Intel – in der Regel die zwei umsatzstärksten Titel der USA – an normalen Börsentagen in einer Größenordnung von über 1,1 Mrd. ATS. Das entspricht in etwa dem gegenwärtigen täglichen Gesamtumsatz der Wiener Börse (1 Mrd. ATS; vgl.: Kursblatt vom 24.3.2000 in der NZZ – Neue Zürcher Zeitung, Internationale Ausgabe, 221. Jahrgang Nr. 72 vom 25./26.03.2000, S. 18). Diese beiden Aktien sind allerdings lediglich zwei – wenn auch sehr gewichtige – Titel von fast Achttausend an den US-Börsen notierten Aktien.

Bei den OECD-Staaten ist diese unweit des AAA (das oft zitierte triple A) geratet, bei den LLDC's zumeist in der Nähe von D[991]. Das mangelnde Vertrauen in die Zahlungsfähigkeit der ärmsten Staaten drückt sich in mangelnder Kreditwürdigkeit und dadurch bedingt in hohen Zinsen für die ihnen gewährten Kredite aus.
Es ist aber durchaus realistisch – sollte ein G1-Partner die Garantie für die Rückführung der Kredite im Falle der Zahlungsunfähigkeit des LDC/LLDC-Partners übernehmen – anzunehmen, daß eine erhebliche Kostenersparnis beim Zinsendienst realisierbar ist. Somit ist sogar ohne unmittelbare Mittelzuführung ein Beitrag zur Konsolidierung der Zahlungsbilanz des Entwicklungslandes geleistet und die Kreditwürdigkeit wieder herstellbar.
Die G3- und G4-Partner können – nicht nur unmittelbar sondern bei stabiler Innenpolitik - auch langfristig die Nähe der Bonitätsstufe ihres G1-Partners erlangen.

Gelingt es, dieses Modell auf globaler Ebene umzusetzen, verlören vermutlich sogar innenpolitische Probleme in einzelnen Ländern wie z.B. Revolutionen ihren Schrecken: aus dem ersparten Zinsenaufwand können – was ein reines Rechenexempel ist - Versicherungsprämien zur Absicherung des politischen Risikos finanziert werden, wodurch zumindest ein Teil des eigenen Risikos des jeweiligen G1-Landes erheblich reduziert oder sogar gänzlich ausgeschlossen wird.
Kreditversicherungsgarantien, um u.a. politische Risken bei Exportlieferungen abzusichern, existieren bereits seit langem auf nationaler Ebene; es ist folglich lediglich eine weitere Rechenaufgabe um festzustellen, inwieweit ähnliche Garantien auf globaler Ebene verwirklichbar sind. Seitens der Versicherungswirtschaft ist eine entsprechende Bereitschaft erwartbar, denn die weltweite Rückversicherung der einzelnen Anstalten ist bereits seit langer Zeit Realität und ermöglichte bisher die problemlose Abdeckung auch der größten versicherten Katastrophen im Schadensfall.

3.7.2.1 Exkurs: Der Zinsendienst im internationalen Vergleich

Wie bereits oben ausgeführt, ist die Bonität des Schuldners – neben der allgemeinen internationalen Entwicklung der Zinsenlandschaft – das entscheidende Kriterium für die Höhe der vom einzelnen Schuldner zu bezahlenden Zinsen. Jeder Kreditgeber ist primär an der Einbringlichkeit und pünktlichen Rückführung des eingeräumten Kredites interessiert. Das ist auf Macro-Ebene nicht anders als im Micro-Bereich: auch heimische Banken räumen pragmatisierten Beamten wegen deren gesicherten Einkommen und der daraus resultierenden Vermutung einer pünktlichen Kreditrückzahlung Kredite zu günstigeren Konditionen ein als mit

[991] vgl. Abschnitt 2.8.2.2

höherem Risiko behafteten normalen Dienstnehmern, Unternehmern oder Freiberuflern.
Fatal wird die Lage des Kreditnehmers sobald er – seinen Zahlungsverpflichtungen nicht mehr nachkommt und sein Name auf der – von den Banken zwar stets geleugneten aber dennoch vorhanden – „schwarze Liste" erfaßt wird: soferne er überhaupt noch einen Kredit erhält, so nur zu höheren Zinsen und unter Beibringung von Sicherheiten (Bürgen).
Eingang in die Kursnotierungen internationaler Börsen finden Anleihen (Obligationen) ohnedies nur, soferne sie auf konvertierbare Währung lauten. Eine Verschuldung in lokaler Währung ist lediglich auf den jeweiligen Heimmärkten möglich. Dort erreichen aber die Zinsen wegen befürchteter Währungsturbulenzen häufig astronomische Höhen. Wegen des rasanten Kursverfalls kurzfristiger Staatsanleihen stiegen z.B. im Sommer 1998 – eine 50prozentige Abwertung des Rubel wurde erwartet – in Rußland die Renditen auf die Top-Marke von 80 %.[992]
Verschärft hat sich die Situation der Entwicklungsländer in jüngster Zeit noch dadurch, daß sogar Eurobonds[993] notleidend wurden. So konnten Ekuador, Pakistan und die Ukraine 1999/2000 ihren Verpflichtungen nicht mehr nachkommen und die fälligen Eurobonds nicht bedienen.[994]

---

[992] vgl.: Economist International: in: Die Presse. Unabhängige Tageszeitung für Österreich, Nr. 15.104 vom 30.06.1998, S. 23

[993] Eurobonds: Anleihen, die von internationalen Bankengruppen in einer international anerkannten Währung in mehreren Ländern gleichzeitig aufgelegt werden. Emittiert werden die Eurobonds außerhalb des Ursprungslandes der betreffenden Währung. Der Name „Eurobonds" ist historisch entstanden, hat weder mit Europa noch mit der Einheitswährung zu tun. Mit einer (etwa im Vergleich zu einem österreichischen Staatspapier) besser verzinsten Anleihe, die aber ebenfalls in einer international anerkannten Währung emittiert wird, holen sich viele Länder der sogenannten Emerging Markets Geld. Die damit verbundene Verlockung für viele Anleger ist zu Recht sehr groß: Für die Käufer dieser „Eurobonds" war bis vor kurzem das Risiko, das dafür eingesetzte Geld nicht mehr zu sehen, praktisch null. Diese Länder sind nämlich vor allem bei privaten Anlegern stets um den Ruf einer guten Zahlungsmoral bemüht. So wurde auch in schwierigen Zeiten immer darauf geachtet, die Eurobonds zu bedienen und statt dessen etwa beim Internationalen Währungsfonds (IWF), bei Banken oder nationalen Regierungen um Schuldenerlasse anzusuchen.

[994] „Das geschah vor allem auf Druck des IWF, wissen Marktexperten zu berichten: Neben dem IWF hätten es auch andere Organisationen wie der Londoner Club (vertritt Banken) und der Pariser Club (in dem die wichtigsten Gläubigerstaaten vertreten sind) satt, bei einer Zahlungsunfähigkeit eines Landes einspringen zu müssen. Private Gläubiger hätten aber immer das volle Geld für ihre Eurobonds aus den Emerging Markets erhalten. Das Argument des IWF lautet daher: Für die höheren Zinsen, die jene Anleihen wegen des erhöhten Risikos einer Zahlungsunfähigkeit zahlten, müßten Käufer dieser Eurobonds auch bereit sein, ebenso wie andere Geldgeber einen Zahlungsausfall in Kauf zu nehmen. Die Konsequenz wird sein, daß sich Eurobond-Käufer in Zukunft sehr viel genauer überlegen werden, von welchen der Emerging Markets sie Eurobonds kaufen.
Vgl. hiezu: Korinek, R.: Böses Erwachen: Auch Eurobonds können platzen, in: Die Presse. Unabhängige Tageszeitung für Österreich, Nr. 15.613 vom 06.03.2000, S. 16

Wie sollen aber z.B. die schwarzafrikanischen Staaten je auf normalem Weg zu Krediten auf den internationalen Kapitalmärkten kommen, wenn sie maximal 20 % dessen, was sie zurückzahlen sollten, tatsächlich zahlen?
Selbst der, von den G7-Ländern aus Goldverkäufen des IWF, ins Auge gefaßte Schuldennachlaß von 40 % wird von Experten als unzureichend angesehen, um die Armut in der Dritten Welt bis zum Jahr 2015 zu halbieren.[995] Was sie besonders stört: „Die enge Bindung der Entschuldung an die rigorosen Strukturanpassungsprogramme von Weltbank und IWF. ‚Die haben bisher noch nirgends zu einer anhaltenden Verbesserung beigetragen', meint Raffer. Auch die hohen Grenzen des Zumutbaren werden heftig kritisiert: Laut dem G-7-Papier sollte die Summe der Außenstände auf maximal 150 Prozent der jährlichen Exporteinnahmen reduziert werden. Das ist aber immer noch ein drei Mal so hoher Wert im Vergleich zur Entschuldung Deutschlands nach dem Krieg 1953. Damals hielt man 50 Prozent für gerade noch erträglich."[996]
Das vielfältige Wechselspiel zwischen Zinssatz und Risiko ist unschwer in der folgenden Tabelle ersichtlich. Die Übersicht von in EURO notierten Anleihen ist den Kursnotizen[997] (siehe Tabelle 4)auszugsweise entnommen und zeigt deutlich, wieviel höher sogar der Zinsenaufwand bereits besser gestellter Länder im Vergleich zu risikoarmen Staaten bzw. staatlich garantierten Kreditnehmern der OECD ist.
Der in der Spalte „Zins" ausgewiesene Zinssatz ist jener Zinssatz, der zum Zeitpunkt der Emission den Bedingungen des internationalen Kapitalmarkts entsprach. So hat offensichtlich die staatliche Elektrizitätsgesellschaft „Electricité de France" (6) Anfang 1998 den Zeitpunkt einer Tiefzinsphase zur Begebung der Anleihe gut gewählt. Bereits 1997 waren die Zinsen im Sinken begriffen und so konnte die Bawag (1) eine Anleihe günstig plazieren. 1992/93 war das Zinsniveau in Europa noch wesentlich höher, womit sich der relativ hohe Zinssatz für Belgien (2) trotz seines guten Ratings erklärt. Auch der Zinssatz für die ASFINAG (3) ist so erklärbar (siehe Tabelle 4)
Dieser Zinssatz gilt für den Schuldner für die jeweils gesamte Laufzeit der Anleihe und die Tilgung erfolgt zu (zumeist) 100 (in der Regel in jährlichen Tranchen). Erstklassige Schuldner lassen sich häufig die Möglichkeit offen, Anleihen bei sinkenden Zinsen zurückzulösen bzw. zu malifizieren.

---

[995] vgl.: Raffer, K.: zit. in: KURIER. Unabhängige Tageszeitung für Österreich, Nr. 173 vom 25.6.1999, S. 7

[996] ebd.: Raffer, K.: zit. in: KURIER. Unabhängige Tageszeitung für Österreich, Nr. 173 vom 25.6.1999, S. 7

[997] EURO-Anleihemärkte, in: Frankfurter Allgemeine Zeitung für Deutschland (FAZ), Nr. 48 vom 26.02.2000, S. 34

Tabelle 4: Kursnotizen, in Euro notierte Anleihen

	Zins	Emittent	Laufzeit	Kurs	Rendite	Rating	
1.	4,625	Bawag	97 – 01	100,05	4,2912	Aa3	
2.	7,750	Belgien	92 – 02	105,30	4,9293	Aa1	AA+
3.	6,000	Asfinag	93 – 13	99,50	6,0706	Aaa	
4.	4,500	Deutsche Bank Lux	99 – 09	88,50	6,2816		AA-
5.	4,000	BRD-Bundesanleihe	99 – 09	89,54	5,4308	Aaa	
6.	3,750	Electr. De France	98 – 03	96,50	5,0315		
7.	5,000	Electr. De France	98 – 08	94,50	5,8496		
8.	12,000	Argentinien	96 – 16	106,00	11,0853	B1	BB
9.	8,125	Türkei	97 – 07	99,45	8,2439	B1	B
10.	8,250	Mexico	97 – 08	103,25	7.7350	Ba1	BB
11.	6,660	Venezuela	90 – 20	70,50	10,4133	B2	B
12.	10,250	Venezuela	96 – 03	103,25	9,0366	B2	B
13.	9,375	Rußland	98 – 05	73,00	17,6972	B3	CCC

Berücksichtigt bei der Festlegung des Zinssatzes wird auch die Laufzeit. Je nach der Einschätzung der künftigen Entwicklung können die Zinsen für Kurz- oder Langläufer entsprechend der Marktlage genauso niederer als auch höher sein. Als Richtschnur – auch für alle anderen Emittenten – gelten die auf Auktionen von US-Bundesanleihen mit 30-jähriger Laufzeit erzielten Ergebnisse. Zusätzlich finden die Inflationsraten Eingang in die Zinsbildung: höhere Inflationsraten bedeuten höhere Zinsen.

Der Kurswert eines Rentenpapiers resultiert in der Regel aus der restlichen Laufzeit und der Entwicklung des Kapitalmarktes seit Emission des Papiers. Sinken die Zinsen am Kapitalmarkt, steigen die Kurse höher verzinster Papiere; wodurch sich die sog. „Sekundärmarktrendite" in der Nähe jenes Zinssatzes einpendelt, zu welchem zum gegenwärtigen Zeitpunkt Obligationen emittiert, bzw. die bereits notierten Papiere an der Börse (= der Sekundärmarkt) erworben werden können. Politische Instabilität und in der Vergangenheit am Kapitalmarkt begangene „Sünden" erzielen bei der Sekundärmarktrendite eine zusätzliche Hebelwirkung: Im Falle Venezuelas (11) liegt der Unsicherheitsfaktor in der langen Laufzeit, im Falle Rußlands (13) vorwiegend in vorangegangenen Umschuldungsaktionen.
Die aufgezeigten gewaltigen Differenzen beim Zinsendienst (im Schnitt zahlen Entwicklungsländer um 8% höhere Zinsen) bestätigen die Ausführungen im Abschnitt 3.7.2.: Die Risikoübernahme durch die jeweiligen G1-Partner müßte den Zinsenaufwand der G3-G4-Partner zumindest halbieren. Die versicherungstechnische Risikoabsicherung sollte demgegenüber wegen der breiten Risikostreuung

erheblich billiger sein als der derzeitige Zinsenaufwand der Dritten Welt. Diese würde dadurch allerdings ihre unbefriedigende Position als Bittsteller verlieren; den marktwirtschaftlich denkenden G1-Partnern sind demgegenüber Initiative und Risikobereitschaft bei sich neu bietenden Wirtschaftschancen keineswegs fremd.

3.7.2.2 Renditen für Risikobewußte[998]

sind – soferne man diese an den Ausschüttungen von Aktiengesellschaften mißt – äußerst mager, was unschwer anhand der Dividenenrendite (letzte Spalte, des Kursblattes[999], siehe Abb. 9) erkennbar ist.

Abbildung 9: Auszug aus dem Kursblatt (FAZ)

DOW JONES EURO STOXX 50

Börsen-wert In Mrd. Euro	Gewinn je Aktie In Euro			Kurs/Gewinn-Verhältnis		Name	Land	Branche	Kurse in Euro am 31.03.2000	Kursänderung in Prozent seit Vortag 21 12.99 Basis:13 - 14.30h		Div-den-den-rendite
	1999	2000 s	2001 s	2000	2001							
34,35	1,74 s	2,01	2,36	11,64	9,93	ABN-Amro	NL	Bank	23,40	0,85	-5,85	3,42
56,65	2,57 s	3,02	3,46	28,06	24,49	Aegon	NL	Versicherung	84,75	5,08	-11,63	1,43
17,78	1,10 s	1,39	1,60	19,73	17,16	Ahold	NL	Nicht-zykl Konsumgüter	27,50	2,96	-6,43	1,46
12,23	7,17 s	8,10	8,98	18,22	16,43	Air Liquide	F	Chemie	147,60	-0,40	-11,19	1,76
46,57	3,94 s	5,74	8,17	39,27	27,59	Alcatel	F	Technologie	225,40	-,088	-1,14	1,46
105,59	8,32 s	9,11	10,40	47,26	41,39	Allianz	D	Versicherung	430,50	1,06	28,89	0,30
36,34	0,80 s	0,92	1,10	31,52	26,36	Assicurazioni Generali	I	Versicherung	29,00	-0,68	-11,59	0,86
43,65	1,43 s	2,24	3,27	25,02	17,16	Aventis	F	Gesund-heit/Pharma	56,10	3,22	-2,77	0,42
53,49	5,02 s	5,82	6,69	25,79	22,44	Axa Uap	F	Versicherung	150,10	1,42	8,45	1,32
43,81	0,59 s	0,73	0,96	20,48	15,62	Banco Bilbao Vizcaya	E	Bank	14,95	-0,66	5,73	1,83

• •
• •
• •

Wenn Kapitaleigner (gleichgültig ob Fonds, Versicherungen oder kleine Sparer) gewillt sind, ihr Kapital in Aktien zu investieren, ist ihr diesbezügliches Engagement ausschließlich damit zu begründen, daß sie auf eine Wertsteigerung der Aktien ihrer Wahl hoffen. Diese resultiert – zumindest in der Regel – aus dem langfristigen, investiven Moment des shareholder's value Prinzips. Bei den im gegenständlichen EURO-STOCK-50 erfaßten Aktien handelt es sich um die 50 Schwergewichte der europäischen Aktienmärkte; selbst bei diesen ist allerdings festzustellen, daß die Hoffnung auf steigende Aktienkurse – zumindest kurzfristig – nicht immer erfüllt wird (vgl. vorletzte Spalte), sondern ein Investment durchaus auch Verluste bescheren kann. Einem risikobereiten Anleger ist dies durchaus bewußt und er hofft auf eine Trendumkehr.

[998] vgl. hiezu auch die Ausführungen im Abschnitt 2.8.2.2

[999] vgl.: Frankfurter Allgemeine Zeitung für Deutschland (FAZ), Nr. 78/13D vom 1.4.2000, S. 28

Demgegenüber notieren am sog. „Neuen Markt" die Aktien junger Unternehmen der New Economy (EDV, Internet, Telekommunikation, etc.), die vorerst zumeist gar keine Dividenrendite erwarten lassen, deren Kurse aber durch die **Hoffnung** auf **künftigen** wirtschaftlichen Erfolg gepusht werden. Basis dieser Investments ist häufig ausschließlich eine gute, erfolgsversprechende Idee: sie sind somit eine Investition in die Zukunft.

Soferne es gelingt – und das ist eine vordringliche Aufgabe der G-1-Partner – die Kapitalmärkte innerhalb ihrer Partnergemeinschaften zu stabilisieren, ist es durchaus denkbar, daß für Investitionen in den G3-G4-Partnerländern entsprechendes Kapital in den G1-G2-Staaten über die heimischen Börsen aufgebracht werden kann. Das ist zwar der Grundgedanke des MAI – allerdings unter Bedingungen einer anderen Ausgangsbasis: Durch die Partnerschaft handelt es sich bei der Investition um eine solche im quasi Inland; den G-1 Pionieren (Banken, Außenstellen der Wirtschaftskammern, etc.) obliegt es, durch vermehrten Informationsfluß für die nötige Transparenz über Investitionsvorhaben den heimischen Kapitalmarkt aufzubereiten. Handelt es sich dabei um investive Engagements, ist durchaus mit einer ähnlichen Risikobereitschaft der Kapitaleigner wie am „Neuen Markt" zu rechnen. Da die Ausschüttungen von Dividendenpapieren in der Regel gering sind (s.o.) ist ein übermäßiger Devisenabfluß nicht zu befürchten. Vielmehr tritt jener Effekt ein, der ausländische Investitionen (z.B. GM, Magna, Siemens, etc.) auch bei uns so begehrt macht: es entstehen Arbeitsplätze und die Chance auf eine gedeihliche künftige wirtschaftliche Entwicklung.

Grundsätzlich besteht kein Mangel an entsprechendem Risikokapital: Börsennachrichten zufolge sind allein im Jänner 2000 40 Mrd. und im Februar 2000 53 Mrd. US $ neues Kapital an die Wallstreet geflossen. (= ca. 1.300 Mrd. ATS mehr als das halbe BIP Österreichs)

3.7.3 Die Aufbauphase

Strenge Devisenbewirtschaftung bei den Empfängern war nach Expertenmeinung eine äußerst wirkungsvolle Auflage des Marshallplans. Diese war erforderlich, um der Wirtschaft der Empfängerländer – darunter auch Österreich – Kredite in harter Währung – damals der US-Dollar – stets aufs Neue, also **revolving**, zur Beschaffung von benötigten Investitionsgütern auf dem Weltmarkt zur Verfügung stellen zu können. Unterschiedlich hierzu, sieht MAI den Gewinntransfer durch ausländischen Investoren ins Ausland in konvertierbarer Währung vor, womit genau der gegenteilige Effekt des Marschallplans erzielt würde. Der Widerstand der NGO's ist verständlich, denn derartige Investitionen stellen in der Tat eine neue Variante des Neokolonialismus dar.

Diese Form von „segensreichen" Auslandsinvestitionen kann problemlos anhand des vermeintlichen Aufschwungs der Dominikanischen Republik infolge des boomenden Fremdenverkehrs im letzten Jahrzehnt beobachtet werden:

Ausländische Investoren haben auf der Insel zahlreiche abgeschottete Resorts errichtet, die sich steigender Besucherzahlen ausländischer Touristen erfreuen. Das Fatale dabei ist, daß der größte Teil der in konvertierbarer Währung erzielten Einnahmen niemals die Dominikanische Republik erreicht:
Ausländische Airlines bringen die Besucher, die ihren Urlaub in harter Währung in ihrem Reisebüro zu Hause bezahlt haben in ihre, in ausländischem Besitz befindlichen Domizile, wo sie mit zum Teil importierten Lebensmitteln verköstigt werden.
Der in der Karibik selbst aus dem laufenden Betrieb erlöste Anteil an den Einnahmen beschränkt sich auf die Flughafengebühren, die Gehälter der Angestellten der Resorts, sowie die Lebensmittel und die Energiebezüge aus heimischer Produktion. Die Kosten der Infrastruktur und der anfallende Müll verbleiben der Dominikanischen Republik.

Selbst wenn dieses Szenario überzeichnet sein mag, ist schlüssig ableitbar, daß die Ursache im Fehlen eigener notwendiger human and financial resources zu suchen ist. Wie sonst ist es zu erklären, daß in einem Land mit tropischer Vegetation, das rundum von Meer umgeben ist, tropische Früchte und Seafood importiert werden müssen?
Sogar Sightseeing-Tours sind von ausländischen Unternehmen organisiert.
Fehlt da nicht gänzlich die Initiative und der Pioniergeist tüchtiger Unternehmer?

3.7.3.1 Aufbringung der Ressourcen

Doch woher Geld und Unternehmer nehmen? Die Antwort erscheint so verblüffend einfach, daß es verwundert, daß sie nicht bereits längst diskutiert wird: vom G1- und G2-Partner!

Für das Engagement **innerhalb** der Partnergemeinschaft ist es unzweifelhaft förderlich, wenn die jeweiligen Partner einen Zusatznutzen gegenüber Außenstehenden im Verkehr mit ihren eigenen Partnern lukrieren können; dieser muß nicht zwangsläufig kurzfristig in USD, DM oder Euro zum Ausdruck kommen, aber – soll er wirksam sein – jedenfalls auf die Partner der eigenen Partnerschaft beschränkt bleiben und zumindest langfristig nützlich sein.

Dazu wären auch Werte wie Sympathie, Freundschaft und Vertrauen zu zählen, die sich durch die intensivierte Kommunikation zwar in der Gegenwart entwickeln, ihren wirtschaftlichen Nutzen aber erst in der Zukunft wirksam werden läßt.
Die USA hat durch den Marshall-Plan in Europa nicht nur wirtschaftliche Vorteile lukriert, sondern auch sehr hohe Sympathiewerte erlangt.
Wie kann man aber den wirtschaftlichen Nutzen auf die jeweils eigenen Partner beschränken?

M.E. relativ einfach: durch Abrechnung des quattrolateralen Wirtschaftsverkehrs – also jenem innerhalb der Partnerschaft – in einer Kunstwährung WE (= Währungseinheit). Diese ist **nicht** konvertierbar und nicht switchbar[1000], hat also außerhalb der Partnerschaft – zumindest für einen längeren Zeitraum – keinen Wert. Inwieweit es künftig einmal sinnvoll sein wird die Salden der Gemeinschaft allenfalls über eine übergeordnete Clearingstelle[1001] abzurechnen, ist – je nach der weiteren Entwicklung – erst in der Zukunft zu beurteilen.
Es werden sich zweifellos Stimmen der MAI-Befürworter erheben, daß es sich bei dieser Art von Wirtschaftsbeziehungen um eine Diskriminierung von Drittstaaten handelt und sie den Liberalisierungsbestrebungen widersprechen, was jedoch keineswegs zutrifft.
Es handelt sich bei diesem System um keinen wie immer gearteten Eingriff in bestehende Wirtschaftsstrukturen – business as usual mit den Drittstaaten geht unverändert weiter – sondern um einen **zusätzlichen Wirtschaftskreislauf**, der zwar in Geld (WE) abgerechnet wird, aber seinem Wesen nach den Charakter von Bartergeschäften hat.[1002]
Eine Diskriminierung anderer OECD-Staaten findet nur vordergründig statt; denn tatsächlich verfügt jeder teilnehmende Staat des „Westens" über einen gleichfalls für ihn geschützten Bereich, in welchem somit alle anderen Drittländer „diskriminierte" Außenstehende sind.

[1000] Beim Switch-Geschäft deckt ein Handelshaus in einem Drittland einen einseitigen Überhang durch Lieferungen für den verpflichteten Clearing-Partner ab.
Vgl.: Lechner, K.; Egger, A.; Schauer, R.: Einführung in die allgemeine Betriebswirtschaftslehre. Wien 1996, S. 246

[1001] Clearing-Abkommen: Von staatlicher Seite kann das Volumen von Exporten und Importen durch Clearing-Abkommen unterstützt werden. Zwischen zwei Staaten wird meist ein Jahr voraus ein Austauschverhältnis vereinbart. Die Zahlungsabwicklung erfolgt über bilaterale Verrechnungskonten in einer Bezugswährung, ohne daß es zu einem tatsächlichen Devisenfluß kommt. Das Clearing-Abkommen zielt auf eine Ausgeglichenheit der Verrechnungskonten ab. Ist ein Ausgleich auf Dauer nicht gewährleistet, so kann ein Drittland eingeschaltet werden oder der Ausgleich wird durch Devisenzahlungen wieder hergestellt.
Siehe ebd.: Lechner, K.; Egger, A.; Schauer, R.: Einführung in die allgemeine Betriebswirtschaftslehre, a. a. O. S. 246

[1002] Barter: Beim Barter wird zwischen Exporteur und Importeur ein Tausch von Waren bzw. Dienstleistungen vereinbart. Hat der Exporteur keinen Eigenbedarf an der Gegenleistung, wird ein Handelshaus zur weiteren Vermarktung der Ware beauftragt. Das Geschäftsvolumen von Barter-Geschäften kann durch Barter-Clearing-Organisationen erweitert werden.
Siehe ebd.: Lechner, K.; Egger, A.; Schauer, R.: Einführung in die allgemeine Betriebswirtschaftslehre, a. a. O. S. 246

3.7.3.2 Die human resources

Die LDC's beklagen zu Recht stets ihre Marginalisierung als Folge der Globalisierung und sehen sich selbst als deren diskriminierte Opfer. Ihrer Forderung nach einer substantiellen Verbesserung des Marktzutritts kann im Rahmen des vorgestellten Konzepts auf bilateraler Basis durch die G1-G2-Partner relativ rasch und billig entsprochen werden:

Die Industriestaaten verfügen im Wirtschaftsverkehr untereinander über eine nahezu perfekt ausgebaute Logistik; Bahn, Speditionen, Lagerhäuser, Vertriebsorganisationen usw. wickeln problemlos ihren Wirtschaftsverkehr ab.

Die Länder der Dritten Welt stehen außerhalb der seit vielen Jahren gewachsenen und eingespielten Beziehungen. Ihre Exporte für die Märkte der Industriestaaten sind mehrfach diskriminiert: die ihnen dereinst eingeräumten Präferenzzölle sind heute, wo der Handel innerhalb der Wirtschaftsgemeinschaften (z.B. EU) zollfrei abläuft ins Gegenteil verkehrt; Einfuhrbewilligungen (sogar mit Quotenregelungen), langwierige, keinesfalls perfekt funktionierende Transportverbindungen, die Stellungspflicht am Zollamt u.v.m. bringen zusätzlich hemmende bürokratische und finanzielle Belastungen mit sich. Auch protektionistische Maßnahmen „des Westens“ zur Stützung der eigenen Agrarproduktion (z.B. Bananen, Soja, Oliven) werden auf den Rücken der LCD's ausgetragen.

Im Rahmen eines weltweit installierten Partnerschaftssystems könnten die G1-G2-Länder den Vertrieb der Produkte ihrer LDC-Partner in den Industriestaaten übernehmen. Für, im Rahmen des Systems, importierte Produkte muß dabei die Meistbegünstigung und die Zuerkennung der Produktprovenienz des G1-G2-Partners gelten. Dadurch fallen sämtliche fiskalischen und bürokratischen Belastungen weg: in der Außenwirkung eine neue Variante erweiterten Freihandels, nach innen beschränkt auf den Wirtschaftsverkehr mit den Partnern der eigenen Gemeinschaft. Vollkommen unberührt dabei bleiben sämtliche Aktivitäten mit Drittländern.

Es ist dabei dem LDC-Partner vorbehalten, sich für eine Verrechnung in WE oder in einer Hartwährung zu entscheiden. Naheliegend ist, daß er beides tun wird, wenn sich die Chance dazu eröffnet. Das Industrieland wird beides akzeptieren, wenn die WE praktisch verwertbar sind oder die Chance auf deren künftige Verwertung besteht.

Die anfänglich zaghaft fließenden Warenströme werden im Zuge der Verdichtung des Wirtschaftsverkehrs neue Transportwege hervorbringen, wie dies z.B. in der jüngsten Vergangenheit im Verkehr Europas mit China zu beobachten ist. Liefen vor der wirtschaftlichen Öffnung Chinas nahezu sämtliche Warenlieferungen über

Hong Kong, entstand in den letzten 10 Jahren ein äußerst effizienter Containerverkehr. Die Kosten und die Laufzeiten konnten dabei dank gesteigerter Konkurrenz unter den Speditionen und Reedereien deutlich gesenkt werden.
Diese neuen, verbesserten Transportmöglichkeiten zwischen „dem Westen" und den Partnern in der Dritten Welt eröffnen darüber hinaus bisher ungeahnte Möglichkeiten für Hilfsaktionen in Katastrophenfällen, für welche die Kapazitäten binnen kürzester Zeit zur Verfügung stünden.
Sind einmal die Grundvoraussetzungen dafür geschaffen, daß Personen mit Unternehmergeist die Chancen wahrnehmen können, die sie im Partnerstaat vorfinden, ist zu erwarten, daß sie versuchen werden, diese auch zu nutzen. Unterschiedlich zu jenen, die in der weiten, fremden Welt ihr Glück versuchen, bleiben sie dabei im Partnerstaat quasi zuhause. Gegen politische Umstürze sind sie finanziell abgesichert; sie werden aber auch von Anbeginn an, ihnen aus der Heimat vertraute Vorfeldorganisationen vorfinden. Die offizielle Außenhandelsorganisation, eine mit zusätzlichem Personal verstärkte Botschaft, die vielleicht bereits vor Ort tätige Caritas und effiziente Aktivitäten von NGO's (- es muß ja ein Grund für die Partnerwahl geben -), stehen hilfreich als Berater bereit. Heimische Banken werden mit absoluter Sicherheit Vorreiter der Pionierunternehmer sein und aussichtsreiche Projekte finanzieren, deren Risiko über die heimischen Kontrollbanken (die unter verschiedenen Namen in allen Industriestaaten bestehen) abgesichert werden kann.
Schuldennachlässe, auch in astronomischer Höhe, verfehlen – wie die Erfahrungen der Vergangenheit zeigen – ohne flankierende Maßnahmen die angestrebte Wirkung.
So berichtete der Wirtschaftswissenschafter K. Raffer[1003] bei einem Pressegespräch im Sommer 1999 über die Situation der 41 ärmsten Entwicklungsländer, denen selbst der von den G7-Staaten ins Auge gefaßte Schuldenerlaß von 1.000 Mrd. ATS, d.s. 40 % der Außenstände dieser Staaten, kaum ausreichend hilft.
Als Beispiel führt er Uganda an: „Dem zentralafrikanischen Land wurden im Vorjahr fast eine Mrd. S an bilateralen und 3,6 Mrd. S (…) an multilateralen Außenständen (etwa bei der Weltbank) gestrichen. Die Ausbeute: Der Schuldendienst hat sich lediglich um 260 Mio. S (...) pro Jahr verringert. Begründung: Zuvor schon war Kampala seinen finanziellen Verpflichtungen mehr schlecht als recht nachgekommen. Kein Wunder, hätte man zur Bedienung des gesamten Schuldenberges 1994 doch 82 Prozent aller Exporterlöse heranziehen müssen."[1004]
Ohne unternehmerische Initiativen wird sich die Lage kaum verbessern lassen. Demgegenüber kommt mit den Jungunternehmern neues Wirtschafts-Know-how

---

[1003] vgl.: Raffer, K: zit. in: KURIER. Unabhängige Tageszeitung für Österreich, Nr. 173 vom 27.06.1999, S. 7

[1004] ebd.: Raffer, K.: zit. in: KURIER. Unabhängige Tageszeitung für Österreich, Nr. 173 vom 27.06.1999, S. 7

– die dringend benötigten human-resources - in das Land. Die Produktion von Exportgütern steigt in den LDC's und damit die Verfügbarkeit sowohl von Devisen als auch von WE. Beide können für Investitionen in die Infrastruktur verwendet werden, wobei die Partner allerdings die Entscheidung unter Berücksichtigung des ausschließlich für die Mitglieder der Partnergemeinschaft anfallenden Zusatznutzen treffen können. Da die WE nicht konvertierbar sind und die Einrichtung einer Clearingstelle im Anfangsstadium nicht vorgesehen ist, ist der Wert der Verrechnungswährung lediglich fiktiv. Für außerhalb der jeweiligen Partnergemeinschaft stehende Drittländer ist mangels objektiver Vergleichbarkeit Protektionismus innerhalb der Partnergemeinschaft durch Wettbewerbsbehörden nicht überprüfbar und folglich auch nicht zu ahnden. Im Gegenteil:
Es wird im Interesse der G1-G2 Partner liegen, sich bei größeren Investitionen in die Infrastruktur der G3-G4 dadurch einen Vorteil zu sichern, daß die Zahlung in WE erfolgen kann. Diese Möglichkeit beinhaltet einen doppelten Wirkungsmechanismus:

1. Die G1-G2-Partner subventionieren – aus welchen Gründen auch immer, wahrscheinlich aber unter dem Motto der Sicherung der heimischen Arbeitsplätze – die Lieferung des nachgefragten Investitionsgutes.
2. Sie subventionieren, um eine ausreichende Menge WE zu akkumulieren, die Produktion von Exportprodukten im Entwicklungsland.

Überprüft man die Konsequenzen, ergibt sich zwar für beide Seiten der erwünschte Vorteil, bringt aber zugleich die dringend benötigte technische Unterstützung für die LDC/LLDC-Partner. Aus der Sicht des Westens ist das vor allem eine Investition in die Zukunft. Die Wirkungsweise dieses Instrumentariums entspricht jener des Marshall-Plans: die Industriestaaten schaffen sich durch diese Vorgangsweise – ähnlich wie die USA im Nachkriegseuropa – neue künftige Wirtschaftspartner.

Auch, im Zuge der Automatisierung in den Industriestaaten, ausgeschiedene, aber dennoch volltaugliche Maschinen, können wegen der zumeist niedrigen Lohnkosten in den LDC's für einen gewissen Zeitraum zumindest für den Heimmarkt durchaus wieder wirtschaftlich eingesetzt werden.
Der entsprechende Know-how-Transfer zu den G3-G4-Partnern erfolgt anfänglich sinnvoller Weise vorwiegend auf der Micro-Ebene der KMU. Sie werden zwar nicht wie die TNC's Vorreiter von Sozialstandards sein, vermitteln aber wegen der leichter überschaubaren Größenordnung individueller und dadurch effizienter als diese Werte wie Subsidiarität, Personalität und Partizipation.

3.7.3.3 Visionäre Aussichten

Falls die skizzierten Maßnahmen des Konzeptes greifen, erzielen sie nicht nur wirtschaftliche, sondern auch moralische Auswirkungen. Es wird dabei die beengte Praxis der Entwicklungshilfe, die gegenwärtig weitestgehend auf Motiven der

Nächstenliebe basiert, verlassen und deren selbstgewählte Selbstbeschränkung um wirtschaftliches Handeln aus Eigennutz mitsamt der, diesem innewohnenden, positiven Konsequenzen erweitert. Dieser Gedankengang des Sozialphilosophen Adam Smith ist längst Bestandteil der Sozialethik geworden. Unterschiedlich zu ihm, dessen Denken sich auf die individuell bedürftigen Bürger Englands konzentrierte, stellt dieses Konzept kollektiv auf die Gesamtheit der LDC's ab. Um Mißverständnissen vorzubeugen: das ist keinesfalls mit dem kollektiven, einer egalitären Ideologie entsprechenden „Jedem das Gleiche" identisch. Die Gleichheit bezieht sich ausschließlich auf die Rahmenordnung, die für die Summe der Partnergemeinschaften solidarische Gültigkeit haben muß, um ihnen allen gleiche Chancen zu eröffnen. Die Entscheidungen innerhalb der Partnerschaften selbst erfolgen je nach der Problemstellung, der Budgetsituation etc. stets subsidiär in den jeweils betroffenen Ländern selbst nach deren eigenen Opportunitätskriterien in Eigenverantwortung, die das System insgesamt auch für jeden einzelnen Bürger der LIC's eröffnet.
Handelt es sich z.B. um Infrastrukturentscheidungen in den LDC's, ergeben sich die positiven Konsequenzen – wie bei staatlichen Großprojekten üblich – nicht unmittelbar und direkt für das Einzelsubjekt, sondern bloß mittelbar durch die Partizipation am gesteigerten Gemeinwohl.
Das schließt aber nicht aus, daß individueller Nutzen bereits im Zuge der Umsetzung erzielbar ist: z.B. durch im Land des Entwicklungsprojektes selbst ansäßige Zulieferer (Kopplungseffekt), die nicht nur finanziellen Nutzen ziehen, sondern auch vom Know-how-Transfer profitieren.
Um eine Konfliktsituation der unterschiedlichen Kulturen zu verhindern und den Mißbrauch des Systems durch kriminelle Glücksritter zu unterbinden, kommt der Rahmenordnung **die** entscheidende Bedeutung zu. Hier sind vor allem die NGO's gefordert, dafür zu sorgen, daß wirtschaftspolitische Fragen nicht die moralischen Aspekte total ausblenden. Demgemäß ist die Rahmenordnung ständig derart zu adaptieren, daß für alle Länder der jeweiligen Gruppe (1-4) **stets** gleiche Bedingungen vorgegeben sind, damit deren Entwicklung mit ähnlicher Geschwindigkeit und Intensität erfolgen kann. (Tunneleffekt!)
Beschleunigend für den Entwicklungsprozeß kann der Austausch von Studenten und Wirtschaftstreibenden wirken; dies nicht ausschließlich im Hinblick auf die wirtschaftliche Entwicklung sondern ebenso zwecks Förderung des Verständnisses für andere Werthaltungen des jeweils anderen Partners. Erst in jüngster Zeit wurde z.B. bekannt, daß einzelne Völker Afrikas über hochstehende, uralte Kulturen verfügen, die in der Zeit des Kolonialismus total untergegangen bzw. unterdrückt worden sind.
Die intensivierte Cooperation der Partnerstaaten kann zweifellos auch dazu beitragen Angst, Mißtrauen und Vorurteile abzubauen. Möglicherweise findet die Dritte Welt Gefallen an unseren Werten und wir lernen von ihnen etwas, das der breiten Bevölkerung im Westen weitestgehend unbekannt ist. Vor allem Asien

kann dabei zahlreiche Anregungen liefern. Die Übernahme der Akkupunktur in unsere Medizin ist nur ein Beispiel dafür. Auf der geistigen Ebene kann eine stärkere Befassung mit den Werten des Buddhismus und des Konfuzianismus für die Länder des Westens ebenso befruchtend wirken, wie umgekehrt Christentum und Naturrecht in Asien als Bereicherung angesehen werden können. Je mehr die Partner aus den verschiedenen Kulturen sich kennen lernen, umso unwahrscheinlicher wird der von Huntington befürchtete Kampf der Kulturen.
Schließlich kann sich eine derart große Vertrauensbasis entwickeln, daß man sogar bereit ist, in den Partnerstaaten wechselseitig jeweils ein Regierungsmitglied zu stellen, um bereits bei der Schaffung einschlägiger, neuer Gesetze eingebunden zu sein.
Ziel ist, binnen einer Generation auch in den ärmsten LLDC's derartige Lebensbedingungen zu schaffen, daß deren Bevölkerung nicht zur Migration gezwungen ist.

3.8 Resümee

Welche Sensibilität der Verkehr des „Westens" mit den „Ländern des Südens" erfordert, kann anhand einiger Beispiele gemessen werden, die Apel insoferne bestätigen, als hiefür tatsächlich Equilibristen erforderlich sind. Zudem ist ein ständiges learning by doing für alle Involvierten erforderlich, um das „muddling through" laufend entsprechend der sich infolge der Dynamik des Systems ständig ändernden Anforderungen zu adaptieren. Daß das nach Subsidiaritätskriterien leichter zu bewältigen sein wird als nach Entscheidungskriterien die fernab zentralistisch gefällt werden, ist naheliegend, da management by improvisation vor Ort gefragt ist. In vielen Fällen wird es notwendig sein, Opportunitätsüberlegungen – soferne dabei die Würde der Menschen nicht verletzt wird - gegenüber edlen Motiven den Vorzug zu geben. Es wird aber auch unumgänglich sein, von eingefahrenen Denkmustern in den Industriestaaten abzugehen, da diese nicht zwangsläufig auf die Dritte Welt übertragbar sind.

Hierzu einige Überlegungen:
1. Jedermann wird vorweg Investitionen in die Infrastruktur eines Entwicklungslandes als äußerst sinnvoll ansehen. Doch selbst derartige Maßnahmen haben ihre Tücken:
Der aus Uganda stammende WU-Student Januaris Seruwagi berichtete im Zuge eines Seminars aus Wirtschaftsphilosophie: In Uganda wurden bislang holprige Naturstraßen befestigt und asphaltiert. Die für die Autofahrer schönen neuen Straßen hatten bloß einen gravierenden Schönheitsfehler: sie waren infolge der herrschenden Hitze für Fußgänger nicht mehr benützbar; diese gehen in Uganda nämlich zum größten Teil barfuß.

2. Es sind aber auch nicht immer Spekulanten aus den Industriestaaten, die für die Misere in der Dritten Welt verantwortlich sind. So gesteht der Chef der thailändischen Börse, Surat Palalikit[1005] freimütig ein, daß die Währungsturbulenzen 1998 hausgemacht waren: Ausgangspunkt der Krise war der boomende Immobilienmarkt, der seinerseits wiederum den Banken zu einer riesigen Geschäftsausweitung verhalf. Steigende Aktienkurse brachten zumindest der Oberschicht Reichtum. „Das viele Geld verpuffte wiederum im Kauf von Konsumgütern, wovon vor allem importierte Luxusmarken profitierten. Die Vielzahl von Mercedes-Autos und Nobelboutiquen zeugen noch heute von dieser Entwicklung. In Folge rutschte die Handelsbilanz des Tigerstaates immer tiefer in die roten Zahlen. Die Realwirtschaft entwickelte sich aber kaum. Und die Exportwirtschaft wurde angesichts der kaum bewältigbaren Binnennachfrage zusehends vernachlässigt."[1006]
Auch die Bangkoker Professorin und Demokratieaktivistin Pasuk Pongpaichit[1007] sucht keineswegs die Ursachen der Malaise, auch jene Malaysias, Indonesiens oder der Südkoreanischen Chaebols, in den Industriestaaten, sondern sieht die Probleme im jeweils eigenen Land verursacht.

3. Doch wie bei vielen Entscheidungen, die ohne die Konsequenzen zu bedenken, auf vermeintlich edlen Motiven basierend, zum Wohle der Länder des Südens getroffen werden, fehlt auch bei der folgenden Problematik die Sensibilität und Verantwortung der Industriestaaten: Diese stellen Stipendien für Studenten aus der Dritten Welt zur Verfügung; soweit edelmütig und gut! Oder doch bloß eine Alibiaktion oder gar das Gegenteil?
Die Studenten, die zumeist anhand ihrer schulischen Leistungen zu Hause ausgewählt werden, würden das künftige geistige Potential der Entwicklungsländer stellen. Sie studieren bei uns einige Jahre und etablieren sich dann hier als Ärzte, Ingenieure oder Unternehmer usw.
Ein Positiveffekt für die Dritte Welt wäre erzielt, kehrten diese Studenten nach Beendigung ihrer Studien heim und setzten dort ihr erworbenes Wissen zum Wohle ihres Heimatlandes um. Bleiben sie hier, ist dies aber das genaue Gegenteil von Entwicklungshilfe: ihr Heimatland hat 12 Jahre Ausbildung in sie investiert, die wir uns hier mit weiteren 4, 5 oder 6 Jahren Universitätsausbildung aneignen. Wir entziehen daher mit einem Drittel der investierten Ausbildungszeit der Dritten Welt ihre geistige Elite.

[1005] vgl.: Surat Palalikit: zit. in: Economist International, in: Die Presse. Unabhängige Tageszeitung für Österreich, Nr. 15.172 vom 18.09.1998, S. 25

[1006] Schnauder, E.: in: Economist International, in: Die Presse. Unabhängige Tageszeitung für Österreich, Nr. 15.172 vom 18.09.1998, S. 25

[1007] vgl.: Pasuk, Pongpaichit: zit. in: Economist International, in: Die Presse. Unabhängige Tageszeitung für Österreich, Nr. 15.104 vom 30.06.1998, S. 23

4. Ähnlich verhält es sich mit dem „Import" der beliebten philippinischen Krankenschwestern. Auch bei Ihnen belasteten die Ausbildungskosten ein Entwicklungsland und wir lukrieren den Nutzen.

5. Gleichfalls wirft das derzeit in der BRD – ebenso wie auch in Österreich – diskutierte Engagement von EDV- und Internetspezialisten aus Indien (200.000 sind bereits in Silicon Valley engagiert) die Frage auf, ob das nicht ein Know-how Transfer zu Lasten der Dritten Welt ist. Gewichtige Stimmen, wie z.B. jene von Azim Premji – einer der führenden Softwareunternehmer Indiens – geben zu bedenken, daß rund 30 % der Softwareingenieure der Welt aus Indien stammen und dieses Land somit „über eine Industrie [verfügt], die Indien zu einer Weltmarke gemacht hat."[1008]
Er steht folglich diesem Vorstoß von Kanzler Schröder äußerst reserviert gegenüber und fände es vernünftiger – schon allein wegen der niedrigeren Lohn- und Infrastrukturkosten - die Arbeit von Deutschland nach Indien zu verlagern.

Normativ vertritt zudem der universalistische Glaube des Westens das Postulat, daß die Menschen weltweit sich westliche Werte und Institutionen sowie die westliche Kultur aneignen sollten, weil diese das höchste, aufgeklärteste, liberalste, rationalste, modernste und zivilisierteste Denken der Menschheit verkörpern.[1009] Zweifellos sind unsere Werte wie individuelle Freiheit, politische Demokratie, Rechtsstaatlichkeit, Menschenrechte und kulturelle Freiheit eine wertvolle Errungenschaft und einzigartig. Doch daraus abzuleiten, daß es erforderlich ist, zu deren Bewahrung „die technologische und militärische Überlegenheit des Westens über andere Kulturen zu behaupten"[1010], wie dies Huntington zur Diskussion stellt, ist eine äußerst fragwürdige Perspektive. Vielmehr besteht der konstruktive Weg in einer multikulturellen Welt darin, auf den Anspruch der Universalisierbarkeit der jeweils eigenen Grundwerte zu verzichten, Verschiedenheiten zu akzeptieren und nach Gemeinsamkeiten zu suchen.[1011] Menschen in allen Kulturen sollen nach Werten, Institutionen und Praktiken suchen und jene auszuweiten trachten, die sie mit Menschen anderer Kulturen gemeinsam haben.
Auf Grund ihrer überragenden Bedeutung für die moralische Entwicklung im Sozialisationsprozeß der Menschheit kommt dabei den Religionen bei der Entwicklung einer global gültige Moral, wie z.B. von Küng in seinem Projekt Weltethos dargestellt, eine unverzichtbare Bedeutung zu. Daß die, vom Westen – auch in der Global-Governance-Architektur – als absolutes Maß einer globalen Ethik zu

---

[1008] vgl.: Azim, Premji zit. in: Frankfurter Allgemeine Zeitung für Deutschland (FAZ), Nr. 78/13 D vom 01.04.2000, S. 1 + 15
[1009] vgl.: Huntington, S. P.: Kampf der Kulturen, a. a. O. S. 510f
[1010] ebd.: Huntington, S. P.: Kampf der Kulturen, a. a. O. S. 514
[1011] vgl., ebd.: Huntington, S. P.: Kampf der Kulturen, a. a. O. S. 526

Grunde gelegten Menschenrechte in absehbarer Zeit universalisierbare Gültigkeit erlangen, ist mehr als fraglich; das heißt aber keineswegs, daß sie nicht den grundlegenden Diskursbeitrag des Westens in einem idealen, globalen Diskurs darstellen und dessen Zielfunktion im Rahmen einer globalen Problemlösungsheuristik sind.
Obzwar die Menschenrechte grundsätzlich unteilbar sind, können die Postulate der Hilfsbereitschaft und der Gerechtigkeit m.E. **vorauseilend** als Subziele mit höherer Intensität und Geschwindigkeit verfolgt werden, gäben wir den oben ausgeführten Überlegungen durch subsidiär und bilateral agierende Partnerschaften in einem geschützten zweiten Wirtschaftskreislauf eine Chance. Unterschiedlich zu abstraktem wertorientierten Handeln wie z.B. bei Fragen der Freiheit, gegenseitiger Achtung bzw. Integrität im Verhalten, für welche eine Internalisierung dieser Werte im Bewußtsein der Menschen unerläßlich ist, beinhalten die Werte Gerechtigkeit und Hilfsbereitschaft durchaus auch einen Kern von Zweckrationalität – von Max Weber auch als Ziel/Mittel-Rationalität bezeichnet. Haben wir das Ziel, die Not der Dritten Welt zu lindern, bieten sich zweifellos als geeignete Mittel – durchaus auch losgelöst vom Postulat der Nächstenliebe – die umfangreichen wirtschaftlichen, auf deren Eigeninteressen aufbauenden, Möglichkeiten der G1-Partner hiefür an. Da für das globale Funktionieren dieses sekundären – für das Handeln innerhalb der jeweiligen Partnergemeinschaft zwar als freier Markt installierten, jedoch bei Überschreiten der Systemgrenzen geschützten – Wirtschaftskreislaufs eine globale Rahmenordnung unerläßlich ist, eröffnet sich mit dieser zudem eine großartige neue Möglichkeit zur globalen Implementierung einer Architektur entsprechender ethischer Normen.
Zahlreiche Mitglieder der NGO's, ebenso wie viele Vertreter der Kirche, stehen wirtschaftlichem Agieren, bei welchem in der Regel nicht nach den Motiven sondern nach seinen Konsequenzen entschieden wird, vielfach äußerst kritisch gegenüber. Es gilt demnach auch deren mögliche Einwände zu berücksichtigen, sind sie doch auf Grund ihres zumeist altruistischen Engagements aus der Entwicklungspolitik nicht wegzudenken und folglich als Teilnehmer an einem Diskurs ebenso unentbehrlich wie vielfach vor Ort.
Aus moralischen Überlegungen müßten alle Betroffenen den Kernpunkten der Konzeption – Partnerauswahl und Entschuldung – zustimmen können, stellt es doch nichts anderes als internationale „Solidarität" dar.
Für den Großteil der G1-Partner ist diese keineswegs wesensfremd, sondern vielmehr einer der Grundwerte, sowohl der katholischen Soziallehre als auch der marxistischen Ethik – also für die Mehrheit der Menschheit ohnedies internalisierter Bestandteil ihres Sozialisationsprozesses. Darüber hinaus sollte es für allenfalls Andersdenkende keine allzugroßen moralischen Bedenken für eine positive Entscheidung geben, beruht das gegenständliche System doch auf freiwilligen, von Sympathie getragenen Zusammenschlüssen und sollte, insbesondere dank seiner Orientierung an den Prinzipien der Partizipation und des Gemeinwohls, der

Dritten Welt zum Vorteil gereichen. Keinesfalls darf es zu einer neuen Variante des Neokolonialismus ausufern.

4 Schlusswort

Es kann nicht verhohlen werden, daß die meisten Angriffe auf die Globalisierung über weite Strecken mit alten kapitalismuskritischen Argumenten aus der Steinzeit der industriellen Revolution geführt werden, die im 20. Jahrhundert zumindest auf volkswirtschaftlicher Ebene bereits beantwortet schienen. Neu an der gegenwärtigen Entwicklung ist ausschließlich deren globale Dimension. Fragen, die vormals volkswirtschaftlicher Natur waren, wurden durch den rasanten technologischen Fortschritt zu globalen Fragen.

Die Antworten sind demnach keineswegs verschieden von dereinst. Allerdings besteht auf Grund der Rasanz der technologischen Entwicklung ein timelag bei der Implementierung universalisierbarer moralischer Werte in den global interagierenden Institutionen und Unternehmen. Die sich zwischen pragmatischem und ethisch fundiertem Handeln zunehmend öffnende Schere bedarf einer gesteigerten Anstrengung aller involvierten Akteure bei der Schaffung einer neuen „Gesellschafts- und Wirtschaftspolitischen Gesamtkonzeption“[1012], also eines „ordnungspolitischen Leitbildes“ „als einen geschlossenen und in sich widerspruchsfreien Zusammenhang von wirtschaftspolitischen Zielen, Grundsätzen und zielkonformen Institutionen und Maßnahmen“[1013].

Das Bestreben der Wirtschaftswissenschaft, Wirtschaft in ein mathematisch-analytisches Konzept zu pressen – also eine rein abstrakte Auffassung der Wirtschaft, die diese allen anderen Teilinhalten der Gesellschaft und des Lebens (Staat, Politik, Moral, Religion, usw.) gegenüberstellt - ist auf globaler Ebene nicht richtiger geworden, sondern ebenso eine Fehlentwicklung, wie sie als solche auf der Meso-Ebene bereits in der Vergangenheit erkannt wurde. Othmar Spann stellte diesbezüglich bereits vor fast hundert Jahren fest: „Die Losreißung der Wirtschaft aus dem unteilbaren Ganzen der Gesellschaft ist wesenswidrig und ebenso die Postulierung eines Grundtriebes, des ‚Eigennutzes', den es als **allein wirksamen** nicht gibt und der auch insofern nicht rein subjektiv ist, als im Gesamtganzen die Wirtschaft immer objektive Voraussetzungen hat. Wirtschaft ist nämlich nur innerhalb des Systems der Ziele möglich, daher die Mittel – auch die aus Eigennutz entspringenden Handlungen der Einzelnen – das Reich der Ziele, die ganze Kultur, widerspiegeln. Kulturabgelöste, ‚abstrakte' Wirtschaft gibt es nicht. – (...) Stets sind es schon vorgegebene Gebilde, z. B. Betriebe, Marktzusammenhänge, in die sich der Einzelne einzugliedern hat. Die Sacherfordernisse dieser Gebilde, nicht allein die subjektiven Eigennutze der Einzelnen sind aber für

[1012] Pütz, T.: Die wirtschaftliche Gesamtkonzeption, in: Beckerath, E. v.; u.a.(Hrsg.): Wirtschaftsfragen der freien Welt. 2. Auflage, Frankfurt am Main, o. Jg., S. 44

[1013] ebd.: Pütz, T.: Die wirtschaftliche Gesamtkonzeption, in: Beckerath, E. v.; u.a. (Hrsg.): Wirtschaftsfragen der freien Welt, a. a. O. S. 44

die Eingliederung maßgebend: Der objektive Eingliederungsgrund tritt an die Stelle des subjektiven Eigennutzes".[1014]
Demgemäß kann das Shareholder's-Value-Prinzip trotz seiner Effizienz – selbst unter Zugrundelegung seiner investiven, langfristorientierten Charakteristik – bei Ermangelung entsprechender Leitlinien einer globalen Ordnungspolitik mitsamt einem globalen Sozialvertrag keineswegs als Ultima ratio der Wirtschaftsethik angesehen werden; das Gleiche gilt allerdings auch für den, gerade wegen seiner erwiesenen wirtschaftlichen Ineffizienz, untergegangenen „Marxismus-Leninismus", der keine geeignete Alternative darstellt. Beide Denkrichtungen beanspruchen aber häufig für sich, den Stein der Weisen gefunden zu haben. Speziell in vielen Staaten des einstigen „real existierenden Sozialismus" sind die gesellschaftlichen Voraussetzungen für neue Entwicklungen denkbar schlecht, „da die Umpolung des Denkens, welche vom Kommunismus betrieben wurde, viel tiefere Spuren hinterlassen hat, als von den meisten Beobachtern angenommen wurde."[1015]
In Ovids „Metamorphosen" heißt es: „Medio tutissimus ibis" – „auf dem Mittelweg gehst du am sichersten". Ein Weg der Mitte bedeutet aber Toleranz, das Streben nach Konsens, das Miteinander, die Beachtung der Persönlichkeit u.v.m.[1016]
Dieser Weg der Mitte ist von den führenden politischen Kräften gegenwärtig mit dem System der „Sozialen Marktwirtschaft" in bloß gering abweichenden Schattierungen[1017] - zumindest in Teilen Europas – als Abfolge eines Lernprozesses[1018] weitgehend unbestritten. Diese Wirtschaftsordnung hat in den letzten Jahren sogar wieder an Stellenwert gewonnen, weil „sich die Keynessche Machbarkeit der Zielsetzungen durch makroökonomische Steuerung nicht nur in den westlichen Industriestaaten ebenso als Illusion erwiesen hat wie das Dominieren der Ablaufpolitik (als punktueller Interventionismus oder sogenannter Pragmatismus) und in widersprüchliche Lösungen, in Teufelskreise und Sackgassen gemündet ist. (...) Zudem hat sich fast gleichzeitig in vielen Teilen der Welt gezeigt, daß die Erreichung selbst einfachster wirtschaftspolitischer Zielsetzungen wie z. B. eine entsprechende Versorgung der Bevölkerung mit Waren und Leistungen und eine ökonomische Nutzung der knappen Ressourcen nach einer langen Zeit überstrapazierter Illusionen ohne gewisse Kurskorrekturen am Wirtschaftssystem nicht mehr zu erwarten ist."[1019]

[1014] Spann, O.: Die Haupttheorien der Volkswirtschaftslehre auf lehrgeschichtlicher Grundlage, a. a. O. S. 80, (Hervorh. HPS)
[1015] Bader, E.: Christliche Sozialreform, a. a. O. S. 133
[1016] vgl.: Dichand, H.; (Cato): Verlust der Mitte, in: Neue KronenZeitung, Nr. 14.309 vom 12.03.2000, S. 4
[1017] vgl.: Abschnitt 1.5.5
[1018] vgl.: Schmitz, W.: Die ethische Fundierung der Ordnungspolitik, a. a. O. S. 233
[1019] ebd.: Schmitz, W.: Die ethische Fundierung der Ordnungspolitik, a. a. O. S. 233f

„Das gilt aber auch ganz besonders für die dritte Welt. Die heute die Weltwirtschaft prägende Schuldenkrise gerade reicher Entwicklungsländer ist ein Lehrstück über die Folgen einer weltweit fehlenden Ordnungspolitik! Damit ist ein Lernprozeß in Gang gekommen, der uns zwingt, bisherige Vorstellungen über eine wirksame Entwicklungspolitik zu überprüfen. Zu den Schlußfolgerungen, die sich aus den bisherigen Erfahrungen aufdrängen, gehören vor allem solche ordnungspolitischer Natur; (...) die beste Entwicklungshilfe für ein Land – das sich letzten Endes nur selbst dafür entscheiden kann – bietet eine effiziente Ordnungspolitik, deren Erfolge kein noch so reichlicher finanzieller Ressourcentransfer ersetzen kann."[1020]

Das oben vorgestellte partnerschaftliche System eröffnet vor allem die Chance auf einen vermehrten Know-how-Transfer in die Dritte Welt und schafft ihr dank sanierter Zahlungsbilanzen auf Grund des verminderten Risikos den bislang weitgehend ausgeschlossenen Zugang zu den Kapitalmärkten. Die laufenden Prüfungen der Wirtschaftspolitik der Mitgliedsländer durch den Internationalen Währungsfonds (Surveillance) und die Bindung seiner Zahlungsbilanzhilfen an die Einhaltung vereinbarter Maßnahmen (Konditionalität) sind nicht mehr der alleinige Schlüssel zu einer erfolgreichen Zusammenarbeit aller beteiligten Institutionen (IWF, Weltbankgruppe, regionale Entwicklungsbanken, Regierungen der Schuldner- und Gläubigerländer und privates Bankensystem).[1021] Der Dritten Welt eröffnen sich neue, zusätzliche Handlungsalternativen.
Soll es möglich sein, den von Huntington prognostizierten Kampf der Kulturen nachhaltig zu unterbinden, ist ein globaler Diskurs hinsichtlich einer für alle Menschen gültigen und akzeptablen Rahmenordnung unverzichtbar. Der Beitrag des Westens, dessen Kulturvorstellungen auf einem humanistischen Menschenbild beruhen, könnten etwa folgende Ziele des wirtschaftlichen Tätigseins, denen eine neue Ordnungspolitik dienen soll, formulieren:

- „Die Versorgung mit materiellen und immateriellen Gütern unter Schonung der knappen Ressourcen.
- Die Ermöglichung von Einkommen für alle, auch für diejenigen, die auf den Märkten entweder noch nicht, vorübergehend oder dauernd nicht oder nicht mehr Waren oder Leistungen anzubieten haben.
- Sozial ist jene Ordnung, die es möglich und wahrscheinlich macht, daß diese Zielsetzungen unter Wahrnehmung der Menschenwürde aller Teilnehmer erreicht werden."[1022]

Der Diskurs stößt aber zwangsläufig dann auf unüberwindbare Schranken, sobald er auf jene Daten stößt, die Eucken als diejenigen Tatsachen bezeichnet, „die den

[1020] ebd.: Schmitz, W.: Die ethische Fundierung der Ordnungspolitik, a. a. O. S. 234
[1021] vgl., ebd.: Schmitz, W.: Die ethische Fundierung der Ordnungspolitik, a. a. O. S. 234
[1022] Schmitz, W.: Die ethische Fundierung der Ordnungspolitik, a. a. O. S. 239

ökonomischen Kosmos bestimmen, ohne selbst unmittelbar von ökonomischen Tatsachen bestimmt zu sein“[1023]. Das kann aber keineswegs darüber hinwegtäuschen, daß aus dem Blickwinkel von Ethikern die Wirtschaft häufig einen „Mangel an geistiger Orientierung“[1024] vermissen läßt. „Die westliche Wirtschaft (...) vermag nicht zu existieren ohne die Demokratie im pluralistischen Sinn, mit Betonung auf dem Nebeneinander von Meinungen und Einflüssen“.[1025]
Aufgrund der demokratischen Struktur der Gesellschaft ist die westlich orientierte Wirtschaft allerdings lernfähig. „Aus dieser Lernfähigkeit, die eine Eigenschaft der gesamten Gesellschaft ist, resultiert eine Chance, (...) Fehler und Irrtümer zu erkennen und zu überwinden. Wenn die einseitig an die Spitze der Werte und Prinzipien gestellte Grundhaltung der Gewinnmaximierung in ihrer Fehlerhaftigkeit erkannt wird, dann müßte entweder eine allmähliche oder eine sehr rasche Umwandlung auf der Ebene des öffentlichen Bewußtseins erfolgen, welche als Ende des verbliebenen Restes eines in der ursprünglichen Art und Weise ohnehin nicht mehr bestehenden Kapitalismus anbrechen; eine solche würde keinen Zusammenbruch wie den des Kommunismus mit sich bringen, weil eben auch die Alleinherrschaft der genannten, für wirtschaftlich geltenden Gewinnsucht als totalitäres Prinzip der gesamten Gesellschaft, eigentlich nicht existiert.“[1026]
Es wird zwar nicht möglich sein, sämtliche wirtschaftliche Fragen – insbesondere betriebswirtschaftliche, für welche eine durchgängige machtbehaftete Organisationsstruktur[1027] mit „oben“ und „unten“ unerläßlich ist – im Sinne des Stakeholder-Prinzips zu lösen. Daraus kann aber keineswegs abgeleitet werden, daß für das Shareholder's-Value-Prinzip alles gesollt ist, was machbar ist.
Die Globalisierung – nicht nur der Wirtschaft, sondern – weiter Lebensbereiche macht einen Diskurs nach den Prinzipien der Diskursethik unverzichtbar, bei welchem – bei aller Anknüpfung an die konkreten Kulturtraditionen - die kontrafaktische Antizipation der universal gültigen Normen einer idealen Kommunikationsgemeinschaft der oberste Maßstab der Moral bleibt; und zwar deshalb, weil der hier antizipierte Maßstab der Gleichberechtigung und gleichen Mitverantwortung aller Menschen die normative Bedingung der Möglichkeit der Verständigung und

---

1023 Eucken, W.: Die Grundlagen der Nationalökonomie, 6. Aufl., Berlin-Göttingen-Heidelberg 1950, S. 96

1024 Bader, E.: Christliche Sozialreform, a. a. O. S. 138

1025 ebd.: Bader, E.: Christliche Sozialreform, a. a. O. S. 138

1026 ebd.: Bader, E. Christliche Sozialreform, a. a. O. S. 139

1027 vgl.: Klenner, F.: Die Sozialpartnerschaft ein Austriacum, in: Europäische Rundschau, Nr. 4/1976, S. 45
auch ders.: Sozialismus in der Sackgasse? Wirtschaft und Gesellschaft im Umbruch. Wien 1976, S. 348

somit der Koexistenz und Kooperation der verschiedenen real existierenden Wertgemeinschaften darstellt.[1028]

„Mit diesem normativen Maßstab tritt die universalistische postkonventionelle und posttraditionale Moralbegründung der Philosophie allerdings in eine empirisch unaufhebbare Spannung zu den überlieferten Formen der »substantiellen Sittlichkeit« und d.h. auch zu den religiös-metaphysischen Repräsentationen dieser Traditionen »starker Werte«. Die transzendentalpragmatische Begründung der universalgültigen Moral der Gerechtigkeit und der Mitverantwortung kann und muß zwar dem Pluralismus und der Verschiedenheit der kulturrelativen Werttraditionen weiten Spielraum im Sinne affirmativer, hermeneutisch engagierter Toleranz einräumen. Sie kann nämlich die kreativen Sinn- und Werterschließungsperspektiven der verschiedenen Kulturtraditionen nicht selbst entdecken, sondern setzt sie voraus; und sie kann und muß die Antwort auf die Frage nach dem guten Leben im Sinne der persönlichen und kollektiven Entwürfe der Selbstverwirklichung weitgehend den Individuen bzw. ihren Kulturen überlassen. Doch als Gerechtigkeitsethik mit universalem Gültigkeitsanspruch muß die Diskursethik dem Wertepluralismus der individuellen Lebensentwürfe und der Kulturtraditionen auch einschränkende Bedingungen auferlegen.

Darin liegt kein Widerspruch, (...) sondern die Aufgabe der immer erneuten Vermittlung einer Spannung im Sinne eines Komplementaritätsprinzips. Die hier zu vermittelnden Anliegen, nämlich individuelle bzw. kollektive Selbstverwirklichung einerseits, universal gültige Gerechtigkeit und Mitverantwortung andererseits, sind zwar polar entgegengesetzt und können leicht miteinander in Konflikt geraten; doch sie setzen einander im Rahmen einer Diskursethik auch notwendigerweise voraus. Denn eine deontologische Ethik der Sollensnormen, welche den verschiedenen Menschen und ihren verschiedenen Kulturen von vornherein die gleichen Lebenswerte vorschreiben wollte, könnte ihnen gerade nicht im Sinne der a priori anerkannten Grundnorm einer idealen Diskursgemeinschaft Gleichberechtigung bei der diskursiven Interessenvertretung einräumen. Umgekehrt gilt: Individuen oder partikulare Gemeinschaften, welche ihre »starken Werte« ohne Rücksicht auf das gleiche »Menschenrecht« aller anderen Individuen oder Gruppen oder ohne Mitverantwortung für das Wohl der gesamten Menschheit angesichts von globalen Krisen wählen und durchsetzen wollten: Solche rücksichtslosen Selbstverwirklicher müßten von vornherein auf die Vertretung ihrer Interessen in Moral-Diskursen verzichten. Insofern könnten sie nicht einmal den diskursiven Anspruch auf die Befolgung einer »Ethik des guten Lebens« erheben."[1029]

[1028] vgl.: Apel, K.O.: Erste Philosophie heute? In: Apel, K.O.; Hösle, V.; Simon-Schaefer, R.: Globalisierung. Herausforderung für die Philosophie, a. a. O. S. 63

[1029] ebd.: Apel, K.O.: Erste Philosophie heute?, a. a. O. S. 63f

Unterschiedlich zur reinen Gesinnungsethik handelt es sich dabei um eine zukunftsbezogene Verantwortungsethik[1030] für eine global verbindliche Rahmenordnung. Soferne diese Rahmenordnung die Antwort auf die zu Beginn gestellte Frage sein soll, ob shareholder's value die ultima ratio der Wirtschaftsethik sei, so ist es für die Wirtschaftwissenschaften unerläßlich, den Weg zu jenem Ansatz zurückzufinden, der Wirtschaft im Sinne einer ganzheitlichen Betrachtungsweise vertritt. Es zeigt sich zunehmend, daß gerade die Philosophie die geeignete Zugangsweise zu dieser Frage eröffnet, namentlich dann, wenn sie sich auch den Erkenntnissen anderer Wissenschaften öffnet und für interdisziplinäre Offenheit bereithält.[1031]

Das Shareholder's-value-Prinzip und Neoliberalismus sind zweifellos Instrumentarien, die ihre wirtschaftliche Effizienz zwar in der Praxis bewiesen haben und den Sachzwängen der Wirtschaft nach analytischen Regeln bestmöglich entsprechen; sie bieten aber ohne geeigneten Sozialvertrag denen, die dieses Instrumentarium effizient zu handhaben wissen einen exorbitanten Vorteil gegenüber den wirtschaftlichen underdogs der Welt und eröffnen ihnen zudem auch umfangreiche Mißbrauchsmöglichkeiten, die zwar in der Regel Sanktionen nach sich ziehen – allerdings mit einem gewaltigen timelag. Der EU-Gipfel in Lissabon (März 2000) gab den Start frei für eine europäische „New Economy". Ein „technologischer Hochsprung"[1032], der in den nächsten Jahren dank gesteigerter Liberalisierung ein höheres Wirtschaftswachstum und 30 Millionen neue Arbeitsplätze in der EU schaffen soll, ist eine Herausforderung an dem Kapitalmarkt und somit auch an die unverzichtbaren Shareholder. Die Frage hinsichtlich der Verteilungsgerechtigkeit bleibt dabei allerdings unbeantwortet; sie ist ausschließlich nach dem Stakeholder-Prinzip – also als Ergebnis eines praktischen Diskurses – hinsichtlich einer globalen Konvention in Form einer globalen Rahmenordnung beantwortbar. Dieser die aristotelische Phronesis – zumindest gedanklich – zu Grunde zu legen, ist **die** unverzichtbare Aufgabe einer verantwortungsbewußten, vernünftigen Menschheit. Das Wirtschaftsmodell, das diesen Ansprüchen bestmöglich gerecht wird, scheint eine „globale soziale Marktwirtschaft"[1033] zu sein.

[1030] vgl., ebd.: Apel, K.O.: Erste Philosophie heute?, a. a. O. S. 60

[1031] vgl.: Bader, E.: Christliche Sozialreform, a. a. O. S. 68

[1032] vgl.: Bachner, M.: Kalifornische Träume der EU. Bericht in: KURIER. Unabhängige Tageszeitung für Österreich, Nr. 83 vom 23.3.2000, S. 15

[1033] Koslowski, P. (Hrsg.): Weltwirtschaftsethos, a. a. O. S. 53

5 Literaturverzeichnis

5.1 Wissenschaftliche Quellen

5.1.1 Selbständige Veröffentlichungen

AGEZ-Information 14/98, Wien 1998

AGEZ ArbeitsGemeinschaft EntwicklungsZusammenarbeit (Hrsg.): Soll und Haben. Konturen der österreichischen Entwicklungspolitik 1. Wien 1992

AGEZ - Dialog - Entwicklung - Zusammenarbeit - Politik. Broschüre, Wien Jänner 1998

AGEZ ArbeitsGemeinschaft EntwicklungsZusammenarbeit, (Hrsg.): Die Position der AGEZ zum multilateralen Investitionsabkommen (MAI). Wien 1998

Altmann, H.-L.: Überzeugungskraft durch sichere Rede-, Verhandlungs- und Konferenztechnik, 3. unveränd. Auflage, Kissing 1978

Anshen, M.: Managing the socially Responsible Corporation. New York 1974

Apel, K.-O. (Hrsg.): Sprachpragmatik und Philosophie. Frankfurt am Main 1976

Apel, K.-O.: Transformation der Philosophie. Frankfurt am Main 1976, Bd. 2

Apel, K.-O.: Diskurs und Verantwortung. Das Problem des Übergangs zur postkonventionellen Moral. Frankfurt am Main 1988

Apel, K.-O.; Hösle, V.; Simon-Schäfer, R.: Globalisierung. Herausforderung für die Philosophie. Bamberg 1998

Bader, E.: Christliche Sozialreform. Beiträge zur Sozialphilosophie in einer veränderten Welt. Wien 1991

Bauer Lord, P. T.: Dissent on Development: Studies and Debates in Development Economics. Cambridge (Mass.) 1971

Becker, G.-S.: Der ökonomische Ansatz zur Erklärung menschlichen Verhaltens. Übersetzt von Monika und Viktor Vanberg, 2. Auflage, Tübingen 1993

Beckerath, E. v.; u.a.(Hrsg.): Wirtschaftsfragen der freien Welt. 2. Auflage, Frankfurt am Main, o. Jg.

Berg-Schlosser, D.; Maier, H.; Stammen, T.: Einführung in die Politikwissenschaft. 2. neubearb. Aufl. München 1977

Bohnen, A.: Die utilitaristische Ethik als Grundlage der modernen Wohlfahrtsökonomie. Göttingen 1964

Boxberger, G.; Klimenta, H.: Die 10 Globalisierungslügen. Alternativen zur Allmacht des Marktes. München 1998

Branahl, M.: Zum Verhältnis von sittlicher und ökonomischer Rationalität – aufgezeigt am Beispiel der Unternehmenskultur der Siemens AG, Köln 1991

Brodbeck, K.-H.: Die fragwürdigen Grundlagen der Ökonomie: eine philosophische Kritik der modernen Wirtschaftswissenschaften. Darmstadt 1998

Burghart, A.: Allgemeine Wirtschaftssoziologie. Pullach bei München 1979
Das neue Programm der SPÖ. Sozialistische Politik 8. Eine Schriftenreihe des Dr.-Karl-Renner-Institutes. Wien Oktober 1979 (8. Auflage)
Das Parlament. Königswinter 8./15. August 97
Dewald, M.: Komparative Vorteile in der bilateralen Entwicklungshilfe. Ihre Relevanz und Identifikation. Basler Dissertation, Chur-Zürich 1997
Dichtl, E.; Issing, O.(Hrsg.): Vahlen's Großes Wirtschaftslexikon. Band 4, R – Z, München 1987
Downs, A.: Okonomische Theorie der Demokratie. Wildermann, R. (Hrsg.). Tübingen 1968, Titel der Originalausgabe: An Economie Theory of Democracy
Eucken, W.: Die Grundlagen der Nationalökonomie, 6. Aufl., Berlin – Göttingen - Heidelberg 1950
Fetscher, I. (Hrsg.): Grundbegriffe des Marxismus. Hamburg 1976
Fetscher, I.; Münkler, H. (Hrsg.): Pipers Handbuch der politischen Ideen. Band 4, München – Zürich 1986
Fischer, H. (Hrsg.): Rote Markierungen '80. Wien 1980
Freeman, R. E.; Gilbert, D. R.: Unternehmensstrategie. Ethik und persönliche Verantwortung. Frankfurt - New York 1991
Friedman, M.: Die optimale Geldmenge und andere Essays. Titel der Originalausgabe: "The Optimum Quantity of Money and other Essays". Chikago 1969, München 1970
Gablers Wirtschaftslexikon. 13. Auflage, Bd. 3, Wiesbaden 1993
Görlitz, A.: Handlexikon zur Politikwissenschaft. Band II, Reinbek 1973
Großes Universalvolkslexikon. 4. Band, Stuttgart 1984
Gruppe von Lissabon (Hrsg.); Übers. Colon, V.: Grenzen des Wettbewerbs. Die Globalisierung der Wirtschaft und die Zukunft der Menschheit. München 1997
Gutenberg, E.: Einführung in die Betriebswirtschaftslehre. 1. Lieferung, Reihe A, (Betriebswirtschaftslehre) 1. Beitrag, Wiesbaden 1958
Habermas, J.: Theorie und Praxis. Frankfurt am Main 1971
Habermas, J.: Zur Rekonstruktion des historischen Materialismus. Frankfurt am Main 1976
Habermas, J.: Moralbewußtsein und Kommunikatives Handeln. Frankfurt am Main 1983
Habermas, J.: Erläuterungen zur Diskursethik. 2. Auflage, Frankfurt/M. 1991
Habermas, J.: Faktizität und Geltung. Beiträge zur Diskursethik des Rechts und des demokratischen Rechtsstaates. Frankfurt am Main 1992
Habsburg, K. (Hrsg.): Europa bürgernah. Wien 1998
Haller, M. (Hrsg.) u.a.: Globalisierung der Wirtschaft – Einwirkungen auf die Betriebswirtschaftslehre. Stuttgart – Wien 1992
Handwörterbuch der Betriebswirtschaft. Band III. Stuttgart 1960
Hauchler, I.; Messner, D.; Nuscheler, F. (Hrsg.): Stiftung Entwicklung und Frieden. Globale Trends 1998, Frankfurt am Main 1997

Hayek von, F. A.: Die Verfassung der Freiheit. Tübingen 1981. Titel der englischen Originalausgabe: "The Constitution of Liberty" Chikago und London 1960

Hayek von, F. A.: Der Strom der Güter und Leistungen. Wiesbaden 1974. Verbesserte Auflage. Tübingen 1984

Hayek von, F. A.: Die Verfassung der Freiheit. 2. durchgesehene Aufl., Tübingen 1983

Heidelberger Club (Hrsg.): Globalisierung. Der Schritt in ein neues Zeitalter. Berlin 1997

Heinen, E. (Hrsg.): Industriebetriebslehre. Entscheidungen im Industriebetrieb. 3. durchgesehene und verbesserte Auflage. Wiesbaden 1974

Heinrich, W.: Wirtschaftspolitik. 1. Band, 2. neubearb. Auflage, Berlin 1964

Heinrich, W.: Wirtschaftspolitik. 2. Band, 2. Hälfte, 2. neubearb. Auflage, Berlin 1969

Hesse, H. (Hrsg.): Wissenschaft und Ethik. Berlin 1990

Hirschman, A. O.: Entwicklung, Markt und Moral. Abweichende Betrachtungen. München - Wien 1989

Höffe, O. (Hrsg.): Einführung in die utilitaristische Ethik. Klassische und zeitgenössische Texte. 2. Auflage, Tübingen 1992

Höffe, O. (Hrsg.): Lexikon der Ethik. 5. Auflage, München 1997

Homann, K.; Blome-Drees, F.: Wirtschafts- und Unternehmensethik. Göttingen 1992

Hrubi, F. R.; Karmasin, M. (Hrsg.): Wirtschaftsethik. Aufsatzsammlung. Wien 1993

Hruschka, E.: Aufdeckung und Beseitigung betrieblicher Verlustquellen. Grundlagen zur betriebswirtschaftlichen Beratung von Klein- und Mittelbetrieben. Stuttgart 1966

Huntington, S. P.: Kampf der Kulturen. 2. Auflage 1998, Orginaltitel: The Clash of Civilizations. New York 1996

International Monetary Fund, International Financial Statistics, versch. Ausgaben.

Institut für Mittelstandsforschung: Schriften zur Mittelstandsforschung. Nr. 73 NF, Bonn 1997

Institut für Gesellschaftswissenschaften (Hrsg.): Die Neue Ordnung. Walberberg e. V. Nr 1/1993 Februar, 47. Jg., Bonn 1993

Jenner, G.: Die arbeitslose Gesellschaft. Gefährdet die Globalisierung den Wohlstand? Frankfurt am Main 1997

Johannes Paul II: Enzyklika „Sollicitudo rei socialis“. Rom 1987

Johannes Paul II: Enzyklika „Centsimus Annus“. Rom 1991

Johannes Paul II: Enzyklika „Fides et ratio“. Sonderpublikation d. Kathpress, Wien Nr. 8/1998

Journal für Betriebswirtschaft 2/79. Wien 1979

Kath, J.: Global Marketing. Die WeltMarkt Revolution, München 1995

Kemmetmüller, W.; Sertl, W. (Hrsg.): Klein- und Mittelbetriebe. Chancen. Probleme. Lösungen. Erich Hruschka zum 70. Geburtstag. Wien 1981
Keynes, J.M.: The general Theory of Employment, Interest and Money. London 1936. Deutsch von Fritz Waeger: Allgemeine Theorie der Beschäftigung, des Zinses und des Geldes. Neudruck Berlin 1955
Klaus, G; Buhr, M. (Hrsg.): Marxistisch-Leninistisches Wörterbuch der Philosophie. Neubearb. und erweiterte Ausgabe 1975, Reinbek bei Hamburg 1972, Titel der Originalangabe: Philosphisches Wörterbuch. Leipzig 1964, 1969, 1970
Klein, H. D.: Geschichtsphilosophie. Eine Einführung. Wien 1988. 3. unv. Aufl. 1995
Klein, H. D.: Metaphysik. Eine Einführung. 2. Auflage, Wien 1993
Klenner, F.: Sozialismus in der Sackgasse? Wirtschaft und Gesellschaft im Umbruch. Wien 1976
Klose, A.: Ein Weg zur Sozialpartnerschaft - das österreichische Modell. Wien 1970
Klose, A.: Gewissen in der Politik. Ethik für die Entscheidungskrise. Graz - Wien - Köln 1982
Klose, A.: Kleines Lexikon der Politik. Wien 1983
Klose, A.: Unternehmerethik. Heute gefragt?, 1. Aufl., Linz 1988
Klose, A.: Johann Heinrich Jung-Stilling als Sozialethiker. Siegen 1992
Klose, A.: Christliche Soziallehre: eine ökumenische Herausforderung. Graz, Esztergom, Paris, New York 1993
Klose, A.: Sinnfindung in sozialer Verantwortung. Klagenfurt 1998
Klose, A.: Minderheit und Menschenwürde. Christliche Orientierungen. Klagenfurt 2000
Köngliche Preußische Akademie der Wissenschaften (Hrsg.): Kant's gesammelte Schriften. Band 5, Berlin 1910ff
Kohlberg, L.: The Philosophy of Moral Development. San Francisco 1981
Kohlberg, L.: Moral Stages. A Current Formulation and a Response to Critics. Basel 1983
Koordinationsstelle der österreichischen Bischofskonferenz für internationale Entwicklung und Mission - KOO (Hrsg.): Menschliche Entwicklung braucht Entschuldung. Wien 1998
Kotler, P.; Bliemel, F.: Marketing-Management. Analyse, Planung Steuerung und Umsetzung. Stuttgart 1992
Koslowski, P.: Gesellschaft und Staat. Ein unvermeidlicher Dualismus. Stuttgart 1982
Koslowski, P.: Prinzipien der Ethischen Ökonomie. Tübingen 1988
Koslowski, P., in ders. (Hrsg.): Weltwirtschaftsethos. Globalisierung und Wirtschaftsethos. Wien 1997
Koslowski, P.: Ethik des Kapitalismus. 6. durchgesehene Auflage. Tübingen 1998

Kotler, P.; Bliemel, F.: Marketing-Management. Analyse, Planung Steuerung und Umsetzung. Stuttgart 1992, S. 604

Kramer, R.: Ethik des Geldes. Eine theologische und ökonomische Verhältnisbestimmung Sozialwissenschaftliche Schriften. Heft 31, Berlin 1996

Küng, H.: Projekt Weltethos. 4. Auflage April 1988. München 1990

Lafontaine, O.; Müller, C.: Keine Angst vor der Globalisierung. Bonn 1998

Langenscheidts Handwörterbuch Englisch. Teil I Englisch-Deutsch, 6. Aufl., Berlin-München 1994

Lechner, K.; Egger, A.; Schauer, R.: Einführung in die allgemeine Betriebswirtschaftslehre. Wien 1996

Lechs, T.: Wirtschaftspartnerschaft in Österreich. Theorie und Praxis der Gewerkschaften. Wien 1976

Lehmbruch, G.: Einführung in die Politikwissenschaft. Stuttgart 1968

Loughran, T./ Vijh, A.: Do Long-Term Shareholders Benefit from Corporate Acqusisitions?, Journal of Finance 1997, S. 1765 - 1790

Mader, J.: Moral, Philosophie und Wissenschaft. Probleme der Ethik in Tradition und Gegenwart. Wien - München 1979

Marin, B.: Die Paritätische Kommission. Aufgeklärter Technokorporatismus in Österreich. Wien 1982

Mark-Ungericht, B.: Das Multilateral Agreement on Investment. Referat vom 16.02.1998 im Dr. Karl-Renner-Institut (Manusskript)

Martin, H.-P.; Schumann, H.: Die Globalisierungsfalle. Der Angriff auf Demokratie und Wohlstand. Reinbek bei Hamburg (o. Jg. 1997?)

McGrew, A. M.; Lewis, P.: Globalisation and the Nation States. Cambridge 1992

Meadows, D.; Meadows, D.; Zahn, E.; Milling, P.: Die Grenzen des Wettbewerbs. Bericht des Club of Rome zur Lage der Menschheit. Stuttgart 1972

Meier, H.: Politische Wissenschaft in Deutschland. München 1969

Menzel, U.: Das Ende der Dritten Welt und das Scheitern der Großen Theorie. Frankfurt am Main 1992

Messner, J.: Das Naturrecht. 5. Auflage, Innsbruck 1966

Nell-Breuning, O.v.: Kapitalismus kritisch betrachtet. Freiburg 1974

NGO-Handbuch 98. Brüssel 1998

Nohlen, D.; Schultze, R. O. (Hrsg.): Lexikon der Politik. Band I, Politische Theorien, München 1995

Paul VI: Enzyklika „Populorum progressio". Rom 1967, S. 33 - 43

Prat, E. H. (Hrsg.): Ökonomie, Ethik und Menschenbild. Wien 1993

Pribyl, H.: Sozialpartnerschaft in Österreich. Wien 1991

Pribyl, H.; (Hrsg.): Shareholder-value, Wirtschaftswachstum, Einkommens- und Vermögensverteilung im Lichte christlicher Wirtschaftsethik. Wien – Tarnów 2000

Popper, K. R.: Das Elend des Historismus. Tübingen 1971

Rappaport, A.: Shareholder Value. Wertsteigerung als Maßstab für die Unternehmensführung. Stuttgart 1995, Titel der Originalausgabe: Creating Shareholder Value. New York 1986

Rawls J.: Eine Theorie der Gerechtigkeit. Übersetzt von Vetter H. Frankfurt am Main 1975

Ritter, J. (Hrsg.): Historisches Wörterbuch der Philosophie. Basel-Stuttgart 1971

Rotter, H.; Viert, G. (Hrsg.): Neues Lexikon der Christlichen Moral. Innsbruck 1990

Rothschild, K., H.: Ethik und Wirtschaftstheorie. Tübingen 1992

Ruigrok, W. und Tulder, v. R.: The Ideology of Interdependence. Amsterdam 1993

Schachner, H. P.: Un/gleichgewicht der Sozialpartner. Dissertation an der Universität Wien (Gruwi) 1984

Schiller, K.: Lebensfragen der deutschen Wirtschaft. Hamburg 1949

Schnarrer, J. M. (Hrsg.): Gemeinwohl und Gesellschaftsordnung. Beiträge zum Naturrecht. Johannes-Messner-Gesellschaft 2, Wien 1997

Schneider, H.: Leitbilder der Demokratie. Politische Bildung 10/11, Wien 1973

Schriften des Karl von Vogelsang Instituts: Christliche Demokratie. 8. Jg. Nr. 4 Dezember 1990, Wien 1990

Schumpeter, J. A.: Theorie der wirtschaftlichen Entwicklung. 5. Auflage. Berlin 1951

Schumpeter, J. A.: Kapitalismus, Sozialismus und Demokratie. 3. Auflage, München 1972

Sen, A.: Ökonomie für den Menschen – Wege zur Gerechtigkeit und Solidarität in der Marktwirtschaft. Übers. v. Goldmann C., München – Wien 1999. Titel der Originalausgabe: Developement as Freedom. New York 1999

Sewera, S.: Die Auswirkungen der Globalisierung / Internationalisierung aus betriebswirtschaftlicher Sicht auf Klein/Mittelunternehmen (KMU) - die Tigerstaaten Südostasiens als Beispiel der Chancen für KMU. Dissertation an der Universität Graz 1998

Singer, M. G.: Verallgemeinerung in der Ethik. Zur Logik moralischen Argumentieren. Frankfurt am Main 1975

Skirbekk, G.; Gilse, N.: Geschichte der Philosophie. Zweiter Band. Frankfurt am Main 1993, Titel der Originalausgabe: Filosofihistorie. Innforing i europeisk filosofihistorie med særleg vekt pa vitskapshistorie og politisk filosofi. Bergen 1987

Smith, A.: Theorie der ethischen Gefühle. Eckstein, W. (Hrsg.). Hamburg 1985; Titel der Originalausgabe: The Theory of Moral Sentiments. London 1759

Smith, A.: Der Wohlstand der Nationen. Recktenwald, H. C. (Hrsg.): München 1978, Titel der Originalausgabe: An Inquiry into the Nature and Causes of the wealth of Nations. London 1776

Socher, K.; (Hrsg.): Wolfgang Schmitz – wirtschaftspolitische Weichenstellungen 1963 – 1973. Wien 1996

Sonnberger, H.: Neo-Korporatismus statt Pluralismus im politischen System Österreichs - Am Beispiel der Paritätischen Kommission für Preis- und Lohnfragen. Dissertation an der Universität Wien (Gruwi) 1983

Spann, O.: Die Haupttheorien der Volkswirtschaftslehre auf lehrgeschichtlicher Grundlage. Gesamtausgabe. Band 2, 28. Auflage Graz 1969

Spann, O.: Fundament der Volkswirtschaftlehre. Jena 1929

Steger, U. (Hrsg.): Globalisierung der Wirtschaft. Konsequenzen für Arbeit, Technik und Umwelt. Ladenburger Diskurs, Heidelberg 1996

Stützel, W.; Watrin, C.; Willgerodt, H.; Homann, K. (Hrsg.): Grundtexte zur Sozialen Marktwirtschaft. Stuttgart - New York 1981

Thomas von Aquin: Ausgewählte Schriften zur Staats- und Wirtschaftslehre. Die Herdflamme. Bd. 3, Jena 1923

Thomas von Aquin: Summa Theologica I 79, 13 Bd. 6

Ulrich, P.: Integrative Wirtschaftsethik. Grundlagen einer lebensdienlichen Ökonomie. Bern - Stuttgart - Wien 1997

UNDP: United Nations Development Programme

UNDP 1996: Bericht über die menschliche Entwicklung. Bonn 1996

Utz, A. F. (Hrsg.): Die katholische Soziallehre und die Wirtschaftsordnung. Trier 1991

UZF (Hrsg.): Wiener Blätter zur Friedensforschung Nr. 94, März 1/1998, Wien 1998

Vernay, A.: Die Steuerparadiese. Wien-München-Zürich 1969

Vetter, H.; Pöltner, G.; Kampits, P. (Hrsg.): Verantwortung. Beiträge zur praktischen Philosophie. Festgabe für Johann Mader zum 60. Geburtstag. Wien 1987

Voegelin, E.: Die neue Wissenschaft der Politik. München 1959

Volkart, E.-H. (Hrsg.): Person und Sozialverhalten. Neuwied und Berlin 1965

Ward, B.: Die Idealwelten der Ökonomen. Liberale, Radikale, Konservative. Frankfurt-New-York 1981, Titel der Originalausgabe: The Ideal Worlds of Economics. New York 1979

Weber, M.: Gesammelte politische Schriften. Tübingen 1958

Weber, M.: Gesammelte Aufsätze zur Wissenschaftslehre. 3. Auflage. Tübingen 1968

Weber, M.: Wirtschaft und Gesellschaft. 5. Auflage, Tübingen 1976

Weiler, R.: Einführung in die politische Ethik. Graz 1992

Weizsäcker, von C.C.: Logik der Globalisierung. Göttingen 1999

Went, R.: Ein Gespenst geht um ... Globalisation. Eine Analyse. Zürich 1997

Wildermuth, A.; Jäger, A. (Hrsg.): Gerechtigkeit. Tübingen 1981

Wimmer, R.: Universalisierung in der Ethik. Frankfurt am Main 1980

Wöhe, G.: Einführung in die allgemeine Betriebswirtschaftslehre. Berlin und Frankfurt am Main, 9. Aufl. 1969

5.1.2 Beiträge in Sammelwerken und aus Vorlesungen

Albert, H.: zit. in: Berg-Schlosser, D.; Maier, H.; Stammen, T.: Einführung in die Politikwissenschaft. 2. neubearb. Aufl. München 1977, S. 75

Angerer, R.: Vorwort, in: AGEZ (Hrsg.): Soll und Haben. Konturen der österreichischen Entwicklungspolitik 1. Wien 1992, S. 5 - 7

Apel, K.-O.: Das A priori der Kommunikationsgemeinschaft und die Grundlagen der Ethik, in: ders.: Transformation der Philosophie. Frankfurt am Main 1976, Bd. II, S. 358 - 436

Apel, K.O.: Erste Philosophie heute? In: Apel, K.O.; Hösle, V.; Simon-Schaefer, R.: Globalisierung. Herausforderung für die Philosophie. Bamberg 1998, S. 49 - 71

Arioli, S.: EG und EWR in einer Zeit der Globalisierung, in: Haller, M. (Hrsg.): Globalisierung der Wirtschaft - Einwirkungen auf die Betriebswirtschaftslehre. Stuttgart-Wien 1992, S. 18 - 21

Bader, E.: Vom Mittelalter zur Neuzeit: Die Denkkategorien zu Krieg und Frieden, in: UZF (Hrsg.): Wiener Blätter zur Friedensforschung Nr. 94, März 1/1998, Wien 1998, S. 47 - 68

Bader, E.: Globalisierung – das Ende des Wachstums? Philosophisches Seminar in Wissenschaftstheorie an der Universität Wien im Wintersemester 1999/2000 am 11.10.1999

Bader, E.: Globalisierung – das Ende des Wachstums? Philosophisches Seminar aus Wissenschaftstheorie an der Universität Wien im Wintersemester 1999/2000 am 24.1.2000

Bayer, R.: Die Verteilung der Österreich gewährten Marshallplan-Mittel, in: Schriften des Karl von Vogelsang Instituts: Christliche Demokratie. Der Marshallplan für Österreich, 8. Jg. Nr. 4 Dezember 1990, Wien 1990, S. 285 - 291

Blecha, K.: Demokratischer Sozialismus und christliche Grundwerte, in: Fischer, H. (Hrsg.): Rote Markierungen '80. Wien 1980, S. 35 - 80

Braun, E.: Werturteile in theoretischer und angewandter Betriebswirtschaftslehre, in: Journal für Betriebswirtschaft 2/79. Wien 1979, S. 87 - 104

Burghardt, A.: Das kleine Eigentum, in: Kemmetmüller, W.; Sertl, W. (Hrsg.): Klein- und Mittelbetriebe. Chancen. Probleme. Lösungen. Erich Hruschka zum 70. Geburtstag. Wien 1981, S. 17 - 25

Doering, D.: In: Das Parlament. Königswinter 8./15. August 97

Döring, K.: Wirtschaftspolitik, in: Görlitz, A.: Handlexikon zur Politikwissenschaft. Band II, Reinbek 1973, S. 498 - 501

Döpper, W.; Eversheim, W.: Internationale Produktion, in: Haller, M. (Hrsg.): Globalisierung der Wirtschaft - Einwirkungen auf die Betriebswirtschaftslehre. Stuttgart – Wien 1992, S. 365 - 372

Fieten, R.; Friedrich, W.; Lageman, B.: Globalisierung der Märkte - Herausforderung und Option für kleine und mittlere Unternehmen, insbesondere Zulieferer, in: Institut für Mittelstandforschung: Schriften zur Mittelstandsforschung. Nr. 73 NF., Bonn 1997, S. 9 - 15

Fues, T.: Armut und Wohlstand, in: Hauchler, I.; Messner, D.; Nuscheler, F. (Hrsg.): Globale Trends. Frankfurt am Main 1997, S. 41 - 56

Genscher, H. D.: Globalisierung - Chance oder Gefahr? In: Heidelberger Club (Hrsg.): Globalisierung. Der Schritt in ein neues Zeitalter. Berlin 1997, S. 12 - 17

Germann, H.; Rürup, B.; Setzer, M.: Globalisierung der Wirtschaft: Begriff, Bereiche, Indikatoren, in: Steger, U. (Hrsg.): Globalisierung der Wirtschaft. Konsequenzen für Arbeit, Technik und Umwelt. Ladenburger Diskurs. Heidelberg 1996, S. 19 - 30

Görg, B.: Zit. in: Wiener Industrie Telegramm. Der monatliche Informationsdienst der Industriellenvereinigung. Wien 2/1999

Habermas, J.: Was heißt Universalpragmatik? In: Apel, K.-O. (Hrsg.): Sprachpragmatik und Philosophie. Frankfurt am Main 1976, S. 174ff

Hausberger, S.: Marshallplan und Österreich, in: Schriften des Karl von Vogelsang Instituts: Christliche Demokratie. Der Marshallplan für Österreich, 8. Jg. Nr. 4 Dezember 1990, Wien 1990, S. 311 - 318

Hausschildt, J.: Globalisierung der Wirtschaft - Zur Rolle der Betriebswirtschaftslehre, in: Haller, M.; u. a. (Hrsg.): Globalisierung der Wirtschaft - Einwirkungen auf die Betriebswirtschaftslehre. Stuttgart – Wien 1992, S. 6 - 17

Heinen, E.: Industriebetriebslehre als Entscheidungslehre. Erster Teil. In: (ders.) (Hrsg.): Industriebetriebslehre. Entscheidungen im Industriebetrieb. 3. durchgesehene und verbesserte Auflage. Wiesbaden 1974, S. 25 - 68

Höffe, O.: Einleitung, in: Höffe, O. (Hrsg.): Einführung in die utilitaristische Ethik. Klassische und zeitgenössische Texte. 2. Auflage, Tübingen 1992, S. 7 – 54

Höffe, O.: Pluralismus, in: (ders.): Lexikon der Ethik. 5. Auflage, München 1997, S. 232 - 233

Höffe, O.; Vossenkuhl, W.: Chinesische Ethik, in: Höffe, O. (Hrsg.): Lexikon der Ethik. 5. Auflage, München 1997, S. 33 - 35

Hrubi, F. R.: Spielräume der Verantwortung oder Wozu philosophieren wir eigentlich? In: Vetter, H.; Pöltner, G.; Kampits, P. (Hrsg.): Verantwortung. Beiträge zur praktischen Philosophie. Festgabe für Johann Mader zum 60. Geburtstag. Wien 1987, S. 69ff

Hrubi, F. R.: Einleitung, in: Hrubi, F. R.; Karmasin, M. (Hrsg.): Wirtschaftsethik. Aufsatzsammlung. Wien 1993, S. 4 - 10

Hrubi, F. R.: Philosophische Fragen im Umkreis der Wirtschaftswissenschaften, in: Hrubi, F. R.; Karmasin, M. (Hrsg.): Wirtschaftsethik. Aufsatzsammlung. Wien 1993, S. 11 - 21

Hrubi, F. R.: Vernunft, Ethik und Rationalität, in: Prat, E. H. (Hrsg.): Ökonomie, Ethik und Menschenbild. Wien 1993, S. 125 - 139

Hrubi, F. R.: Philosophische Grundlagen der Sozial- und Wirtschaftsethik. Seminar 0315 an der Wirtschaftsuniversität Wien. Wintersemester 1998/99 am 5.11.1998

Hrubi, F. R.: Philosophische Grundlagen der Sozial- und Wirtschaftswissenschaften. Vorlesung an der Wirtschaftsuniversität Wien, Wintersemester 1998/99 am 5.10.1998

Hrubi, F.-R.: Philosophische Grundlagen der Sozial- und Wirtschaftswissenschaften, Vorlesung an der Wirtschaftsuniversität Wien, Wintersemester 1998/99 vom 30.11.1998

Hrubi, F. R.: Philosophische Grundlagen der Sozial- und Wirtschaftswissenschaften. Vorlesung an der Wirtschaftsuniversität Wien, Wintersemester 1998/99 am 11.01.99

Hrubi, F. R.: Philosophische Grundlagen der Sozial- und Wirtschaftswissenschaften. Vorlesung an der Wirtschaftsuniversität Wien, Wintersemester 1998/99 am 25.01.99

Kant, I.: Kritik der praktischen Vernunft, in:Köngliche Preußische Akademie der Wissenschaften (Hrsg.): Kant's gesammelte Schriften. Berlin 1910ff, Band 5, S. 30 (§7)

Karmasin, M.: Wirtschaftsethik - eine neue ökonomische Disziplin, in: Hrubi, F. R.; Karmasin, M. (Hrsg.): Wirtschaftsethik. Aufsatzsammlung. Wien 1993, S. 155 - 158

Kerber, W.: Sittlich Handeln unter dem Druck ökonomischer Sachzwänge, in: Hesse, H. (Hrsg.): Wissenschaft und Ethik. Berlin 1990, S. 239 - 258

Klose, A.: Die Forderung der katholischen Soziallehre an die Marktwirtschaft, in: Utz, A. F. (Hrsg.): Die katholische Soziallehre und die Wirtschaftsordnung. Trier 1991, S. 203 - 216

Klose, A.: Macht und Ethos im politischen System. Seminar aus österreichischer Regimelehre/Politik an der Universität Wien, SS 1999 am 13.04.1999

Kohler-Koch, B.: Politische Unverträglichkeiten von Globalisierung, in: Steger, U. (Hrsg.): Globalisierung der Wirtschaft. Konsequenzen für Arbeit, Technik und Umwelt. Ladenburger Diskurs. Heidelberg 1996, S. 109 - 119

Korte, H.; Mättig, L.: Individualisierung und Globalisierung, in: Steger, U. (Hrsg.): Globalisierung der Wirtschaft. Konsequenzen für Arbeit, Technik und Umwelt. Ladenburger Diskurs. Heidelberg 1996, S. 120 - 139

Kosiol, E.: "Rentabilität" in: Handwörterbuch der Betriebswirtschaft. Band III. Stuttgart 1960. Sp 4643

Kröger, C.: Herrn Professor Jungs Abhandlungen, oeconomisch und statistischen Inhalts. Kopenhagen-Leipzig 1788. Zit. in: Klose, A.: Johann Heinrich Jung-Stilling als Sozialethiker. Siegen 1992, S. 43

Landmann, M.: Ökologische und Anthropologische Verantwortung - eine neue Dimension der Ethik, in: Wildermuth A. und Jäger, A. (Hrsg.): Gerechtigkeit. Tübingen 1981, S. 157 - 172

Leibenstein, H.: Notes on Welfare Economies and the Theory of Democracy, in: Economic Journal 72, Juni London 1962, S. 300 – 305

Meffert, H.: Wettbewerbsstrategische Aspekte der Globalisierung - Status und Perspektiven der länderübergreifenden Integration, in: Haller, M. (Hrsg.) u.a.: Globalisierung der Wirtschaft - Einwirkungen auf die Betriebswirtschaftslehre. Stuttgart - Wien 1992, S. 22 - 32

Messner, D.; Nuscheler, F.: Globale Trends, Globalisierung und Global Governance, in: Hauchler, I.; Messner, D.; Nuscheler, F. (Hrsg.): Globale Trends 1998. Frankfurt am Main 1997, S. 27 - 40

Messner, D.: Ökonomie und Globalisierung, in: Hauchler, I.; Messner, D.; Nuscheler, F. (Hrsg.): Stiftung Entwicklung und Frieden. Globale Trends 1998, Frankfurt am Main 1997, S. 136 - 140

Mill, J. S.: Utilitarismus, in: Höffe, O. (Hrsg.): Einführung in die utilitaristische Ethik. Klassische und zeitgenössische Texte. 2. Auflage, Tübingen 1992, S. 89 - 103

Müller, U.: Systemtheorie - ein interdisziplinärer Ansatz zum Verständnis von Globalisierung, in: Steger, U. (Hrsg.): Globalisierung der Wirtschaft. Konsequenzen für Arbeit, Technik und Umwelt. Ladenburger Diskurs. Heidelberg 1996, S. 58 - 67

Nawroth, E.: Ordo-Liberalismus, in: Institut für Gesellschaftswissenschaften Walberberg e. V.: Die Neue Ordnung. Nr 1/1993 Februar, 47. Jg., Bonn 1993, S. 49 - 53

Neisser, H.: Das Dilemma der Subsidiarität, in: Habsburg, K. (Hrsg.): Europa bürgernah. Wien 1998, S. 29 - 35

Ottilinger, M.: Der Marshallplan für Österreich, in: Schriften des Karl von Vogelsang Instituts: Christliche Demokratie. Der Marshallplan für Österreich, 8. Jg. Nr. 4 Dezember 1990, Wien 1990, S. 273 – 284

Pribyl, H.: Gemeinwohl und katholische Soziallehre, in: Pribyl, H.; (Hrsg.): Shareholder-value Wirtschaftswachstum, Einkommens- und Vermögensverteilung im Lichte christlicher Wirtschaftsethik. Wien – Tarnów 2000, S. 149 - 161

Pütz, T.: Die wirtschaftliche Gesamtkonzeption, in: Beckerath, E. v.; u.a.(Hrsg.): Wirtschaftsfragen der freien Welt. 2. Auflage, Frankfurt am Main, o. Jg., S. 43 – 63

Renöckl, H.: Katholische Wirtschaftsethik vor den Herausforderungen der Globalisierung, in: Pribyl, H.; (Hrsg.): Shareholder-value Wirtschaftswachstum, Einkommens- und Vermögensverteilung im Lichte christlicher Wirtschaftsethik. Wien – Tarnów 2000, S. 92 - 120

Schmitz, W.: Die ethische Fundierung der Ordnungspolitik, in: Bundeskammer der Gewerblichen Wirtschaft (Hrsg.): Wirtschaftspolitische Blätter 2, 35. Jg., Wien 1988, S. 232 - 241

Schmitz, W.: Ordnungsethik unter der Tyrannei des Status Quo, in: Socher, K.; (Hrsg.): Wolfgang Schmitz – wirtschaftspolitische Weichenstellungen 1963 – 1973. Wien 1996, S. 99 – 123

Schnarrer, J. M.: Vorwort, in: Naturrecht und Gemeinwohl bei Johannes Messner: zwei Schlüsselbegriffe als Grundlage für ein Weltethos, in: ders. (Hrsg.): Gemeinwohl und Gesellschaftsordnung. Beiträge zum Naturrecht. Johannes-Messner-Gesellschaft 2, Wien 1997, S. 7 - 13

Schönborn, Ch.: Die katholische Soziallehre und die wirtschaftliche Entwicklung seit 1989, in: UZF (Hrsg.): Wiener Blätter zur Friedensforschung, Nr. 93 Dezember 4/1997, Wien 1997, S. 3 - 12

Schöpf, A.: Islamische Ethik, in: Höffe, O. (Hrsg.): Lexikon der Ethik. 5. Auflage, München 1997, S. 144 - 147

Schubert, A.: Finanzen und Staatsverschuldung, in: Hauchler, I.; Messner, D.; Nuschler, F. (Hrsg.): Stiftung Entwicklung und Frieden. Globale Trends 1998. Frankfurt am Main 1997, S. 193 - 210

Schüller, A.: Soziale Marktwirtschaft, in: Dichtl, E.; Issing, O. (Hrsg.): Vahlen's Großes Wirtschaftslexikon. Band 4 R - Z, München 1987, S. 1694

Schüssel, W.: Subsidiarität in Europa, in: Habsburg, K. (Hrsg.): Europa bürgernah. Wien 1998, S. 36 - 42

Sen, A.: Rational Fools: A Critique of Behavioral Foundations of Economic Theory, in: Philosphy and Public Affairs 6. 1977, S. 335 - 347

Steger, U.: Globalisierung verstehen und gestalten, in: Steger, U. (Hrsg.): Globalisierung der Wirtschaft. Konsequenzen für Arbeit, Technik und Umwelt. Ladenburger Diskurs, Heidelberg 1996, S. 8 - 18

Stepan, R.: Vorwort, in: Schriften des Karl von Vogelsang Instituts: Christliche Demokratie. Der Marshallplan für Österreich, 8. Jg. Nr. 4 Dezember 1990, Wien 1990, S. 271

Thomas, W.-I.: In: Volkart, E.-H. (Hrsg.): Person und Sozialverhalten. Neuwied und Berlin 1965

Todev, T.: Die genossenschaftlichen Banken als Alternative der sich am Sharholder-Value-Ansatz orientierenden Kommerzbanken, in: Pribyl, H.; (Hrsg.): Shareholder-value, Wirtschaftswachstum, Einkommens- und Vermögensverteilung im Lichte christlicher Wirtschaftsethik. Wien – Tarnów 2000, S. 62 - 91

Ulrich, P.: einen anonymen Aktionär zitierend aus: Anshen, M.: Managing the socially Responsible Corporation. New York 1974

Urmson, J. O.: Zur Interpretation der Moralphilosophie von John Stuart Mill. Org.: The Interpretation of the Moral Philosophy of J. S. Mill, in: The Philosophical Quarterly 3 (1953), S. 33 – 39; übersetzt von A. Pieper

Utz, A. F.: Auf der Suche nach einer authentischen Ethik der Wirtschaft, in: Institut für Gesellschaftswissenschaften Walberberg e. V.: Die Neue Ordnung. Nr 1/1993 Februar, 47. Jg., Bonn 1993, S. 54 - 58

Vodopivec, A.: Der Marshallplan und der Sonderfall Österreich, in: Schriften des Karl von Vogelsang Instituts: Christliche Demokratie. Der Marshallplan für Österreich, 8. Jg. Nr. 4 Dezember 1990, Wien 1990, S. 319 - 325

Vossenkuhl, W.: Diskursethik, in: Höffe, O. (Hrsg.): Lexikon der Ethik. 5. Auflage, München 1997, S. 46 - 47

Vossenkuhl, W.: Gemeinwohl, in: Höffe, O. (Hrsg.): Lexikon der Ethik. 5. Auflage, München 1997, S. 87 - 89

Vossenkuhl, W.: Politik, in: Höffe, O. (Hrsg.): Lexikon der Ethik. 5. Auflage, München 1997, S. 233 - 235

Vossenkuhl, W.: Wirtschaftsethik, in: Höffe O. (Hrsg.): Lexikon der Ethik. 5. Auflage, München 1997, S. 338 - 341

Weigl, W.: Zur Rolle der „Stakeholder“ in Kapitalgesellschaften, in: Pribyl, H.; (Hrsg.): Shareholder-value, Wirtschaftswachstum, Einkommens- und Vermögensverteilung im Lichte christlicher Wirtschaftsethik. Wien – Tarnów 2000, S. 33 - 48

Weiler, R.: Gemeinwohl, in: Rotter, H.; Viert, G. (Hrsg.): Neues Lexikon der Christlichen Moral. Innsbruck 1990, S. 238

Wieland, J.: Warum Unternehmensethik?, in: Forum für Philosophie. Bad Homburg 1994

Zwerenz, G.: Die wirtschaftliche Bedeutung der ERP-Mittel heute, in: Schriften des Karl von Vogelsang Instituts: Christliche Demokratie. Der Marshallplan für Österreich, 8. Jg. Nr. 4 Dezember 1990, Wien 1990, S. 299 - 310

5.2 Beiträge in Medien und Interviews

ARD-Tagesschau vom 31.3.1998

ARD-Tagesschau 17.04.1998

Azim, Premji zit. in: Frankfurter Allgemeine Zeitung für Deutschland (FAZ), Nr. 78/13 D vom 01.04.2000, S. 1 + 15

Bachner, M.: Herbststimmung für "MAI" in: KURIER. Unabhängige Tageszeitung für Österreich, Nr. 280 vom 10.10.1998, S. 17

Bachner, M.: Kalifornische Träume der EU. Bericht in: KURIER. Unabhängige Tageszeitung für Österreich, Nr. 83 vom 23.3.2000, S. 15

Blair, T.: zit. bei Schwarz, K-P.: Bericht in: Die Presse. Unabhängige Tageszeitung für Österreich, Nr. 15.583 vom 31.1.2000, S. 3

Berger, H.: Interview vom 15.06.1998. (Herbert Berger ist Geschäftsführer der AGEZ)

Bernardini, G.: zit. bei Feichtelbauer, H.: Erobert nunmehr der Islam Europa? In: Die Presse. Unabhängige Tageszeitung für Österreich, Nr. 15.512 vom 4.11.1999, S. 8

Biedenkopf, K.: zit. bei Schwarz, K-P.: Bericht in: Die Presse. Unabhängige Tageszeitung für Österreich, Nr. 15.582 vom 29.1.2000, S. 3

Brown, G.: zit. in: KURIER. Unabhängige Tageszeitung für Österreich, Nr. 268 vom 28.09.1999, S. 19

Cantrade Privatbank Studie: Fusionsfieber mit bitteren Nachgeschmack., in: NZZ – Neue Zürcher Zeitung, Internationale Ausgabe, 219. Jahrgang Nr. 197 vom 27.8.1998, S. 24

Clinton, B.: zit. in: NZZ – Neue Zürcher Zeitung, Internationale Ausgabe, 221. Jahrgang Nr. 25 vom 31.1.2000, S. 1

Clinton, B.: zit. bei Schwarz, K-P.: Bericht in: Die Presse. Unabhängige Tageszeitung für Österreich, Nr. 15.583 vom 31.1.2000, S. 3

Dichand, H.; (Cato): Verlust der Mitte, in: Neue KronenZeitung, Nr. 14.309 vom 12.03.2000, S. 4

Economist International: in: Die Presse. Unabhängige Tageszeitung für Österreich, Nr. 15.104 vom 30.06.1998, S. 23

Economist International, in: Die Presse. Unabhängige Tageszeitung für Österreich, Nr. 15.539 vom 6.12.1999, S. 14

Fahrni, O.: Seitensprung am Zauberberg, in: Die Weltwoche. Unabhängige Zeitung für Politik, Wirtschaft, Gesellschaft und Kultur, Zürich, 68. Jg. Nr. 4 vom 27.1.2000, S. 1

Feichtlbauer, H.: Wirtschaft braucht Tugend, in: MUT - Die Zeitung der Wirtschaftskammer Steiermark, Folge 29 vom 30.07.99, S. 2

Fessl + GFK-Institut: Umfrage, zit. in: Industrie. 82. Jahrgang Nr. 40 vom 6.10.1982

Fischer, J.: zit. in: KURIER. Unabhängige Tageszeitung für Österreich, Nr. 154 vom 6.6.1999, S. 5

Frankfurter Allgemeine Zeitung für Deutschland (FAZ), Nr. 48 vom 26.02.2000, S. 28

Frankfurter Allgemeine Zeitung für Deutschland (FAZ), Nr. 78/13D vom 1.4.2000, S. 1 + 15

Heitger, M.: Die Europäische Union zwischen Werten und Grundsätzen, in: KURIER. Unabhängige Tageszeitung für Österreich, Nr. 199 vom 20.7.1998, S. 2

Heitger, M: Integration ist unteilbar - ist Integration unteilbar? In: KURIER. Unabhängige Tageszeitung für Österreich, Nr. 309 vom 9.11.1998, S. 2

Herzog, R.: zit. in: NZZ - Neue Zürcher Zeitung, Internationale Ausgabe, 219. Jahrgang Nr. 23 vom 29.01.1999, S. 10

Jeklin, H.: zit. in: NZZ – Neue Zürcher Zeitung, Internationale Ausgabe, 219. Jahrgang Nr. 85 vom 14.04.1998, S. 24

Johnston, D.: zit. in: Die Presse. Unabhängige Tageszeitung für Österreich, Nr. 15.238 vom 5.12.98, S. 17

Klenner, F.: Die Sozialpartnerschaft ein Austriacum, in: Europäische Rundschau, Nr. 4/1976, S. 45
Klima, V.: in: "Zur Sache spezial" in ORF 2 vom 30.08.1998
Köppl, H.: Die Freiheit und ihre Feinde. Leitartikel in OÖ Nachrichten Nr. 297 vom 24.12.1999, S. 5
Korinek, R.: Böses Erwachen: Auch Eurobonds können platzen, in: Die Presse. Unabhängige Tageszeitung für Österreich, Nr. 15.613 vom 06.03.2000, S. 16
Kostolany, A.: Vortrag in der Erste-Bank, zit. in: KURIER. Unabhängige Tageszeitung für Österreich, Nr. 164 vom 15.6.1998, S. 17
Kunz, R. M.: Leicht manipulierbare Eigenkapitalrendite, in: NZZ - Neue Zürcher Zeitung, Internationale Ausgabe, 219. Jahrgang Nr. 233 vom 8.10.1998, S. 24
KURIER. Unabhängige Tageszeitung für Österreich, Nr. 190 vom 11.07.1998, Wirtschaftsmagazin
KURIER. Unabhängige Tageszeitung für Österreich, Nr. 268 vom 28.09.1999
KURIER. Unabhängige Tageszeitung für Österreich, Nr. 34, Bericht am 3.2.2000
KURIER. Unabhängige Tageszeitung für Österreich, Nr. 46 vom 13.2.2000
Langguth, G.: Die Deutschen leben in einem quasisozialistischen Wohlfahrtsstaat. Wissenschaftlicher Beitrag in: NZZ –Neue Zürcher Zeitung, Internationale Ausgabe, 219. Jahrgang Nr. 85 vom 14.4.1998, S. 6
Màly, V.: Im Gespräch. Interview in: Die Presse. Unabhängige Tageszeitung für Österreich, Nr. 15.520 vom 13.11.1999, S. 15
Matis, H.: Führung im Wandel, in: Industrie. 99. Jg., Nr. 12, Wien 1999, S. 9 - 13
Nettig, W.: in: Wiener Wirtschaft. 22. Jahrgang. Nr. 25 vom 29.06.1998, S. 2
NZZ – Neue Zürcher Zeitung, Internationale Ausgabe, 219. Jahrgang Nr. 85 vom 14.04.1998
NZZ – Neue Zürcher Zeitung, Internationale Ausgabe, 219 Jahrgang Nr. 217 vom 19./20.09.1998
NZZ – Neue Zürcher Zeitung, Internationale Ausgabe, 219. Jahrgang Nr. 243 vom 20.10.1998
NZZ – Neue Zürcher Zeitung, Internationale Ausgabe, 220 Jahrgang Nr. 20 vom 26.1.1999
NZZ – Neue Zürcher Zeitung, Internationale Ausgabe, 221. Jahrgang Nr. 72 vom 25./26.03.2000
Ohmae, K.: Triade Power. Free Press, New York 1985
Pastrana, A.; Ponce de Leon, E. Z.: zit. bei Schwarz, K-P.: Bericht in: Die Presse. Unabhängige Tageszeitung für Österreich, Nr. 15.583 vom 31.1.2000, S. 15
Pasuk, Pongpaichit: zit. in: Economist International, in: Die Presse. Unabhängige Tageszeitung für Österreich, Nr. 15.104 vom 30.06.1998, S. 23
UNDP-Bericht 1999, zit. in: Der Standard. Österreichs unabhängige Tageszeitung für Wirtschaft, Politik und Kultur. Nr. 3211 vom 12.07.1999, S. 2

Unterberger, A.: "N" wie Nationalismus: Politiker rüsten gegen Globalisierung, in: Die Presse. Unabhängige Tageszeitung für Österreich, Nr. 15.283 vom 2.2.1999, S. 3

Schnauder, E.: in: Economist International, in: Die Presse. Unabhängige Tageszeitung für Österreich, Nr. 15.172 vom 18.09.1998, S. 25

Raffer, K.: zit. in: KURIER. Unabhängige Tageszeitung für Österreich, Nr. 173 vom 25.6.1999, S. 7

Riedl, R.: Von den Erdäpfeln und Menschen. Interview in: KURIER. Unabhängige Tageszeitung für Österreich, Nr. 211 vom 1.08.1998

Rotter, M.: in: „ZIB II" in ORF 2 vom 24.03.1999

Rudas, A.: in "ZIB II" in ORF 2 vom 23.04.1998

Schmitz, W.: Das noch verborgene sechste Prinzip der katholischen Soziallehre: Zum Guten Willen das Gute Wissen, in: Die Furche, Nr. 19 vom 9.5.1991, S. 3

Schönborn, Ch.: Interview in: Neue KronenZeitung, Nr. 13.668 vom 31.5.1998, Krone bunt, S.4f

Schönborn, Ch.: Interview, zit. in: KURIER. Unabhängige Tageszeitung für Österreich, Nr. 274 vom 4.10.1998 (o.S.)

Schramek, K.: zit. in: KURIER. Unabhängige Tageszeitung für Österreich, Nr. 144 vom 27.05.1999, S. 12

Schuhmann, C.: Kürzungen bei Entwicklungshilfen, in: Die Presse. Unabhängige Tageszeitung für Österreich, Nr. 15.753 vom 23.08.2000, S. 4

Schwab, P.: Interview in: Die Weltwoche. Unabhängige Zeitung für Politik, Wirtschaft, Gesellschaft und Kultur, Zürich, 68. Jg. Nr. 4 vom 27.1.2000, S. 32

Smonig, R.: Die Globalisierung im Wartezimmer, in: Die Presse. Unabhängige Tageszeitung für Österreich, Nr. 15.050 vom 23.04.1998, S. 3

Soros, G.: zit. in: KURIER. Unabhängige Tageszeitung für Österreich, Nr. 30 vom 30.1.1999, S. 17

Stenzel, U.: in: "Zur Sache" in ORF 2 vom 19.4.1999

Surat Palalikit: zit. in: Economist International, in: Die Presse. Unabhängige Tageszeitung für Österreich, Nr. 15.172 vom 18.09.1998, S. 25

Sekyra, H. M.: zit. in: Trend. Das österreichische Wirtschaftsmagazin 4/98, S. 146f

TREND. Das österreichische Wirtschaftsmagazin 4/98, Wien 1998

Tontz, J. L.: zit in: Die Presse. Unabhängige Tageszeitung für Österreich, Nr. 14.992 vom 13.2.1998, S. 13

Thurnheim, G.: zit. in: Trend. Das österreichische Wirtschaftsmagazin 4/98, S. 146

Volkart, R.: Langfristige Shareholder - Orientierung, in: NZZ – Neue Zürcher Zeitung, Internationale Ausgabe, 219. Jahrgang, Nr. 154 vom 5.7.1998, S. 23

Wailand, G.: Plädoyer für den Neoliberalismus, in: Wirtschaftsmagazin - Neue KronenZeitung, Nr. 13.625 vom 18.4.1998 (o. S. Ang.)

Westerwelle, G.: Rede vor dem deutschen Bundestag, in: n-TV-Nachrichten vom 29.6.1999

Wiener Industrie Telegramm. Der monatliche Informationsdienst der Industriellenvereinigung. Wien 2/1999

Wolfensohn, J. D.: zit. in: Wiener Zeitung, Nr. 29 vom 12./13.2.1999, S. 1

Weizsäcker, E. U.: zit. in: KURIER. Unabhängige Tageszeitung für Österreich, Nr. 262 vom 21.09.2000, S. 33

Zeller, W.: Sittlich untaugliche Marktwirtschaft, in: NZZ – Neue Zürcher Zeitung, Internationale Ausgabe, 219. Jahrgang, Nr. 60 vom 14/15.03.1998, S. 37

Ali Sait Yüksel

Welthandelsorganisation WTO (GATT)

Aufgaben / Aktivitäten / EU-Beziehungen
Ein Hand- und Lehrbuch

Frankfurt/M., Berlin, Bern, Bruxelles, New York, Oxford, Wien, 2001.
IV, 300 S., zahlr. Tab. u. Graf.
ISBN 3-631-37865-3 · br. DM 49.– / € 25.10*

Die WTO ist die einzige internationale Wirtschaftsinstitution, deren Entscheidungen mit Sanktionen völkerrechtlich bindende Wirkung haben und selbst von den großen Wirtschaftsmächten der Welt akzeptiert werden. Deshalb zählt sie zu den mächtigsten Akteuren auf der internationalen Bühne. Der krasse Wandel durch die Neuordnung des GATT-Systems in der Weltwirtschaft ist ebenso unüberschaubar wie die Tatsache, dass die Welt von einem freien Warenaustausch noch weit entfernt ist. Industriestaaten verteuern nicht nur agrarische Importgüter, auch für Industriegüterimporte werden zusätzliche Handelshemmnisse ausgedacht. Der Multilateralismus erweist sich als positiv bezüglich des Interessenschutzes wirtschaftlich schwächerer Länder, trotz der derzeitigen strukturellen Krise. Der WTO wird deshalb in der zukünftigen Architektur der Weltwirtschaft eine tragende Funktion zugewiesen. Alle Probleme der „wilden Globalisierung" unmittelbar der WTO anzulasten, ändert nichts an der Tatsache, dass sie heute wichtigster Bestandteil der Weltwirtschaftsordnung geworden ist. Die am Export orientierten Unternehmen müssen das internationale Marketingumfeld, insbesondere das internationale Handelssystem verstehen können. Der Freihandel bringt denjenigen Wirtschaften, die sich auf dem gesunden Wege eines Strukturwandels befinden, wirtschaftliche Vorteile. Sein Beitrag zum dauerhaften Weltfrieden ist jedoch noch wichtiger.

Aus dem Inhalt: WTO · Weltwirtschaft · Europäische Union · Freihandel · Protektionismus · Handel und Umwelt · Handel und Wettbewerb · Internationale Wirtschaftsstandards · Internationale Korruption und Geldwäsche · Entwicklungsländer · Handelshemmnisse

Frankfurt/M · Berlin · Bern · Bruxelles · New York · Oxford · Wien
Auslieferung: Verlag Peter Lang AG
Jupiterstr. 15, CH-3000 Bern 15
Telefax (004131) 9402131

*inklusive der in Deutschland gültigen Mehrwertsteuer
Preisänderungen vorbehalten

Homepage http://www.peterlang.de